최신교육심리학

EDUCATIONAL

PSYCHOLOGY

 2판

최병연
고영남
조형정
박용한
이신동
공저

학지사

2판 머리말

이 책의 초판 머리말에서 필자들은 교육심리학이 '가시고기'처럼 중요한 내용들을 인접 교육학 영역에 대부분 양보하고 핵심적인 내용만 간신히 지켜내고 있는 실정이라고 진단하고, 이런 핵심적인 내용을 이해하기 쉽도록 집필했다고 밝힌 바 있다. 그러나 책의 내용을 살필수록 아쉬운 점이 발견되어 개정의 필요성을 느끼면서도 10여 년이 지난 이제야 개정판을 출간하게 되었다.

개정판의 주요 내용과 체제는 초판과 유사하지만, 초판에서 미흡했던 부분을 수정하고, 난해한 문장을 다듬었으며, 교육심리학계의 최신 연구들을 최대한 반영하고자 했다. 특히 인간 발달에 대한 기본적인 이해를 돕기 위해 '제2장 발달의 기초'를 새롭게 집필했고, 인간의 정의적 특성에 대한 최근 관심을 반영하여 '제4장 성격 및 사회성 발달'을 대폭적으로 보완했으며, '제10장 학습에 대한 사회인지주의적 접근'과 '제12장 복잡한 인지 과정으로서 학습'을 새롭게 집필하여 인간 학습에 대한 이해의 폭을 넓히고자 했다. 또한 '제14장 학습동기'에서는 사회인지적 기대-가치이론을, '제15장 교수이론과 교수법'에서는 학교교육을 위한 교수-학습 원리와 최신 교수법을 추가했다. 마지막으로 각 장 말미에 '토론과제'로 교육 현장에서 직면할 수 있는 다양한 문제들을 새롭게 추가했는데, 해당 장에서 학습한 내용에 기초하여 개인별로 혹은 모둠 형태의 집단지성을 활용해서 교육심리학이 어떻게 현장에 적용될 수 있는지를 경험하는 기회를 제공하고자 했다.

이 책은 교육심리학의 핵심적인 내용, 즉 인간의 발달과 학습, 그리고 수업에 대한 이론적 기초와 실천적 전략들을 전달하기 위해 집필되었다. 이 책이 교사양성 과정에 있는 학생들에게는 인성과 전문성을 겸비한 훌륭한 교사로 성장하는 데 유용한 길잡이가 되고, 급변하는 교육 현장에서 좀 더 좋은 교사로 성숙하기 위해 분투하고 있는 현직 교사들에게도 도움이 될 수 있기를 기대한다.

이 책이 출간되기까지 많은 수고를 해 주신 학지사의 모든 직원 여러분께 고마움을 전한다. 특히 장기간 지속되고 있는 출판계의 불황에도 불구하고 우리나라 학문 발전을 위해 묵묵히 헌신하고 계시는 학지사의 김진환 사장님과 세밀한 교정으로 책의 질을 높여 주신 백소현 차장님을 비롯한 편집부원들에게 감사한 마음을 전한다. 또한 정년퇴임을 앞두고 평생 천착해 온 연구들을 정리해야 하는 바쁜 와중에도 개정판 집필에 참여해 주신 이신동 교수님께 심심한 감사를 드린다. 인자한 인품으로 학문의 즐거움과 삶의 지혜를 깨닫게 해 주신 교수님의 앞날에 영광과 행복이 가득하길 기원한다.

2022년 8월
저자들을 대표하여
최병연

1판 머리말

'21세기의 학생을 20세기의 교사가 19세기의 방법으로 가르치고 있다.'는 말이 있다. 이는 세상은 급변하는데 변화에 부응하지 못하고 있는 학교교육의 현실을 꼬집는 말이다. 교육이란 무엇인가? 교육학자 정범모 선생님의 정의에 따르면 교육이란 '인간행동의 계획적인 변화'라고 할 수 있다. 여기서 인간행동이란 가시적 · 비가시적 행동 모두를 말하는 것으로 이 둘 모두가 중요한 교육의 대상이다. 원래 교육학은 그 방법을 심리학에서, 목적을 윤리학에서 가져왔기 때문에 심리학과 윤리학이 교육학의 근간이라 할 수 있다. 그러나 20세기를 거치며 교육학 영역이 지나치게 분화되면서 더 이상 교육심리학이 교육학의 중심 역할을 하지 못하고 있는 것이 못내 아쉽다.

최근 교직과목을 이수하는 학생들이나 사범대학 혹은 교육대학교에 재학하는 학생들이 자주 하는 말이 있다. "교육학이 너무 재미없고, 실용성도 낮다."라는 것이다. 교육학 과목들은 그 내용이 실제 교육현장과 잘 맞지 않고, 너무 오래된 이론들로 가득하며, 지나치게 딱딱해서 재미를 붙이기 어렵다는 것이다. 교육학은 원래 재미있고, 실용적이며, 또한 학문적인 것이었다. 그러나 이것이 점차 심리학적 기반을 잃게 되면서 지루하고 딱딱한 학문, 비실용적인 학문으로 전락해 버린 것이 사실이다. 교육학은 재미있으면서도 현장 적용성이 높아야 하며 학문을 하는 과정에서도 배우는 즐거움이 높아야 한다. 그러나 현재 교육학이란 과목이 교사가 되기 위해 준비하는 학생들에게 지루함과 따분함만 던져 주고 있다면, 그들이 장차 교사가 되었을 때 자신의 제자들에게 어떻게 배움이란 것을 즐겁게 만들 수 있겠는가? 이것은 뭔가 잘못된 것이다. 이제 교육학은 교육심리학을 중심으로 재편되어야 하며 지금보다 더 재미있게 가르치고 배울 수 있는 방법들을 제시해야 한다.

교육학의 여러 영역 중에서 그래도 교육심리학이 제일 재미있다고 말하는 학생들이 많다. 그러나 교육심리학은 '가시고기'처럼 자신의 중요한 내용들을 인접 교육학 영역에 대부분 양보하고 이제는 아주 핵심적인 내용만을 간신히 지켜내고 있는 실정이다. 이런 상황이 된 것은 교육심리학자들의 책임이 크다. 현재 교육심리학의 핵심적인 영역은 발달이론, 학습자의 지적 · 정서적 특성, 개인차(지능, 창의성 등), 특수한 학습자, 동기, 학습이론, 교수이론 등이다. 따라서 이 책은 이런 핵심적인 내용을 중심으로 간략하면서도 쉽게 이해할 수 있도록 총 14장으로 집필하였다.

필자들은 이 책의 내용을 다음과 같은 원칙으로 집필하였다. 첫째, 교육심리학의 내용을 가급적 체계적으로 다루어 교사양성 과정의 학생들에게 교육심리학의 기초를 누락 없이 잘 이해할 수 있도록 했다. 둘째, 내용을 이해하기 쉽고 재미있게 하기 위해 교육심리학의 용어들을 꼼꼼하게 정리하였으며, 너무 학문적인 방향으로 치우치지 않도록 중간 수준의 난이도를 유지했다. 셋째, 가급적 최신 이론들을 많이 포함하려 노력했으며 그중 뇌 과학의 발전에 맞추어 '11장 학습에 대한 생물학적 접근'을 다루었고, 최근 학교현장에서 많이 요구되고 있는 협동학습에 대해서도 '14장 교수이론의 적용: 협동학습'을 통해 구체적으로 다루었다.

이 책은 교육심리학을 처음 수강하게 되는 사범대학과 교육대학교 재학생들이나 교직과목으로 수강하는 학부생들에게 맞도록 가급적 쉽게 집필하였다. 또한 교육대학원에서 교육심리학을 기초과목으로 수강하는 학생에게도 교육심리학을 이해하는 데 도움이 될 수 있도록 노력하였다. 혹시 이 책의 내용 중에서 다소 부족한 부분이 발견되더라도 너그러이 이해해 주기 바란다.

이 책이 세상의 빛을 보도록 기꺼이 도움을 주신 학지사 김진환 사장님과 여러 차례 교정을 맡아 준 편집부 백소현 선생님, 자료수집과 교정을 도와준 순천향대학교의 김기명 박사와 박사과정의 고운정, 김소연, 김경은, 류지춘, 노들 선생에게 깊은 감사를 드린다.

2011년 2월

이신동, 최병연, 고영남

차례

제 **1** 장

교육심리학의 기초

이신동

◇◇◇◇◇

교육학이 학문으로 자리를 잡을 때 가장 중요한 것이 교육의 목적과 방법의 기반을 구축하는 일이다. 우리가 '교육'이라고 말할 때, 우선 교육을 가르치는 일이라고 생각하게 된다. 가르치는 일은 '가르치는 방법'을 규정하고 설명하는 것이 가장 우선시 되어야 한다. 따라서 가르치는 방법을 규정하고 설명하기 위해 교육심리학이 도입되었다.

학생을 잘 가르치는 일은 교사에게 가장 중요한 일이다. 그렇다면 예비교사들은 어떤 공부를 해야 할까? 그것은 두말할 것도 없이 교육심리학이다. 교육심리학은 많은 예비교사들에게 잘 가르치는 타당한 방법을 보여 줄 것이다. 따라서 이 장은 우선 교육심리학의 성격, 구조, 기초이론을 설명하고, 이어서 역사, 연구방법 및 교육심리학의 현장 적용에 대해 다룰 것이다.

학습목표

1. 교육심리학의 성격을 이해할 수 있다.
2. 교육심리학의 구조 및 기초이론을 설명할 수 있다.
3. 교육심리학의 역사를 설명할 수 있다.
4. 교육심리학의 연구방법을 이해할 수 있다.
5. 교육심리학의 내용을 교육현장에 적용할 수 있다.

1. 교육심리학의 성격

1) 교육심리학의 개념

(1) 교육학과 심리학

교육학이란 과학적 연구방법을 통해 다양한 교육현상을 설명하고 연구하여 그 성과를 체계화한 학문(안기성, 1992)으로 교육심리학을 비롯하여 교육철학, 교육사학, 교육사회학, 교육행정학, 교육법학 등 다양한 영역을 포함하고 있다 (임규혁, 임웅, 2007). 심리학은 인간의 행동을 기술(describe), 예언, 설명, 통제하려는 학문으로 인간행동의 근본적인 원인과 표출양식에 대한 이해를 돕는다 (Sprinthall & Sprinthall, 1990). 심리학을 기반으로 한 주요 학문영역은 교육심리학, 임상심리학, 상담심리학, 발달심리학, 산업심리학 등이 있다.

(2) 교육심리학

교육심리학은 교육학과 심리학 이론들을 접목시켜 형성된 학문영역이다. 따라서 교육심리학은 교육현상에서 인간행동을 심리학적 방법을 통해 이해하려는 학문이다. 그러나 교육은 인간행동을 바람직한 방향으로 변화시키고자 하는 의도와 목적을 지니고 있기 때문에, 교육심리학은 단순히 인간행동을 이해하고 설명하는 것에 그치지 않는다. 즉, 교육현상에 일반 심리학의 지식체계와 원리를 단순히 적용하는 것이 아니라, 목적과 가치가 개입된 교육활동을 통해 인간행동의 변화를 이해하고 적용하기 위한 것이다. 지금부터 독자적 학문영역인 교육심리학의 구체적 개념과 적용 범위에 대하여 살펴보고자 한다.

초기 교육심리학은 매우 다양한 영역에 관심을 보였다. 1910년에 출판된 교육심리학 학술지인 『Journal of Educational Psychology』에 의하면, 교육심리학이란 감각, 본능, 주의, 습관, 기억, 학습기술 등의 개념적 문제뿐 아니라, 아동과 청소년의 정신발달, 유전, 개인차, 특별학급, 정신능력의 측정과 관계성, 정신위생 등에 관해 실험적, 통계적, 문헌적 방법으로 다루어야 한다고 제시하고 있다. 이처럼 폭넓은 관심으로부터 출발한 교육심리학은 그동안 꾸준히 발전해 오면서 고유한 학문영역을 구축하였다. Seifert(1991)는 교육심리학이란 학습이 발생하는 메커니즘과 학습을 촉진시키는 방법을 연구하는 학문이라고 정의하면서, 이를 위해 학습자의 특성과 발달, 개인차를 가진 학습자의 능력을 조화시키는 방법, 학습에 대한 평가 등을 다루어야 한다고 설명한다. 또한 Goetz, Alexander와 Ash(1992)는 교육심리학이 학습 및 교수와 관련된 요인들을 연구하는 학문이라고 설명하면서 학생들의 심리적 발달의 이해, 학습할 지식과 기술의 본질, 수행평가와 측정에 유용한 기초를 제공한다고 주장한다. 한편, Eggen과 Kauchak(2016)는 교육심리학의 내용은 학교상황의 지식과 경험에 대한 체계적인 연구와 이론으로 구성되며, 실제 수업상황에 이러한 연구결과를 적용시켜 학습자, 학교, 교사의 효과적인 의사결정을 돕는다고 하였다. 그리고 Glover와 Ronning(1987)은 교육심리학의 학문 분야는 학습과 인지, 사회적 행동, 인간발달, 개인차, 그리고 측정과 통계 등의 다섯 가지 영역으로 고유한 이론적 체계를 구축하고 있다고 분석하였다. 또한 이신동(1994)은 최근 교육심리학에서 관심을 갖는 주제는 교육환경, 인지능력, 수업매체, 조작적 교육목표, 교육평가 등으로 분석하였다. 이러한 경향을 살펴보면 교육심리학의 학문영역이 이론뿐 아니라, 교육의 실제적인 적용에 꾸준히 관심이 증가됨을 알 수 있다.

이상의 다양한 정의들을 종합하면, 교육심리학이란 '교육의 목표를 효과적으로 달성하기 위해 교육현상을 연구대상으로 하여 이에 필요한 이론과 실천적 방법을 연구하는 학문'임을 알 수 있다(임규혁, 임웅, 2007).

> **수행평가**
> 어떤 지식이나 기능을 나타낼 수 있도록 산출물을 만들거나 수행하도록 요구하는 평가방식

2) 교육심리학의 목적

교육심리학의 목적은 교육실천가인 교사 관점의 기능적 목적과 교육연구가인 교육심리학자 관점의 학문적 목적으로 구분된다. 여기에서는 교육심리학의 기능적 목적과 학문적 목적에 대해서 논의하고, 교육심리학에 대한 비판과 반론들을 소개하고자 한다(김언주, 1998).

(1) 교육심리학의 기능적 목적

교육심리학의 주된 목적 중 하나는 교사들이 교육현장에서 당면하는 문제의

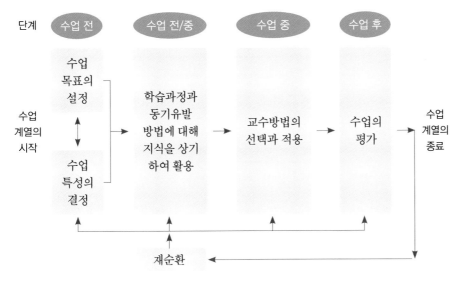

[그림 1-1] 교수-학습 과정 모형

해결과정에 필요한 근거를 제공하는 것이다. 교사는 교육심리학을 통해 교육적 통찰을 얻어야 함은 물론, 이러한 통찰을 교육철학적 판단과 통합시켜야 한다. 예를 들면, 지역사회에 대한 이해나 정부와 교육에 관한 정치적 이해와의 통합이 그것이다.

또한 교육심리학은 교수-학습 과정, 상담, 교육과정 개발, 교육행정 및 기타 교육활동에 중요한 정보를 제공한다. Gage와 Berliner(1984)는 [그림 1-1]의 교수-학습 과정 모형을 기초로 교육심리학이 교사들에게 줄 수 있는 도움에 대해서 설명하였다.

[그림 1-1]의 첫째 단계를 보면 교사는 수업 전 해당 수업목표를 가지고 수업에 임하며, 그러한 목표는 적절하게 세분화되어야 한다. 그렇지 못할 경우 "우리 선생님은 우리가 배워야 할 것을 말씀해 주시질 않아."라고 학생들이 불만을 표출할 수도 있다. 이때, 교육심리학은 수업목표의 설정 및 세분화에 관한 이론적, 실제적 정보를 제공하여 교사가 성공적인 의사결정을 하도록 돕는다. 또한 교사는 수업목표 설정과정에서 학생들의 주요 특성을 반영하는데, 교육심리학은 학생들의 인지적, 정의적, 심체적 특성을 그들의 발달수준, 강점과 약점, 개인차 등의 측면에서 이해하도록 돕는다.

둘째 단계는 학습과정에 관한 것으로 교사는 학생의 특성에 기초하여 그에 적합한 수업절차를 설계해야 한다. 이 단계에서 교사는 학생들과 상호작용하는 방법, 흥미유발 방법, 유의미한 학습방법, 지속적인 피드백 방법에 대하여 고민하게 되는데, 교육심리학은 학습의 본질과 과정, 파지와 전이, 학습동기 등에 관한 정보를 제공한다.

파지
어떤 방법으로 그 모델의 활동을 정신적으로 재현하는 것

셋째 단계에서 교사는 제반 수업활동에 따른 교수방법을 선택하게 된다. 이때 교사는 교수방법과 관련하여 강의, 개별화 수업, 학생 간의 상호작용 유형 등을 결정한다. 교육심리학은 이 단계에서 집단조직 방법, 상호작용 방법, 자료제시 방법 등에 관한 정보를 제공하여 교사가 수업활동 전반에 관한 의사결정을 성공적으로 내리도록 돕는다.

마지막 넷째 단계는 수업 평가단계이다. 수업이 종료되면 교사는 초기에 설정했던 수업목표의 성취도를 평가한다. 교사는 학생의 학업성취도를 확인하기 위한 절차 고안에, 학생들은 높은 시험점수를 받을 수 있는 방법에 관심을 갖는다. 이에 대하여 교육심리학은 평가에 대한 관점, 평가도구의 제작과 실시, 평가결과의 분석, 해석 및 정리 등에 관한 정보를 제공한다.

이상에서 살펴본 Gage와 Berliner의 모형은 교수-학습 과정에서의 교사의 역할과 그러한 수행에 따른 교육심리학의 공헌에 대해 설명하였다. 그러나 교사의 역할은 교수-학습 과정에만 국한되지 않고, 장기 결석생, 가출학생, 학생의 이성문제 등의 생활지도 영역까지 확대된다. 이러한 면에서 교육심리학은 교사들에게 생활지도 전반에 관한 정보를 제공하여 학생들의 생활문제 해결에 통찰을 얻도록 한다.

(2) 교육심리학의 학문적 목적

학문 분야에 따라 연구대상이나 방법은 다를지라도 모든 학문의 목적은 주어진 현상, 즉 사상(事象)에 관련된 변인들과 그들 간의 관계를 기술, 설명, 예측, 통제하는 데 있다. 따라서 교육심리학의 학문적 목적은 교육의 심리학적 현상을 기술, 설명, 예측, 통제하는 데 있다.

① 기술적, 설명적 목적

교육심리학의 일차적 목적은 교육심리학적 현상을 기술하는 것이다. 기술이란 주어진 현상을 있는 그대로 정확히 관찰·보고하는 것을 말하는데, 교육심리학에서의 기술에는 두 가지가 있다. 하나는 교육심리학적 현상의 상태 또는 구조에 대한 기술이며, 다른 하나는 그 현상의 과정이나 기능에 대한 기술이다.

교육심리학적 현상에 대한 상태기술(state description)이란 심리학적 변인의 값을 구체적으로 명시하는 것이다. 예를 들어, "홍길동의 IQ는 125"라든가, "우리 선생님의 수업은 강의중심이다."라고 명시하는 것을 말한다. 그리고 심리학적 현상의 과정기술(process description)이란 변인들 간의 **상관관계**나 인과관계를 명시하는 것이다. 예컨대, "지능지수와 학교성적 간에는 **정적상관**이 있다." "지능과 창의력 간에는 낮은 상관이 있다."는 식의 기술을 말한다.

> **상관관계**
> 두 개 이상의 변수 간의 정적이거나 혹은 부적인 관계
>
> **정적상관**
> 한 변수의 높은 수준이 다른 변수의 높은 수준에 상응되는 변수 간의 상관

② 예측적 목적

교육심리학이 교육의 심리학적 변인들과 그들의 관계를 기술하고, 그 관계에 따른 원인을 설명하는 것이 수단적 목적이라면, 예측하는 것은 보다 궁극적인 목적이 된다. 예측이란 주어진 현상에 대하여 독립변인 또는 조건을 변화시켰을 때 발생할 결과를 미리 서술하는 것이다. 예를 들면, "칭찬은 수업시간 중의 발표활동을 촉진시킨다."는 식으로 긍정적 강화와 바람직한 학습행동 간의 관계를 기술하고 설명한 후에, "긍정적 강화를 학생들에게 제공하면 그러한 효과를 얻을 수 있을 것이다."라고 사전에 서술하는 것이 예측적 목적이다.

③ 통제적 목적

교육심리학의 또 다른 학문적 목적은 교육의 심리학적 현상을 통제하는 것이다. 통제란 예측의 단계를 넘어서서 교육심리학적 현상을 변화시키는 것인데, 주어진 교육문제를 해결하는 데 교육심리학적 변인들과 원리를 응용하는 것이다.

교육심리학을 교육현상에 대한 기술, 설명, 예측하는 학문적 목적으로 보는 주장은 교육심리학을 교육의 기초학문으로 간주하는 최근의 교육심리학자들의 견해다. 이와는 대조적으로 교육심리학자들이 연구해 놓은 개념이나 원리를 응용하여 교육의 실제문제를 해결하는 데 그 목적을 두는 것은 교육심리학을 응용

학문으로 간주하는 현장교사들의 견해다.

3) 교육심리학의 역할

교육심리학은 앞서 교육현상을 심리학적으로 연구하는 학문이라고 하였다. 학교교육 현장을 보는 관점에 따라 교육문제가 달리 규명되며, 교육심리학의 연구문제 또한 다양해진다. 여기에서는 교육이 이루어지는 과정과 절차에 따라 교육심리학의 과제를 살펴보기로 한다(박아청, 1999).

(1) 교육목표의 결정

교육목표의 결정은 정부나 교육위원회가 정하는 경우와 현장교사가 구체적인 수업목표를 정하는 경우가 있다. 교육기본법이나 학교교육법, 학습지도 요령 등을 정하는 것이 전자의 경우고, 수업 전 교사가 구체적인 교수–학습 목표를 설정하는 것은 후자에 속한다. 이러한 목표 설정에는 국가적, 사회적 요구와 학습자의 발달, 능력, 흥미, 관심 등을 고려하여 현실성과 적절성을 검토해 보아야 한다. 나아가 새로운 목표 도입의 필요성, 그에 따른 학습자의 발달과 학습양상, 개인차 발생의 여부를 규명해야 하는데, 교육심리학은 이러한 판단에 적절한 지견과 유익한 정보를 제공해야 한다.

(2) 교육내용의 결정

교육목표가 정해지면 교육과정의 내용과 편성에 관한 결정을 해야 한다. 교육과정을 편성할 때 흔히 제기되는 문제는 다음과 같다.

① 교육과정의 조직

여기에는 두 가지 입장이 있는데 하나는 학습자의 일상경험이나 생활을 바탕으로 하여 편성해야 한다는 경험중심(또는 생활중심) 교육과정이고, 다른 하나는 학문의 지식체계와 내용을 중시하여 이를 학습자의 발달에 적합하게 교육과정을 편성해야 한다는 교재중심(또는 교과중심) 교육과정이 있다. 두 경우 모두 장단점이 있는데 전자의 경우 학습자의 흥미와 내적 동기를 자극하기 쉬우나, 내용의 통일성과 체계성을 저해할 수 있다. 후자는 체계적이기는 하나 추상적인 과학지식은 일반 학습자들에게 지나치게 어렵고 흥미를 자극하기 어려워 실제 사회적응에 필요한 능력을 충분히 끌어낼 수 없다는 단점이 있다. 교육심리학은 이 같은 교육과정의 편성에 근거가 되는 학습자의 능력 발달에 대한 이론적, 경험적 연구를 해야 한다.

② 교육과정에 있어서 범위와 계열성

교육목표를 효과적으로 달성하기 위해서는 교육의 내용을 어떤 범위(scope)에서부터 취할 것인지, 어떤 순서로 학습시킬지에 대한 계열성(sequence)을 결정해야 한다. 즉, 학습자의 발달정도에 맞게 교육내용을 택하여 그 순서를 배열하는 문제는 교육심리학의 연구과제가 된다.

③ 교육방법의 결정

교육내용이 결정되면 이를 가르치는 가장 적절한 방법을 모색해야 한다. 여기서 가장 적절한 방법이란 학습자의 발달정도, 학습준비도, 선수 학습능력, 적성, 학습흥미를 반영하여 효과적으로 아동의 개성과 능력에 맞는 교육을 제공하도록 하는 것이다. 이 단계에서 수업(학습)의 전제조건을 확인하거나 적성에 맞는 지도법을 선정할 때 교육심리학은 크게 도움을 줄 것이다.

④ 교육효과의 평가

교육을 하는 과정에서는 학습자의 학습의욕, 학습양식, 학습진도, 목표 달성도를 구체적으로 확인하고 피드백해야 한다. 이것은 교육목적, 교수목표, 교육과정, 교수방법 개선에 도움을 준다. 교육효과에 대한 정확한 정보가 많으면 많을수록 교육관련 의사결정에 충분한 판단의 근거를 제공하며 올바른 판단으로 이끌 수 있다. 이러한 교육효과에 대한 평가를 교육평가라고 하는데, 이는 교육심리학의 중요한 연구영역이다.

이상으로 교육의 과정에서 요구되는 교육심리학적 과제를 살펴보았다. 교육심리학은 이러한 교육과정 속에서 발생하는 여러 가지 문제를 심리학적으로 규명하여 올바른 판단으로 이끄는 중대한 역할을 하고 있다.

2. 교육심리학의 구조 및 기초이론

1) 교육심리학의 구조

교육심리학의 구조나 내용영역을 결정하기 위해서는 우선 교육의 실제상황을 상정해야 한다. 교육장면에서 일어나는 제반 사건에는 제각기 독특한 상황적 특징이 있으나, 시공을 초월하여 관찰되는 교육의 과정과 요소들이 있다. 현재까지의 교육이론에 의하면 교육의 과정은 교육목표의 설정, 교육내용의 선정과 조직, 학습지도, 교수-학습의 평가라는 네 가지 활동 영역으로 구성되며, 교육의 요소는 학생, 교사, 매체의 세 가지 요소로 구성된다. 따라서 교육심리학의 구조는 이러한 교육의 과정과 요소를 도외시하고는 성립될 수 없다.

교육의 과정과 요소를 종합적으로 고려하면 [그림 1-2]와 같은 모형이 제시될 수 있다(김언주, 1998). [그림 1-2]에서와 같이 교육심리학의 구조에 관한 개념적 모형은 교육목적(및 목표)과 내용, 학생, 교사, 학습-수업 평가 등 네 가지 개념

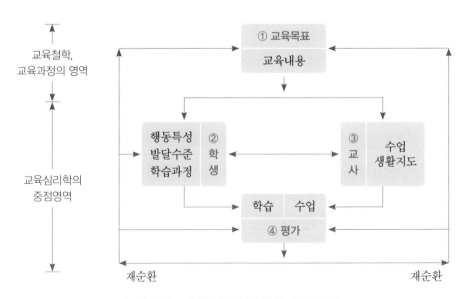

[그림 1-2] 교육심리학 구조에 관한 개념적 모형

으로 구성되어 있으며, 이들의 개념은 상호역동적 관계를 맺고 있다. 여기에서 한 가지 유의할 점은 이 모형이 네 가지 개념의 역동적 관계에 의해 이루어졌다 하더라도 교육목적과 내용변인을 교육심리학의 중점영역에서 제외하고 있다는 것이다. 즉, 이 모형에서는 일단 목적과 내용을 교육심리학을 위한 선행조건이나 기정사실로 받아들인다. 왜냐하면 교육의 목적은 교육철학의 역할과 주로 관련되고, 교육내용은 교육과정의 역할에 주로 관련되기 때문이다. 교육목적과 내용이 결정되었다면 이때부터 교육심리학의 활동 영역이 시작된다. [그림 1-2]를 보면 학생과 교사는 교육내용을 매체로 상호작용한다. 이 상호작용이 능률적이고 효과적으로 이루어지기 위해 교사는 학생을 체계적이고도 전문적으로 이해해야 한다.

(1) 학생 변인

학생에 대한 이해는 학생의 인지적, 정의적 행동특성 및 개인차에 대한 이해, 학생의 발달수준에 대한 이해, 학생의 학습과정에 대한 이해를 포괄한다([그림 1-2]의 ②). 교사는 학생의 지능, 선행학습, 성격, 자아개념, 도덕성과 같은 특성과 이들의 개인차에 관한 정보를 필요로 하며, 학생의 발달특성과 발달수준에 관해서도 명백히 이해하고 있어야 한다.

어떤 학교에서 지능을 유전적으로 결정된다고 생각하는 교사와 환경적으로 결정된다고 생각하는 교사가 있다고 가정해 보자. 그리고 이들 교사에게 학생들의 지능개발 프로그램 연구에 참여하도록 권유했을 때 지능이 환경적으로 결정된다고 생각하는 교사가 그 연구에 참여할 가능성이 훨씬 높다. 또 지능에 의해 학교성적이 결정된다는 지능-학습 인과론을 신봉하는 교사와 그렇지 않은 교사가 학습부진아를 대하는 태도는 확연히 다를 것이다.

교사는 학습의 본질과 과정에 대하여 이해해야 한다. 이를테면 교사는 화학원소를 암기하는 학습과 화학구조의 성질을 이해하는 학습 간에는 질적인 차이가 있다는 점을 미리 알고 있어야 한다. 부연하면 교사는 학생들의 학습에 시행착오에 의한 자극-반응 학습과 통찰에 의한 구조 이해 학습이 있으며, 이들 학습이 발생하는 조건이 다르다는 점을 이해하고 있어야 한다.

또한 교사는 학습과정에서 학생의 머릿속에서 일어나는 메커니즘도 이해해야 한다. 한 교사가 어떤 어린이에게 "엄마가 좋으니, 아빠가 좋으니?" 하고 질문하면 "아빠가 좋아요."라고 대답하면서도, 이와는 반대로 "아빠가 좋으니 엄마가 좋으니?" 하고 질문하면, "엄마가 좋아요."라고 대답하는 현상을 발견했다고 가정하자. 이때 교사가 정보처리이론을 숙지하고 있다면 이 어린이의 반응행동을 설명할 수 있다. 즉, 이 아이는 단기기억 속에 "엄마가 좋으니"와 "아빠가 좋으니"라는 두 가지 정보 중 마지막 한 가지만을 담을 수 있기 때문이다. 이와 같이 정보처리 현상을 이해하는 교사가 그 어린이를 교육할 때 두 가지 또는 그 이상의 정보를 비교·판단하는 학습과제를 제공하지 않을 것이다. 이와는 대조적으로 정보처리 과정에 문외한인 교사는 "이 어린이는 머리가 좀……." 하는 식으로 판단할 가능성이 있다.

교사는 학습동기의 본질과 학습에 주는 영향에 관해서 이해해야 한다. 교사는 칭찬이나 벌을 이용하여 학생의 학습행동에 영향을 줄 수 있다는 것을 잘 알고 있다. 그러나 칭찬이 항상 모든 학습자의 학습행동에 긍정적이지만은 않다는 것도 경험한다. 이때 교사가 귀인이론(attribution theory)을 이해하고 있다면 그 이유를 설명하고, 동기유발을 계획할 수 있다. 왜냐하면 귀인이론은 같은 칭찬이라도 사람에 따라, 시간에 따라 효과가 달라지는 이유를 설명해 주기 때문이다. 다시 말해 학습의 결과(성공·실패)를 '노력'과 같은 통제 가능한 변인 때문이라고 지각하느냐, 또는 '능력'과 같은 통제 불가능한 변인으로 지각하느냐에 따라 칭찬에 대한 반응이 달라진다는 점을 귀인이론은 밝혀 준다.

(2) 교사 변인

[그림 1-2]에서 학생 변인 다음이 교사 혹은 수업 변인이다([그림 1-2]의 ③). 교사는 학생 변인에 대한 이해를 기초로 최선의 학습결과가 나오도록 교수방법을 선정하여 수업을 실시하여야 한다. 또한 교사는 학생 개인 및 집단 상담과 같은 생활지도 방안을 강구하여 최적의 상태에서 학습할 수 있도록 해야 한다.

교사는 수업의 진행방법을 결정해야 한다. 최근 교육이론가나 장학사들은 '개별화수업'을 많이 강조한다. 그러나 그 취지가 좋더라도 현실적으로 실시 불가능할 수도 있다. 학급당 학생 수가 20~30명 수준이라면 교사의 노력 여하에 따라 실시 가능하나, 50명이 넘는 학급에서는 불가능하여 강의식 수업 후 부진한 학생에 대한 대안적 방안을 강구해야 할 것이다. 부연하면 교사는 현재의 주어진 교육조건하에서 최적의 수업방법을 강구할 수밖에 없다.

교사는 학습지도와 더불어 생활지도에 관한 지식과 기술을 가지고 있어야 한다. 더불어 교사는 학생이 개인적 문제, 성격적 문제, 교우관계 문제로 상담을 요청할 때 그 원인과 치유방법에 대한 조언을 전문적으로 해 주어야 한다.

(3) 학습-수업평가 변인

교수-학습 과정 모형의 마지막은 학습평가 변인이다. 교사-학생 상호작용 후에 그 성과를 평가하는데, 엄밀한 의미에서 교사의 모든 교육활동의 성과는 학생의 학습으로 나타난다. 따라서 학생평가는 학생 자신의 학습상태를 평가하는 동시에 교사가 행한 모든 교육적 노력을 평가하는 기준이 된다. 이러한 의미에서 학습평가를 학습-수업평가라고 표현하였다. 교사는 평가활동을 수행할 때 확고한 평가관을 지니고 있어야 하며, 평가의 실제에 관한 전문적 기법도 갖추고 있어야 한다.

2) 교육심리학의 기초이론

(1) 정신분석학

정신분석은 정신의 심층, 즉 무의식과 관계된 행동에 관한 관찰과 분석을 통하여 이론적 체계를 세운 Freud의 학설로 고전적 정신분석학과 신정신분석학파로 분류된다. 고전적 정신분석학은 Freud의 인간 정신세계의 구조와 작용에 관한 이론에 기초하여 인간의 심층심리를 이해하고자 한다. 대부분의 인간행동은 무의식 세계에 지배를 받는다고 가정하며, 무의식 속의 두 가지 본능이 인간행동의 동기로서 중요한 역할을 한다고 본다. 인간의 두 가지 본능은 삶의 본능과 죽음의 본능이다. 삶의 본능은 우리에게 성에너지인 리비도(libido)를 주고, 죽음의 본능은 인간의 공격성이나 파괴성의 원인이 된다고 본다. Freud의 정신분석적 접근 방법은 인간의 성격구조가 원초아(id), 자아(ego), 초자아(superego)로 구성되어 있다고 보며, 인간의 성격발달은 구강기, 항문기, 남근기, 잠복기, 성기기의 다섯 단계를 거친다고 설명한다. 또한 인간 자신의 자아가 위협을 받을 때 취하는 여러 가지 조치를 자아방어 기제로 설명하고 있다.

대표적인 신정신분석학파는 Jung, Adler, Erikson이며, 사회적 대인관계를 중시하여 인간행동의 동기를 미래지향적인 관점에서 설명하였다. 신정신분석학파의 공통적 주장은 인간의 성격형성이나 행동에 있어서 중요한 요인은 유전적으로 물려받은 생물학적인 본능보다는 후천적으로 획득한 사회문화적인 요인이 더욱 중요하다고 보았다. 인간은 사회를 만들어 공생하면서 오랜 기간에 걸쳐 형성된 삶의 방식인 문화의 영향을 강하게 받고 살아가며 그 가운데 성격도 형성된다고 본다.

(2) 행동주의 심리학

행동주의 심리학은 객관적 방법과 관찰 가능한 행동의 연구를 주요 특징으로 한다. 행동주의 이론은 유기체의 행동에 관한 일반적 이론을 확립하기 위하여 과학적, 실험적 방법을 사용하였으며 행동수정이나 행동요법 등의 발전에 큰 영향을 주었다. 또한 인간행동 중 관찰과 측정이 가능한 외현적 활동에 초점을 맞춘다. 인간의 의식적인 경험을 고려하지 않고 자극과 반응의 결합관계에서 인간행동을 설명하며, 보상과 벌의 양상을 변화시켜 원하는 행동수정을 연구한다. 대표적인 학설로는 Thorndike의 시행착오, Pavlov의 조건반사(고전적 조건형성), Skinner의 조작적 조건형성 등이 있다.

(3) 인지심리학

인지심리학은 행동주의의 인간행동에 대한 단순 자극-반응 결합설에 대해 반발하여, 인간기능의 내적 정신 과정에 대한 객관적·과학적 연구에 초점을 맞춘다. 인지란 외부에서 들어오는 감각자극을 여러 가지 방법으로 변형·약호화하고 이를 기억 속에 저장한 후 필요시에 인출하는 과정으로, 인지심리학에서는 인지구조가 변하지 않는 한 인간행동은 변하지 않는 것으로 본다. 대표적인 학설로는 Köhler의 통찰설, Lewin의 장이론, Tolman의 목적적 행동주의 등이 있다.

(4) 인본주의 심리학

인본주의 심리학은 행동주의와 정신분석학을 비판하면서 실존주의 철학에 바탕을 둔 '제3의 심리학'이며, 건강한 인간을 대상으로 하는 성격심리학에서부터 비롯되었다. 이는 인간의 본질을 선택·창의성·가치·자아실현으로 이해하고, 인간행동의 주관적 의미 추구, 인간과 비인간의 존재론적 비연결성, 통합된 단위로서 개인, 주관적으로 선택하는 인간, 협동적으로 공존하는 인간 등에 초점을 맞추어 연구하는 심리학이다. 또한 인본주의 심리학에서는 인간의 존엄성과 가치에 관심을 가지며, 잠재능력 계발에 주된 관심을 갖는다. 대표적인 학설로는 Allport의 성격이론, Maslow의 욕구위계이론, Rogers의 비지시적 상담이론 등이 있다.

3. 교육심리학의 역사

　교육심리학 토대 구축에 큰 영향을 미친 가장 대표적인 심리학자는 James, Hall, Dewey이다. 최초의 교육심리학 교재는 미국 하버드 대학교 교수였던 James의 제자인 Thorndike가 1903년 『교육심리학(Educational Psychology)』이란 이름으로 출판했다. 그 후 미국에서 1910년에 『Journal of Educational Psychology』가 창간되어 교육심리학 발전의 토대를 마련했다. 특히 Thorndike는 자극과 반응의 연결에 있어서 환경이 어떠한 영향을 미치는가를 밝혀 중요한 학습이론을 전개하였으며, 이것이 실제로 학교에 적용되어 교사들에게 유용한 것으로 받아들여지기도 했다. 우리나라에서 처음 '교육심리학'으로 출판된 것은 1956년 김태오의 『교육심리학』(서울: 을유문화사)과 1958년 정범모의 『교육심리학』(서울: 경기문화사)이다.

Edward Thorndike

　Skinner는 교육심리학을 모든 교육적 사태 속에서 반응하는 인간의 경험과 행동을 연구하는 학문이라고 정의했다. 교육활동에서 무엇(What), 왜(Why)라는 질문에 답하는 것은 교육철학의 문제이고, 어떻게(How), 언제(When)라는 물음에 답하는 것이 교육심리학의 임무라고 할 수 있다. 이것은 교육심리학이야말로 인간의 올바른 이해와 효과적인 교육실천을 돕기 위한 학문임을 뜻하는 것이다. 즉, 교육심리

정범모

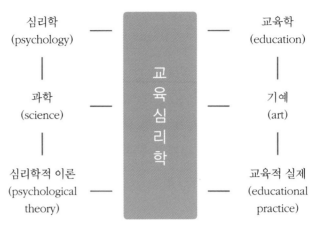

[그림 1-3] 교육심리학의 위치

출처: 윤운성(2001).

학은 교육목적을 위하여 심리학의 이론, 연구결과, 연구방법 및 도구 등 여러 가지 심리학의 지식이나 결과를 활용하는 응용심리학의 한 분야로 볼 수 있다.

Ausubel(1968)의 교육심리학에 대한 정의는 응용과학으로서의 성격을 강조하고 있다. 교육심리학은 어디까지나 응용과학이며, 학습의 일반적인 법칙을 중심으로 교실에서 이루어지는 '학습'에 관심을 둔 것이라 할 수 있다. 그러므로 심리학자는 학습의 일반적 측면을 연구하는 데 열중하게 되며, 교육심리학자는 '교실에서의 학습'에 관심을 두어야 하기 때문에 '학교학습 및 파지'의 성질, 조건, 결과, 평가에 관련되는 특수 분야가 교육심리학이라고 정의할 수 있다. 또한 인간의 학습방법에 관하여 우리가 알고 있는 대부분의 지식은 실험실에서 통제된 연구에 토대를 둔 것이므로 실제 학교현장 속에서 연구되고 검증되어야 한다. 또한 효과적인 학습방법과 개선방법에 대한 연구도 진행되어야 한다(Woolfolk, 2016).

Bruner에 의하면, 학습이론은 기술적(descriptive)이어서 지식을 습득하는 조건이나 상황을 말해 주는 반면에 수업이론은 처방적(prescriptive)이어서 여러 수업절차와 교실 상황의 실제적 적용을 다룬다. 그러므로 수업이론은 학습의 경향성, 지식의 구조, 계열성, 강화를 강조한다. 따라서 교육심리학은 독자적으로 발전할 수 없으며 일반심리학을 비롯하여 생물학, 생리학, 사회학, 문화인류학, 정신의학, 성격학 등의 인접 학문의 도움을 받아야만 발전할 수 있다(이성진 외, 2009).

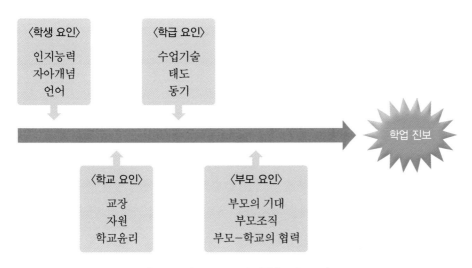

[그림 1-4] 학업진보에 영향을 주는 요인

　이러한 교육심리학의 학문적 구조를 이성진 등(2009)은 학습자, 교육환경, 학습, 교수, 그리고 교육평가로 규정하고 각 과정에 따른 교육심리학적 과제를 강조하였다.

　교육에 대한 심리적 관점은 교사들에게 실제로 교수과정을 돕는 논리적이고 통합적인 이론을 발달시키게 하였다. 예를 들면, 학업의 진보는 다양한 요인들에 의해 영향을 받는다. 즉, 학생들의 자아존중감과 같은 학생 요인들, 교사들의 동기와 같은 학급 요인들, 학교가 가장 최근의 교재를 제공할 수 있느냐에 관한 학교 요인들, 과목에 대한 부모의 관심과 같은 부모 요인들에 의해 영향을 받는다. 이러한 요인들은 [그림 1-4]와 같이 나타낼 수 있다(Fox, 1993; 윤운성, 2001 재인용).

　대부분의 이론적이고 심리적인 관점은 이들 요인에 초점을 맞추고 교육의 과정을 설명하려고 한다. 그러나 인간행동은 매우 복잡하기 때문에 학생을 효과적으로 가르치기 위한 획일적인 관점은 없으며 적극적으로 교과과정에 관심을 갖는 교사는 학습과정에 강력한 영향을 줄 수 있다. 따라서 교사는 자신의 교육환경 내에서 적극적으로 자신의 요인들을 창조해야 할 것이다.

4. 교육심리학의 연구방법

1) 교육의 과학적 연구방법

심리학은 인간이해를 목표로 인간행동을 연구하는 과학이기 때문에 그 주요한 영역은 교육문제와 밀접하게 관련된다. 따라서 지금까지 심리학이 축적해 온 이론이나 방법으로 교육문제를 해결하는 유력한 교육의 과학적 연구라고 볼 수 있다. 그러므로 이러한 이론이나 방법을 체계화하고 조직화함으로써 교육심리학의 새로운 발전을 기대할 수 있다.

(1) 과학적 연구의 출발점

일반적으로 과학적 연구의 출발점은 탐구심에 기초한 의문이나 문제점으로부터 시작한다. 의문이 생기는 과정 또한 그 자체로 심리학적 연구과제라 할 수 있는데, 대체로 다음과 같이 두 가지 과정으로 나뉜다. 하나는 연구자나 이론가의 숙고로부터 생기는 것이고, 다른 하나는 실천과정에서 관찰에 의해 생기는 것이다.

의문이나 문제는 보통 두 가지 종류로 구분된다. 하나는 '무엇이, 어디에서, 어느 정도로' 하는 비교적 단순한 의문이고, 다른 하나는 관련성이나 관계에 대한 의문이다. 예컨대, '이 학급 아동들의 지능지수의 범위는 어느 정도일까?'는 전자에 속한 의문이며 '아동의 지능지수와 학급태도 사이에는 어떤 관계가 있는가?' '아동의 교사에 대한 동일시의 정도와 그들의 학업성적 사이에는 어떤 관련이 있는가?'는 후자에 속한 의문이라고 할 수 있다(박아청, 1999).

(2) 가설의 설정

의문으로부터 과학적 탐구가 시작되지만 연구의 첫걸음은 의문에 대한 가설을 설정하는 것이다. 가설은 변인 사이의 의존관계를 말하는 것으로서, 한 변인의 변화가 다른 한 변인의 변화를 갖게 할 것이라는 예측을 하는 것이다.

예를 들어, '아동의 교사에 대한 동일시의 정도와 학업성적과의 관계'에 의문인 경우, '교사에 대한 동일시의 정도가 높은 아동은 그 학습의 효과도 높을 것이다.'라는 가설을 세울 수도 있다. 이 가설에서 하나의 변인은 '교사에 대한 동일시'이고 '모든 아동의 동일시 정도는 같지 않다.'고 하는 전제가 있다. 또 다른 하나의 변인은 '아동의 학습효과'이다. 즉, '교사에 대한 높은 동일시는 높은 학습효과와 연합(상관)할 것이다.'라는 예측이 이 가설의 요점인 것이다.

(3) 변인의 측정

가설이 설정되었다면 다음 단계는 가설의 검증이다. 가설은 서술된 변인 간의 상호관계를 관찰에 의해 검증해야 하는데, 여기서 관찰은 변인의 측정에 지나지 않는다. 측정은 체계적인 방법의 소산이며, 어떤 변인이 측정된다고 하는 것은 그 변량을 기술하는 수단을 갖는다는 것을 의미한다.

측정의 절차에는 타당성, 신뢰성 및 표준화라는 세 가지의 요건이 있다. 타당성(validity)은 그 절차에 의해 측정하고자 하는 것(행동)을 실제로 측정하고 있는가 하는 문제로서 어떠한 측정절차이든 반드시 검토해야 할 일반적 원칙이다. 신뢰성(reliability)은 측정절차의 정확성(accuracy) 또는 안정도(stability)에 관한 문제로서 측정결과로 추출된 결론은 그 측정도구의 정확도와 반드시 관련시켜 살펴보아야 한다. 세 번째 요건은 측정조건이 항상 일정하게 표준화되어 있어야 한다는 것이다. 만일 측정조건이 변했을 때 행동에 차이가 난다면 그 측정방법에 원인이 있을지도 모르기 때문이다. 이론으로부터 출발하여 가설을 설정하고 검증하는 제반과정은 과학적 방법의 논리적 측면에 해당한다. 그러나 이러한 과학적 과정이 완성되려면 실제 관찰을 통해 경험적 일반화를 하여 가설을 검증함으로써 이론을 정립 또는 수정해야 한다.

2) 연구조사의 실태

경험적 관찰을 한다는 것은 관심을 가진 대상에 대한 자료를 수집하는 것이다. 자료를 수집하려면 수집대상, 상황조건, 수집방법 및 관찰방법을 구상하고 계획해야 하며, 그러한 접근방법의 타당성과 현실 가능성을 고려해야 한다. 교육심리학도 행동과학과 사회과학에서 사용되는 접근방법과 유사하므로 여기에서는 광범위하게 사용되는 세 가지 방법을 제시하고자 한다.

(1) 표본조사

연구대상 모두를 관찰할 수 있다면 이상적이겠으나 실제로 교육학은 연구대상이 인간이기 때문에 인적, 물적 자원의 한계로 인해서 일부만 관찰하게 되는데 이를 표본추출에 의한 관찰 또는 표본조사(sample survey)라고 한다.

연구에서 의미하는 전체의 대상을 모집단(population)이라 부르며, 여기서 추출한 표본은 가능한 한 모집단을 충분히 대표할 수 있어야 한다. 흔히 연구자의 편견이나 연구의 혜택이 개입되지 않는 무작위 또는 난선표집법을 사용한다. 실제로 구체적인 자료수집은 면접법(interviewing)과 질문지법(questionnaire)에 주로 의존한다.

모집단
얻어진 통계치의 의미를 일반화하여 적용하고자 하는 전체 집단

면접법
면접자가 질문을 하고, 이에 대한 피면접자의 반응을 받아 분석하는 방법

(2) 현장조사 및 사례연구법

현장연구는 교육현상이 일어나고 있는 학교현장에서 이루어지는 연구를 말한다. 현장을 생생하게 이해할 수 있는 장점이 있지만 여러 현장과 대상자를 한꺼번에 연구하는 것이 불가능하므로 특정한 사례만을 대상으로 하는 사례연구(case study)를 하게 된다.

이 연구는 실험실적 연구의 결과를 복잡한 변수들이 영향을 주는 현장에서 직접 적용해 봄으로써 복잡한 사회적 행동이나 집단적 행동의 역동성에 관한 과학적 자료를 얻는 데 뛰어난 연구방법이라고도 말할 수 있다. 하지만 관찰의 정확성과 객관성, 자료의 체계성, 표집 수의 제한으로 연구의 결과를 일반화시키는 데에는 문제점이 있다.

사례연구
개인이나 집단 또는 기관을 대상으로 어떤 문제나 특성을 심층적으로 조사하고 연구하는 것

(3) 실험법

실험에서는 초점변인 이외의 요인들을 통제하고 원인과 결과가 되는 변인 간의 관계를 보다 명백히 확인하려고 한다. 실험적 처치(experimental treatment)를 하여 원인이 되는 독립변인(independent variable)이 종속변인(dependent variable)에 어떤 효과를 주는지 검토하게 된다. 독립변인 이외에 실험결과에 영향을 줄 수 있는 다른 변인들을 통제하는데 이를 실험적 통제(experimental control)라고 부

실험적 통제
연구의 내적 타당도를 높이기 위해 가외 변수들을 체계적으로 통제하는 것

르며, 피험자를 무작위로 선택하는 방법과 통제군(control group)을 준비하는 방법이 일반적이다.

실험법은 변인의 효과를 정확하게 측정할 수 있다는 장점이 있지만 실험적 통제와 처리과정이 독단적이며, 가장 큰 약점은 인간행동이 간단히 실험적으로 조작하기 쉬운 일이 아니라는 점이다(박아청, 1981).

5. 교육심리학의 현장 적용

지금까지 우리는 교육심리학의 개념과 발전과정에 대해 알아보았다. 앞서 살펴본 바와 같이, 교육심리학은 자체의 이론과 연구방법 및 기술을 가진 독립적인 학문으로 이해되고 있으며(Woolfolk, 2016), 심리학의 원리를 단순히 교육에 적용하는 수준을 넘어 교육현장에서 인간행동을 기술하고 이해하며 예언하고 통제하려는 다양한 노력을 시도하고 있다(Wittrock, 1992). 이제 교사의 역할에 대하여 보다 구체적으로 살펴봄으로써 학교현장에 있어서 교육심리학의 적용에 대한 시사점을 살펴보기로 하자(임규혁, 임웅, 2007).

첫째, 교사는 교수전문가로서의 역할을 수행한다. 교사는 수업교재와 교수방법에 대해 끊임없이 의사결정을 해야만 한다. 이러한 결정에는 교과의 내용과 학생의 능력 및 요구 그리고 습득해야 할 학습목표 등 다양한 요인이 고려된다. 둘째, 교사는 동기촉진자로서의 역할을 수행한다. 오늘날 다양한 대중매체에 익숙해져 있는 학생들에게 학교생활은 지루하고 단조로울 수 있으며 학습내용에 집중하기란 쉽지 않다. 따라서 교사들의 매 순간의 의사결정은 학생의 동기유발에 효과적이어야 한다. 셋째, 교사는 관리자로서의 역할을 수행한다. 학생 행동의 감독, 시험 준비, 성적 평가, 동료 교사들과의 회의, 학부모와의 면담 그리고 일지 작성 등 교사가 관리해야 하는 업무는 매우 다양하다. 그중 교사가 수행하는 가장 중요한 관리적 업무는 학급의 질서유지 및 학급 운영이다(Doyle, 1985). 초등학교 교사의 경우 학생들에게 직접적으로 개입하는 비율이 하루 일과 중 20~30% 정도나 된다(Rosenshine, 1977). 넷째, 교사는 지도자로서의 역할을 한다. 집단을 대상으로 하는 교사의 지도력이 개개인의 성장을 신장시키는 방향으로 나타나야 한다. 이와 관련하여, Ornsteein과 Miller(1980)는 교사는 심판, 탐정, 학급 전체의 감정과 무력감의 조절가, 친구, 부모, 지원가 등의 역할을 동시에 수행하며 때로는 학교와 지역사회에 참가하여 지도적인 역할을 할 수도 있어야 한다. 다섯째, 교사는 상담가로서의 역할을 수행한다. 교사는 전문적인 생활지도 상담가는 아니지만, 학생들의 정서적 행동에 민감하게 반응해야 한다. 또한 교사는 학생들의 정서적인 측면과 더불어 학업성적이나 진로 등에 대해 학생과 학부모와도 상담해야 한다. 학부모의 감정, 사회의 규범, 동료 교사들과 학생들의 요구 등 다양한 변인을 고려하여 최선의 상담을 진행할 필요가 있다. 여섯째, 교사는 모델로서의 역할을 한다. 때로 학생들은 교과지식이 풍부한 교사의 설명보다는 교과에 열정을 갖고 최선을 다하는 교사에 의해 동기화된다. 따라서 교사는 하나의 문제를 해결하는 데 있어서도 가능한 한 다양한 접근을 보여 줌으로써 학생들이 다양한 상황에 접했을 때 현명하게 문제를 해결할 수 있는 힘을 길러 주어야 한다.

Shulman(1987)은 좋은 교사가 되려면 가르치는 교과교수에 필요한 전문적 지식, 학생의 전반적 특성, 학생의 학습환경 그리고 교육의 목표와 목적에 정통해야 한다고 주장한다. 교사가 자신의 역할을 성공적으로 수행하기 위해서는 분명 많은 시간과 경험이 필요하다(Woolfolk, 2016). 그렇다면 교육심리학은 교사에게 무엇을 제공할 수 있는가? Goetz, Alexander와 Ash(1992) 등은 교육심리학의 이론이 해당 분야 연구의 안내자, 사실이해의 증진, 사실의 예측과 통제 및 설명을 가능하게 한다고 주장한다. 따라서 교육심리학이 제공하는 이론은 교사가 가르치는 과정에서 부딪히는 여러 가지 문제를 설명하고, 이해하며, 현상의 과정이나 결과를 예측하게 하고, 주요 변인이나 과정을 통제할 수 있게 함으로써 교사에게 교육현상에 대한 의미 있는 통찰력을 제공할 수 있다는 것이다. 그러나 모든 이론이 그렇듯이 교육심리학 이론을 완전히 습득한다고 해서 모든 문제를 해결할 수 있음을 의미하지는 않는다.

토론과제 >>>

1. 교육심리학은 어떤 성격을 가진 학문인지 의견을 나누어 보자.

2. 교육심리학은 어떤 구조로 되어 있고, 어떤 내용적 요소를 가지고 있는지 논의해 보자.

3. 교육심리학의 역사에서 어떤 중요한 일들이 있었는지 논의해 보자.

4. 교육심리학을 연구하기 위한 방법은 무엇인지 논의해 보자.

5. 교육심리학을 어떻게 교육현장에 적용할 수 있는지 토론해 보자.

제 **2** 장

발달의 기초

조형정
◇◇◇◇◇

개요

　　인간은 모체에서 수정된 그 순간부터 죽음에 이르기까지 신체와 정신 양면에서 끊임없는 변화를 이루는 생명체이다. 여기에서의 변화는 모든 연령에서의 변화이기에 모두 진보적인 것을 뜻하는 것은 아니며 감소, 퇴화, 쇠퇴 등과 같은 퇴행적 변화를 포함하고 양적 변화뿐만 아니라 질적 변화도 포함된다. 이와 같은 인간발달의 이해는 교육심리학에서 매우 중요한 부분에 해당한다. 교육자는 효과적인 교육활동을 하기 위해서 인간의 발달 단계와 특징에 대한 이해가 필수적이다. 교육은 인간의 발달과 분리될 수 없으며 항상 학습자의 발달 단계를 접목하여 이루어진다. 이는 학습자의 발달 단계와 발달과제에 따라 무엇을 교육을 할 것인가, 어떻게 교육할 것인가를 결정하기 때문이다. 이 장에서는 인간의 발달에 대한 전반적인 내용을 이해하기 위해 발달의 개념, 발달의 원리, 발달 단계, 발달에 대한 주요 논쟁들에 대해 살펴보고자 한다.

학습목표

1. 발달의 개념을 정의하고 발달의 원리를 설명할 수 있다.
2. 발달의 원리와 발달에 영향을 주는 요인에 대해 설명할 수 있다.
3. 다양한 발달의 논쟁에 대해 자신의 의견을 말할 수 있다.

　　교육심리학에서 인간발달의 연구는 인간이 수정 시점부터 생을 마감하는 순간까지 전 생애를 통해 끊임없이 변화한다는 전제를 바탕으로 한다. 울음소리와 옹알이로만 세상과 소통하던 영아는 곧 언어를 습득하여 쉴 새 없이 말을 하고, 겨우 목을 가누던 영아는 어느새 걷고 뛰게 된다. 또한 양육자밖에 모르던 영아는 친구를 사귀고 가정을 떠나 더 큰 사회로 나아가게 된다. 사춘기에 접어들면 몸의 성숙과 함께 이성친구를 만나기도 하고 자신의 진로에 대해 고민하기도 한다. 이후에는 성인이 되어 가정을 꾸리고 나이가 들어 죽음에까지 이르게 된다. 이렇게 발달은 인간에게 일어나는 다양한 변화에 초점을 둔다. 이 장에서는 인간의 발달에 대한 기초적 이해를 위해 발달이 무엇인지와 발달의 영역, 발달의 시기, 발달의 원리와 발달에 영향을 주는 요인들, 그리고 발달과 관련된 여러 쟁점들에 대해 살펴보도록 할 것이다.

1. 발달과 학습

　　인간은 무한한 가능성을 지닌 무기력한 유기체로 출생하여 비교적 장기간의 성장과 발달과정을 거쳐서 독립적인 인간으로 성장한다. 그 발달 과정은 유기체와 자신을 둘러싸고 있는 환경과의 부단한 상호작용의 과정이며 그것은 성숙과정임과 동시에 많은 것을 배우는 학습과정이라고 할 수 있다.

1) 발달의 정의

　　발달(development)이란, 신체적, 운동적, 심리적 측면에 있어 전 생애, 즉 수정에서 죽음에 이르기까지 일어나는 체계적이고 연속적인 내적 · 외적 변화를 말한다. 학문적으로 발달을 정의할 때 변화, 체계성, 연속성을 강조한다. 모든 변화를 발달이라고 보는 것이 아니라, 체계적이고 연속적인 변화를 발달이라고 본다(Shaffer & Kipp, 2014). '체계적'이란 일정한 순서와 패턴이 있음을 의미하고, '연속적'이란 초기의 변화가 후기의 변화에 영향을 미치며 후기의 변화는 초기의

발달
학습과 성숙에 의해
일어나는 양적 · 질적
변화

변화와 연관됨을 의미한다(성현란 외, 2019).

　Koffka(1886~1941)는 발달이란 "유기체와 유기체의 기관이 양적으로 증대하고, 구조에 있어서 정밀화되며, 기능이 유능화되는 것"이라고 정의하였다. 즉, 이와 같은 현상은 어린아이들이 시간이 지남에 따라 신장과 체중이 증가하는 양적인 변화와 함께 그 변화과정에 수반하여 각 기관의 조직 및 구조가 더욱더 정밀하게 변화된다는 것을 의미한다. 태어날 때는 혼자서 생을 유지할 수 없을 정도로 무력한 신생아가 시간이 지나면서 부모와 상호작용을 하며, 걷고, 뛰고, 몸의 균형을 유지하며, 말하고 감정도 표현할 줄 알게 되는 것이다. 즉, 양적 변화와 질적 변화를 동시에 수반한 심신의 변화를 발달이라고 한다.

　이러한 발달에는 개인의 내부적 조건이나 외부적 조건들이 모두 작용하여 발달의 정도를 결정해 나간다. 이러한 발달의 두 가지 측면 중 일반적으로 양적 증대의 측면, 즉 신체적인 양적 변화를 성장이라고 하며, 흔히 외적인 자극이 없어도 자연히 일어나는 비교적 환경의 영향을 적게 받는 변화를 말한다. 반면, 성숙이란 어떤 경험이나 학습에 의하지 않고 어떤 기능 면이나 행동상의 질적인 변화가 나타났을 때를 말한다.

성장
유전으로 인한 양적 변화

성숙
유전으로 인한 양적·질적 변화

2) 학습의 정의

학습
반복연습에 의한 장기적인 행동변화

학습은 발달의 과정에 있어 성장이나 성숙과 구분된다. 아동이 동일한 환경에서 계속적으로 나타내고 있는 행동은 그 이전의 경험에 의해 변화한 것이다. 이와 같이 심신의 모든 분야에서 생기는 기능의 변화가 영속적일 때 그 변화과정을 학습이라고 본다. 다시 말해 학습은 연습이나 경험의 결과 일어나는 행동의 지속적인 변화를 의미하며, 개인이 주어진 상황 안에서 경험을 반복함으로써 그 상황에 대한 개인의 행동과 행동 잠재력이 변화하는 것을 가리킨다. 즉, 학습이란 유기체 내에서 일어나는 내재적인 변화과정으로 직접 관찰 가능한 것이 아니고, 수행(performance)으로 표현될 따름이다. 따라서 학습이란 수행과 그 선행조건을 통해 추리할 따름이다.

　한편 일상생활의 행동, 언어, 사고, 기능 등은 선천적인 개인차가 있으나 다양한 환경적 조건에 의해 변화된다. 즉, 학습은 특수한 경험과 같은 외부적 자극에 의해 이루어지는 후천적인 변화의 과정을 말한다. 그러나 학습이 후천적인 요인에 의해 규정되는 발달이라고 하지만 학습할 수 있는 발달적인 소지가 있어야 한다.

　　Gessel(1949)에 의한 46주 된 쌍생아의 계단 오르기 실험에서와 같이 계단 오르기 훈련은 계단을 오를 수 있는 어느 정도의 성숙이 필요하다는 것이다. 따라서 연습은 일정한 성숙단계에서 행해져야 그 효과가 나타나는 것이다. 너무 어린 나이부터 훈련이나 연습을 시키면 학습은 성립되지 않고, 성립했다 하더라도 비능률적으로 과다한 훈련기간의 소요만을 초래한다. 학습은 기본적으로 성장 혹은 성숙의 단계를 염두에 둔 준비성(readiness)에 대한 고려가 이루어져야 한다.

　　한편 이상에서 언급한 학습에 대한 개념 규정과 달리 실질적인 면에서의 학습 또는 행동변화의 내용이 무엇인가에 대한 견해는 실로 다양하다.

　　Kimble(1961)은 "학습은 강화된 연습의 결과로 일어나는 행동적인 잠재능력의 지속적 변화"라고 정의한다. 이는 학습은 영구적 행동변화이며 행동의 변화는 경험이나 연습의 결과로 행동의 변화가 학습 경험 후 즉시 나타날 필요는 없다. 또한 경험이나 연습은 강화되어야 하며 이때 보상을 받게 되는 반응만을 학습한다는 의미이다.

　　그러므로 일반적 학습의 개념적 준거는 다음과 같다.

　　첫째, 학습이란 행동의 변화이며 이러한 변화는 연습·훈련 또는 경험에 의한 변화로서 성숙에 의한 변화는 학습으로 간주되지 않는다.

　　둘째, 이러한 변화는 비교적 영속적이어야 한다. 따라서 동기, 피로, 감각적 순응, 마취 또는 유기체의 감수성의 변화와 충동 등에 의한 일시적 변화는 제외된다.

　　셋째, 순수 심리학적 견해는 진보적 또는 퇴보적 행동 변화를 모두 학습으로 간주하나, 교육적 견해로는 바람직한 진보적인 행동의 변화만을 학습으로 간주한다.

3) 발달의 영역

　　인간발달의 영역은 신체·운동발달의 생물학적 발달 영역, 언어발달 등의 인

지발달 영역, 사회성 · 정서 · 성격 · 도덕성발달 등의 사회 · 정서발달 영역으로
나눌 수 있다.

- 생물학적 발달 영역: 신체 · 운동발달은 정신발달과 밀접한 관련이 있으며 인
  간발달을 이끌어간다. 이 영역은 개인이 물려받은 유전자에 따라 인간이 어
  떻게 시각, 청각 등의 감각기관을 이용해 정보를 습득하고 감각기관을 통해
  받은 정보를 통합하는 지각능력 발달 측면과 인간이 살아가면서 필요한 움
  직임과 신체 통제능력의 발달에 관한 운동기술 발달 등의 측면을 포함한다.
- 인지발달 영역: 인지발달 영역은 정보를 이해하고 그 정보를 이용하는 등 주
  의, 감각, 지각, 기억, 언어, 사고, 개념형성, 문제해결 등의 과정을 통해 지
  식을 습득하거나 지식을 활용할 때 작용하는 모든 능력변화와 관련된다.
- 사회 · 정서발달 영역: 사회성발달은 여러 사람과 어떻게 상호작용하고 관계
  를 맺어 가는지에 초점을 두면서 아동이 사회성발달을 통해 어떻게 사회에
  적응하게 되고 다양한 인간관계 속에서 성장해 가는지에 관심을 둔다. 정서
  발달은 정서와 성격의 발달, 타인의 정서이해와 타인과의 관계 형성을 포함
  하는 것으로, 자신의 정서를 표현하고 조절하고 자신과 상대방의 정서를 이
  해하는 것은 발달에 있어 꼭 필요한 과정 중 하나이다. 다양한 정서의 경험

운동발달

인지발달

도덕성발달

사회성발달

정서발달

[그림 2-1] 다양한 영역의 발달

과 표현은 인격형성에 매우 중요한 영향을 미친다. 또한 도덕성발달 역시 가치관의 형성이나 옳고 그른 행동의 판단 및 친사회적 행동발달과 연관되며 사회적 규범을 알아가고 이해하는 것 등과 관련된 사회 · 정서발달 영역의 측면이다.

이 세 가지 주요 영역은 서로 독립적이라기보다 상호 관련되어 있다. 즉, 신체적으로 건강하면 시각, 청각 등의 지각과 신체 통제능력의 발달에 기반하여(생물학적 발달) 가정이나 학교에서 더욱 적극적으로 활동하고, 친구들에게도 좀 더 이타적으로 행동할 수 있을 것(사회 · 정서발달)이며, 그에 따라 부모와 교사에게도 보다 긍정적으로 평가되고 수용될 것이다. 또한 어려서부터 양육자와 긍정적 애착을 형성하고 이를 통해 아동은 긍정적 자아개념을 가지게 되며, 자아통제력이 증가되어(사회 · 정서발달) 학습상황에 대해 자신감과 동기가 증가함으로써 주의집중도 잘하고, 올바른 도덕적 판단(도덕성발달)과 인지능력의 증가(인지발달)를 가져오게 될 것이다.

4) 발달의 시기

인간의 발달은 전 생애에 걸쳐 발달의 주요 영역의 특성이 어떻게 조직되는가에 따라 태내기, 신생아기, 영아기, 유아기, 아동기, 청소년기, 성인초기, 성인중기, 성인후기로 구분한다. 그러나 이러한 발달 단계는 절대적인 것은 아니며 기준에 따라 혹은 문화마다 다소 구분을 달리하기도 한다.

(1) 태내기

태내기(prenatal period)는 수정에서 출생까지의 시기로, 평균 9개월(40주, 280일) 정도인데, 이는 산모와 태아의 상태에 따라 다소 차이가 있다. 태내기는 신체의 기본적 구조와 기관이 형성되고, 기본적 기능이 발달하는 중요한 시기이다. 이 시기는 어머니의 건강과 영양상태로부터 영향을 받을 뿐 아니라 심리적 상태, 더 나아가 다양한 유해물질의 영향을 받을 수 있는 시기이다.

(2) 신생아기

신생아기(neonatal)는 신생아가 출생의 고통에서 회복하는 시기로, 생후 약 2주 간을 말하며, 심리학에서는 1개월 정도를 설정한다. 이 시기에는 전적으로 어머니의 보호에 의존하여 생명을 유지하지만, 스스로 호흡을 하고 새로운 유형의 혈액순환을 시작할 수 있어야 하며 체온조절과 음식물의 섭취를 제대로 할 수 있어야 한다. 이 시기를 영 · 유아기와 분리하여 신생아기라고 지칭한다.

(3) 영아기

영아기(infant period)는 생후 2세 전까지를 말한다. 이 시기는 인간의 발달에서 다른 어떤 시기보다 발달속도가 빠르다. 영아기는 세상 밖으로 태어난 아기가 태내 환경과는 다른 새로운 환경에 부딪히면서 독립된 개체로 발달하기 위해 신체적, 정서적, 사회적, 심리적, 정신적 발달이 신속하게 나타나고 인간으로서의 직립보행과 언어의 시작, 타인과의 사회적 접촉이 활발히 이루어지는 시기이다.

(4) 유아기

유아기(early childhood)는 보통 2세 전후부터 6세 이전까지를 말한다. 이 시기는 영아기를 지나 취학 전까지로 신체운동 및 의식이 현저하게 발달하며 유아기 또는 학령전기(preschool period)라고도 부른다. 유아기의 어린이는 자신의 생존에 필요한 기본적인 활동을 익히고, 읽기와 쓰기를 비롯하여 또래와 함께 보내기 등과 같은 초등학교 교육을 받기 위한 준비를 한다.

(5) 아동기

아동기(childhood)는 공식적 학교교육을 통해 사회가 요구하는 기본적 기술을 습득하는 단계로 약 6세부터 12세 이전까지의 시기를 가리키며 학령기라고도 부른다. 이 시기는 영 · 유아기의 발달을 바탕으로 기본적인 인간특성이 나타나며, 지적 호기심이 높아 무엇이든지 알고 싶어 한다. 이 시기의 아동은 초등학교에서 읽기, 쓰기 및 셈하기 기술을 터득하며, 유아의 심리적 특성인 자기중심성에서 점진적으로 탈피하고, 사회성이 형성되면서 학교 및 일상생활에 관련된 다양한 규칙을 익히며 자신의 또래집단과 잘 지내는 법을 익힌다.

(6) 청소년기

청소년기(adolescence)는 사춘기를 포함한 시기로 아동기에서 성인기로 전환하는 과도기 시기이며, 대략 만 10~12세에 시작하여 만 18~25세에 끝난다. 과거에는 이 시기를 후기 아동기라고 부르기도 하였으나 최근에 와서 점차 청소년기의 종료 시기가 25세 정도까지 확장됨에 따라 후기 아동기라는 용어는 거의 사용하지 않는다. 청소년기는 체중과 키가 크게 증가하고, 일차 및 이차 성징의 신체적 발달 급등이 일어나는 사춘기 변화로 시작된다. 또한 이러한 과도기적 현상 속에서 모순과 혼란, 비판적 사고, 반항심, 자아발견, 정신적 독립, 이성교제 등의 새로운 것을 발견하는 가운데 성인단계로의 진입과 더불어 인간의 성숙화 과정을 이루어간다.

(7) 성인초기

성인초기는 연령적으로는 대략 만 18~25세부터 시작하여 40세까지로 본다. 이 시기는 신체적·정신적 능력이 최고조에 이르고, 유연성이 커져 많은 일을 빠른 속도로 수행할 수 있다. 또한 사회적응에 따른 새로운 환경 변화를 맞이하기 때문에 많은 적응상의 문제를 갖게 된다. 그중 배우자의 선택과 결혼, 직업선택 및 직장 적응 등은 핵심적인 문제들이다. 초기 성인기에 이르러 직업세계에 처음으로 발을 내딛어 직장에서의 적응을 위해 노력할 뿐 아니라 배우자를 선택하여 가정을 이루고 자녀를 생산하여 양육하는 데 힘을 쏟는다. 따라서 다양한 역할 요구로 인해 어려움을 느낄 수 있는 시기이다.

(8) 성인중기

성인중기는 대체로 만 40세 이후부터 65세까지의 시기를 말한다. 이 시기는 경제적으로 안정되고 사회적 지위가 확립되어 안정된 분위기 속에서 자신의 역할을 수행하며 아울러 자녀교육 및 진로에 관심을 갖는 가장 생산적인 인생의 전성기이다. 그러면서도 청력과 시력이 저하되기 시작하고, 피부 노화가 눈에 보이기 시작하는 생물학적 노화가 일어나 이에 대한 적응이 필요한 시기이다. 이 시기에는 정신적 능력의 속도는 느려지지만, 경험의 축적에 따른 풍부한 전문지식으로 인해 자신의 활동 영역에서 전문가의 역할을 수행하며 후배 동료들의 멘토 역할을 기꺼이 수행함으로써 생산성이 최고조에 이른다. 성인중기는 자녀들에게 정서적·재정적 지원을 해야 하고, 노부모를 부양해야 하기 때문에 '샌드위치 세대'라고도 부른다. 그리고 이때 자녀들이 부모를 떠나 독립함에 따라 부부만이 남게 되는 빈 둥지 시기를 경험하게 된다. 자신의 삶을 오로지 자식만을 위해 헌신해 온 부모의 경우 이 시기에 도달하게 되면 고독감과 심한 우울증에 빠지기도 하는데 이를 '빈 둥지 증후군(empty nest syndrome)'이라고 한다.

(9) 성인후기

성인후기는 흔히 노년기라고 명명하기도 하는데 만 65세 이후의 시기를 말한다. 이 시기는 체력이 서서히 쇠퇴하기 시작하면서 신체적 구조와 기능이 감소하고 지적 능력의 감퇴를 특징으로 하지만, 대부분의 노인은 이를 보상하는 법을 익혀 건강하게 적응한다. 현대 발달심리학에서는 노년기에 일어나는 감퇴뿐만 아니라 성장의 측면을 밝히는 데 큰 관심을 두고 있다. 즉, 노년기에는 지혜가 발달하거나 자아통합이 발달하는 것으로 본다. 또한 노년기에는 은퇴를 하여 사회적 활동의 범위가 축소되지만 여가 시간이 증가하므로 가족관계 및 가까운 동

[그림 2-2] 발달 시기 구분

년배와의 관계를 밀접하게 유지하는 데 의미를 둔다.

2. 발달의 원리와 영향요인

1) 발달의 원리

발달의 원리는 개체의 성장과 발달의 체계적 관찰을 통해 도출 가능하며, 인간 발달에 대한 이해는 다음과 같은 일반적인 발달 원리를 기초로 하게 된다.

(1) 연속성의 원리

발달은 연속적 과정이다. 발달은 수정의 순간부터 사망의 순간까지 연속적으로 이루어지며, 이 때문에 어떤 단계에서 일어난 현상은 다음 단계에 영향을 줄수 있다고 말할 수 있다. 아동이 발달하는 모습을 보면 누구나 정도의 차이는 있지만 모든 발달이 일련의 연속성과 점진적 변화의 과정을 거치고 있음을 알 수있으며 또한 그것이 성장이나 성숙 면에서도 동일한 현상으로 나타난다. 발달은 낮은 단계에서 높은 단계로 나아가는데 이때 발달은 급격히 일어나는 것이 아니라 서서히 그리고 계속적으로 일어난다.

물론 발달은 연속적이지만 반드시 그 속도가 일정한 것은 아니다. 언어나 어휘는 유아기에 급격히 증가하며 신장과 체중은 유아기와 사춘기에 많이 늘어난다. 이처럼 발달에는 급속히 진행되는 시기와 비교적 완만한 시기가 있다. 물론 유아기나 사춘기의 급격한 신체적 변화나 유아기의 언어발달과 같이 특정시기에 발달이 급격히 신장하는 이른바 **결정적 시기**(critical period)가 있지만 그러한 시기에서조차도 발달은 연속성과 계속성을 상실하지 않고 일어나는 것이 발달의 법칙이라고 할 수 있다. 만일 어떤 경우에 이러한 연속성이 상실되었다면 발달상의 장애로 간주될 수 있으며 그 결과 커다란 문제가 유발될 수 있을 것이다.

결정적 시기
어떤 사건의 출현 혹은 결여가 발달에 지대한 영향을 주는 특정한 시기

(2) 분화 · 통합성의 원리

발달은 분화와 통합에 의한 구조화의 과정이다. 출산 전 태아나 출생 후 유아

의 경우 신체 전체를 움직일 수 있어도 특수한 반응은 할 수 없다. 유아는 손을 뻗는 특수한 반응을 하기 전 팔 전체를 흔드는 일반적인 운동이 먼저 관찰된다. 이처럼 어린이가 성장함에 따라 운동하는 모습을 관찰하면 전체에서 특수한 부분으로, 대근육 활동에서 소근육 활동으로 분화되어 나아가는 것을 볼 수 있다. 가령 갓난아이의 신체 일부분을 자극하면 팔이나 다리가 아무렇게나 움직이는 것을 볼 수 있다.

그러나 시간이 지나면 어린이들은 필요 없는 동작을 하지 않고 보다 특수하고 그에 적절한 반응을 하게 된다. 이와 같은 현상은 신경계통 발달의 결과이다. 또한 손으로 바늘과 같은 작은 물체를 잡는 행동을 관찰해 보면, 초기에는 손바닥으로 그 물체를 잡으려고 하다가 점점 팔과 손의 근육을 조절하게 되면서부터 다섯 손가락에서 두 손가락으로 물체를 잡을 수 있게 된다. 이처럼 처음에는 모든 행동이 미분화되어 전체적인 반응을 하지만 특수한 반응과 부분반응으로 분화되며 동시에 몇 개의 반응이 통합되어 새로운 체제가 형성된다. 이것은 하나의 행동이 독자적으로 발달되지 않고 여러 가지 요인이 통합적으로 작용하여 이루어짐을 의미한다.

이뿐만 아니라 신생아가 우는 것 이외에는 아무런 반응을 하지 못하다가 성장함에 따라 화내고 질투하고 슬퍼하는 등 다양한 정서반응으로 분화되어 가는 모습은 누구나 경험을 통해 알 수 있다. 물론 이러한 분화는 신체적 발달이나 심리적 발달의 결과로 형성되는 것이어서 분화의 정도에 따라 성숙의 정도를 가늠할 수도 있다.

이처럼 발달은 전체적 · 일반적 기능에서 부분적 · 특수적 기능으로 분화되어 가며 일단 분화가 되면 동시에 분화된 각 부분은 일정한 계열에 따라 조직되고 통합된다.

(3) 발달속도차의 원리

발달속도에는 개인차가 있다. 발달에는 일반적인 원리가 있기는 하지만 모든 개인이 동일하게 발달하는 것은 아니다. 즉, 신체적, 지적, 정서적 측면이 각기 다르게 발달하는데 이는 가정환경, 경제조건, 가족의 교육정도, 사회 · 문화적 조건 등에 의해 영향을 받는다.

이와 같은 개인차는 선천적인 유전에 의하기도 하지만 개체가 환경과 상호작용하여 발달하게 되므로 개체는 모두 제각기 독특한 양과 질 그리고 속도를 가지고 다른 모양으로 발달하게 된다.

개개인의 신체적, 정신적 특성의 발달속도에 변동이 생기면 많은 적응상의 문제가 생긴다. 신체적, 사회적, 정서적 발달에 비해 지적인 발달이 조숙한 아이는 동일 연령층의 아이들이나 나이 많은 아이들과 원만한 관계를 갖기 곤란한 경우가 많다.

(4) 방향·순서의 원리

발달에는 일정한 방향과 순서가 있다. 모든 생활체는 종족 특유의 일정한 양식에 따라 발달한다. 즉, 신생아가 앉고, 서고, 걷는 것, 유치가 나는 순서 등을 보면 일정한 방향과 순서를 가지는 것을 알 수 있다. 예를 들어, 손을 움직이기 전에 머리를 돌리는 운동부터 시작한다거나, 원을 먼저 그리다가 점차 사각형을 그릴 수 있게 된다. 즉, 시간의 흐름과 같이 발달은 거꾸로 될 수 없는 과정인 것이다. 발달이 진행되는 순서에는 세 가지 기본적인 법칙이 있다. 일반적인 순서는 두부에서 미부로, 중심부에서 말초부로, 전신운동에서 특수운동 등으로 이루어진다.

첫째, 두미형 발달(cephalo-caudal direction: head-foot)의 순서로, 신체의 여러 부위 중 머리 부분이 일찍 발달하고 나머지 부분은 아직 발달이 이루어지지 않았으나 시간이 지나면서 다른 부분도 발달하게 되어 제 모습을 찾아가게 되는 것을 말한다. 따라서 태아기에는 머리부분의 발달이 제일 먼저 이루어지고 그 후 흉부, 복부 등 아랫부분으로 점차 발달이 이루어지게 된다.

둘째, 중심–말초형 발달(proximal-distal direction)의 순서로, 신체의 중추신경에서 말초신경 부분, 모세혈관 등의 순서로 원심형 방향의 발달이 이루어지게 된다. 이러한 발달은 엄격한 순서의 방향성을 가지고 있는데 유치(젖니)의 발생을 비롯해 여러 가지 발달에서 이를 확인할 수 있고, 이러한 방향성이나 순서는 역행될 수 없는 정해진 과정으로 진행된다고 알려져 있다.

셋째, 전신운동에서 특수운동형 발달(mass-specific direction)의 순서로, 유아에게서 처음으로 나타나는 반응은 대부분 전신반응이며 신체의 큰 부분을 움직이는 미분화된 전체적 운동처럼 큰 근육에서부터 작은 근육으로 발달해 간다.

이처럼 발달은 방향성과 순서를 가지므로 누구나 비슷한 과정과 형태로 이행된다. 그러나 어린이들이 성장함에 따라 경험의 종류가 달라지고 환경이 변화함에 따라 수많은 변인들이 작용하기 때문에 개인의 발달경향과 행동은 점차 예측이 어려워진다.

(5) 성장과 학습의 상호작용성의 원리

발달은 성장과 학습이라는 두 가지 과정의 상호작용의 결과로 나타난다. 성장이란 유전으로 인한 양적 변화를 뜻한다. 이에 대해 학습은 주로 경험의 결과로 나타나는 영속적인 변화이다. 이처럼 발달은 생물학적 성장에 기초하여 주어진 경험·훈련 등이 서로 상호작용하여 나타난 결과이다. 이처럼 발달의 각 측면은 상호 관련이 있다. 예를 들어, 보행이 가능해지면 그 활동범위가 넓어져 이웃과 사귀며 사회성이 발달하고, 다른 친구와의 놀이를 통해 사회적 역할을 배우고, 또한 많이 보고 들으며 지적인 발달을 이룰 수 있는 것이다.

2) 발달에 영향을 주는 요인

한 개인의 발달은 모든 사람들이 공통적으로 경험하는 발달과정뿐만 아니라 외모, 생각, 성격, 기질 등과 같은 개인적 특성이나 가정이나 공동체, 사회, 인간관계와 같은 환경의 영향 혹은 발달의 결과로 나타나는 개인차도 반드시 고려되어야 한다. 발달은 전 생애에 걸쳐 연속적으로 일어나고 변화는 생의 어떤 시기에도 여러 가지 다양한 영향들의 결과로 일어난다. 이러한 발달에 영향을 주는 요인으로는 성숙과 환경, 문화와 민족 그리고 규범적, 비규범적 영향을 들 수 있다.

(1) 성숙과 환경

생물학은 발달 변화의 가장 절대적인 원인이다. 아기가 기고 서고 걷는 것이나 사춘기의 초경과 갱년기의 완경도 모두 성숙에 의해 일어나는 발달의 변화이다. 성숙(maturation)은 유전적으로 결정된 발달의 생물학적 시간표에 따라 일어나는 변화를 말한다. 사춘기는 생물학적 시계에 의해 나타나는 변화가 가장 큰 단계 중의 하나이다. 그러나 이러한 시기조차 환경(environment)적 요인들에 의해 영향을 받는다. 심한 다이어트나 지나친 운동은 사춘기를 지연시키기도 한다. 또한 과잉영양으로 오는 비만도 사춘기가 너무 일찍 오는 성조숙증을 일으키는 데 영향을 미친다.

(2) 문화와 민족

우리의 생애는 사회적 시기에 의해서도 영향을 받는다. 학교에 들어가고 졸업하는 시기, 결혼하고 아이를 기르는 시기, 은퇴의 시기는 모두 그 문화(culture)에 의해 정해진다. 실제로 문화는 사상과 신념, 관습에서부터 일상의 사소한 일들에 이르기까지 수많은 면에서 우리의 삶에 영향을 미친다.

또한 민족(ethnicity)이란 정체성과 신념, 가치 등을 공유할 수 있는 그들만의 구별되는 문화와 조상, 종교와 언어, 국가의 기원으로 하나가 된 사람들의 집단을 말한다. 이러한 민족과 문화의 형태는 가족의 구성, 경제 · 사회적 자원, 음식, 종사하는 직업, 사회관계의 방식, 아이들의 놀이, 학습의 방법, 가족들의 세계관을 통해 발달에 영향을 준다(Parke, 2004).

(3) 규범적 영향과 비규범적 영향

발달의 예측성과 비예측성을 이해하기 위해서는 **규범적 영향**(normative influence)과 **비규범적 영향**(nonnormative influence)에 대해 살펴볼 필요가 있다. 규범적 영향은 한 사회 대부분의 사람들에게 비슷한 영향을 주는 생물학적 혹은 환경적 사건의 영향이다. 이에 대해 비규범적 영향은 특정 사람에게만 발생한 사건과 관련된다(Baltes & Smith, 2004).

규범적 동일연령집단 영향(normative age-graded influences)은 어디서 어떻게 자라나든 상관없이 특정한 연령집단의 사람에게 일어나는 매우 비슷한 생물학적 사건이나 환경적 사건의 영향을 말한다. 예를 들어, 정상적인 발달의 범위 내에서 사춘기나 갱년기와 같은 생물학적 사건의 시기는 상당히 예측 가능하다. 사람들은 50세에 사춘기를 경험하거나 12세에 갱년기를 경험하지는 않는다.

규범적 동시대집단 영향(normative history-graded influences)은 특정한 역사적 사건과 연결된 생물학적 영향과 환경적 영향을 일컫는다. 동시집단효과(cohort effect)가 대표적인 예이다. 전염병, 전쟁, 기근, 천재지변과 같은 역사적 사건은

규범적 영향
한 집단의 대부분의 사람들에게 비슷한 방식으로 일어나는 사건의 영향

비규범적 영향
특정한 사람에게만 일어나는 예외적인 사건 혹은 예외적인 시기에 일어나는 일상적인 사건의 영향

동시집단
같은 시기에 태어난
사람들의 집단

동시대 세대
같은 역사적 사건을
경험한 사람들의 집단

같은 시기에 태어난 동시집단이거나 혹은 같은 역사적 사건을 경험한 동시대 세대의 행동과 태도를 형성하는 데 도움을 준다. 예를 들어, 대공황과 제2차 세계대전을 살아온 세대는 지금의 세대에게는 뚜렷하게 나타나지 않는 강한 사회적 상호의존성과 신뢰감을 보이는 경향이 있다(Rogler, 2002). 동시대집단 영향의 강도는 사건의 유형, 개인의 연령 그리고 장·단기에 걸쳐 사건이 주는 개인적, 사회적 효과에 따라 달라진다.

비규범적 영향은 개인의 삶에 치명적인 충격을 주어 정상적인 생애주기를 교란시키는 예외적인 사건들이거나 혹은 어린 나이에 당한 부모의 사망과 같이 예외적인 시기에 일어나는 일상적인 사건의 영향을 받는다. 비규범적인 사건들은 바람직할 수도 있고 그렇지 않을 수도 있다. 예를 들면, 복권에 당첨되거나 국무총리로 발탁될 수도 있고, 사고를 당하거나 직장에서 해고될 수도 있다. 이러한 영향들은 때로 인간의 통제 밖에 있거나 삶을 통째로 바꿀 전환점으로 인식될 만큼 극심한 도전으로 나타난다. 다른 한편으로 사람들은 때때로 자신의 비규범적 생의 사건을 창조하는 데 일조하기도 하는데, 50대 중반에 아기를 가질 결심을 하거나 스카이다이빙과 같은 도전적 취미생활을 함으로써 자신의 발달에 적극적으로 참여하기도 한다.

3. 발달에 대한 주요 논쟁점

'발달을 일어나게 하는 것은 무엇인가?' '발달은 어떠한 과정을 따르는가?' 등과 같은 질문을 통해 인간발달 분야에서 논란이 되고 있는 핵심 쟁점들이 있다. 여기서는 인간발달과 관련하여 유전과 환경, 연속성과 비연속성, 안정성과 불안정성, 규준과 개인차, 능동과 수동에 대한 논란을 중심으로 살펴보고자 한다.

1) 유전과 환경

발달이 태어나면서부터 내재적으로 가지는 요인에 의해 이루어지는지 아니면 환경에 의해 만들어지는지에 대한 쟁점을 유전 대 환경이라고 한다. 이는 발달에 관한 가장 오래된 쟁점 중 하나이며 아직까지 해결되지 않은 논쟁이다. 아기들이 태어나고, 기어다니고, 설 수 있고, 걸을 수 있게 되는 시기는 대체로 비슷하고, 무엇보다 그 순서는 어떤 문화에서 자랐든, 연습을 많이 시켰든 그렇지 않든 동일하다. 그 이유는 이러한 운동발달의 순서는 유전적으로 계획되어 있기 때문이다.

하지만 걷기 시작하는 시기는 아기에 따라 차이를 보이는데, 이는 유전적 특성의 개인차와 더불어 각 문화와 가정에 따른 경험의 차이에서 기인한다고 볼 수 있다. Watson(1925)은 능력, 기질, 행동적 특성은 유전과는 관련이 없다고 주장하며, 환경이 유전보다 중요한 요인이라고 설명했다. 그는 "나에게 건강한 영아 12명을 보내주면 이들의 환경을 각각 다르게 제공하여 의사, 변호사, 기술자 등으로 만들 수 있다."고 주장할 정도로 환경이 유전보다 중요한 요인이라고 생각했다. 그러나 최근에는 사람의 기질이나 정서, 도덕성 등 다양한 발달이 단순히 유전이나 환경에 의해 결정된다고 보는 대신 유전과 환경이 복잡한 상호작용을 하여 발달이 이루어진다는 의견에 대부분 동의하고 있다.

2) 연속성과 비연속성

발달의 과정에서 변화의 본질에 대한 중요한 문제 중 하나는 연속적인가 아니면 비연속적인가 하는 것이다. 연속적(continuity) 발달이란 발달에서 질적으로 차이가 없으면서 점진적 변화를 보이는 것을 말한다. 즉, 연속성을 가지고 있다는 것은 한 개인의 행동 혹은 지식이 갑자기 발달하기보다는 점차 발달하고 능력이 축적된다는 것을 뜻한다. 예컨대, 기린은 태어난 후 신체의 부피나 크기는 커지지만, 기본적인 외형은 변하지 않는 연속성을 가진다. 왜냐하면 같은 형태가 양적으로 증가한 것일 뿐 새로운 특징이 출현한 것이 아니기 때문이다.

이에 대해 비연속적(discontinuity) 발달이란 이전 단계의 발달이 다음 단계의 발달과 질적으로 차이가 있으면서 갑작스러운 변화를 보이는 것을 말한다. 나비의 발달과정을 비연속성의 예로 들 수 있다. 나비는 기린과 달리 발달하면서 외형이 변하게 되는데, 처음에는 애벌레였다가 다음은 번데기로 그리고 마지막 단계에는 나비가 된다. 또 다른 예로 아동기에는 없던 신체특징이 새롭게 출현한다

연속적 발달
발달을 지속적인 양적 변화의 과정으로 보며, 이전 경험 위에 새로운 경험이 덧붙여지는 점진적인 양적 변화

비연속적 발달
발달을 구별되는 단계로 일어나는 질적 변화의 과정으로 보며, 이전 단계의 행동과는 질적으로 다른 행동의 단계로 구별되는 질적 변화

든가 성적 욕구나 추상적 사고가 새롭게 출현하는 것은 비연속적 발달이라고 볼
수 있다. 발달의 비연속성을 주장하는 연구자들은 발달 특성을 단계별로 구분해
서 살펴보아야 한다고 주장한다([그림 2-3] 참조).

　이러한 관점에서 학습이론은 경험의 반복에 따라 특정 기술이나 능력이 꾸준
히 증진된다는 것을 발달로 본다는 점에서 연속적 발달이론으로 볼 수 있다. 반

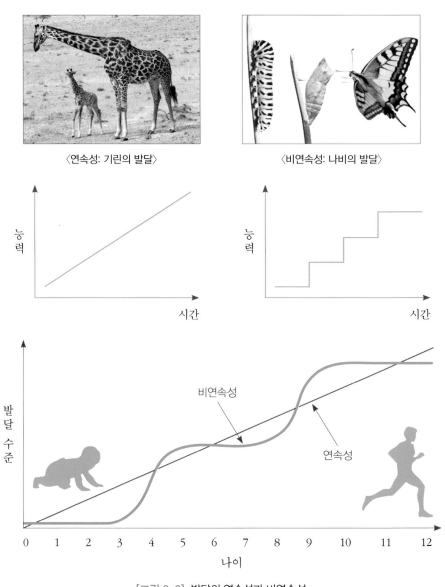

[그림 2-3] 발달의 연속성과 비연속성

출처: 곽금주(2016); 신명희 외(2017).

면 Freud나 Piaget의 발달 단계 이론들은 단계가 진행됨에 따라 사고, 감정, 행동의 질적 변화가 일어난다고 보는 점에서 비연속적 발달이론이라고 볼 수 있다.

3) 안정성과 불안정성

안정성(stability)과 불안정성(instability)에 대한 논쟁은 집단 내에서 개인의 어떤 특성에 대한 상대적 위치가 시간이 흐름에 따라 일관성 있게 유지되는지 아니면 그 위치가 변화하는지에 관한 것이다. 개인은 연령이 증가함에 따라 발달적 변화가 일어나지만 다른 사람들에게도 그와 같은 발달적 변화가 유사하게 일어난다면 개인이 가지고 있던 상대적 위치는 비슷하게 유지될 것이고 안정성이 있다고 볼 수 있다. 예를 들어, 10세인 어떤 아동의 지능이 우수한 편이라고 하자. 그 아동의 지적 능력 자체는 연령이 증가함에 따라 더 발달하게 된다. 하지만 그 아동의 지능의 상대적 위치는 크게 변화하지 않을 가능성이 높은데, 그 이유는 다른 아동 역시 지적 능력이 발달하기 때문이다. 따라서 개인 지능의 상대적 위치는 크게 변화하지 않게 되며, 지능이라는 특성에 안정성이 있다고 본다. 그러나 모든 아동의 지능이 성장해 가면서 동일한 상대적 위치를 유지하는 것은 아니다. 어떤 특성에 대해 집단 내에서 상대적 위치가 변하는 사례가 적다면 안정성이 있다고 볼 수 있고, 상대적 위치가 변하는 사례가 빈번하다면 그 특성은 불안정성이 있다고 볼 수 있다.

4) 규준과 개인차

대부분의 발달은 보편적인 시기와 양상을 가진다. 특히 유기체의 유전자에 내재된 계획에 따라 순서대로 발달이 일어난다. 예를 들어, 아기들이 태어나고 기어 다니고, 설 수 있고, 걸을 수 있게 되는 시기는 대체로 비슷하고 무엇보다 그 순서는 어떤 문화에서 자랐든 연습을 많이 시켰든 그렇지 않든 동일하다. 그 이유는 이러한 운동발달의 순서가 유전적으로 계획되어 있기 때문이다. 이처럼 특정 발달이 이루어지는 평균연령을 규준(norm)이라고 한다. 규준은 다수의 영아를 관찰하여 얻은 자료를 토대로 세워진다. 이는 특정 시기에 어떠한 발달과업을 이루어야 하는지에 대한 지침을 제공해 주기 때문에 중요하다.

그러나 걷기 시작하는 시기는 아기에 따라 차이를 보이는데 이는 유전적 특성의 개인차와 더불어 각 문화와 가정에 따른 경험의 차이에서 기인한다고 볼 수 있다. 항상 규준만을 따르다 보면 발달의 개인차를 무시하기 쉽다. 많은 부모들은 자녀가 조금만 늦게 말을 해도 뭔가 문제가 있는 것은 아닌지 걱정한다. 하지만 발달은 모두에게 똑같이 일어나지 않는다. 개인이 가진 유전적 특성과 환경의 특성이 다르기 때문에 어떤 영아는 좀 더 빨리 걷고 어떤 영아는 한 살이 한참 지나고서 걷기도 한다.

5) 능동과 수동

능동 대 수동에 관한 논쟁은 발달에 있어서 아동이 능동적인 역할을 하는지 아니면 수동적인 역할을 하는지에 대한 것이다. 아동의 능동적인 역할을 강조하는 연구자들은 아동 발달이 단순히 엄마나 아빠 혹은 주변의 도움으로 일어나는 것이 아니며, 아동 스스로 탐색하고 발달하고자 하는 의지를 갖는다고 주장한다. 반면, 발달에서 아동의 수동적 역할을 강조하는 연구자들은 아동은 스스로 발달할 수 없으며, 양육자의 도움이 필요하다고 주장한다.

토론과제 >>>

1. 발달에 대한 유전과 환경의 영향 중 자신의 경험에 비추어 어떤 요인이 개인의 발달에 보다 큰 영향을 미친다고 생각하는지에 관해 토론해 보자.

2. 유전과 환경의 입장에서 유치원 현장에서 조기교육이 필요한가에 대해 토론해 보자.

3. 학교는 인간발달의 원리를 통해 교육을 행하고 있다. 그러나 오히려 이러한 원리에 의한다면 현재 학교교육의 많은 문제점을 발견할 수 있다. 앞서 다룬 인간의 발달 원리들 중 현재 우리 교육의 문제점과 연결될 수 있는 것을 찾아보고 이에 대한 바람직한 교육방향에 관하여 논의해 보자.

EDUCATIONAL PSYCHOLOGY

제  장

인지발달

고영남

◇◇◇◇◇

　　학습자를 효과적으로 가르치기 위해서는 반드시 학습자의 발달특성을 이해해야 한다. 특히 발달특성 중 인지발달의 특성에 대하여 심층적으로 이해하는 작업은 학교현장에서 교육과정, 교육자료 및 교육활동의 구성, 교수–학습활동 조직, 교사의 역할 정립 등에 매우 중요하다고 할 수 있다. 인지발달은 개인과 환경 간의 상호작용 결과로 이루어진다. 그러나 개인으로서 학습자를 어떻게 바라보는가, 환경은 어떠한 환경을 의미하는가, 상호작용은 어떠한 상호작용을 말하는가에 대해서는 관점에 따라 각각 다를 수 있다. 또한 학습을 하려면 우선 인지가 발달해야 하는지 아니면 학습이 오히려 발달을 촉진할 수 있는지, 인지발달 특성은 모든 사회문화에서 동일하게 나타나는지 아니면 각 사회문화마다 다양하게 나타나는지 등에 대한 질문에 대해서도 깊은 성찰을 할 필요가 있다. 이러한 맥락에서 이 장에서는 교육 장면에 많은 시사점을 주고 있는 Piaget의 인지발달이론과 Vygotsky의 사회문화이론을 중심으로 학습자의 인지발달을 다루고자 한다. 이에 따라 Piaget 이론 측면에서 인지발달에 대한 관점, 인지발달 단계에 따른 발달특성, 교육적 적용, 그 다음 Vygotsky 이론 측면에서 인지발달에 대한 관점 및 핵심개념, Piaget 이론과의 비교, 교육적 적용의 순으로 살펴볼 것이다.

학습목표

1. Piaget 이론에 근거하여 인지발달 단계를 구분하고 각 발달 단계의 특성을 설명할 수 있다.
2. 근접발달영역, 발판화, 혼잣말 등 Vygotsky의 주요 개념을 설명할 수 있다.
3. 인지발달에 대한 Piaget의 관점과 Vygotsky의 관점을 비교하여 분석할 수 있다.
4. Piaget 이론과 Vygotsky 이론에 대한 이해를 바탕으로 각 이론의 시사점을 교수–학습 장면에 적용할 수 있다.

1. Piaget의 인지발달이론

인지발달에 대한 현재까지의 연구자 중 가장 영향력 있는 이론가인 Jean Piaget(1896~1980)는 동물학과 인식론(epistemology: 지식의 근원을 연구하는 철학의 한 분야)에 대한 그의 초기 관심을 통합하여 그가 발생학적 인식론(genetic epistemology)이라고 명명한 분야를 개발하였다. Piaget는 자신의 세 자녀를 주의 깊게 관찰함으로써 연구를 시작하였다.

Jean piaget

그는 아이들이 새로운 장난감을 어떻게 탐색하고, 단순한 문제들을 어떻게 해결하며, 자신과 주변 세계를 어떻게 이해하게 되는가를 연구하였다. 이후 개방적인 문답식 기법인 임상적 방법을 통해 더 많은 아동들을 대상으로 실험하였다. 그 결과 Piaget는 지적 성장에 대한 인지발달이론을 체계화하였다(Shaffer, 2002).

이 절에서는 우선 인지발달 과정에 대한 Piaget의 관점을 이해하기 위해 몇 가지 중요한 개념을 중심으로 살펴보고, 그 다음 Piaget 이론에서 가장 중요한 인지발달 단계의 특성을 고찰한 후, 마지막으로 Piaget 이론이 갖는 교육적 함의에 대해 살펴볼 것이다.

1) 인지발달에 대한 Piaget의 관점

Piaget의 인지발달 과정에 대한 설명을 이해하기 위해서는 우선 Piaget의 고유 개념인 도식(schema), 적응(adaptation), 동화(assimilation), 조절(accommodation), 평형화(equilibration) 등을 정확하게 이해하는 것이 필요하다.

(1) 도식

Piaget 이론에서 **도식**(스키마, schema)은 사고 활동의 기본 단위로서 연령의 증가에 따라 변화한다고 본다. 도식은 빨대를 사용한 빨기 도식이나 장미 알아보

 도식
인지구조의 기본 단위로서 환경에 적응하도록 하는 데 관련되는 지식과 기술을 포함함

기 도식 등과 같이 아주 작고 구체적일 수도 있고, 마시기 도식이나 식물 분류하기 도식 등과 같이 더 크고 일반적일 수도 있다(Woolfolk, 2016). 아이들은 빨기 도식이나 잡기 도식 등을 가지고 태어나며, 동화와 조절이라는 두 가지 적응 과정을 통해 기존의 도식을 확장시키거나 새로운 도식을 만들어낸다.

(2) 동화와 조절

새로운 경험을 할 때 우리가 가지고 있는 도식은 종종 적절하지 못해서 효과적으로 기능하도록 바뀌어야 한다. 적응(adaptation)이란 평형화를 유지하기 위해 도식과 새로운 경험을 서로 조정하는 과정이다. 이러한 적응은 동화와 조절이라는 두 가지 방식을 통해 진행된다.

동화(assimilation)란 새로운 경험을 기존의 도식에 맞추어 이해하는 것이다. 예를 들어, 자신의 집에서 기르는 개가 멍멍 짖고 자신의 얼굴을 핥기도 한다는 도식을 갖고 있는 아이가 시장에서 비슷한 행동을 하는 개를 보게 되면, 개에 대해 갖고 있는 도식과 일치하므로 이 아이는 새로운 개의 행동을 쉽게 이해하게 된다. 이와 같은 방식으로 새로운 개의 행동을 이해하는 것이 바로 동화 과정이다.

반면에 조절(accommodation)이란 새로운 경험에 대한 반응으로 기존의 도식이 변경되고 새로운 도식이 만들어지는 적응의 유형이다. 예를 들어, 개에 대한 도식을 갖고 있는 아이가 처음으로 고양이를 만났는데, 그 고양이가 멍멍 짖지 않고 야옹 하며 울고 핥는 행동 대신에 얼굴을 쓱 비벼대는 행동을 보고 아이는 깜짝 놀라게 된다. 이때 아이는 개와는 다른 고양이에 대한 새로운 도식을 만들어 낸다.

(3) 평형화

평형화(equilibration)란 현재의 인지구조와 새로운 자극이나 정보 간의 균형을 회복하는 과정을 의미한다. 이러한 맥락에서 적응은 동화와 조절을 통해 균형이 이루어진 평형화의 상태라고 할 수 있다.

우리가 새로운 경험을 이해할 수 있을 때 우리는 평형 상태를 유지한다. 그러나 새로운 경험을 이해할 수 없다면 인지적 갈등(cognitive conflict)이 생기게 되어 불평형(disequilibrium) 상태가 되고, 이때 우리는 우리의 사고를 바꾸려고 한

적응
평형화를 유지하기 위해 도식과 새로운 경험을 서로 조정하는 과정으로서 동화와 조절 과정으로 구성

동화
새로운 대상이나 사물을 인지할 때 기존의 도식에 맞추어 인식하는 적응의 유형

조절
새로운 대상이나 사물을 인지할 때 기존의 도식이 변경되고 새로운 도식이 만들어지는 적응의 유형

평형화
인지구조의 발달에서 동화와 조절의 인지적 균형을 유지하도록 하는 선천적 기제

불평형
새로운 경험을 이해할 수 없을 때 인지적 갈등이 생기게 되는 상태로서 인지발달의 주요 원동력이 됨

다. 이처럼 평형 상태가 깨진 인지적 불평형은 새로운 인지적 평형을 회복하려고 하는 노력을 유도하며, 이러한 측면에서 인지적 불평형은 인지발달의 주요 원동력이 된다고 할 수 있다(Eggen & Kauchak, 2016).

2) Piaget의 인지발달 단계

Piaget는 인지발달 단계를 감각운동기, 전조작기, 구체적 조작기, 형식적 조작기의 네 단계로 구분하였다. 각 단계는 질적으로 서로 다른 인지 패턴을 가지며, 불변적인 발달순서(invariant developmental sequence)를 형성한다. 즉, 모든 아동은 정확히 같은 순서대로 이 단계들을 거치며, 각 단계는 이전의 단계에서의 성취를 바탕으로 진전되기 때문에 어느 한 단계도 뛰어넘을 수 없다. 다만 아동이 각 단계에 들어서거나 다음 단계로 이동하는 연령에는 개인차가 있어 개략적일 뿐이다.

(1) 감각운동기(출생~2세)

감각운동기에는 영아가 감각과 운동을 통해 자신의 주변 세계를 탐색하고 이해하기 위해 노력한다. 이 시기 중에 이루어지는 가장 주목할 만한 성과는 '대상영속성'과 '지연모방 능력'의 발달이다.

① 대상영속성의 발달

대상영속성(object permanence)이란 어떤 대상이 더 이상 보이지 않을 때에도 그 대상은 계속해서 존재한다는 개념이다. 이러한 대상영속성은 생후 8개월까지는 불완전하며, 생후 8~12개월에는 숨겨진 대상을 마지막으로 본 장소가 아니라 예전에 찾았던 장소에서 찾는 경향인 A-not-B 오류(A-not-B error)를 보여준다. 그러다가 생후 12~18개월이 되어서야 대상물을 어디에 숨기든 마지막으로 본 장소에서 대상을 찾는 능력을 보이게 된다. 이와 같이 대상영속성이 발달하게 되면 까꿍 놀이가 가능하게 된다.

대상영속성
어떤 대상이 시야에서 사라지더라도 그 대상은 계속 존재한다는 사실에 대한 지식을 의미

② 지연모방의 발달

지연모방(deferred imitation)은 영아가 본 모델의 행동을 그 자리에서 즉시 모방하는 것이 아니라 일정 시간이 지난 후에 모방하는 것으로서 생후 18~24개월에 최초로 나타난다. Piaget는 이 시기에 영아가 지연모방을 할 수 있는 것은 모델의 행동에 대한 심상(mental representation)을 형성할 수 있기 때문이라고 하였다. 심상을 형성할 수 있게 되면서 눈앞에 없는 대상에 대한 사고가 가능하게 되고, 이렇게 해서 영아는 다음 단계인 전조작기 단계로 이행하게 된다. 이러한 지연모방이 발달하게 됨에 따라 소꿉놀이나 가상놀이가 가능하게 된다.

(2) 전조작기(2~7세)

전(前)조작기에 유아는 정신적 상징을 이전 단계에 비해 훨씬 더 많이 사용할 수 있게 되지만, 논리적 사고나 조작을 하지 못한 채 직관적 사고의 한계를 보여 준다. 이 시기의 인지발달 특징은 다음과 같다.

① 상징적 기능의 증가

상징적 기능(symbolic function)이란 특정 대상을 다른 무언가로 표상할 수 있는 능력을 말한다. 이러한 상징적 기능의 대표적인 형태로는 가상놀이, 그림, 언어를 들 수 있다. 가상놀이란 가상적인 사물이나 상황을 실제 사물이나 상황으로 상징화하는 놀이인데, 이러한 가상놀이를 통해 유아는 사물, 사람, 상황의 속성을 재현할 수 있다. 그림 또한 유아의 내적 표상이 표현되는 중요한 상징적 기능 중 하나이다. 이 시기에 유아는 눈에 보이는 것을 그리는 것이 아니라 자신의 머릿속에 있는 심상을 그리게 된다. 또한 유아는 자신의 표상을 언어라는 상징을 통해 표현하기 시작하는데, 이 시기의 언어는 전조작기 특유의 사고를 반영하게 된다.

② 중심화

이 시기의 유아들은 어떤 사물이나 현상을 한 가지 측면에서만 바라보는 사고 경향을 보여 주는 **중심화**(centration) 사고를 보여 준다. 이에 대해 Piaget는 보존(conservation) 과제 실험과 유목포함(class-inclusion) 과제 실험을 통해 이 시기의

보존과제	처음 제시	변형 제시
수	• 두 줄의 동전 수는 같은가? 	• 동전의 간격을 달리 해도 동전 수는 같은가? 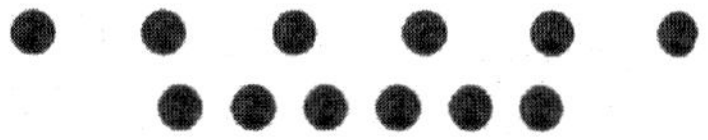
길이	• 두 개의 막대의 길이는 같은가?	• 막대기를 옮겨 놓아도 길이는 같은가?
액체	• 두 컵의 물의 양은 같은가? 	• 넓적한 컵에 옮겨 부어도 양은 같은가? 
질량	• 두 개의 공 모양의 찰흙은 양이 같은가? 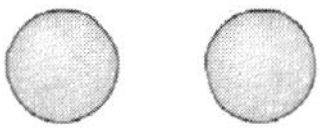	• 하나를 변형시켜도 양은 같은가? 
면적	• 두 마리의 소는 동일한 양의 풀을 먹을 수 있는가? 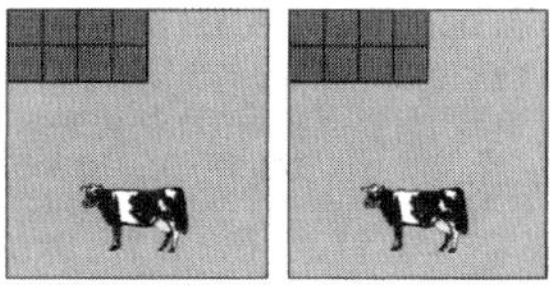	• 풀의 위치를 바꾸어도 동일한 양의 풀을 먹을 수 있는가? 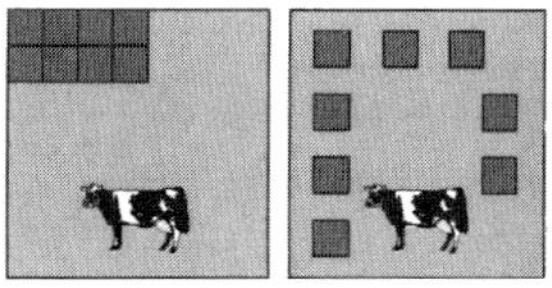
무게	• 두 개의 공 모양의 찰흙은 무게가 같은가? 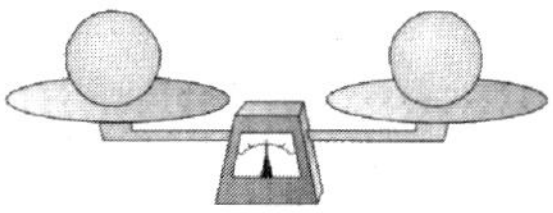	• 하나를 변형시켜도 무게는 같은가? 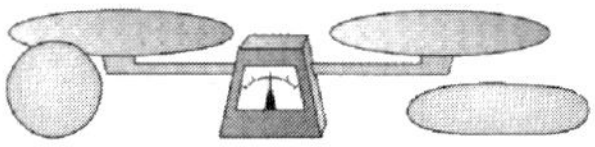
부피	• 두 개의 공 모양의 찰흙을 물에 넣으면 올라오는 물의 높이는 같은가? 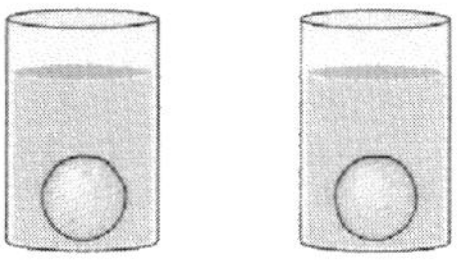	• 하나를 변형시켜 넣어도 물의 높이는 같은가? 

[그림 3-1] 보존 과제의 여러 차원: 수, 질량, 길이, 부피, 면적 등

중심화 현상을 설명하였다.

보존(conservation)은 사물의 외형이 변해도 그 본질적 속성은 변하지 않는다는 생각을 의미한다. 이 시기의 유아들은 단 한 가지의 현저한 지각적 특성에 의해 그 사물이나 대상의 성격을 판단하는 직관적 사고(intuitive thinking)에 따라 보존 과제 실험에서 실패를 보여 준다([그림 3-1] 참조).

또한 분류(classification) 혹은 유목포함(class-inclusion)은 전체와 부분의 관계, 상위유목과 하위유목 간의 위계적 관계를 이해하는 능력을 의미한다. 전조작기 유아들은 논리적 조작능력이 부족하기 때문에 유목포함 과제 실험에서 어려움을 겪는다([그림 3-2] 참조).

보존
사물의 외형이 변해도 수, 양, 길이, 면적, 부피 등은 변하지 않는다는 사실을 이해하는 것

분류
전체와 부분의 관계, 상위유목과 하위유목 간의 위계적 관계를 이해하는 것

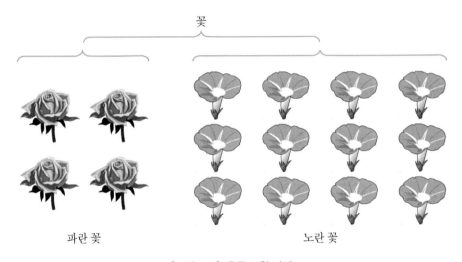

[그림 3-2] 유목 포함 과제

③ 자기중심성

자기중심성(egocentrism)이란 타인의 생각, 감정, 관점 등이 존재한다는 것을 알지 못하는 사고 경향을 말한다. 이것은 유아가 이기적이거나 일부러 타인의 입장을 배려하지 않는 것이 아니라 단지 타인의 관점을 이해하지 못하는 현상을 의미한다. [그림 3-3]은 전조작기 유아의 자기중심성을 입증하기 위한 '세 개의 산 모형' 실험이다(Piaget & Inhelder, 1956). 유아는 산 모형 주위를 돌아다니면서 각각 다른 위치에서 그 산들이 어떻게 보이는가를 알게 되고, 세 개의 산 위에는 각각 다른 물체가 놓여 있다는 것도 보게 된다. 그 후 유아를 산 모형이 놓인

[그림 3-3] '세 개의 산' 실험

탁자의 한쪽에 앉힌다. 그런 다음 실험자는 인형을 탁자의 이쪽저쪽에 놓으면서 그때마다 아동에게 몇 개의 사진을 보여 주고, 어떤 사진이 인형이 보고 있는 모습인지를 물어본다. 그때 대부분의 유아들은 인형이 놓인 지점에서 보이는 모습보다는 자기가 앉은 위치에서 보이는 모습의 사진을 고른다. 이는 자신의 위치에서만 사물을 이해할 뿐 타인의 위치에서 보이는 사물의 모습을 추론하지 못하는 사고의 한계를 보이는 것이다.

　전조작기의 자기중심성은 위와 같은 자기중심적 시각조망과 함께 자기중심적 언어에서도 잘 찾아볼 수 있다. **자기중심적 언어**(egocentric speech)는 타인의 입장을 고려하지 않은 채 자신의 생각만을 전달하는 의사소통 양식을 말한다. Piaget는 이러한 자기중심적 언어를 집단독백(collective monologue)이라 부르기도 한다. 이 시기의 자기중심적 언어는 대체로 7세부터 급격히 감소하여 사회적 언어(socialized speech)로 대체된다. 이와 같이 전조작기 유아의 사고가 자기중심적이라는 Piaget의 설명은 그 이후 많은 비판의 대상이 되고 있다. 이후에 Vygotsky 이론에서 설명하겠지만, 특히 Piaget의 자기중심적 언어에 대한 새로운 조명이 근래에 이루어지고 있다.

자기중심적 언어
타인의 입장을 고려하지 않은 채 자신의 생각만을 전달하는 의사소통 양상

④ 물활론

　물활론(animism)은 무생물을 살아 있는 생명체처럼 생각하는 사고 경향을 말

물활론
생명이 없는 대상에게 생명과 감정을 부여하는 사고 경향

한다. "구름이 와서 해님을 가리자 화가 난 해님이 구름을 쫓아 버리려고 해요." "저기에 있는 돌 때문에 화가 났어요. 저 돌이 나를 넘어뜨렸거든요."라고 말하는 것은 물활론적 사고를 보여 주는 것이라 할 수 있다. 물활론적 사고를 하는 유아는 생물과 무생물을 구분하지 못한다.

⑤ 전(前)인과성

전조작기의 유아는 원인과 결과의 관계에 대한 논리적 추론능력이 결여되어 있기 때문에 이 시기에는 매우 독특한 인과적 사고가 나타난다. 이러한 전조작기 특유의 인과개념을 **전(前)인과성**(precausality)이라 부른다. 전인과성은 다음과 같은 세 가지 특징을 갖는다(송명자, 1995).

첫째, 목적론(finalism)은 우연히 존재하게 된 현상의 원인을 찾아내려는 전조작기 유아의 인과적 사고를 말한다. 예를 들어 "아빠! 저기에는 왜 산이 두 개 있어요?"라고 질문하는 것은 목적론의 한 예이다. 둘째, 인공론(artificialism)은 세상에 존재하는 모든 현상이 사람에 의해 만들어졌다고 생각하는 전조작기의 인과적 사고를 말한다. '해는 사람이 공중에 던져 올린 작은 공이 커져서 된 것'이라든가, '호수는 어른들이 파서 그 속에 물을 넣은 것'이라는 설명은 인공론적 사고를 보여 주는 예들이다. 셋째, 전환적 추론(transductive inference)은 서로 관련이 없는 두 개의 사건을 원인과 결과의 관계로 연결시키는 사고 경향을 말한다. 예를 들어, Piaget의 딸이 낮에는 항상 낮잠을 자는데, 어느 날 낮잠을 자지 않았다. 아이는 "나는 낮잠을 안 잤어요. 그러니까 낮이 아니에요."라고 말함으로써 '낮잠'이라는 특정 사건이 '낮'이라는 다른 특정 사건을 결정하는 원인이 되는 것으로 추론하고 있음을 보여 주었다.

(3) 구체적 조작기(7~11세)

구체적 조작기는 인지발달에서 주요한 전환점이 되는데, 이 시기 동안에 체계적인 논리적 사고가 발달하게 된다. Piaget는 이 단계에서 나타나는 논리적 사고의 가장 중요한 특징으로서 **가역성**(reversibility)의 개념을 들고 있다. 가역성이란 일련의 단계를 따라 사고한 다음 정신적으로 그 방향을 역으로 다시 돌려서 시작점으로 돌아가는 것이다. 이러한 가역적 사고의 발달에 따라 이 시기의 아동

전(前)인과성
원인과 결과 간의 관계에 대한 정확한 논리적 추론능력이 결여되어 있어서 나타나는 전조작기의 독특한 인과적 사고

가역성
논리적으로 조작할 수 있는 사고 능력으로서 보존개념, 분류 조작, 서열 조작을 통해 잘 드러남

들은 보존, 분류, 서열화, 조망수용능력 등을 획득할 수 있게 된다.

① 보존

　구체적 조작기 동안에 아동은 수, 양, 길이, 면적, 무게, 부피 등 여러 형태의 보존개념을 획득하게 된다. 앞에서 보았듯이 보존개념은 사물의 외형이 변해도 수, 양, 길이, 면적, 무게, 부피 등은 변하지 않는다고 생각하는 능력이다. 여러 형태의 보존개념이 동시에 획득되는 것은 아니다. Piaget(1973)에 따르면 일반적으로 수, 양, 길이의 보존개념은 6~7세, 무게, 면적의 보존개념은 7~8세, 부피의 보존개념은 11~12세경에 획득된다. 이처럼 과제의 형태에 따라 조작의 획득시기가 달라지는 현상을 Piaget는 수평적 격차(horizontal decalage)라 부른다.

② 분류

　이 시기 동안에 아동들은 Piaget의 분류 과제를 잘 수행한다. 즉, 구체적 조작기의 아동들은 부분과 전체의 관계, 상위유목과 하위유목의 위계적 관계를 이해하게 됨으로써 물체를 공통의 속성에 따라 분류하고, 한 대상이 하나의 유목에 속하는 것으로 분류할 수 있다. 물체를 한 가지 속성에 따라 분류하는 단일분류(simple classification) 능력과 마찬가지로 물체를 두 개 이상의 속성에 따라 분류하

[그림 3-4] 중다분류 조작 실험

는 중다분류(multiple classification) 능력도 7~8세경에 획득된다([그림 3-4] 참조).

③ 서열화

서열화(seriation)는 길이나 무게와 같은 양적인 기준에 따라 차례대로 배열할 수 있는 능력을 의미한다. 유아들에게 길이가 서로 다른 여러 개의 막대기를 놓고 짧은 것부터 차례대로 나열해 보라고 하면 전조작기의 유아는 많은 오류를 보이지만, 구체적 조작기에는 길이 순서대로 배열하는 것이 가능하다. 물체를 한 가지 속성에 따라 순서대로 배열하는 단일서열화(simple seriation) 능력과 마찬가지로 물체를 두 가지 이상의 속성에 따라 순서대로 배열하는 중다서열화(multiple seriation) 능력도 7~8세경에 획득된다([그림 3-5] 참조).

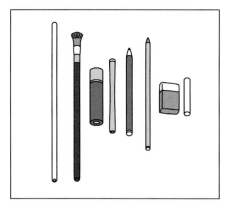
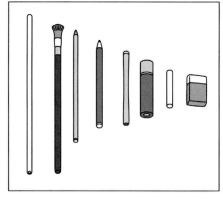

4세의 서열 조작　　　　　　　7세의 서열 조작

[그림 3-5] 서열화 조작 실험

④ 조망수용능력

구체적 조작기에는 전조작기의 자기중심성에서 벗어나 타인의 생각이나 감정 등을 추론하고 이해할 수 있는 조망수용능력(perspective taking ability)을 획득하게 된다. 이 시기의 아동들은 타인의 위치에서 공간적 시각을 추론할 수 있는 공간조망(spatial perspective)은 물론, 타인의 감정 상태를 올바르게 추론하고 공감하는 감정조망(affective perspective)과 타인의 사고 과정이나 행동의 원인을 추론하고 이해하는 인지조망(cognitive perspective) 수용능력도 획득하게 된다.

(4) 형식적 조작기(11세 이후)

Piaget에 따르면 구체적 조작기 아동은 실제로 존재하고 있거나 존재하였던 구체적 사물이나 사건에 대해서만 논리적인 추론을 할 수 있었던 반면에, 형식적 조작기에 접어들게 되면 추상적 대상이나 가상의 상황에 대해 상당히 논리적인 추론을 할 수 있게 된다. 형식적 조작기의 인지발달 특징은 다음과 같다.

① 가설연역적 추론

형식적 조작기에서는 가설을 설정하고 그 검증을 통해 결론을 도출하는 **가설연역적 추론**(hypothetico-deductive reasoning)을 할 수 있게 된다. 청소년들은 여러 현상에 대해 가설을 설정할 수 있으므로 구체적이고 현실적인 아동기 사고의 한계에서 벗어나 가능성(possibility)에 대해 생각할 수 있다. 가설설정능력이 시작되면 가능성이 전면에 표출되어 청소년기 사고를 지배하게 된다. 청소년들은 아동기와는 반대로 먼저 가능한 것에 대한 가설을 설정하고, 가능한 것으로부터 현실적인 것으로 사고가 진전된다(Inhelder & Piaget, 1958). 청소년기의 가능성에 대한 가설설정능력은 물리적 현상에 대한 과학적 사고에 국한되지 않고 사회, 정치, 종교, 철학 등 전 영역에 걸친 이상주의(idealism)로 확대된다. 청소년들이 보다 나은 사회를 만들기 위해 기존의 사회를 파괴하고 개혁하고자 하는 성향을 갖는 것은 이상주의에 기인한 것이다(Piaget, 1980; 송명자, 1995).

> **가설연역적 추론**
> 어떤 문제를 해결하는 방안에 대해 체계적으로 가설을 설정하고 그 검증을 통해 결론을 도출하는 능력

② 추상적 사고

추상적 사고(abstract thinking)는 추상적인 개념을 사용해서 논리적으로 사고하는 능력이다. 형식적 조작기에서는 '사고에 대한 사고'가 가능하고 사고 내용에 대해 성찰할 수 있다. 사고에 대한 사고, 즉 내적 성찰(internal reflection)의 과정을 반성적 추상화(reflective abstraction)라고 한다. 이 시기에 자신의 사고 내용에 대해 숙고할 수 있는 것은 이러한 반성적 추상화가 가능하기 때문이다. 형식적 조작기에서는 반성적 사고를 통해 지식을 새로운 장면에 쉽게 적용할 수 있고, 문제를 해결하기 위한 대안적인 전략을 강구할 수 있다. 구체적 조작기에서는 외부에서 지식을 획득할 수 있지만 반성적 추상화가 불가능하므로 자신의 사고 내용을 검토할 수 없고, 그 결과 기존 지식을 성찰하는 과정을 통해 새로운 지

식을 획득할 수 없다(권대훈, 2009).

③ 명제적 사고

형식적 조작기의 또 다른 중요한 특징은 명제적 사고(propositional thinking)이다. 명제적 사고란 'A인 동시에 B' 'A이지만 B는 아님' 'A도 아니고 B도 아님'과 같은 세 개의 명제를 바탕으로 가설을 설정하고 논리적으로 추론해 가는 능력을 의미한다. 청소년은 현실 세계의 상황을 고려하지 않고도 명제의 논리를 평가할 수 있다. 이에 반해 구체적 조작기의 아동은 현실 세계에서 찾을 수 있는 구체적인 증거에 입각해서만 진술의 논리를 평가할 수 있다. Piaget는 언어가 아동의 인지발달에 중심적인 역할을 한다고 보지 않았지만, 청소년기만큼은 언어의 중요성을 인정하였다. 형식적 조작은 언어에 기초하고 실제 사물을 제시하지 않는 고등수학에서의 상징과 같은 그런 상징체계를 요구한다. 중·고등학교 학생들은 대수학과 기하학에서 이러한 명제적 사고 체계를 사용한다(Berk, 2006, 2007).

④ 조합적 사고

조합적 사고(combinational thinking)는 문제를 해결할 수 있는 모든 가능성에 대해 논리적이고 체계적으로 시험해 보는 사고를 말한다. 형식적 조작기의 청소년들은 문제해결을 위해 사전에 계획을 세우고, 체계적으로 해결책을 구하려고 한다. 반면에 구체적 조작기의 아동들은 시행착오에 의해 문제를 해결하는 편이다. Inhelder와 Piaget(1958)는 실험에서 무색무취의 액체를 담은 1, 2, 3, 4 번호가 붙은 네 개의 병과 무색의 액체를 담은 g라는 병을 보여 주고, 이 액체들을 마음대로 섞어서 노란색이 나오도록 해 보라고 하였다([그림 3-6] 참조). 노란색은 1과 3, 그리고 g의 액체를 섞어야 나타나게 되어 있었다. 구체적 조작기의 아동은 어느 정도 체계성을 보여 주었지만, 각각의 1, 2, 3, 4 네 병에 g의 액체를 차례대로 부어 보다가 노란색이 나오지 않자 더 이상의 시도를 해 보지 않고 그만두었다. 그러나 형식적 조작기의 청소년은 모든 가능성에 대해 체계적으로 시험해 볼 수 있었으므로 결국은 노란색을 만들어 냈다.

[그림 3-6] Inhelder와 Piaget의 조합적 사고 실험

⑤ 청소년기의 자기중심성

형식적 조작사고의 발달과 더불어 다양한 가능성을 생각하게 되면, 청소년들은 자신의 생각과 관념 속에 사로잡히게 된다. Piaget는 형식적 조작기인 청소년 시기에 자신과 타인에 대한 추상적인 관점을 구분하지 못하는 새로운 형태의 자기중심성이 나타난다고 보았다(Inhelder & Piaget, 1958).

Elkind(1978)는 청소년기 자기중심성이 나타나는 특성을 '개인적 우화'와 '상상적 청중'으로 설명하고 있다. 첫째, 개인적 우화(personal fable)란 청소년들이 자신은 특별하고 독특한 존재이므로 자신의 감정이나 경험 세계는 다른 사람과 근본적으로 다르다고 믿는 비합리적이고 허구적인 관념을 의미한다. 이러한 개인적 우화는 청소년들에게 자신감과 위안을 부여하는 긍정적인 측면도 있지만, 심하면 자신의 존재에 대한 영속성과 불멸성을 믿게 됨으로써 과격한 행동에 빠져들게 될 위험도 있다. 둘째, 상상적 청중(imagenery audience)이란 자신의 관심이 자기 자신에게 쏠려 있듯이 모든 사람이 자신에게 똑같은 관심을 가진다고 생각하는 청소년기 자기중심성의 형태이다. 청소년들은 상상적 청중을 즐겁게 하기 위해 많은 힘을 들이고, 타인이 눈치채지도 못하는 작은 실수로 번민하며, 상상적 청중에 대한 자신의 위신을 손상시킨다고 생각되면 작은 비난에도 심한 분노를 보인다. 이러한 청소년기의 자기중심성은 11~12세경에 시작되며, 15~16세경에 정점을 이루다가 다양한 대인관계의 경험을 통해 자신과 타인에 대한 객관적인 이해가 이루어지면 서서히 사라지게 된다(송명자, 1995).

청소년기 자기중심성
자신은 특별한 존재라는 청소년기 특유의 강한 자의식

3) Piaget 이론의 교육적 적용

Piaget는 영·유아의 지적 능력을 과소평가한 반면, 청소년들의 지적 능력을 과대평가하였으며, 인지발달에 있어 사회문화적 영향의 정도를 적절히 고려하지 못하였다는 비판에도 불구하고, Piaget의 인지발달이론은 교육 분야에 매우 큰 영향을 주었다. Piaget의 인지발달이론이 학교교육에 주는 교육적 시사점을 살펴보면 다음과 같다.

첫째, 아동은 적극적으로 사고하며, 자발적이고 능동적으로 탐색하려는 존재이며, 인지발달은 아동 스스로가 지식을 구성하면서 이루어진다는 것을 제시했다는 점이다. 따라서 학교교육에서 교사는 아동들에게 지식을 직접 전수하기보다는 아동이 능동적이고 적극적으로 주변 세계를 탐색하며 지식을 스스로 발견할 수 있도록 도움을 주는 학습환경을 조성해야 한다.

둘째, 발달적으로 적절한 교육(developmentally appropriate education)을 강조했다는 점이다. 이는 아동의 각 발달 단계와 인지발달 수준에 맞추어 교육과정이 계열화되어야 하며, 교사는 아동의 현재 인지발달 수준을 이해함은 물론 인지발달 수준에 적절하게 교육자료와 활동을 구성하고 개발해야 한다는 점을 시사하고 있는 것이다.

셋째, 학생들에게 학습 상황을 제공할 때는 학생들의 인지적 성장을 고무하기에 알맞은 정도로 불평형(disequilibrium)이 유지되어야 한다는 점이다. 그 이유는 문제가 너무 단순해서 학생들이 지루해해서도 안 되고, 교수내용을 이해할 수 없어서 뒤처져서도 안 되기 때문이다. 오류를 가져오는 상황을 설정하는 것은 적절한 불평형 수준을 만들어 내는 데 도움이 될 수 있다. 예를 들어, 커다란 나무토막을 물속에 담그기 전과 후를 학생들에게 보여 주었을 때, 학생들은 그 상황에서 '일어나야 한다고 생각하는 일'과 '실제로 일어나는 일' 사이에 불평형을 경험하게 된다(Woolfolk, 2016).

넷째, 학습자의 개인차를 인정해야 한다는 점이다. Piaget 이론에서는 모든 아동들이 인지발달에서 동일한 발달순서를 거치지만 그 속도에는 개인차가 있다고 본다. 따라서 교사는 전체 학급에 대한 교실활동보다는 개인과 소집단을 위한 교실활동을 계획하는 데 노력을 하여야 하며, 아동 각각에 대해 이전의 발달

수준과 비교하여 교육적인 진전 정도를 평가해야 한다.

2. Vygotsky의 사회문화이론

Lev Vygotsky

러시아 학자인 Lev Vygotsky(1896~1934)는 Piaget와 같은 해인 1896년에 태어났고, Piaget가 그의 이론을 정립하던 1920년대와 1930년대에 활발하게 활동한 학자였다. 하지만 Vygotsky는 연구를 완성하기 전 38세의 나이로 세상을 떠났다. Vygotsky 이론의 중요한 전제는 인간의 인지발달은 타인과의 상호작용에 그 근원이 있다는 것이다. 즉, 아동은 사람들 간의 상호작용을 지켜보고, 타인과 상호작용하며, 자신의 인지발달을 위해 이러한 상호작용의 과정을 활용한다는 것이다. 이러한 맥락에서 Vygotsky 이론을 사회문화이론(sociocultural theory)이라 한다.

Vygotsky의 사회문화적 관점에 따르면 아동은 사회문화의 산물로 규정되며, 아동의 인지발달은 타인들과의 사회적 상호작용은 물론 그 아동이 속한 사회문화적 맥락에서 이루어지는 것이다. 따라서 Vygotsky는 개인의 발달을 이해하기 위해서는 필수적으로 그 개인이 속해 있는 사회문화적 환경을 이해해야만 한다고 주장했다(Berk & Winsler, 1995). 이러한 Vygotsky 이론은 인간의 모든 행동이 그 시대의 사회 및 역사적 상황에 의해 결정된다고 보는 Marx(1818~1883)의 영향을 받았다. 이것은 Vygotsky가 살던 러시아에서 1917년 혁명이 일어났고, 그 당시 마르크스적 원리에 입각한 사회주의와 변증법적 유물론에 근거한 사회적 분위기로 인한 필연적인 결과라 볼 수 있다.

이러한 Vygotsky 이론은 근래에 Piaget 이론보다 더 많은 관심이 집중되고 있다. 아마도 그 이유는 사회적 상호작용과 사회문화적 환경이 발달에 결정적인 영향을 미친다는 그의 관점 때문일 것이다. Vygotsky 이론은 그가 젊은 나이에 요절한 관계로 Piaget 이론처럼 체계화되지는 않았지만 Piaget 이론의 간극을 메워 준다는 점에서 인지발달과 교육 분야에 큰 영향력을 발휘하고 있다.

1) 인지발달에 대한 Vygotsky의 관점

발달이론가들은 아동발달을 다양한 길을 선택할 수 있는 여행으로 비유하기도 한다. Piaget가 이 여행을 아동 스스로가 물리적 환경과 상호작용하며 홀로 가는 여행으로 생각했다면, Vygotsky는 발달을 아동 혼자만의 여행이 아니라 타인과 함께하는 여행이며 좀 더 유능한 파트너와 손을 잡고 여행할 때 진전이 가장 많이 이루어지는 것으로 보고 있다(Kail, 2007).

Vygotsky는 아동이 주변세계를 탐색하고 발견하는 데 능동적이고 적극적인 존재라는 Piaget의 입장과 의견을 같이 하지만, Piaget가 발달에서 생물학적 성숙을 강조하고 아동 스스로 혼자서 주변세계를 탐색하고 발견한다고 보는 관점과 달리 Vygotsky는 발달에서 사회와 문화의 영향을 강조하고 다른 사람과 함께하는 사회적 상호작용을 매우 중시하였다.

Vygotsky의 인지발달에 대한 설명을 이해하기 위해서는 Vygotsky의 고유 개념이자 주요 개념인 근접발달영역(zone of proximal development), 발판화(scaffolding), 혼잣말(private speech)을 분명하게 이해하는 것이 필요하다.

(1) 근접발달영역

Vygotsky에 따르면 개인의 지적 발달은 사회문화적 영향을 크게 받는다. 즉, 모든 지식은 한 공동체로서의 사회집단의 역사를 통해 누적된 문화적 형태로 존재하고 있으며, 아동은 성인의 도움을 받아 문화적 산물로서의 지식을 내면화(internalization)함으로써 개인적인 인지발달이 가능하게 된다. 따라서 아동의 지적 발달은 내면화를 가능하게 하는 성인이나 유능한 또래들과 사회적 상호작용을 통해 촉진되는 것이다(송명자, 1995).

Vygotsky가 보기에 아동들의 학습은 근접발달영역 내에서 일어난다. **근접발달영역**(Zone of Proximal Development: ZPD)이란 아동이 현재 혼자서 스스로 과제를 해결할 수 있는 수준인 실제적 발달수준(level of actual development)과 자신보다 유능한 성인이나 또래의 도움을 받아 과제를 해결할 수 있는 수준인 잠재적 발달수준(level of potential development) 간의 차이를 의미한다(Vygotsky, 1978). 즉, 근접발달영역이란 아동이 혼자서는 과제를 해결할 수는 없지만 유능한 타

근접발달영역
실제적 발달수준과 잠재적 발달수준 간의 영역

인의 도움을 받으면 과제를 해결할 수 있는 영역을 말한다. 이것은 실제로 학습이 이루어질 수 있는 영역이므로 교육이 성공할 수 있는 영역이다. 따라서 이 근접발달영역에서 아동은 성인이나 또래들과의 사회적 상호작용을 통해 지식을 내면화할 수 있고, 근접발달영역에서의 학습을 통해 아동의 발달을 촉진시킬 수 있는 것이다. Berger(2004)는 이 영역을 학생이 이미 알고 있는 것과 아직 배울 준비가 되지 않은 것 사이에 있는 '마법의 중간지대(magic middle)'라 불렀다. ZPD는 지루함과 불가능함의 사이에 있는 교육공간이며, 이 공간에서 교사나 또래의 발판화가 학습을 지원할 수 있다.

이러한 근접발달영역은 원래 Vygotsky가 전통적인 지능검사의 사용을 반대하는 과정에서 소개되었다(Berk & Winsler, 1995). Vygotsky는 지능이나 인지발달 수준을 측정할 때 아동이 스스로 할 수 있거나 혹은 이미 알고 있는 것이 아니라 다른 사람의 도움을 얻어 할 수 있는 것과 학습에 대한 잠재적 능력을 측정해야 한다며 **역동적 평가**(dynamic assessment)를 제안하였다. 이 평가에서는 표준화된 검사를 통해 측정된 한 아동의 실제적 발달수준과 아동이 도움을 받아서 수행할 수 있는 잠재적 발달수준을 구분하고, 검사 상황에서 발판화로서 의도적인 교수가 이루어진다. 즉, 역동적 평가에서는 ZPD의 폭을 측정하기 위해 검사−개입(발판화로서의 교수)−재검사 과정을 사용한다.

Vygotsky가 제안한 역동적 평가는 이후에 많은 연구자들에 의해 ZPD 개념에 근거해서 아동의 지능이나 인지발달 수준을 측정하려는 시도에 영향을 주었다. 대표적인 연구로는 Feuerstein(1979)의 학습잠재력평가도구(Learning Potential Assessment Device: LPAD)를 들 수 있다. 이는 ZPD에서 성인이 아동에게 도움이 되는 힌트나 단서를 제공하고 아동은 이러한 성인의 도움을 받아 학습하며, 이러한 과정을 통해 아동의 학습잠재력을 측정하는 것이다. 이러한 역동적 평가는 결과가 아닌 과정에 중점을 둔다는 점에서 기존의 전통적 평가와는 다르다고 할 수 있다.

(2) 발판화

근접발달영역과 밀접하게 관련된 개념이 **발판화**(scaffolding, 비계)이다. 발판화는 성인이나 유능한 또래에 의해 제공되는 조력으로서 학습자가 문제를 해결하

역동적 평가
아동이 혼자서 할 수 있거나 혹은 이미 알고 있는 것에 대한 평가가 아니라 다른 사람의 도움을 통해 할 수 있는 잠재적 능력에 대한 평가

발판화
학생이 혼자서 학습할 수 없는 과제에 대해 부모, 교사, 유능한 또래에 의해 제공되는 적절한 조력

는 데 필요한 도움의 양, 방법, 내용을 적절하게 조절하여 제공하는 교수활동을
말한다. 전형적으로 발판화는 학습자에게 학습의 초기 단계 동안에 많은 지원을
한 후 점차적으로 지원을 줄여 나가는 것을 의미한다.

효과적인 발판화가 이루어지려면 다음과 같은 구성요소와 목표를 가지고 있
어야 한다(Berk & Winsler, 1995).

① 공동 문제해결

효과적인 발판화가 이루어지려면 우선적으로 흥미 있고 의미 있는 협동적 문
제해결 활동에 아동들의 참여가 반드시 필요하다. 중요한 것은 아동들이 누군가
와 함께 상호작용하며 목표를 달성하기 위해 노력하는 것이다.

② 상호주관성

효과적인 발판화의 두 번째 구성요소로서 상호주관성(intersubjectivity)이 있
다. 이는 어떤 과제나 활동을 시작할 때는 서로 다르게 이해하고 있던 두 사람이
공유된 이해(shared understanding)에 도달하는 과정을 말한다. 이러한 상호주관
성은 의사소통을 위한 공통의 근거를 만들어 주는데, 각 파트너는 다른 사람의
관점에 맞춘다. 성인들은 아동이 이해하는 방식으로 자신의 생각을 설명해 줌으
로써 아동의 이해를 증진시키려고 노력한다.

③ 온정과 반응

효과적인 발판화의 세 번째 구성요소로서 온정과 반응이 필요하다. 이는 효과
적인 발판화의 정서적인 측면이다. 성인이 온정적이고 반응적일 때, 그리고 언
어적 칭찬과 적절하게 자신감을 북돋워 줄 때, 과제나 활동에 대한 아동들의 주
의집중과 도전태도는 최대화될 수 있다.

④ 언어 활용

효과적인 발판화의 네 번째 구성요소로 언어 활용의 중요성이 강조된다.
Sigel(1982)은 언어를 매개로 한 '거리두기 전략(distancing strategies)'이 아동의 문
제해결을 증진시킬 수 있는 효과적인 교수 방법임을 제안한다. 거리두기 전략은

다음과 같이 세 단계로 나누어 볼 수 있다.

- 낮은 단계의 거리두기: 성인이 인접한 환경에 놓여 있는 사물들에 대해 언급하거나 질문한다(예: "이것은 무엇으로 만들었니?" "이 모자는 빨간 모자이구나!"와 같이 명명하기나 묘사하기).
- 중간 단계의 거리두기: 성인이 인접 환경에 놓여 있는 두 가지 양상들의 관계에 대해 언급함으로써 어떤 것을 자세히 설명하는 말을 한다(예: "어떤 것이 더 크지?" "이 둘은 삼각형 모양이고 이 둘은 사각형 모양이구나!"와 같이 비교하기, 분류하기, 관련짓기).
- 높은 단계의 거리두기: 성인이 아동으로 하여금 인접 환경에 놓여 있는 것을 넘어서서 가정을 세우거나 생각을 정교하게 가다듬도록 요구한다(예: "앞에 있는 숫자들 간의 관계에 미루어 볼 때 다음에는 어떤 숫자가 와야 할까?" "다음에는 무엇을 해야 할까?"와 같이 추론하기, 계획하기).

⑤ 근접발달영역에서의 학습

발판화의 주요 목표는 아동들이 자신의 근접발달영역에서 과제를 하도록 하는 것이다. 이는 아동들에게 적절하고 도전적인 수준의 과제를 제공하는 것, 아동의 현재 필요와 능력에 맞도록 성인의 개입 정도를 조절하는 것을 통해 이루어질 수 있다.

⑥ 자기조절의 증진

발판화의 또 다른 목표는 아동으로 하여금 가능한 한 많은 공동활동을 조정하게 함으로써 자기조절을 훈련하는 것이다. 이를 위해 성인은 아동이 독립적으로 할 수 있게 되면 가능한 한 빨리 조절과 도움을 멈추어야 한다. 또한 이는 성인이 아동으로 하여금 의문점과 문제를 파악하도록 허용하고 아동이 곤경에 빠져 있을 때에만 개입해야 하는 것을 의미한다.

이러한 발판화와 관련된 개념으로는 Rogoff(1990, 1998)의 인지적 도제(cognitive apprenticeship)와 Feuerstein(1980)의 중재학습경험(Mediated Learning Experience: MLE)을 들 수 있다. Rogoff는 아동의 인지발달을 도제 과정으로 보

표 3-1 발판화의 방법

발판의 유형	예
모델링	미술 교사가 학생들로 하여금 새로운 화법을 사용하여 그림을 그리도록 말하기 전에 먼저 시범을 보인다.
소리 내어 생각하기 (think aloud)	한 물리 교사가 칠판에 운동량 문제를 풀면서 자신의 생각을 소리 내어 말한다.
질문하기	물리 교사가 중요한 시점에서 학생들에게 관련 질문을 던짐으로써 학생들이 문제를 보다 구체적으로 이해할 수 있게 한다.
수업자료를 조절하기	초등학교 교사가 농구 슛하는 기술을 가르치는 동안 농구대의 높이를 낮췄다가 학생들이 숙달하게 되면 농구대의 높이를 높인다.
힌트와 단서를 제공하기	유아들이 신발 끈 묶는 것을 배울 때, 유치원 교사가 줄을 엇갈려 가면서 끼우도록 옆에서 필요한 힌트를 준다.
그 외 난이도를 조절하기, 오류를 교정하기, 피드백을 제공하기 등	

출처: Eggen & Kauchak (2016).

았다. 인지적 도제는 교실 안에서 중요한 역할을 할 수 있는데, 교사가 자신과 학생과의 관계를 인지적 도제 관계로 생각하여 학생들의 학습에 도움을 주기 위해 발판화와 유도된 참여(guided participation)를 사용할 때 학생들의 학습 효과가 좋아진다는 연구결과가 보고되고 있다(Santrock, 2003). 또한 Feuerstein은 아동이 두 가지 서로 다른 방법, 즉 지시적 교수나 중재학습경험을 통해 학습한다고 주장하였다. 중재학습경험(MLE)이란 교사나 성인이 간접적으로 아동을 도와서 학습이 일어나게 하는 것으로서 발판화의 한 형태이다. Feuerstein은 인지능력을 개발시키는 위의 두 가지 방법 중에서 중재학습경험이 더 중요한 영향을 미친다고 주장하였다(Sternberg & Williams, 2002).

교수-학습 장면에서 활용할 수 있는 구체적인 발판화의 방법은 〈표 3-1〉과 같다.

(3) 혼잣말

Piaget 이론에서 보았듯이 Piaget의 자기중심적 언어(egocentric speech)는 유아기의 자기중심성에 기인하여 나타나는 언어로서 타인의 입장을 고려하지 않은 채 자신의 생각만을 전달하는 의사소통 양식을 말한다. 따라서 Piaget는 유아기의 자기중심적 언어를 인지적 미성숙 상태라고 보았다.

Vygotsky는 이 언어를 혼잣말(private speech; 사적 언어)이라 명명하고 Piaget의 견해에 대해 다르게 해석하였다. Vygotsky는 유아들의 혼잣말에 대해 여러 가지 중요한 관찰 결과를 제시하였다. 첫째, 유아들은 쉬운 과제나 과제가 없을 때보다 적절히 어려운 과제를 해결하는 동안에 더 많은 혼잣말을 사용한다. 둘째, 혼잣말은 Piaget가 주장한 것처럼 연령이 증가함에 따라 사회적인 언어로 되는 것이 아니다. 대신에 혼잣말은 점차 줄어들고 내면화(internalization)되어 감에 따라 다른 사람들이 알아들을 수 없게 된다. 셋째, 유아가 보다 많은 사회적 상호작용의 기회를 가지면 가질수록 보다 많은 혼잣말이 나타난다.

이러한 발견에 기초하여 Vygotsky는 혼잣말의 본래 목적이 다른 사람과의 의사소통이 아니라 자신의 사고 과정과 행동을 조절하고(self-regulation), 자신을 지도하고 안내(self-guidance)하기 위해, 즉 자기 자신과 의사소통을 위한 것이라고 주장하였다. Vygotsky에 따르면 이러한 혼잣말은 특정 상황에서 보다 자주 발생한다. 구체적으로 아동이 문제를 해결하려 하거나 중요한 목표를 달성하려고 할 때 보다 많은 혼잣말을 사용한다(Shaffer, 2002). 따라서 Vygotsky에게 있어서 혼잣말로서의 언어는 유아기의 사고 혹은 인지발달에서 매우 중요한 역할을 하는 것이다.

Vygotsky는 생의 초기에 언어와 사고가 각각 독립적으로 발달하다가 약 2~3세경이 되면 서로 연합된다고 생각하였다. 외적 언어에서 내적 언어로의 전환 과정은 3~7세 사이에 일어나며, 이 과정에서 혼잣말이 나타나게 된다. 그 이후 6~7세경이 되면 혼잣말은 내면화되어 내적 언어(inner speech)로 전환된다(Santrock, 2003). 크게 중얼거리는 것에서 시작되어 점차 내면화되어 가는 혼잣말은 관심을 유지시키는 과정("지금 집중하는 것이 낫겠어. 이것은 중요하니까."), 새로운 정보를 암기하는 과정("내가 이 숫자를 반복한다면 나는 외울 수 있을 거야."), 문제를 해결하는 과정("어디 보자. 이 문제가 어떤 종류의 답을 묻고 있는 거지?")과 같은 복잡한 인지기술의 토대를 제공한다(Eggen & Kauchak, 2016).

많은 연구자들은 Piaget의 관점보다 Vygotsky의 관점을 더 지지하는 편이다. 실제로 유아들은 쉬운 과제보다 어려운 과제에 직면하였을 때와 실수를

혼잣말
자신의 사고과정과 행동을 조절하고 자신을 지도하고 안내하는 언어

한 후 어떻게 처리할지 혼돈스러울 때 혼잣말을 더 많이 사용한다(Berk, 1992). Vygotsky가 주장하였듯이 혼잣말은 연령이 증가함에 따라 내면화되어 가는데, 이것은 속삭임과 조용한 입술 움직임으로 변한다(Patrick & Abravanel, 2000). 게다가 영리한 아동일수록 혼잣말을 더 많이 사용한다는 연구결과는 Piaget의 주장처럼 인지적 미성숙을 반영하는 것이라기보다는 오히려 인지적 능력을 반영하는 것이라 볼 수 있다(Berk, 1992). 따라서 혼잣말은 인지발달의 중요한 도구라 할 수 있다. 즉, 혼잣말을 통해 아동은 문제를 해결하고 새로운 발견을 행하기 위해 정신활동을 계획하고 조정하는 것이다.

2) Vygotsky 이론과 Piaget 이론의 비교

Piaget와 Vygotsky는 발달에서 개인과 환경 간의 상호작용을 중시하고, 학습자를 적극적이고 탐색적인 존재로 바라본다는 점에서 관점을 같이 하지만, 많은 부분에서 두 학자는 의견과 관점을 달리한다. 인지발달과 교육에 대한 Piaget 이론과 Vygotsky 이론의 차이점을 비교하면 다음 〈표 3-2〉와 같다.

표 3-2 Vygotsky 이론과 Piaget 이론의 비교

Vygotsky의 사회문화이론	Piaget의 인지발달이론
• 사회문화 환경이 발달에 결정적인 영향을 미친다.	• 물리적 환경을 강조한다. 사회문화 환경은 발달에 큰 영향을 미치지 않는다.
• 발달에서 사회적 상호작용을 매우 강조한다. 성인(부모, 교사)이나 유능한 또래와의 사회적 상호작용을 통해 지식을 습득하면서 인지발달이 이루어진다. 이와 관련된 개념으로 ZPD, 발판화, 내면화 등이 있다.	• 아동 스스로 혼자서 주변세계를 탐색하고 발견하는 개인적 상호작용을 강조한다. 사회적 상호작용은 단지 또래들 간의 상호작용 차원에서 각자 자신이 가지고 있는 도식을 검증하고 확인하는 것이다.
• 언어는 사고와 인지발달에 중요한 도구로서 인지발달에 있어 강력한 역할을 담당한다. 언어발달은 인지발달을 촉진한다.	• 언어는 인지발달에 어떤 영향을 미치지 않으며, 인지발달은 언어발달에 선행된다.
• 사회적 상호작용을 통한 내면화가 인지발달에 매우 중요하다.	• 인지갈등 혹은 인지불평형을 해소하려는 평형화를 통해 인지발달이 이루어진다.

• 학습이란 준비가 될 때를 기다릴 필요가 없는 능동적 과정이다. 학습이 발달을 촉진한다.	• 학습을 하려면 우선 인지가 발달해야 한다. 아동은 학습을 할 인지적 준비가 되어 있어야 한다.
• 교육은 아동에게 문화적 도구를 사용하는 방법을 가르쳐 줌으로써 중추적인 역할을 한다.	• 교육은 이미 출현한 아동의 인지능력을 단지 정교화시켜 줄 뿐이다.
• 교사는 조력자이자 안내자이지 지시를 내리는 존재가 아니다. 교사는 아동에게 교사 자신이나 보다 유능한 또래와 학습할 수 있는 기회를 제공해 주어야 한다.	• 교사는 조력자이자 안내자이지 지시를 내리는 존재가 아니다. 교사는 아동이 스스로 주변세계를 탐색하고 지식을 발견할 수 있도록 도움을 주어야 한다.
• 인지발달은 각 사회문화마다 다양하게 나타난다.	• 모든 사회문화에서 인지발달 양상은 동일하다.

3) Vygotsky 이론의 교육적 적용

Vygotsky 이론은 Piaget 이론보다 늦게 알려졌기 때문에 아직 철저한 평가가 이루어진 것은 아니다. 그러나 사회적 맥락과 사회적 상호작용을 강조하는 Vygotsky 이론은 벌써 여러 나라에서 교육 현장에 성공적으로 적용되고 있다(Santrock, 2003). Vygotsky의 이론이 학교교육 현장에 주는 교육적 시사점을 살펴보면 다음과 같다.

우선 Vygotsky의 근접발달영역은 교실 수업에 여러 가지 시사점을 준다. Vygotsky에 따르면, 교사는 아동이 스스로 수행할 수 있는 능력이 어느 정도이며 타인의 도움을 받아서 학습할 수 있는 것은 무엇인지 등을 파악하여 교실활동을 조직해야 한다. 구체적으로 교사는 개별 학생이나 소집단 학생들의 근접발달영역 내에서 연습을 제공하도록 수업을 계획해야 한다. 예를 들어, 평가를 하는 동안 학생을 돕는 힌트와 격려는 수업활동의 기초가 된다. 그리고 발판화는 아동의 근접발달영역 내에서 성인이 다양한 수준에 대해 힌트를 주고 격려해 주면서 아동들을 도울 수 있는 교수활동이기 때문에, 교사는 교수–학습 상황에서 근접발달영역 내의 '점진적인 개입'을 통해 아동들의 학습을 지원해야 할 것이다.

게다가 Vygotsky는 발견적 학습 혹은 직접적 교수 대신에 '지원받은 발견

(assisted discovery)'을 강조했다. 이는 교수-학습 장면에서 조력학습(assisted learning)으로 적용할 수 있다. 학생들이 교실에서 지원적 학습을 하게 하려면 교사는 적절한 때에 적절한 양의 정보와 격려를 제공해 주고, 학생 스스로 점차 더 많은 부분을 감당하게 하는 발판화가 필요하다. 교사는 수업 장면에서 시범을 보여 주기, 소리 내어 생각하기, 질문하기, 수업자료를 조절하기, 난이도를 조절하기, 힌트와 단서를 제공하기, 오류를 교정하기, 피드백을 제공하기 등과 같은 구체적인 발판화 방법을 적극적으로 활용하면서 지원적 학습을 이끌어 나가야 할 것이다.

이런 측면에서 상보적 교수법(reciprocal teaching method)은 지원적 학습과 맥락을 같이 한다고 볼 수 있다. 상보적 교수법은 학생들 간이나 학생과 교사 간의 상보적인 도움을 통해 독해 전략을 익히게 하고자 한 수업 방식이다. 처음에는 교사와 학생이 학습과제를 함께 해결하다가 점차적으로 학생이 독자적으로 과제를 해결할 수 있도록 교사가 학생에게 도움을 주는 방법이며, 교사의 직접적인 설명보다는 글의 의미를 구성하기 위해 교사와 학생 사이에 이루어지는 상호 협의 과정에 더 초점을 둔다.

또한 지원적 학습은 학습자들 간의 협동학습(cooperative learning)에 의해 촉진될 수 있다. 교수-학습 장면에서 교사는 협동학습 활동을 조직하여 학습능력 수준이 다양한 학생들끼리 서로 도움을 주고받을 수 있는 협동학습 환경을 조성해야 한다. 이러한 협동학습에서 학습능력이 낮은 학생은 보다 유능한 또래 학생의 가르침으로부터 도움을 받게 되고, 유능한 학생은 교사 역할을 하면서 자신의 지식을 정교화하고 공고화시킬 수 있게 될 것이다.

토론과제 >>>

1. 각 교과의 교수-학습 장면에서 이루어질 수 있는 학습자의 인지발달 과정에 대한 구체적인 사례를 생각해 보고, 그 사례를 도식, 동화, 조절, 적응, 평형화라는 개념으로 설명해 보자.

2. 교수-학습 장면에서 인지적 불평형 상황의 중요성에 대하여 생각해 보고, Piaget 이론 측면에서 교사의 역할에 대해 서로 의견을 나누어 보자.

3. '개인의 발달을 이해하기 위해서는 필수적으로 그 개인이 속해 있는 사회문화적 환경을 이해해야만 한다.'는 Vygotsky의 주장에 대하여 자신의 삶의 경험 속에서 생각해 보고, 자신의 사례를 제시하면서 의견을 나누어 보자.

4. Vygotsky의 사회문화이론을 토대로 교육의 중요성, 교사의 역할에 대하여 토론해 보자.

제  장

성격 및 사회성 발달

조형정
◇◇◇◇◇

인간의 발달은 인지, 사회, 정서, 행동 등 전인적 발달과정으로 서로 영향을 주고받으며 일어난다. 따라서 아동이 어떤 행동을 할 때 그것을 이해하기 위해서는 사고와 감정에 관련된 다양한 요인들을 이해할 필요가 있다. 우리는 종종 '당신은 너무 이기적이야.' '당신은 참 배려심이 많아.' '당신은 너무 자기 주장이 강해.' 등의 표현을 사용하는데 이는 그 사람의 성격적 특성을 반영하고 있다. 우리의 성격은 과연 어떻게 형성되고 발달되는가? 그리고 사회성이라는 것은 무엇을 의미하며 이는 인간의 행동과 어떠한 관련이 있는가? 아동이 성장함에 있어 인지발달과 함께 중요하게 여겨져야 하는 것이 바로 성격과 사회성의 발달이다. 아동은 신체적·인지적 발달과 함께 다른 사람과 상호작용하는 방법을 발달시켜 나간다. 학습자의 대표적인 정의적 특성인 성격과 사회성은 학교학습활동 전반에 큰 영향을 미칠 뿐 아니라 성인이 되어 사회구성원으로서 살아가는 데도 매우 중요한 역할을 한다. 따라서 이 장에서는 교사가 아동의 여러 행동을 이해하고 성공적으로 상호작용하며 지도할 수 있도록 성격과 사회성의 발달에 대해 살펴보고자 한다.

학습목표

1. 성격의 특징에 대해 설명할 수 있다.
2. BIG 5 성격이론을 통해 성격의 특성에 대해 설명할 수 있다.
3. 정의적 특성으로서의 성격이론이 교육현장에 주는 시사점을 말할 수 있다.
4. 네 가지 관점(정신분석, 행동주의, 인지주의, 인본주의)에서 성격발달과 관련한 인간행동에 대한 가정을 비교하고 교육적 시사점을 말할 수 있다.
5. 대인관계이론에 근거하여 사회성발달이 어떻게 이루어지는지 설명할 수 있다.

　　아동은 신체적·인지적 발달과 함께 다른 사람과 상호작용하는 방법을 발달시켜 나간다. 학습자의 대표적인 정의적 특성인 성격과 사회성은 학교 학습활동 전반에 큰 영향을 미칠 뿐만 아니라 성인이 되어 사회 구성원으로서 살아가는 데도 매우 중요한 역할을 한다. 따라서 교사는 아동을 가르치고, 그들과 성공적으로 상호작용하기 위해 이러한 아동의 성격발달과 사회성발달을 이해해야 한다.

1. 성격발달

　　성격은 한 개인과 타인을 구별하는 고유 특성 중 하나로 습관, 태도, 능력, 역할, 관계 등과 같은 개인 특유의 적응양식에 영향을 끼친다(McCrae & Costa, 2008).

1) 성격의 정의와 특징

(1) 성격의 개념

　　성격(personality)의 어원은 그리스 배우들의 가면인 'persona'에서 기원한다. 연극 속에서 여러 인물들을 묘사하기 위해 'persona'가 사용된 것처럼 우리들의 성격은 환경에 적응하면서 다양한 특징으로 나타난다(김종호, 2009a).

　　성격심리학자들이 제시한 성격의 정의를 살펴보면 〈표 4-1〉과 같다. 이처럼

표 4-1 성격의 정의

학자	성격의 정의
Maddi(1996)	사람들의 심리적 행동(사고, 감정, 행위)에 있어 공통점과 차이를 결정하는 일련의 안정된 경향성과 특성
Burger(2000)	일관된 행동패턴 및 개인 내부에서 일어나는 정신내적 과정
Carver & Scheier(2000)	인간의 행동, 사고, 감정의 특유한 패턴을 창조하는 심리·신체적 체계인 인간 내부의 역동적 조직체
Myers(2007)	사고, 느낌, 행동에 관한 개인의 특징적인 패턴
Ryckman(2013)	다양한 상황에서 인지, 동기, 행동에 독특하게 영향을 미치는 역동적이고 조직화된 개인적 특징들의 조합

심리·신체적 체계
성격이 정신과 신체가 함께 작용하는 통합체계

역동적 조직체
성격이 다양한 특성적 요소들로 이루어졌을 뿐만 아니라 끊임없이 변화하고 성장하는 체계

일관성
시간을 넘어서고 여
러 상황에 걸쳐 개인
의 행동이 보이는 안
정성

독특성
동일한 상황에 대한
개인의 반응과 행동
의 차이

성격은 다양한 상황에서 일관성과 독특성을 보이는 개인의 고유한 특성이라고 할 수 있다.

(2) 성격의 특징

성격의 주요 심리적 특성으로서 성격이 갖는 특징은 매우 다양하고 복잡하나 그 주요 특징을 일곱 가지로 요약하면 다음과 같다(오만록, 2017).

첫째, 성격은 개인의 사고와 행동의 독특성을 결정한다. 이에 따라 개인들은 결국 안정된 행동패턴을 갖게 된다. 둘째, 성격은 개인의 적응양식을 결정한다. 셋째, 성격은 개인 내부의 역동적이며 조직화된 특성들로 구성되어 있다. 즉, 성격은 다양한 특성적 요소들로 구성되어 있다고 할 수 있다. 그러나 그 요소들에 대한 견해는 학자마다 다르다. 넷째, 성격은 개인의 독특성을 그대로 반영한다. 다섯째, 성격은 비교적 일관되고 안정적인 상태로 유지된다. 즉, 개인의 독특성은 비교적 일관성 및 안정성을 가진다. 여기에서 일관성이란 상황이 바뀌어도 자신의 특성을 그대로 유지하는 경향성을 말하며, 안정성은 시간이 지나도 그 특성이 변하지 않는 것을 말한다. 여섯째, 성격은 사람들이 보편적으로 공유하고 있는 공통성도 내포하고 있는데, 예를 들어 사람들의 성격특성을 몇 가지 유형으로 범주화할 수 있다. 일곱째, 성격은 사람들이 보편적으로 공유하는 공통적인 특성을 포함하기도 하지만, 사람들을 구별할 수 있는 독특한 특성을 내포함으로써 개인차를 야기하기도 한다.

2) 성격이론

성격이론은 크게 특성이론과 과정이론으로 나눌 수 있다. 이 중 특성이론은 유형론과 특질론으로, 과정이론은 정신분석, 행동주의, 인지주의, 인본주의적 관점으로 구분하여 살펴볼 수 있다.

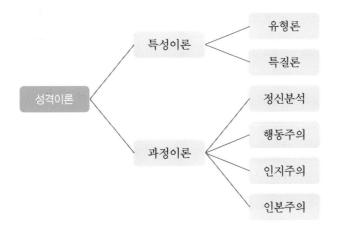

[그림 4-1] 성격이론 연구의 범주

(1) 특성이론

특성이론(character theory)은 기본적으로 인간 내부에는 비교적 항상적이고 구조적이면서 일관성을 제공하는 기본 틀이 존재한다고 가정하고 있다. 이러한 가정을 밝히기 위해 성격특성 이론가들은 인간 내부에 공통적으로 존재하는 기본틀, 즉 성격특성이 어떤 요인들로 구성되어 있으며, 그 요인들이 몇 개로 구성되어 있는가에 관심을 가져왔다. 그리고 요인 수를 가능한 한 줄이면서도 문화적으로 보편적인 특성을 찾고자 노력하여 왔다. 성격 연구 중 특성이론은 성격의 형성과 발달에 대한 관심보다는 성격의 단면적인 상태에 대한 연구로서 유형론과 특질론으로 구분된다.

유형론은 성격이론 중 가장 오래된 이론으로서 신체를 중심으로 개인과 집단을 분류하며 인간의 다양성을 연구하는 성격이론이다. 이러한 유형론적 접근에 대해 대부분의 현대 심리학자들은 성격과 신체 유형 간의 상관관계는 약하다고 비판하고 있다. 하지만 특별한 신체가 특별한 성격을 만들어 내는 데 직접적인 역할을 하는 것이 아니라 한 개인이 외부세계로부터 어떻게 취급을 받느냐에 그의 신체가 영향을 주기 때문에 신체와 성격 간의 관계를 알 필요가 있다는 접근이다. 이에 대해 특질론(trait)은 성격을 구성하는 성분들을 연구하는 이론으로, 성격을 기술한 언어나 어휘를 중심으로 성격적 특성을 분석하는 성격이론이다. 특성은 주특성, 중심특성, 이차적 특성 세 가지로 구분하는데, 이 구분은 한 인간의

특성
시간의 흐름과 상황을 초월해서 일관된 반응을 하게 하는 결정 경향 혹은 소질

주특성
한 특질이 매우 영향력이 커서 삶의 행동 전반에서 그 특질의 영향력이 측정될 수 있는 것

중심특성
영향력은 덜하나 개인의 일반화된 특징으로 개방적, 주의 깊은, 사교적, 쾌활함처럼 추천서 등에서 강조하는 성격 속성

이차적 특성
별로 뚜렷하게 나타나지 않고 덜 일반적이고 일관성이 적은 소질(예: 음식에 대한 기호, 특별한 태도 등의 특성)

삶에서 어느 정도 영향을 주고 지배적이냐에 따라 어느 정도 중복된다. 대표적인 특질이론으로 BIG 5 성격이론을 들 수 있다.

성격에 대한 정의와 특성의 분류는 학자들마다 다양한 차이를 보이고 있으나, 성격특성에 대한 연구가 한 개인의 삶을 더 잘 이해하고 발전시키는 데 중요한 정보를 제공한다는 점에서는 논란의 여지가 없다. 많은 연구자들은 다양한 문화권에서 인간에게 보편적이면서 공통적으로 존재하는 성격특성이 크게 5개의 요인으로 구성되어 있고, 이 다섯 가지 요인을 'Big 5'라고 부르기 시작하면서 이에 대한 연구가 현재까지 지속되고 있다(Katigbak et al., 2002; Pervin, 2003).

McCrae & Costa의 BIG 5 성격특성이론(Big Five personality traits theory)에서 말하는 사람들에게 공통적으로 존재하는 성격의 특성은 경험에 의한 개방성(문화 혹은 지성, Openness), 성실성(성취에 대한 의지, Conscientiousness), 외향성(Extraversion), 친화성(Agreeableness), 신경증(정서적 안정성, Neuroticism)의 요인으로 구성되며, 이들 5개 요인은 개인 간의 차이뿐만 아니라 개인의 행동까지도 포괄하여 설명이 가능하다. BIG 5 요인과 특성은 〈표 4-2〉와 같다(손희전, 2013; 안창규 외, 1997).

Big
'Big'이란 각각의 요인이 수많은 특질을 포함하고 있다는 의미를 지니고 있으며, 'BIG 5'를 정의하는 성격특성의 분류는 광범위하다.

- 개방성: 지적 개방성은 지적 자극, 변화, 다양성을 선호하는 정도를 나타낸다. 이는 지능이나 창의성과도 관련되나 지능과 동일하지는 않다. 이 특성은 유전적인 영향보다는 가정환경, 교육, 문화적 배경 등의 영향을 많이 받는 특성으로 문화(culture) 또는 이지적(intellect)이라고도 한다. 하위요인은 상상, 심미, 감수성, 신기, 지성, 가치 등이다.
- 성실성: 성실성 요인은 사회적 규칙, 규범, 원칙을 잘 준수하고 맡은 바 책임을 완수하려는 정도를 나타낸다. 안정적이고 계획적이며 믿음직스러운 특성과 미래 지향적이고 목적 지향적인 성취욕으로 구성되어 있으며, 얼마나 근면성실하며 조직적인가를 반영한다. 신뢰성(dependability), 성취의지(will to achieve)라고도 한다. 하위요인은 자기유능감, 정돈, 책임, 성취지향, 자율, 신중 등이다.
- 외향성: 외향성 요인은 다른 사람과의 교제나 상호작용을 원하고 그들의 관심을 끌고자 하는 정도를 나타내는 것으로 사회적 상황이나 대인관계에서

의 기본성향이며 사회적 적응성에 영향을 미친다. 낮은 외향성(즉, 내향성)은 높은 외향성의 반대개념이 아니라 외향적인 특징이 없는 것으로 이해해야 한다. 예를 들어, 외향적 특징인 '상냥함'은 낮은 외향성으로 갈수록 불친절한 것이 아니라 상냥함을 가지고 있지 않은 것으로 이해해야 한다. 하위요인은 온정, 군집, 리더십, 활동성, 자극추구, 명랑 등이다.

- 친화성: 친화성 요인은 다른 사람을 신뢰하고 존중하며, 그들과 원만한 관계를 유지하는 정도를 나타낸다. 이는 타인 지향성의 양상으로 외향성과 함께 대인관계와 관련된 특성이다. 이 특성은 주로 타인과 편안하고 조화로운 관

표 4-2 BIG 5 요인과 특성

낮은 점수(특성)	요인	높은 점수(특성)
보수적 성향, 관습 중시, 현실적, 제한된 흥미영역, 예술에 적은 관심, 고민 없는 삶을 낮게 평가 등	**개방성**(Openness to Experience) 지적 자극이나 변화, 다양성을 좋아하는 정도	지적 호기심 많음, 광범위한 흥미영역, 독창적, 창의적, 자유롭고 풍부한 상상력, 예술적 표현 선호 등
목적이 없음, 믿을 수 없음, 게으름, 부주의함, 약한 의지 등	**성실성**(Conscientiousness) 사회적 규칙, 규범, 원칙 등을 기꺼이 지키려는 정도	믿음직함, 근면, 정리정돈, 철저함, 세심함, 책임감, 계획적, 체계적, 신중, 열심히 일함 등
적은 말수, 냉정함, 과업중심적, 조용함, 활기 없음, 좁은 인간관계 등	**외향성**(Extraversion) 타인과의 교제나 상호작용, 또는 관심을 끌고자 하거나 타인을 주도하려는 정도	사교적, 적극적, 말하기 좋아함, 사람중심, 낙관적, 즐거움 추구, 상냥함 등
냉소적, 무례, 의심 많음, 비협조적, 무관심, 자기중심적, 많은 질투, 적대적 등	**친화성**(Agreeableness) 타인과 편안하고 조화로운 관계를 유지하는 정도	이타심, 애정, 도덕성, 배려, 겸손, 수용성, 휴머니즘, 부드러운 마음 등
침착한, 안정적인, 강건한, 자기충족적인 등	**신경증**(Neuroticism) 자신이 얼마나 정서적으로 안정되었고, 세상을 뜻대로 통제할 수 있으며 또한 세상을 위협적으로 느끼지 않는가에 대한 생각의 정도	걱정된, 초조한, 감정의 변덕, 불안정한, 부적절한 감정 등

* 주: 다섯 가지 성격특성 요인의 각 첫 스펠링을 따서 OCEAN이라고도 부름.

계를 유지하는 정도를 나타내는 것인데 양극단은 어느 쪽도 사회적으로 바람직하지 않을 뿐 아니라 개인의 정신건강에도 유익하지 않은 특성으로 우호성(agreeable), 친근성(friendliness), 사회적 동조성(social conformity)이라고도 한다. 하위요인은 신뢰, 정직, 이타, 협동, 겸손, 동정 등이다.

- 신경증(정서불안정성): 정서적 불안정을 나타내는 것으로 정서적 민감성(emotional sensitivity) 또는 반대 속성인 정서적 안정성(emotional stability)으로도 불린다. 신경증 요인은 일상생활에 적응하는 정도와 부정적 정서를 경험하는 정도를 의미하는 것으로, 정서적 안정성을 결여하여 세상을 통제할 수 없고 위협적인 것이라고 생각하는 정도를 나타내는 요인이다. 따라서 특정 상황에서 얼마나 쉽게 흥분하고 또한 강한 정신적 반응을 보이는가를 의미한다. 하위요인은 불안, 분노, 우울, 열등감, 충동, 심약 등이다.

(2) 과정이론

다른 성격 연구의 하나인 과정이론은 성격의 형성과 발달 및 기능에 대해 관심을 가지는 성격이론이다. 이러한 과정이론에는 인간행동에 대한 가정과 접근방법에 따라 무의식과 어린 시절의 경험인 과거를 강조하는 정신분석적 접근, 개인과 환경의 상호작용을 강조하는 행동주의적 접근, 인지의 형성과정과 재구조화를 강조하는 인지주의적 접근, 개인의 주관적 경험과 자기실현을 강조하며 현재의 재해석을 통한 미래에 대해 낙관적이고 긍정적인 변화를 중시하는 인본주의적 접근 등으로 구분된다(김종호, 2009b).

의식
한 개인이 현재 각성하고 있는 모든 행위의 감정

전의식
이용가능한 기억, 조금만 노력하면 의식 속으로 떠올릴 수 있는 생각이나 감정

무의식
개인이 자신의 힘으로는 의식상태로 떠올릴 수 없는 생각이나 감정으로 의식적 사고와 행동을 통제하는 힘

① 정신분석적 접근

가. Freud의 심리성적 성격발달이론

Sigmund Freud(1856~1939)는 정신분석학이라는 조직적인 성격이론을 처음 제안한 학자로 그의 이론은 생물학적 기제와 본능적인 충동을 기초로 하고 있다. 정신분석학이 전제로 하는 것은 인간의 정신세계가 의식과 전의식, 무의식으로 구성되어

Sigmund Freud

있다는 것이며 특히 무의식의 본질과 기능에 관심을 두었다.

　Freud는 성격발달이 개인의 인생 초기 경험에 의해 이루어지며, 우리의 삶에 의식보다 무의식이 훨씬 더 영향을 준다고 보면서 성격구조를 **원초아**(id), **자아**(ego), **초자아**(super ego)로 체계화하였다. 이러한 세 가지 성격구조를 형성하고 움직이게 하는 것이 성적 에너지인 **리비도**(libido)이다. Freud의 성격발달이론은 출생에서부터 5세까지의 경험을 중요시한다. 이 기간 동안 영유아는 여러 단계의 심리성적 단계를 거치게 되며, 각 단계에서 어떤 경험을 하느냐에 따라 개인의 성격이 형성되고 단계별로 아동이 추구하는 성적 쾌감을 충분히 느끼지 못하거나 지나치게 몰두하면 고착(fixation)현상을 일으켜 다음 단계로의 발달이 순조롭지 않다고 보았다. 발달 단계는 리비도가 집중적으로 모이는 신체 부위의 변화에 따라 구강기, 항문기, 남근기, 잠복기, 생식기 등으로 구분된다.

원초아
쾌락을 따르는 원초적 충동. 쾌락의 원리(pleasure principle)를 추구

자아
본능의 충동을 억제하고 합리적인 방법으로 쾌락을 얻으려는 것. 현실의 원리(reality principle)를 추구

초자아
자아가 현실적인 목표보다는 이상적인 목표로 향하도록 하는 것. 도덕의 원리(morality principle)를 추구

리비도
무의식 속에 쾌락을 추구하는 성적 충동 에너지

　구강기, oral stage: 0~1세　리비도가 구강 부위에 집중되는 시기로 이 단계 영아는 물체를 손으로 잡으면 입으로 가져가 빨기 시작하며 치아가 생기면 곧 물어뜯기 시작한다. 유아가 이러한 활동을 통해 성적인 쾌감을 얻을 수 있는 것은 자기 의지가 아니라 타인, 주로 양육자인 어머니에 의해서다. 따라서 어머니의 적절한 보살핌이 없거나 추구하는 쾌락을 얻지 못하거나 과잉충족을 하게 되면 성장 과정에서 성격적 결함이 나타난다. 이때의 성격적 결함은 구강적 특성을 지닌 것으로 지나친 흡연, 손가락 깨물기, 과음, 과식, 남을 비꼬는 일을 일삼는 미성숙한 성격으로 나타난다.

　항문기, anal stage: 1~3세　리비도가 항문에 집중되는 시기로서 유아는 배변훈련을 통해 항문 근육의 자극을 경험하게 되고 이러한 경험을 통해 성적 쾌감을 얻게 된다. 이 시기에 유아는 태어나서 처음으로 부모의 배변훈련에 의한 외부 통제를 경험하게 된다. 이 시기를 적절하게 보내지 못하면 대소변은 더러운 것이라고 생각하는 **반동형성**이 생겨 지나치게 깔끔하고 지나치게 규율을 준수하는 결벽성을 갖게 된다.

반동형성
내면의 욕구와 상반되는 행동과 태도를 드러냄으로써 자신의 욕구나 동기를 은폐하려는 것을 말한다.

남근기, phallic stage: 3~6세   리비도가 남근에 집중되는 시기로서 Freud 의 심리성적 발달 단계 중 성격형성에 가장 중요한 시기이다. 이 시기의 아동은 남녀 신체의 차이, 아기의 출생, 부모의 성역할 등에 대해 상당한 관심을 갖는다. 이 때문에 남아들은 어머니에게 애정을 느끼고 아버지에게는 애정을 박탈당할까 봐 걱정하게 되는 오이디푸스 콤플렉스(Oedipus complex)를 느끼게 된다. 또한 아버지가 자신의 성기를 없앨까 봐 염려하는 거세불안(castration)을 갖게 된다. 한편 여아들도 처음에는 남자아이처럼 어머니를 좋아하게 되나 곧 자기는 남근이 없음을 알게 되고 그것을 부러워하는 남근선망(penis envy)을 갖게 된다. 그리고 이 책임을 어머니에게 돌리게 되며 아버지를 더 좋아하기 시작하는 엘렉트라 콤플렉스(Electra complex)를 갖게 된다. 이러한 콤플렉스를 극복하는 과정에서 동일시 (identification) 현상이 나타난다. 이는 남아의 경우 어머니에 대한 성적 애정을 포기하고 아버지와 같은 남성다움을 갖기 위해 노력하며, 여아의 경우 남근이 없다는 사실을 인정하고 어머니처럼 되고자 노력하는 것을 의미한다. 따라서 남근기 시기를 잘 극복하지 못하였을 때 성불감증 등과 같은 신경성 질환이 유발될 수 있다.

동일시

자신보다 강하거나 우월하다고 생각하는 사람을 닮아가거나 가까이 함으로써 자신의 성격에 흡수하는 것을 말한다.

잠복기, latency stage: 6~12세   아동이 초등학교에 다니는 시기로 리비도가 잠복되어 성적인 욕구가 철저히 억압되어 심리적으로 평온한 시기이다. 그러나 이것이 아이들에게 아무런 변화가 없음을 의미하지 않는다. 오히려 이 시기의 아동들은 성적인 부분을 제외하고는 학업, 운동, 우정 등 매우 활동적인 모습을 나타낸다.

생식기, genital stage: 12세 이후   아동은 사춘기에 접어들면서 다시 성적 욕구가 생기게 된다. 이 시기에는 급격한 신체적 성장과 성적 성숙이 나타나게 되며, 이전 단계에서의 단순한 쾌감과는 달리 이 시기에는 진정한 사랑의 대상을 찾아 만족을 얻고자 하며 부모에게서 독립하려는 욕구가 생기게 된다. 이 시기는 성격발달 단계 중 가장 긴 시기로 사춘기에서 노년기까지의 기간이 포함된다.

나. Erikson의 심리사회적 성격발달이론

Erik H. Erikson(1902~1994)은 Freud가 주장한 성적 욕구를 포함하여, 타인에게 인정받고 싶은 욕구 또한 인간의 발달과 행동에 영향을 준다고 주장했다. 그러나 아동기에 초점을 두고 발달 단계를 설명한 Freud와는 달리 Erikson은 성인이 된 후의 경험도 어린 시절의 경험만큼 발달에 있어 중요한 역할을 한다고 주장했다. 이를 바탕으로 Erikson은 인간의 심리사회적 성격발달을 다음의 8단계로 나누고, 각단계마다 성취해야 할 발달과업과 극복해야 할 심리사회적 위기를 개념화했다. 따라서 그의 이론은 자아의 기능, 정체성의 추구, 인생 전반

Erik H. Erikson

에 걸친 사회·문화적 영향을 강조하는 심리적·사회적 발달에 대한 관심을 반영하고 있어 심리사회적 발달(psychosocial development) 이론이라고 한다.

1단계: 신뢰감 대 불신감, 0~1세   이 시기의 주된 발달위기는 영아가 세상을 신뢰할 수 있느냐 하는 것이다. 이 단계에서 양육자가 영아에게 안정을 제공하지 못하거나 필요를 충족시키지 못할 경우, 영아는 양육자와 세상에 대해 불신감을 느끼게 된다. 그리고 이러한 경험이 반복되면 영아는 성인이 되어서도 타인을 신뢰하는 데 어려움을 겪게 된다.

2단계: 자율성 대 수치심/회의감, 2~3세   이 시기의 영아는 양육자가 자신의 안전을 보장해 주면서 동시에 영아 스스로 사고하고 행동하도록 격려해 주기를 기대한다. 이러한 기대가 충족될 경우 아동은 자율성을 느끼지만 그렇지 않을 때는 회의감을 느낀다. 예를 들어, 걷기 시작한 아동은 자유롭게 돌아다니고 싶어 할 것이다. 이때 양육자는 아동이 스스로 환경을 탐색하도록 격려함으로써 이들의 자율성을 키워줄 수 있다. 그러나 양육자가 아동을 방임하거나 아이 혼자 스스로 한 행동이 실패한 경우 벌을 주거나 비난을 할 경우 아동은 혼자서 환경을 완벽히 통제할 수 없다는 것을 깨닫게 되고 수치심을 느낄 것이다.

3단계: 주도성 대 죄책감, 4~5세 이 시기의 아동은 자율성이 증가하고 신체능력과 언어능력의 발달로 인해 왕성한 지적 호기심을 보인다. 또한 아동은 인지가 급격하게 발달하면서 생활의 모든 부분에 도전적 충동을 갖게 된다. 따라서 양육자가 밥을 먹여 주려고 할 때 자기 스스로 수저를 사용해 밥을 먹으려 한다거나, 양육자가 부엌에서 요리를 할 때 주도적으로 참여하려는 등의 일을 하여 인정을 받고 싶어 한다. 이때 부모가 아동의 주도성을 비난하거나 질책하면 아이들은 위축되고 자기주도적 활동에 대해 죄책감을 느끼게 된다.

4단계: 근면성 대 열등감, 6~11세 이 시기의 아동은 학교에 입학하여 다양한 과제를 접하게 되고 또래들과 어울리며 자신을 또래와 비교하면서 학교에서의 성공과 성취가 아동의 근면성과 긍정적인 자아개념을 발달시키게 된다. 그러나 아동에게 공정하지 않은 기회를 주거나 너무 많은 것을 요구해 실패로 끝나는 경험이 많아지면 아동은 열등감에 빠지게 된다. 이러한 근면성은 이후 생애에서의 적응과 성공, 인간관계를 결정하는 데 매우 중요한 요인으로 작용한다. 따라서 교사는 학생들에게 도전감을 심어 주고 근면성을 발달시킬 수 있도록 체계적인 학습환경의 계획과 개입, 적절한 과제할당 등을 통해 학생들이 자신의 어려움을 슬기롭게 극복할 수 있도록 도와주어야 한다.

5단계: 자아정체성 대 역할혼미, 12~20세 이 시기는 청소년 시기로서 육체적으로는 급격한 성장을 하지만 정신적 능력은 신체발달에 미치지 못해 이로 인한 혼란을 경험하게 되는 시기이다. 청소년 시기에는 신체적 변화와 성적 성숙이 급격하게 이루어질 뿐만 아니라 아이도 성인도 아닌 주변인으로서의 존재적 특징 때문에 새롭게 부과되는 다양한 사회적 요구에 양가적 상황에 처하게 되며, 진학과 전공선택의 문제나 이성문제 등과 같은 상황에서 수많은 선택과 의사결정을 해야 하기 때문에 자아정체성 위기를 경험할 수 있다. 이에 Erikson은 이 시기의 가장 중요한 발달과업으로 자아정체성의 확립을 들었다.

청소년들은 수많은 영역에서 자신의 가능성을 탐색하고 발견하는 동시에 자신의 한계를 인정함으로써 자아정체성을 서서히 확립해 가게 된다. 이러한 자아정체성이 확립되기 전 탐색 기간을 심리적 유예기(psychological moratorium)라고 한다. 즉, 청소년기는 진정한 자아를 찾기 위한 노력을 기울이는 시기로서 자신들의 능력을 시험해 보면서 새로운 역할을 실험하거나 가치 혹은 신념 체계에 대한 끊임없는 탐색 활동을 하게 된다. 따라서 이 시기는 정체성 탐색을 위해 아동기와 성인기 사이에 자신에 대한 결정을 잠시 보류하고 주변으로부터 일시적으로 해방되는 시기이기도 하다. 오랜 기간의 정체성 탐색은 고통스러운 것이지만, 결국 그것은 보다 높은 차원의 인격적 통합을 가능하게 해 준다.

6단계: 친밀감 대 고립감, 21~35세   성인초기에 해당하는 시기로 이 시기는 타인과의 관계에서 깊은 유대감을 형성하고 타인과의 관계에서 친밀감을 획득하는 일이 중요한 발달과업이다. Erikson에 따르면 친밀감은 타인의 한계와 단점을 인정하고 수용하며, 인간 상호 간의 차이점과 갈등을 극복하는 과정을 통해 획득된다. 이 시기에 부모, 배우자, 동료 등과 서로 알고 지내는 정도의 단순한 인간관계를 넘어선 진정한 친밀관계로 들어가게 된다. 그러나 유대관계 형성에 실패할 경우에는 고립감을 느끼게 된다.

7단계: 생산성 대 침체감, 35~60세   성인중기에 해당하는 시기로 이 단계에 접어든 사람은 자녀양육과 생산적 활동을 통해 뿌듯함을 느낀다. 그렇지 못한 경우에는 침체감을 느끼게 된다. 학생들이 겪는 다양한 문제점과 학업성취에 진정으로 관심을 쏟는 교사는 이 단계에서 위기를 긍정적으로 해결한 사람이다. 부정적인 해결은 무관심과 허위, 이기심 등을 갖게 한다.

8단계: 통합감 대 절망감, 60세 이상   성인후기를 포함하는 단계로 이 단계에서는 이제껏 자신이 살아온 삶을 돌아보고 현재 자신의 모습을 수용하여 **통합감**을 느끼거나 반대로 자신의 삶에 대해 후회하고 닥쳐올 죽음을 두려워하거나 새로운 인생을 시작하기에는 너무 늦었다는 절망감을 느낀다.

통합감
자신의 삶에 후회가 없으며 열심히 살았고 가치 있었다고 생각하는 사람이 지니는 특성이와 같이 Erikson의 심리사회적 성격이론은 인간의 전 생애를 다루었다는 점과 개인 내의 발달뿐 아니라 사회적 상호작용을 고려하여 발달을 설명했다는 점에서 의의를 가진다. 그러나 개념이 다소 모호하고 발달의 특징만 서술되어 있을 뿐, 변화과정에 대한 설명이 없다는 점에서 비판을 받기도 한다.

② 행동주의적 접근

Skinner(1938)에 의하면 행동은 외적 환경 또는 그 행동에 대한 강화에 의해 나타나므로 모든 행동은 강화와 벌에 의해 통제, 조절될 수 있다. 따라서 스키너는 성격이란 용어는 궁극적으로 불필요한 것으로 보면서 이는 행동패턴의 집합, 즉 습관에 불과하다고 규정하였다. 이러한 관점에서 고전적 사회학습이론가인 Dollard와 Miller(1950) 등도 성격은 습관으로 표현되어야 한다고 주장하면서, 습관의 형성과정은 **동인**(drive) → **단서**(cue) → 반응 → 강화(보상) → 반응의 반복 → 습관의 형성 순서로 이루어진다고 설명하였다. 이러한 과정을 통해 성격의 구체적인 표현인 특정의 습관이 형성된다는 것이다. 반면, 일단 형성된 특정 습관은 그와 관련된 반응이 나타날 때마다 벌(혐오자극)을 계속 제공하면 그 반응이 점차 약화되어 결국 제거(소멸)될 가능성이 높다.

> **동인**
> 특정반응(행동)을 일으키는 에너지의 원천
>
> **단서**
> 반응의 방향성 부여

이와 같이 개인에 대한 환경의 일방적인 영향만을 강조하는 고전적 행동주의 심리학과는 달리 Rotter의 사회학습이론이나 Bandura의 사회인지이론에서는 개인의 외적 환경에 대한 주관적인 판단인 인지적 과정을 적극적으로 인정하며 그러한 시각에서 개인의 행동을 이해하고자 시도한다.

Rotter는 행동이 학습된다는 점에는 기본적으로 동의하였지만, 행동이란 기계적으로 발생하지 않으며, 인간은 내적·외적 조건들의 상호작용의 결과로서 끊임없이 반응하며 인간행동은 주로 사회적 경험을 통해 학습되므로 유기체의 내적 요인(인지과정)과 외적 요인(강화)을 모두 고려해야 한다고 주장하였다.

Bandura 역시 Rotter처럼 행동이 개인의 내적 특성과 환경적 영향 간의 복잡한 상호작용의 결과로서 발생한다고 믿었다. 그는 개인이 환경에 어떤 영향을 미칠 수 있다는 믿음인 자아효능감이 바로 성공, 문제해결, 적응을 위해 필요한 주요 심리적 요인이라고 주장하였다. 이는 우리들이 무엇을 할 것이며 어떻게 생각하고 느낄 것인가에 영향을 미친다. 자아효능감은 성취상황에서 개인으로 하여금 활동을 선택하고, 노력을 투입하고 어려운 상황에서도 끈기를 보이는 정도에도 영향을 미친다. 자아효능감이 긍정적이고 높을수록 그 개인은 과제수행을 할 때 희망과 확신을 갖고 적극적으로 임하고, 어려움이 있을 때도 더 많은 노력을 투입하고 끈기 있게 최선을 다할 것이다.

③ 인지주의적 접근

성격에 대한 인지주의적 접근은 개인의 성격적 특성을 개인이 주변 환경을 지각하고 해석하며 평가하는 인지과정과 관련지어 규명하고자 한다. 행동주의 심리학을 제외한 대부분의 성격이론은 개인의 성격적 특성을 정신 과정과 관련지어 논의한다는 점에서 인지적 관점을 반영한다고 볼 수 있다. 성격에 대한 인지주의적 접근은 인간심리의 3대 구성요소인 인지 · 정서 · 행동 간의 상호작용을 전제하나 이 중에서도 인지를 가장 강조한다. 즉, 개인의 정서나 행동이 인지에 의해 통제될 수 있다는 전제하에 인간의 성격적 특성을 규명할 때 인지적 측면에 일차적 관심을 둔다.

이러한 접근은 기능주의 심리학자 James가 주장한 "생각이 바뀌면 행동이 바뀌고, 행동이 바뀌면 습관이 바뀌고, 습관이 바뀌면 성격이 바뀌고, 성격이 바뀌면 운명까지도 바뀐다."라는 내용과 일치한다. 또한 Ellis는 개인의 인지가 그의 정서에 영향을 미치고 이는 결과적으로 행동을 결정하게 되며, 인간의 성격은 단일차원이 아니라 생리적 측면, 심리적 측면, 사회적 측면과 복합적인 관련이 되는 역동체라고 보았다(Ellis, 1979).

성격이 포함하고 있는 각 측면을 구체적으로 살펴보면 다음과 같다.

첫째, 성격은 생리적 측면을 포함하고 있다. 인간은 생리적 경향성으로 거대한 성장자원뿐 아니라 자신의 사회적 운명과 개인적 운명을 변화시킬 수 있는 능력을 선천적으로 가지고 있으며, 그와 동시에 비합리적으로 생각하고 스스로에게 해를 끼치려는 예외적으로 강력한 선천적 경향성도 함께 가지고 있다. 따라서 이러한 생리적 성향으로 인해 개인은 자신의 인생에서 일어나는 모든 일에서 최상의 것을 추구하기도 하고, 반면 자신이 원하는 것을 얻지 못한다고 여길 때는 자신이나 타인 또는 세상을 두루 비난하는 매우 강한 경향성을 가지게 된다. 그렇기 때문에 인간은 생득적인 자기파괴 방식으로 자기 자신을 파괴하기도 한다.

둘째, 성격은 심리적 측면을 포함하고 있다. Ellis는 슬픔, 유감, 성가심, 좌절 감과는 구별되는 정서적 혼란이 비합리적 신념에서 유발된다고 전제하였다. 개인이 일단 비합리적인 사고를 통해 불안과 우울을 경험하게 되면 자신이 스스로 불안하고 우울한 것에 대해 불안해하고 우울해하는 악순환을 경험하게 된다. 따라서 바람직하지 못한 감정을 차단하는 바람직한 방법은 개인으로 하여금 불안을 생성하는 신념 체계를 탐색하여 그것을 바꾸도록 도와주는 것이다.

셋째, 성격은 사회적 측면을 포함하고 있다. 인간은 사회집단 내에서 양육되고 인생의 대부분을 타인의 기대에 맞춰 살고 타인의 수행을 능가하려고 노력하는 데 바친다. 그래서 타인이 자신을 인정하고 승인한다고 믿을 때 자신을 선량하고 가치 있는 사람으로 인정한다. Ellis에 따르면 정서적 장애는 타인들이 생각하는 것에 대해 지나치게 많은 염려를 하는 것과 관련되며 다른 사람들이 자신을 좋게 생각할 때만 자기 스스로를 수용할 수 있다는 믿음으로부터 기인한다. 그 결과 타인의 승인을 받고자 하는 욕망이 커지게 되어 타인의 인정과 승인에 대한 욕구가 절대적으로 긴박한 욕구가 된다. 이로 인해 불안과 우울을 피할 수 없게 된다.

④ 인본주의적 접근

인본주의는 기존의 정신분석이론과 행동주의 이론에 반해 등장한 성격이론으로 모든 유기체는 특정한 능력, 가능성, 잠재능력을 갖고 태어나며, 이 능력을 최대로 충족시키는 과정에서 개인이 경험하는 모든 것의 총합체로 성격이 형성된다는 이론이다. 대표적인 학자인 Rogers는 성격의 발달과 변화에 초점을 둔다. 그는 성격이란 모든 경험의 중심이 되는 자아, 즉 조직적이고 항구적이며 주관적으로 지각된 실체이며, 유기체와 환경과의 상호작용에 의해 형성되는 특성을 지닌 것으로 보았다.

그의 성격이론은 현상학(phenomenology)의 영향을 받아 형성되었다고 볼 수 있다. 현상학에서는 개인의 독특한 주관적 경험이나 지각을 최대한 존중한다. 그는 사람이 어떻게 행동하는가는 그가 삶 속에서 접하게 되는 사건들을 어떻게 지각하고 해석하느냐에 달려 있다고 생각한다. 결국 개인은 **현상학적 장**에서 생활하며 이른바 과학자가 말하는 객관적인 현상조차도 주관적인 지각과 선택의 결과로 접근한다. Rogers는 동일한 현상이라도 개인에 따라 다르게 지각되고 경험되므로 이 세상에는 현상학적 장만이 존재한다고 전제하고 이를 최대한 존중해 줄 필요가 있다고 주장하였다. 따라서 동일한 사건을 경험한 두 사람도 각기 다르게 사고하고 행동할 수 있고 이러한 특성으로 인해 모든 개인은 서로 다른 독특성을 보이게 된다. Rogers의 현상학적 성격이론이 주는 시사점으로는 인간행동을 제대로 이해할 수 있는 방법이 인간의 내적 준거 체계를 관찰함으로써 가능하다는 것이다.

> **현상학적 장**
> 개인의 주관에 의해 의미가 부여된 독자적 세계를 말하는 것으로, 특정 순간에 개인이 직접 지각하고 경험하는 모든 것을 의미한다.

2. 사회성발달

인간은 사회적 존재이며 태어나서 사회의 구성원이 되기까지 가정, 친구, 학교 등을 통해 그 사회에 동화하는 **사회화** 과정을 거치게 된다. 이러한 사회화 과정을 통해 발달하는 사회적 유능성은 자신을 둘러싼 사회환경에 잘 적응하는 데 중요한 기능을 하며, 건강한 자아와 사회·정서적 발달에 영향을 미치는 요인이다(Waters & Sroufe, 1983). 인간은 사회라는 공동체 속에서 다른 사람과 관계를 맺는 사회적 존재이므로 지적인 측면 이상으로 사회적·정서적 측면에서의 발달이 중요하다.

> **사회화**
> 다른 사람과의 관계를 맺고 어떻게 행동해야 하는가를 학습하는 과정이며 사회의 구성원으로 기능할 수 있도록 문화, 지식, 기술 등을 습득하는 과정이다.

1) 사회성의 정의

인간은 사회적 존재이며 태어나서 사회의 구성원이 되기까지 가정, 친구, 학교 등을 통해 그 사회에 동화하는 사회화 과정을 거치게 된다. 초기에 어린 아동은 부모의 훈육에 따른 요구와 주변 사람들의 행동을 모방함으로써 사회화에 필요한 기초습관과 기술, 태도를 습득한다. 성장함에 따라 생활 범위가 확대되면 생활환경의 또 다른 측면에 적응하는 방법을 습득하게 되고 다양한 경험을 받아들이고 새로운 사고나 경험을 접하면서 자신의 생활방식을 조율하여 환경에 재차 적응하게 된다. 그러므로 사회화 과정은 개인이 자신이 속한 사회환경에 살아가기 위한 적응과 성장의 과정이라 볼 수 있다.

사회성은 이러한 사회화 과정에서 후천적으로 사회적 행동이 내재된 것으로로 개인이 사회의 규범, 가치관, 지식 등을 내면화하여 어떤 집단이나 사회 속에서 다른 사람과 효율적인 인간관계를 맺으며 살아갈 수 있는 능력이다. 송명자(1995)는 사회성을 성격의 한 특성으로 기술하고 이 특성을 대인관계에서의 사교성, 군거성, 협동성, 친절성, 사회적 의존성, 모방성, 소통성, 관용성 등을 포함하여 고립, 사회적 접촉의 기피, 방관, 비사교성, 비활동적 성격과 반대되는 특성으로 보고 있다. Rogers는 사회성이란 일반적으로 사회가 요구하는 규범과 역할에 적응하는 능력으로 보았으며, 긍정적인 자아상의 확립을 위해 환경과 성공적인 상호작용이 필요하다고 하였다. 따라서 특정한 사회집단 내에서의 대인관계는 그 사람의 인성발달에 결정적인 영향을 미치며, 한 사회집단의 성격과 구조 그리고 집단성원의 인간관계도 사회성에 의해 좌우된다.

2) 대인관계이론

인간은 사회라는 공동체 안에서 다른 사람과 관계를 맺는 사회적 존재이므로 지적인 측면 이상으로 개인발달에 미치는 대인관계의 영향을 살펴보는 것은 매우 중요하다. 이를 위해 대인관계를 설명하는 Bowlby의 애착이론, Sullivan의 대인관계이론, Selman의 사회적 조망수용이론, Bronfenbrenner의 생태학적 이론에 대해 살펴보기로 한다.

(1) Bowlby의 애착이론

애착(attachment)이란 특정 개인에 대한 애정적 유대를 의미하는 것으로, 애착 대상과 접속하고 근접하려는 성향을 지속적으로 갖고 있는 인간의 내적 상태를 말한다. Bowlby는 아기의 생존을 위해 양육자로부터 보호받아야 하고 이로 인해 형성된 생존보호 본능이 애착 기제로 발달한다고 하였다. 즉, 애착은 아기가 울기, 빨기 등의 생득적인 신호를 보낼 때 부모가 신속하게 반응함으로써 형성된다. 만약 부모가 아이가 보내는 신호에 일관성 있게 바르고 온정적으로 반응하지 않으면 불안정 애착이 형성된다.

부모와의 상호작용을 통해 형성된 애착은 또래관계 등의 사회적 능력에 영향을 미친다. 또한 성인기의 사회적 적응력과도 밀접한 관계가 있으며 애착 형성에 실패하거나 안정되지 못한 애착을 형성한 아동은 정서적 안정성은 물론 대인관계에서 실패할 가능성이 클 뿐만 아니라 정신건강을 위협하는 문제까지 초래할 수 있다. 따라서 아동은 양육자와의 안정적인 애착을 형성한 경험을 통해 일차적 사회관계를 학습하게 되고 이 학습의 결과는 다른 주변 사람들에게 일반화되므로 특히 어머니와의 친밀하고 안정적 애착 경험은 사회성발달의 기초가 된다(강인숙 외, 2017).

(2) Sullivan의 대인관계이론

Sullivan은 인간발달에 있어 다른 사람과 어떠한 관계를 유지하는가가 중요하다고 본다. 타인과의 상호작용 욕구는 사회적 관계를 맺으며 살아가는 인간 유기체가 자신의 안정과 정서적 지지를 제공받기 위한 수단이다. 연령이 증가함에 따라 상호작용의 형태나 그에 따른 욕구의 대상은 달라지지만 주 관심사는 자신과 밀접한 관계를 가진 사람들과의 상호작용에 있다.

Sullivan에 의하면 개인의 자아는 타인에 의해 '반영된 평가'로 이루어진다. 자신에게 의미 있는 타인들이 자신을 평가해 온 방식인 '반영된 평가'는 개인이 자기 자신을 평가하는 방식이 되어 버린다. 뿐만 아니라, 개인이 다른 타인들을 평가하고 인식하는 방식에도 영향을 미치게 된다.

개인의 발달에 미치는 대인관계의 영향력은 건설적일 수도 있고 파괴적일 수도 있다. Sullivan은 대인관계에서 우리가 얻는 이점은 긍정적 피드백의 여하에 달려 있다고 보았다. 다른 사람들이 우리를 긍정적이고 가치 있는 사람으로 평가하고 있다고 생각할 때 우리는 안전감을 느끼게 된다. 그러나 대인관계, 특히 유아기와 아동기의 대인관계가 상당한 불안을 초래할 때 개인이 발전시킨 방어기제와 같은 안전수단이 타인과의 관계를 손상시킬 수도 있다. 가령 자신을 낮게 평가하고 부적절감을 느끼는 청년은 다른 사람들의 친절한 제의를 거부하는 경향이 있으며 적대적이고 타인을 불신하는 성향을 보인다. 반면 자신에게 유의미한 타인과 갖는 긍정적이고 지지적이며 긴장감소적 경험은 안전감을 낮게 한다(정옥분, 2004). 인간은 다른 어떤 상태보다 안전한 상태를 추구한다. 특히 양

육자와의 초기 경험으로부터 대인관계상의 불안이 생겨나며, 이 불안은 인간의
생애주기에서 가장 뿌리 깊은 대인관계적 힘을 낳게 된다.

(3) Selman의 사회적 조망수용이론

조망수용능력은 모든 인간관계의 기초가 되는 능력으로 다른 사람의 감정, 사
고, 의도, 사회행동 및 일반적 관점 등을 이해하는 능력을 말한다. 타인에 대한
이해란 곧 사회인지(social cognition)의 발달을 의미한다. 사회인지란 사회관계
를 인지하는 것으로 타인의 사고와 의도, 정서를 생각할 수 있는 사회적 조망수용
능력(social perspective taking ability)을 의미한다(송인섭 외, 2013). 사회적 조망수
용능력의 발달은 원만한 대인관계를 형성할 수 있도록 돕기 때문에 성숙한 사회
적 행동을 가능하게 한다. 즉, 타인의 의도나 감정을 예측할 수 있을 때 우리는
그에 따라 적절하게 반응하고 행동할 수 있기 때문이다.

조망수용능력이 잘 발달된 아동은 감정이입능력과 동정심, 어려운 사회적 상
황을 효과적으로 처리하는 문제해결능력이 높은 것으로 보고된다. 감정이입은
다른 사람의 정서 상태를 대리적으로 경험하는 것으로 자기와 타인 간의 유사성
을 인식할 수 있도록 해 주는 반면, 조망수용능력은 자기와 타인 간의 차이를 인
식할 수 있도록 해 준다. 화를 잘 내거나 공격적인 아동들은 타인의 사고와 감정
을 고려하는 데 큰 어려움을 겪는다. 그들은 타인의 견해에 대한 인식을 바탕으
로 생성되는 죄책감이나 양심의 가책 없이 또래나 성인을 불신한다. 이러한 아
동들에게 조망수용능력을 지도하고 훈련하면 반사회적 행동이 감소되고 감정이
입과 친사회적 행동이 증가한다(장휘숙, 2013). 따라서 교사는 학생들이 높은 단
계의 조망수용능력을 발달시킬 수 있도록 도와주어야 할 것이다.

사회인지 이론가인 Selman은 아동이 자신의 관점과 다른 사람의 관점을 구별
하는 능력과 다른 관점 간의 관계를 파악할 수 있는 능력을 발달시키면서 자신
과 타인을 이해하게 된다고 하였다. 이러한 사회적 조망수용능력은 자신과 타
인을 객체로 이해하고, 타인의 관점에서 자신의 행동을 인지함으로써 타인의 의
도, 태도, 감정을 추론하게 해 준다. 그는 대인관계에서 갈등을 겪은 사례에서
나타난 행위자의 동기와 다른 행위자와의 관계에 대한 반응을 분석하여 사회적
조망수용능력의 발달 단계를 5단계로 구분하였다(〈표 4-3〉 참조). 그는 성숙되

사회적 조망수용능력
사회적 상황에서 나
타나는 조망수용을
말하며 사회적 관계
를 이해할 수 있는 능
력이다.

표 4-3 Selman의 사회적 조망수용능력 발달 단계

발달단계	연령	특징
0단계: 미분화의 조망수용	3~6세	타인의 생각이나 기분을 인지할 수는 있으나 모든 행위자들은 자신과 동일한 방식으로 그 상황을 이해한다고 생각한다.
1단계: 사회-정보적 조망수용	4~9세	타인의 조망이 자기 조망과 유사하거나 상이하다는 것을 이해하기 시작한다. 그러나 아직까지 타인의 관점을 정확하게 구별하지는 못한다.
2단계: 자기반성적 조망수용	7~12세	자신의 조망과 타인의 조망을 이해하고 타인의 조망으로부터 자신의 생각과 감정을 심사숙고할 수 있다.
3단계: 제3자적 조망수용	10~15세	중립적인 제3자적 조망에서 자신과 타인의 행동을 고려할 수 있다. 자신을 행위자와 대상자 양자로 볼 수 있고 제3의 관찰자로서 그 사회의 평균적 구성원들이 갖는 보다 더 일반화된 조망을 이해할 수 있다.
4단계: 사회적 조망수용	14, 15세 ~성인	자기-타인 상호작용에 대한 일반화된 사회적 조망을 지니고 있고 사회체계 속에 반영되어 있는 집단조망이 존재한다는 것을 인식한다. 따라서 법률과 도덕은 개인이 고려해야 하는 어떤 합의된 집단 조망에 의존한다는 것을 이해한다.

출처: 장휘숙(2013), p. 199.

고 안정된 대인관계를 형성한 사람들은 높은 수준의 사회적 조망수용능력을 가지며, 미성숙하고 불안정한 대인관계의 형태를 보이는 사람은 낮은 수준의 사회적 조망수용능력을 보인다고 하였다. 또한 사회적 조망수용능력은 가정환경, 사회적 상황 등에 영향을 받으면서 발달하므로 나이에 상관없이 발달이 이루어질 수 있으며 청소년이나 성인도 0단계나 1단계에 머무를 수 있다(신명희 외, 2018).

(4) Bronfenbrenner의 생태학적 이론

아동은 가족 안에서 자라고 특정한 민족, 종교, 경제적 · 언어적 사회에서 성장한다. 이웃과 학교, 사회적 · 교육적 프로그램과 정부의 정책도 모두 개인의 발달에 영향을 미친다. Bronfenbrenner(1979)는 사회적 맥락에서 개인의 발달을 이해하는 생태학적 이론(ecological theory)을 제시하였다. 생태학적 이론은 개

인에게 직접적인 영향을 주는 가족과 동시에 직간접적 영향을 주는 미시체계, 중간체계, 외체계, 거시체계, 시간체계 등 여러 수준의 환경체계를 제시하여 개인과 환경의 다양한 상호작용을 보여 준다.

미시체계(microsystem)는 아동이 직접 접하는 환경으로 가정, 학교, 부모, 친구, 선생님 등이 포함된다. 이 체계에서 아동의 활동은 직접적인 환경에 의해 강하게 영향을 받고 아동의 기질, 능력, 성격과 같은 특성이 성인의 행동에 영향을 미치므로 모든 관계가 상호적이다.

중간체계(mesosystem)는 다양한 미시체계 간의 상호작용을 의미한다. 아동과 부모, 학생과 교사, 학부모와 교사, 친구들은 연결되어 서로 영향을 미친다. 아동이 공부를 잘하려면 아동 혼자만의 노력으로는 부족하다. 부모는 자녀의 학교생활에 관심을 가지고 교사가 아동의 학업을 열정적으로 가르칠 때 아동이 학업성취가 더욱 향상될 수 있다.

외체계(exosystem)는 아동이 포함되지 않지만 아동에게 간접적인 영향을 주는 외부체계 혹은 기관과 미시체계 사이의 연결로 이루어진다. 대중매체, 이웃, 사회복지기관, 지역정부기관, 부모의 직업, 가족의 친구 등을 포함하는 것으로 개인에게 더 큰 영향을 주는 체계이다. 사회적으로 고립된 가족은 이러한 외체계의 부족으로 아동 발달에 부정적인 영향을 미칠 수 있다.

거시체계(macrosystem)는 문화적 영향을 의미한다. 이는 개인에게 영향을 미치는 관념, 법, 관습 등을 의미한다. 예를 들어, 정부의 아동보호에 대한 기준이 높게 책정되어 있을 경우 아동이 보다 안전한 경험을 할 수 있다는 사실은 거시체계가 아동 발달에 영향을 준다는 것을 보여 준다. 따라서 사회의 공통된 가치가 아동 발달에 바람직한 방향으로 형성되는 것은 중요하다.

연대체계(chronosystem)는 시간의 차원으로 일생 동안 일어나는 인간의 변화, 사회 · 역사적 환경변화와 생애에서 전환점이 되는 사건 등을 의미한다. 따라서 환경과 상호작용하는 아동을 이해하는 데 시간이라는 변인 또한 중요하게 고려해야 한다. 예를 들어, 이혼가정의 아동은 이혼 후 처음 1년 동안 극도의 부정적 효과를 보인다. 이혼으로 인해 아동에게 나타나는 정서적 불안이나 혼란감은 2년이 지나서야 서서히 감소하며 가족관계 역시 이때부터 점차 안정적이 된다. 이처럼 부모의 이혼이 시간이 지남에 따라 아동에게 부정적인 영향을 미치는 정도가 달라지게 된다. 따라서 환경에서의 특정한 사건이 아동 발달에 영향을 주고 그러한 영향이 시간의 경과에 따라 변하게 된다는 이러한 결과는 아동 발달을 이해하는 데 중요한 함의를 갖는다(임규혁 외, 2007).

토론과제 >>>

1. 영유아기, 초 · 중 · 고등학교 학생의 성격발달을 이해하는 데 Erikson 이론이 주는 시사점 이 무엇인지 토론해 보자.

2. 자신이 학교에 다니는 동안 혹은 그 이전에 자신이 직면한 Erikson의 심리사회적 위기는 무엇이었으며 어떻게 성공적으로 해결하였는지 예를 들어 설명해 보자.

3. 고등학교 학생들은 대입시험을 위한 시험준비에 바빠 자신의 정체감 확립을 위한 적극적 탐색이 부족한 실정이다. 이 시기의 학생들이 자아정체감을 확립할 수 있도록 하기 위한 구체적인 방법에 대해 논의해 보자.

4. Erikson의 심리사회적 성격발달이론과 Bronfenbrenner의 생태학적 이론을 바탕으로 평 생교육이 필요한 미래사회에 주는 시사점은 무엇인지 논의해 보자.

5. 아이들의 성격과 사회성발달에 미치는 부모의 양육방식을 고려할 때 바람직한 부모의 양 육방식은 무엇인지에 대해 토론해 보자.

6. 사회화 과정에서 필연적으로 겪는 주요 발달적 갈등은 무엇이며, 이러한 갈등이 성장과 발달로 전환될 수 있도록 돕기 위한 교사의 지도방안에 대해 토론해 보자.

제 **5** 장

자아 및 도덕성 발달

조형정

◇◇◇◇◇

학생들의 학교학습과 밀접한 관련이 있는 개인의 심리적 특성으로는 사고력 신장과 같은 지적인 특성 외에 자아개념, 도덕성에 기반한 정의적 특성이 있다.

이러한 정의적 특성을 이해하기 위해 먼저 '자아개념이란 무엇인가? 자아개념은 자아존중감과 정체성과 서로 다른 것인가? 우리는 자신과 다른 사람을 어떻게 이해하게 되는가?' 하는 물음에 대한 답을 찾아보고자 한다. 또한 성실성, 책임감, 도덕성 등은 사람이 사회에 적응하면서 살아가는 데 필수적인 덕목이다. 이러한 덕목은 인간발달 초기에 그 기초가 형성되기 때문에 가정의 영향을 더 많이 받는 것으로 알려져 있다. 그렇다고 학교교육이 이런 덕목들의 교육에 무관할 수는 없다. 이런 덕목들이 내포하는 행동특성들이 학교교육 기간에도 계속 변화·발전하기 때문이다.

특히 도덕성발달에 대한 이해는 학생들의 인성과 인지발달을 담당해야 하는 학교현장 교사에게 필수적이라고 할 수 있다. 도덕성발달은 개인이 자신과 타인의 행동을 평가하는 데 사용하는 옳고 그름에 대한 개념을 획득하는 과정이다. 아동과 성인이 인지와 성격적 발달에 있어 차이가 있는 것과 마찬가지로 도덕적 추론에 있어서도 차이가 있다. 이러한 도덕성발달은 일찍부터 시작되고 전 생애를 통해 계속된다. 따라서 이 장에서는 학교교육과 깊은 관련이 있는 자아와 도덕성의 발달을 정신분석적, 학습이론적, 인지발달적 관점에서 살펴보고, 발달에 대한 주요 개념과 발달 단계, 교육적 시사점과 비판점 등을 탐색해 인간의 정의적 특성에 대한 이해를 도모하고자 한다.

학습목표

1. 자아개념과 자아존중감, 정체성의 개념을 구분하여 차이를 설명할 수 있다.
2. 자아개념과 정체성 확립을 위한 교사의 역할을 말할 수 있다.
3. 정신분석적, 학습이론적, 인지발달적 관점에서 도덕성의 개념과 발달 단계를 비교하여 설명할 수 있다.

1. 자아개념의 발달

한 사람의 생애에서 아이로 불리며 아이로 살아가는 시기는 매우 짧다. 그 짧은 시기 동안 한 인간의 많은 것이 결정된다는 것을 우리는 자주 잊는다. 아주 작은 상처 하나가 성격을 바꿀 수도 있고 아주 작은 경험이 삶의 태도를 바꾸기도 한다. 또한 같은 조건 속에서도 어떤 아이는 성공을 배우기도 하고 어떤 아이는 좌절을 배운다. 이러한 선택의 경계선에서 어떤 것이 그러한 선택을 하도록 하는 것일까? 이번 장에서는 사람의 선택과 결정에 자아개념과 자아존중감이 어떠한 연관성을 갖는지 살펴보고자 한다.

1) 자아개념과 자아존중감의 의미

자아개념(self-concept)은 자기 자신에 대한 인지적 평가로서 자신이 누구인지에 대한 총체적인 지각을 말한다. 내가 얼마나 운동을 잘하는가? 얼마나 인기가 있는가? 친구와 비교했을 때 얼마나 똑똑한가? 이러한 질문에 대한 대답은 신체적 · 사회적 · 인지적 평가인 자아개념을 나타낸다. 자신이 운동을 잘한다고 대답했다면 긍정적인 신체적 자아개념을 가졌다고 말할 수 있고, 자신이 사람들과 잘 어울린다고 대답했다면 긍정적인 사회적 자아개념을 가졌다고 말할 수 있다. 또한 자신이 지적으로 유능하다고 생각하는 사람은 높은 지적 자아개념을 갖고 있다고 할 수 있다. 따라서 자아개념은 자신의 특성과 장단점을 가늠하게 하며, 건강한 자아개념 형성이 사회적 · 정서적 발달의 중심이 된다고 볼 수 있다. 자아개념은 다른 사람들과의 상호작용과 또래와의 비교를 통해 자신의 수행을 보다 정확하게 평가할 수 있게 됨으로써 보다 더 현실적이 되도록 하는 데 도움이 된다(Schunk et al., 2008).

자아개념
개인이 자신의 특성과 신체적 · 사회적 · 학업능력에 대해 내리는 인지적 평가

자아개념과 **자아존중감**(self-esteem)은 흔히 혼동되어 쓰이는데 그 의미는 약간 다르다. 자아개념은 인지적인 자기이해인 데 반해 자아존중감은 자신에 대한 정서적 반응이나 평가로서 정서적 속성의 조직체이다. 그러나 일반적으로 자아개념과 자아존중감은 상당히 중첩되어 사용된다.

자아존중감
개인이 자신의 특성, 능력, 행동에 대해 내리는 정서적 평가

높은 자아존중감을 가진 사람은 자신이 본래 가치 있는 사람이라고 생각한다 (Pintrich & Schunk, 2002; Schunk et al., 2008). 어린 아동은 높은 자아존중감과 비현실적일 정도로 긍정적인 자아개념을 갖고 있는 경향이 있는데, 그 이유는 사회적으로 타인과의 비교 경험이 부족하고 부모로부터 많은 지지를 받기 때문이다(Stipek, 2002). 그러나 이후 아동들은 타인과의 상호작용과 또래들과의 비교를 통해 자신의 수행을 보다 정확하게 평가할 수 있게 됨으로써 보다 현실적인 자아개념과 자아존중감의 변화를 갖게 된다(Hay et al., 1999). 일반적으로 자아존중감은 초등학교에서 중학교로 가는 동안 떨어지는 경향이 있다. 이러한 감소는 여성과 남성 모두에게 보이며 중학교에서의 학습위주의 관계와 사춘기의 신체적 변화를 포함한 몇 가지 이유로 인해 발생한다. 자아존중감은 고등학교 시기 동안 다시 증가하며 여성보다는 남성에게서 보다 큰 증가세를 보인다(Twenge & Campbell, 2001). 특히 청소년기가 시작되면서 자아개념과 자아정체성은 서로 영향을 끼칠 뿐만 아니라 자아존중감에도 영향을 미치게 된다.

2) 자아개념의 특성

자아개념의 특성은 다음과 같다.

첫째, 자아개념은 다면적(multifaceted)이고 위계적(hierarchical)이다. 다면적 특성이란 각 개인이 자신의 학업적, 사회적, 신체적, 정서적 측면 등과 같은 여러 측면에 대한 자신의 지각을 구성한다는 것을 의미한다. 또한 위계적 특성이란 가장 하위수준에 구체적인 자아개념들이 있고 차츰 정점에 이르면서 일반화된 자아개념이 존재하게 된다는 것을 말한다. 자아개념의 이론적 구조를 밝힌 Shavelson과 그의 동료들(1976)에 따르면 자아개념은 다면적이고 위계적으로 되어 있다고 보고, 일반적 자아개념의 하위구조로 크게 학업적 자아개념과 비학업적 자아개념으로 구분하였다. 그리고 학업적 자아개념의 하위구조로는 개별 교과목과 관련된 자아개념으로 구분하였고, 비학업적 자아개념의 하위구조로는 사회적 자아개념, 정의적 자아개념, 신체적 자아개념으로 나누었다([그림 5-1] 참조).

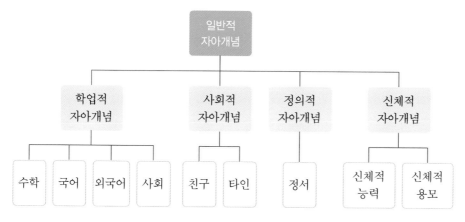

[그림 5-1] 자아개념의 위계적 구조

둘째, 자아개념은 안정적(stable)이다. 가장 상위에 있는 일반적 자아개념은 일단 형성되면 쉽게 변하지 않고 안정적이다. 이 안정성은 자아개념의 위계 차원에서 볼 때 하위수준으로 내려갈수록 덜 안정되어 변하기 쉬운 반면, 상위수준으로 올라갈수록 안정성이 높아진다. 셋째, 자아개념은 발달적(developmental)이다. 어린 아동의 자아개념은 총체적이고 미분화되고 상황 의존적이지만 차츰 성장함에 따라 주체로서의 자아(I)와 객체로서의 자아(me)를 구분하기 시작하면서 여러 가지 형태의 자아개념을 분화시켜 나간다. 그러면서 동시에 분화된 자아 사이에 통합을 시도한다. 넷째, 자아개념은 평가적(evaluative) 특성을 갖고 있다. 개인은 여러 상황에서 자신을 기술할 뿐 아니라 동시에 자신에 관한 평가를 한다. 이때 평가의 기준은 절대적 이상일 수도 있고, 타인과의 비교일 수도 있고, 유의미한 타인의 지각이 어떤가에 대한 평가일 수도 있다(황정규, 1984).

3) 자아개념과 정체성

학교와 일상생활에 있어 개인의 행동은 일반적으로 자아개념과 결합된 정체성(identity)의 영향을 받는다. 정체성 발달은 자신의 삶의 방식과 진로 선택을 통해 내가 누구인지를 정의하려고 하는 개인적 노력에 주목한다. 청소년들이 그들의 정체성을 얻기 위해 노력할 때 두 가지 과정이 발생한다(Luyckx et al., 2006). 첫 번째 과정은 '정체성 형성'으로 확신이나 신념에 기반을 둔 헌신을 포함한다. 예

정체성

개인이 자기 자신 및 자기 존재의 의미, 삶에서 자신이 추구하는 것에 대해 갖는 인식으로 자신에 대한 지각을 말한다.

들 들어, "사람들과 일하고 다른 사람을 돕는 것이 정말 좋았어."라는 말에서 이에 대한 확인이 가능하다. 두 번째 과정은 '평가'로 청소년들이 여러 대안에 대한 장단점을 저울질할 때 발생한다. 예를 들어, 진로를 선택할 때 교사가 되고 싶어 지원하는 것인지 아니면 일선회사에 입사하는 대신 선택하는 것인지를 스스로에게 물어보는 경우가 이에 해당한다.

정체성 발달에 대한 대표적인 이론가인 James Marcia(1980, 1994)는 청소년들의 정체감 발달 상태를 네 가지 유형으로 분류했다. 그는 청소년기에 나타나는 정체성 상태를 정체성 확립, 정체성 혼미, 정체성 유예, 정체성 상실 등 네 가지로 분류했다. 이러한 정체성 상태는 〈표 5−1〉과 같이 과업에 대한 전념(무엇에 전념하고 있는가)과 정체성 위기 경험 여부(정체감을 갖기 위해 노력하는가)라는 두 가지 기준에 따라 네 가지로 구분된다.

정체성 혼미, identity diffusion 　자신에 대해 알고자 하는 탐색 노력도 하지 않고 어떤 활동이나 과업에도 전념하지 못하는 상태를 의미한다. 이 상태에 있는 청소년들은 방향성이 결여되어 있고 다른 사람들이 어떤 일을 하는지, 내가 이 일을 왜 하는지에 대한 관심이 없다. 이 상태는 청소년 초기에 가장 보편적이지만, 일정한 직업을 갖지 못하거나 지속적으로 일하지 못하는 성인들에게서도 찾아볼 수 있다. 정체성 혼미는 미성숙하여 자아존중감이 낮고 혼돈에 빠져 있어 정체성 탐색 과정의 가장 낮은 단계에 속하며, 그대로 방치해 두면 부정적 정체성으로 빠져들 위험이 있다.

정체성 상실, identity foreclosure 　자신에 대해 알고자 하는 탐색 노력은 하지 않은 채 어떤 활동이나 과업에 전념하고 있는 상태를 의미한다. 이 상태에 있는 청소년들은 사회적 인정욕구가 강하고, 대체로 부모나 교사 등 권위 있는 사람들이 자신에게 부여한 이미 만들어진 정체성을 받아들인다. 부모의 과업을 물려받거나 일찍 결혼하여 안정된 가정을 꾸려나가는 청년에게서 흔히 발견된다. 이들은 겉으로 보기에 청소년기를 매우 안정적으로 보내는 것으로 보이지만, 성인기에 뒤늦은 정체성 위기를 경험하는 경우도 적지 않다.

정체성 유예, identity moratorium　자신에 대해 알고자 하는 탐색 노력은 꾸준히 하고 있지만 구체적인 과업에 전념하지 못한 상태를 의미한다. 이 상태에 있는 청소년들이 자신의 정체성에 대해 가장 적극적으로 탐색한다. 대체로 이들은 겉으로 보기에 안정감이 없는 것으로 보이나 많은 경우 시간이 흐르면서 정체성을 확립하게 된다. Erikson과 Marcia에 따르면 건강한 청소년은 정체성 확립을 추구하면서 아직 완전히 결정한 상태가 아닌 정체성 유예의 시기를 거친다고 주장했다. 유예기간은 복잡하고 다양한 사회의 수많은 가능성 가운데 어떤 삶을 살아야 할지 선택해야 하는 청소년들에게 특히 중요한 과정이다.

정체성 확립, identity achievement　자신에 대해 알고자 하는 탐색 노력도 했고 구체적인 과업에 전념하고 있는 상태를 의미한다. 이 상태에 있는 사람들은 타인의 이해, 가치 등을 고려하지만 스스로 많은 생각을 통해 의사결정에 이른다. 현실적이고 대인관계가 안정감이 있으며, 자아존중감도 높고 스트레스에 대한 저항력도 높다. 그러나 대체로 고등학교가 끝날 무렵까지 이 상태를 획득한 학생들은 많지 않다. 일부 성인들은 인생의 어느 한 시기에 확고한 정체성을 확립할 수도 있지만, 그 정체성을 거부하고 후에 새로운 정체성을 얻을 수도 있다. 따라서 자신의 정체성이 확립되었다 할지라도 그 정체성은 다시 변화할 수 있다(Kroger, 2000; Nurmi, 2004).

Marcia의 정체성 발달 단계가 교사에게 주는 시사점은 교사가 학생들의 정체감 성취를 돕기 위해 청소년이 자기 연령수준에 맞는 무엇인가를 전념하도록 격려해야 한다는 것이다. 대단한 것보다는 학생의 수준에 맞는 활동이 중요하며,

표 5-1　Marcia의 네 가지 정체성 구분

구분		위기	
		예	아니요
전념	예	정체성 확립	정체성 상실
	아니요	정체성 유예	정체성 혼미

한 가지 일에 전념하고 스스로 정한 것을 지킬 수 있도록 도와야 한다. 이를 위해 각 분야에 전념하여 성공한 예를 보여 주고, 교사나 다른 성인이 역할 모델이 되어 주는 것도 중요하다. 또한 다양한 인물 사례를 통해 모델을 발견하거나 다양한 가치, 문화 등을 체험하도록 하는 것 또한 정체성 확립에 도움이 된다. 이처럼 정체감 형성이란 일생 동안 지속된다고 볼 수 있으므로 개개인은 지속적인 자기평가를 통해 자신의 정체성을 확고히 하고자 하는 노력을 해야 한다.

4) 자아개념과 학업성취

일반적인 자아개념과 학업성취의 관계는 어느 정도 있지만, 관련성 정도는 대체로 약한 것으로 알려지고 있다(Walberg, 1984; Eggen & Kauchak, 2016). 그러나 학업적 자아개념과 학업성취의 관계에 대한 연구들을 살펴보면, 학습자의 정의적 특성 중 학업적 자아개념이 학업성취를 예언하는 데 매우 강력한 요인인 것으로 보이고, 자신의 능력에 대해 스스로 평정한 자아개념과 교과 성적 간에는 유의한 정적 상관이 있는 것으로 나타났다. 또한 학업성적이 우수한 학생들은 자아개념이 긍정적이며 자기 자신을 가치 있고 바람직하고 유능한 사람으로 지각하는 데 비해, 학업성적이 낮은 학생들은 자아개념이 부정적이며 자신감이 부족하고 자기를 비하하며 열등감에 사로잡혀 있을 뿐 아니라 타인이 자기를 인정하지 않는 것으로 지각한다(Bloom, 1976; Brookover et al., 1964; Purkey, 1970).

이처럼 많은 연구에서는 학업적 자아개념과 학업성취 간에는 상당히 밀접한 관계가 있다는 점에 대해 대부분 의견의 일치를 보이고 있다. 하지만 학업적 자아개념과 학업성취 간의 인과적 순서에 대해서는 서로 다른 견해를 보인다. 그럼에도 불구하고 많은 연구결과를 종합해 볼 때, 자아개념과 학업성취 간의 상호작용적 관계를 주장했던 Shavelson과 Bolus(1982)의 주장처럼 자아개념과 학업성취의 관계는 일방적인 관계가 아니라 서로 영향을 주고받는 관계로 보인다. 즉, 자아개념이 학업성취에 영향을 주며, 성공적인 학업성취가 자아개념에 긍정적인 영향을 주는 것으로 생각할 수 있다.

5) 자아개념과 정체성 확립을 위한 교사의 역할

　학습자의 자아개념에 가장 큰 영향을 미치는 변인은 교사의 태도이다. 이에 관해 Patterson(1966)은 "교사가 학습자에 대해 가지는 지각은 그대로 학습자 자신에 대한 지각이 되어 버린다."고 주장하였다. 이를 입증할 수 있는 대표적인 연구로는 Kifer(1973)의 연구가 있다. Kifer(1973)는 1학년부터 8학년까지의 학업적 자아개념과 교사 평점의 관계를 연구하였다. 교사의 평점으로 자기 반에서 최상위 20% 내의 학생들과 최하위 20% 내의 학생들을 뽑아 자아개념 검사를 실시하여 결과를 비교하였다. 그 결과 2학년이 끝났을 때에는 성공한 학생들과 실패한 학생들 사이에 자아개념 점수 차이가 극히 작았는데, 4학년이 끝났을 때는 그 차이가 약간 벌어졌고, 6학년 말과 8학년 말에는 현격한 차이가 나타났다([그림 5-2] 참조). 이 연구 결과에 따르면, 학업적 자아개념은 학습자의 학업성취에 대한 교사의 평정에 좌우됨을 알 수 있다. 더 나아가 학업성취에 대한 교사의 평정을 받는 기간이 길어질수록 학업적 자아개념은 긍정적으로 혹은 부정적으로 굳어지는 경향이 있음을 알 수 있다.

　앞의 Kifer(1973)의 연구는 학습자의 학업성취에 대한 교사의 평정이 얼마나 중요한지를 보여 주고 있다. 이러한 측면에서 초등학교 교사와 학생들을 대상으로 피그말리온 효과(Pygmalion effect)를 실험으로 입증했던 Rosenthal과

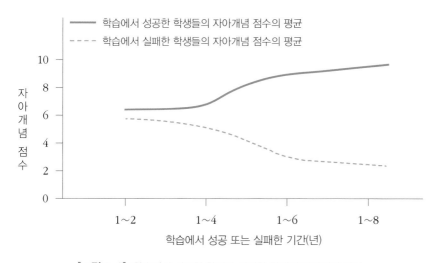

[그림 5-2] 학습에서 성공한 학생과 실패한 학생의 자아개념 차이

Jacobson(1968)의 연구를 다시 생각할 필요가 있다. 이 연구의 요지는 무선적으로 배치한 한 학급의 아이들을 '유능한 아동들'이라고 교사에게 알려 주었고, 1년 후 실제로 '유능한 아동들'이 다른 학생들보다 학업성취도가 훨씬 더 높은 것으로 나타났다는 것이다. 이는 학생들에 대한 교사의 긍정적인 기대가 은연중 학생들의 자아개념에 긍정적인 영향을 주었고 이것이 높은 학업성취로 나타났다고 볼 수 있다. 이러한 현상을 Rosenthal과 Jacobson(1968)은 '자기충족적 예언(self-fulfilling prophecy)'이라고 불렀다. 이와 같이 학생들에 대한 교사의 기대나 태도는 의식적으로나 무의식적으로 학생들에게 전달되기 때문에, 교사는 '교실에서의 피그말리온(Pygmalion in the classroom)'이 되어야 한다.

특히 초등학교의 경우 교사는 학생들의 학업적 성공과 실패의 경험에 대해 많은 관심을 기울여야 한다. 앞에서 보았듯이 Erikson의 심리사회적 발달이론에서 초등학교 시기는 근면성 대 열등감의 위기인데, 이 시기에 학생들은 자신의 성취에 대해 인정받고자 하는 욕구와 자신의 능력을 확인하려는 욕구가 강하다. 따라서 교사가 이들에게 성공의 기회를 보다 많이 제공하고, 성취한 결과에 대해 인정하고 격려해 준다면 아동들은 근면성을 형성하고 유능감과 긍정적인 자아개념을 형성할 수 있다.

2. 도덕성발달

1) 도덕성의 의미와 발달

도덕이란 인간으로서 마땅히 지켜야 할 도리나 규범을 말한다. 이러한 도리나 규범에 맞게 행동하려는 성품이나 의식을 도덕성이라고 한다. 도덕성발달이란 옳고 그름을 판단하는 것에 대한 정서, 행동, 사고와 관련된다(Santrock, 2003). 이에 따라 도덕성발달에 대한 연구는 정서, 행동, 인지적 요소를 중심으로 세 가지 도덕성의 서로 다른 측면을 강조하면서 수행되어 왔다.

첫째, 정서적 요소는 도덕적 사고와 행동에 대한 정서적 반응으로서 양심, 긍지, 죄책감, 수치심과 같은 감정을 포함한다. 즉, 정서적 요소는 도덕적 문제에 대해 사람들이 어떻게 느끼는가에 초점을 둔다. 도덕성의 정서적 측면을 강조하는 대표적 이론인 정신분석이론은 도덕적 행동을 하는 정서를 분석하는 데 중점을 두고, 도덕적 행동과 판단은 개인 내면의 초자아 형성과 죄의식의 회피 과정, 부모와의 동일시 과정을 통해 형성된다고 본다.

둘째, 행동적 요소는 도덕적 문제에 대해 어떻게 느끼거나 어떤 행동이 옳은가를 판단하기보다 사람들이 도덕적 상황에서 실제로 어떻게 행동하느냐에 초점을 둔다. 도덕성의 행동적 측면을 강조하는 사회학습이론은 도덕성의 행동에 중점을 두고, 도덕적 행동이 강화와 모델링을 통해 어떻게 학습되느냐에 초점을 둔다.

셋째, 인지적 요소는 어떤 상황에서 행위의 적합성과 그 이유에 대한 추론능력을 의미한다. 즉, 인지적 요소는 주어진 구체적 사태를 도덕적으로 해석하여 어떤 행동이 옳고 그른지를 가려 보고, 그 결과로서 어느 특정한 행동을 할 것인지를 선택하는 판단 과정으로 어떻게 추론하고 생각하는가에 초점을 둔다. 도덕성의 인지적 발달 측면을 강조하는 인지발달이론에서는 도덕성의 인지적 측면, 즉 도덕적 추론(moral reasoning)을 강조하고, 성숙함에 따라 옳고 그름을 판단하는 능력의 발달에 초점을 둔다.

2) 도덕성발달 이론

(1) 정신분석적 관점에서의 도덕성발달 이론

정신분석적 관점에서의 도덕성발달은 Freud가 구분한 인간의 성격구조인 원초아, 자아, 초자아 중 초자아의 발달과 밀접한 관련이 있다고 보았다. 원초아는 본능의 충족을 원하지만 자아는 현실적 충족 수단을 찾을 때까지 원초아의 충동을 억제시키고, 초자아는 원초아의 충동과 자아의 욕구 충족 방법이 도덕적으로 용납될 수 있는지를 판단한다. 이처럼 초자아는 자아의 생각과 행동을 판단하고 자아가 원초아와 타협하여 부조리한 행동을 할 때 이를 벌하거나 죄의식과 불안감을 형성하게 한다. 초자아가 발달된 아동은 자신의 사고와 행동을 스스로 살피고 감시할 수 있으므로 자신에 대해 엄격하고 나쁜 행동을 했을 때는 죄책감과 수치심을 느끼게 된다.

초자아는 남근기에 오이디푸스 콤플렉스와 엘렉트라 콤플렉스를 해결하는 과
정에서 형성된다. 이 시기의 아동은 불안을 감소시키고 처벌을 피하며 부모에
대한 애정을 유지하기 위해 동성 부모와 동일시함으로써 초자아를 형성한다. 이
러한 동일시 과정을 통해 아동들은 자신의 부모가 가지고 있는 사회적으로 옳고
그름에 대한 도덕적 기준을 내면화한다. 아동은 내면화된 부모의 가치 기준이나
사회적 규범에 위배되는 행동을 하게 되면 죄책감과 수치심을 느끼게 된다. 이
렇게 죄책감과 수치심이 형성되면 아동은 이를 벗어나기 위해 더욱더 사회의 규
범에 순응하게 되는데 이것이 도덕성발달로 이루어진다는 것이다. 그러므로 부
모에 대한 애착 형성 정도는 도덕적 내면화와 관련이 있다.

초자아는 아동들이 자신의 행동에 대해 자부심을 느끼거나 도덕적 위반시
죄책감과 수치심을 느끼게 한다. 이러한 초자아는 자아이상(ego ideal)과 양심
(consciousness)이라는 두 가지 요소로 구성되는데, 이 두 요소가 아동의 도덕적
정서발달을 촉진한다. 자아이상은 부모의 말을 따르는 것과 같은 행동 목록으로
초자아 중 부모가 인정한 이상적 기준과 관계있고, 양심은 거짓말을 하지 않는
것과 같은 행동 목록으로 초자아 중 부모가 인정하지 않은 행동과 관련되어 있
다. 아동의 자아이상은 아동이 도덕적 기준에 따라 행동했을 때 자부심과 자긍
심을 느끼게 해 주며, 양심은 아동이 비도덕적으로 행동했을 때 죄책감을 느끼
게 한다(Santrock, 2003).

Freud의 이론은 지금까지 무의식적 죄책감의 역할을 강조하면서 아동의 도덕
성발달을 설명하는 중요한 이론으로 알려져 왔으나 다음과 같은 점에서 비판을
받고 있다(Cole et al., 1992; Lewis et al., 1992; Kochanska, 1997; Kochanska et al.,
1997). 첫째, Frued는 부모에 대한 용납될 수 없는 성적 욕구로 인해 처벌을 받을
것이라는 두려움과 부모 사랑의 상실에 대한 불안 때문에 양심이 형성되고 도덕
적 행동을 동기화시킨다고 주장한다. 초자아가 동성 부모에 대한 두려움 때문에
발달된다면 동성의 부모가 처벌적이고 위협적일 때 아동들은 더 강한 초자아를
발달시켜야만 한다. 그러나 자녀를 위협하고 처벌하는 부모는 자녀를 도덕적으
로 성숙시키지 못한다. 오히려 부모가 심한 처벌을 많이 할 경우 자녀는 나쁜 행
동을 자주 하며 죄책감으로부터 자신을 보호하기 위해 아동은 죄책감과 같은 정
서를 부인하게 되고, 수치심, 자기 비난을 거의 표현하지 않으며 결과적으로 낮

은 양심을 발달시키는 경향이 있다. 둘째, 영아기에는 비도덕적이라는 Freud의 주장과는 달리 13~15개월경부터 영아는 이미 외적인 감시가 없어도 어떤 규칙을 따른다. 2세경에는 보다 많은 영아가 곁에 아무도 없을 때도 규칙을 위반하면 당황하며, 자신이 저지른 일을 수습하려 한다. 3세에는 기준에 따라 행동했을 때는 자부심을 느끼고 기준을 따르지 못했을 때는 수치심을 나타낸다. 이러한 결과들은 아동이 오이디푸스 콤플렉스나 엘렉트라 콤플렉스를 경험하기 전부터 이미 도덕성의 내면화 과정이 진행되고 있음을 보여 준다. 이러한 비판에도 불구하고 Freud의 이론은 아동의 도덕성발달을 이해하는 데 중요한 역할을 하고 있다.

(2) 학습이론적 관점에서의 도덕성발달 이론

학습이론적 측면에서의 도덕성발달이란 강화 및 처벌, 모델링을 통해 도덕적 가치를 배우고 사회적 규칙에 순응해 가는 과정이다. 아동은 도덕적으로 행동하는 모델을 관찰하게 되고, 법이나 사회관습, 규칙에 부합하는 행동을 모방하여 이에 대한 보상을 받으면 그 행동을 계속하게 된다. 반면 비도덕적인 행동이나 바람직하지 못한 행동으로 처벌을 받게 되면 그러한 행동은 하지 않게 된다.

Skinner는 도덕적 행동의 결과로 인해 아동이 도덕적 규칙을 따르게 된다고 보았다. 아동은 도덕적으로 바람직한 행동을 하면 강화를 받게 되고, 도덕적으로 바람직하지 못한 행동을 하면 처벌을 받게 된다. 그 결과 나이가 들수록 아동은 강화를 받게 되는 바람직한 행동을 자주 하게 되며, 처벌받게 될 행동을 하는 횟수는 줄어들게 된다. 강화와 벌이 도덕적 행동의 학습에 중요한 역할을 하는 것이다. 여기서 강화는 도덕적 행동을 증가시키는 데 중요한 역할을 한다. 그러나 벌은 처벌자가 있는 곳에서 비도덕적 행동을 일시적으로 억제하게 할 뿐 보는 사람이 없거나 발각당할 위험이 없는 곳에서는 비도덕적 행위를 억제시키지 못하기 때문에 강화만큼 도덕성발달에 효과적이지 못하다(조규판 외, 2017).

사회학습이론가인 Bandura(1965)는 아동이 보상이나 처벌을 통해 도덕성을 발달시키기도 하지만 다른 사람들의 행동과 그 결과에 대한 보상 또는 처벌을 관찰하고 모방하는 모델링을 통해서도 도덕적인 행동을 학습한다고 주장한다. 예를 들어, 타인이 어떤 행동에서 보상을 받는 것을 관찰한 아동은 자신도 같은 행동을 하면 보상받을 수 있을 것이라고 믿고 모방하게 된다. 또한 타인이 어떤 행동에 대해 처벌받는 것을 관찰했다면 자신도 그 행동을 따라하면 처벌을 받을 것이라고 믿고 그러한 행동을 하지 않게 된다. 많은 연구에서 유능하고 강하며 온정적인 성인이나 또래의 일관성이 있는 말과 행동을 보여 주는 모델이 아동의 친사회적 반응과 모방하고자 하는 의지의 증가에 영향을 미친다는 것을 보여 주고 있다(Berk, 2006, 2007).

이처럼 사회학습이론에서는 도덕적 행동을 산출할 수 있는 인지적 능력인 '도덕적 사고'와 특정 상황에서 도덕적 행동을 하는 능력인 '도덕적 수행'을 구분한다. 즉, 도덕적 갈등 상황에서 사람들이 어떻게 느끼고 사고하는가를 아는 것도 중요하지만 이보다 중요한 것은 사람들이 과연 실제로 어떻게 행동하느냐 하는 도덕성의 행동적 요소에 관심을 두었다(Shaffer, 2002). 사회학습이론가들은 도덕적으로 행동한다는 것은 아동들이 외적인 감독이 없을 때 유혹을 견디는 과정과 같이 바람직하지 못한 행동을 억제하고 강화인이 없어도 바람직한 행동은 하도록 행동에 대한 통제를 내면화하는 자기통제(self-control)라는 개념을 사용한다.

Bandura(1986)는 도덕적 자아를 발달시키는 과정에서 개인은 특정 행동을 고취시키거나 억제시키는 수단으로서 옳고 그름에 대한 기준을 채택한다고 주장한다. 자기통제 과정에서 사람들은 자신의 행동과 그 행동이 일어나는 상황을 점검하고, 그 행동을 도덕적 기준과 연관시켜 판단하며, 그 행동이 자신에게 미치는 결과에 따라 자신의 행동을 규제한다. 즉, 사람들은 자신에게 만족감과 자긍심을 안겨 주는 행동을 하며, 죄책감이나 수치심을 느끼지 않기 위해 자신의 도덕적 기준에 위배되는 행동을 하지 않으려 한다. 그러므로 사람들은 자기통제를 통해 내면의 기준과 일치되는 방식으로 행동을 계속한다. 따라서 도덕성은 추상적인 추론보다는 자기통제로부터 비롯된다고 본다.

(3) 인지발달적 관점에서의 도덕성발달 이론

인지발달적 관점에서의 도덕성이란 옳고 그름을 도덕적으로 판단하고 추론할 수 있는 인지능력이며, 아동이 성장하면서 인지능력이 질적으로 발달함에 따라 도덕성 또한 발달하는 것으로 본다. 즉, 도덕성이 발달하기 위해서는 인지발달이 선행되어야 한다는 것으로 인지적 판단 능력을 가지고 있을 때 비로소 도덕적 행동이 가능하다고 본다. 따라서 인지발달이론을 주장하는 학자들은 도덕적 추론에 연구의 초점을 둔다. 도덕적 추론이란 어떤 행위의 옳고 그름을 판단할 때 아동이 나타내는 사고 과정으로 도덕성발달 단계는 불변하며 각 단계마다 도덕 문제를 사고하는 일관된 방식이 있다고 보고 있다.

도덕성발달에 관한 인지발달적 관점은 Piaget가 처음 제시하였고, 이를 토대로 Kohlberg가 확대 발달시켰으며 두 학자 모두 연령의 증가에 따라 인지구조가 발전한다는 측면에서 도덕성을 해석하고 있다. Piaget와 Kohlberg의 도덕성발달 이론을 구체적으로 살펴보면 다음과 같다.

① Piaget의 도덕성발달 이론

Piaget는 아동들의 도덕성발달을 인지발달의 한 양상으로 보았다. 그는 놀이의 규칙과 도덕적 딜레마에 대한 아동의 반응을 관찰하여 아동이 자신의 행동 의도에 대한 도덕적 추론을 할 수 있는지를 알아보았다. 먼저 그는 5~13세 아동들의 구슬놀이를 관찰하면서 이 과정에서 아이들마다 놀이 규칙에 대해 어떻게 이해하고 있는지를 알아보기 위해 '게임의 규칙은 누가 만들었을까?' '모든 사람들이 규칙을 지켜야만 할까?' '이 규칙은 바뀔 수 있을까?'와 같은 질문을 하였다. 그 결과 도덕적 규칙에 대한 해석이 연령에 따라 다르다는 것을 발견하였다.

또한 Piaget는 도덕성발달 단계에 대해 더욱 체계적인 정보를 수집하기 위해 정의(justice)에 대한 아동의 생각을 밝혀내기 위한 연구를 수행하였다. 그는 주인공의 의도와 그 행동의 결과가 달라지는 이야기를 다양한 연령대의 아동들에게 들려준 후 '어느 친구가 더 나쁠까?' '왜 그럴까?'와 같은 질문에 대한 반응을 토대로 아동의 도덕적 판단 수준을 규명하였다. Piaget는 이러한 실험들을 통해 게임 규칙에 대한 이해, 도덕적 판단, 정의감 등에 대한 아동들의 반응을 근거로 하여 아동의 도덕성이 타율적 도덕성에서 자율적 도덕성으로 발달해 간다고 주장하였다.

타율적 도덕성 단계, heteronomous morality: 5~7세   Piaget의 인지발달 단계에서 전조작기에 해당하는 도덕성 단계이다. 타율적이란 것은 타인에 의해서 규칙이 설정된다는 것을 의미한다. 이 단계의 아동은 놀이를 비롯한 일상생활에서 지켜야 할 규칙과 질서가 있음을 인식한다. 이들은 행위에 대한 규칙이나 게임의 규칙은 신, 부모, 교사 등과 같이 권위가 있는 대상이 만들어 놓은 것으로 생각해 절대적이고 변화시킬 수 없으며 지키지 않으면 안 될 것으로 인식한다. 이 단계의 아동들은 행위의 동기나 의도를 고려하지 못하고 단순히 행위의 결과를 중심으로 도덕적 판단을 한다. 비록 행위자의 본래 의도가 좋았더라도 그 결과가 부정적이면 그것은 나쁘다고 판단한다. 예를 들면, 엄마를 도우려다 컵 열 개를 깨뜨린 아이의 경우와 엄마 몰래 잼을 먹으려다 컵 한 개를 깨뜨린 경우를 비교할 때 전자의 경우가 더 나쁘다고 말한다. Piaget는 이 같은 아동의 절대주의적 도덕적 사고를 도덕적 실재론(moral realism)이라고 하였다.

⑤도덕적 실재론
규칙을 절대적이고 수정 불가능한 것으로 인식함

자율적 도덕성 단계, autonomous morality: 8세 이후   Piaget의 인지발달 단계에서 구체적 조작기 이후에 해당하는 도덕성 단계이다. 이 단계에서는 규칙이나 질서가 다른 사람과 협의에 의해 정한 변경 가능한 임의적인 약속이라는 것을 이해한다. 이 단계의 아동은 위반에 대한 처벌은 더 이상 자동적인 것이 아니고 위반자의 의도와 상황을 고려해 선악을 판단해야 한다는 것을 깨닫게 된다. 예를 들면, 위급한 환자를 응급실로 데려가기 위해 과속하는 운전자를 처벌해야 한다고 생각하지 않는다. Piaget는 이와 같은 아동의 상대주의적 도덕적 사고를 도덕적 상대론(moral relativism)이라 부른다.

이러한 Piaget의 도덕성발달 이론은 다음과 같은 교육적 시사점을 제시하고 있다. 첫째, 도덕성발달 수준에 따라 어떻게 도덕교육을 할 것인가에 대한 구체적인 행동 유형을 제시해 주고 있다. Piaget의 주장에 따르면 타율적 도덕적 단계의 유아들의 경우 즉각적인 벌칙이 도덕교육에 필요하고 자율적 도덕성 단계의 아동들은 개인의 양심과 가치관에 근거한 교육이 이루어져야 함을 알려 준다. 둘째, 아동기의 자율적 도덕성발달이 지니는 중요성을 각성시켰다. Piaget의 도덕성발달 이론에 따르면 초등학교 시기의 아동은 자율적으로 하고자 하는 의지는 있으나 행동에 있어서 많은 시행착오가 생길 수 있다. 그러므로 교사는 아동들의 시행착오를 비판하지 말고 그것을 있는 그대로 수용해야 한다. 또한 아동들이 보다 자율적으로 판단하고 자신의 행동을 되돌아볼 수 있도록 지도해야 하며, 아동들의 현재 도덕성발달 수준을 파악하고 현재의 단계보다 조금 높은 수준의 도덕적 추론을 해 볼 수 있게 하는 것이 필요하다.

② Kohlberg의 도덕성발달 이론

Lawrence Kohlberg(1927~1987)는 Piaget의 도덕적 발달이론이 자율적 도덕성과 타율적 도덕성으로 양분되는 것이 지나치게 단순하다고 보았다. 그는 주로 아동을 연구대상으로 했던 Piaget의 이론을 성인으로까지 확대하여 도덕성발달 단계를 제시하였다. Kohlberg는 도덕성발달을 도덕적 행위보다는 도덕적 추론 능력의 발달로 보았다. 그는 도덕적 갈등(moral dilemma)이나 어려운 결정을 해야 하는 가설적 갈등 상황을 제시하고 '어떻게 하겠는가?' '왜 그렇게 해야 하는가?'를 질문하였다. 그리고 그러한 질문에 '예' '아니요'라는 응답에 관심을 둔 것이 아니라 왜 그렇게 생각하는지의 이유를 분석함으로써 응답자의

Lawrence Kohlberg

옳고 그름에 대한 도덕적 추론 수준을 설명하고자 했다. 도덕적 추론에서 가장 많이 사용되는 이야기는 'Heinz의 딜레마'이다.

📖 Heinz의 딜레마

유럽의 한 여인이 특이한 암으로 죽어 가고 있었다. 그 여인을 살릴 수 있는 유일한 약은 같은 마을에 사는 약사가 최근에 개발한 것이었다. 약사는 그 약을 만드는 데 많은 비용이 들어서 약값을 원가의 10배로 책정했다. 그 약의 원가가 200달러였는데 2,000달러를 요구하였다. 병든 여인의 남편인 Heinz는 약값을 빌리기 위해 아는 사람을 모두 찾아다녔지만 약값의 절반인 1,000달러밖에 마련하지 못했다. 그는 약사에게 아내가 죽어 가고 있으니 약을 싸게 팔거나 나중에 모자란 약값을 갚게 해 달라고 부탁했다. 그러나 약사는 "안 됩니다. 이 약은 내가 개발한 약인데, 나는 이 약으로 돈을 벌어야 합니다."라고 하면서 거절했다. 그러자 Heinz는 아내를 위해 약국을 부수고 들어가 약을 훔쳤다.

Kohlberg는 응답자의 도덕적 추론구조를 알아보기 위해 다음과 같은 질문을 하였다.

- 남편은 약을 훔쳤기 때문에 벌을 받아야만 하는가?
- 약사는 그렇게 터무니없이 비싼 약값을 요구할 권리를 가지고 있는가?
- 약사가 부인을 죽인 것이나 다름없다고 비난하는 것은 정당한가?
- 만약 정당하고 부인이 중요한 인물이었다면 약사를 더 심하게 처벌해야 할까?

Kohlberg는 도덕적 갈등에 대한 연구에 기초하여 도덕성이 세 가지 수준으로 불변적 순서에 따라 발달하며, 각 수준은 각각 두 개의 하위 단계로 구성된다는 결론에 이르게 되었다. 그는 Piaget의 도덕성발달과 마찬가지로 모든 사람의 도덕적 추론 능력의 발달은 같은 단계를 거치면서 점진적이고 지속적으로 이루어진다고 보았다. 또한 도덕성발달의 속도에는 개인차가 존재하나 특정 발달 단계에 도달하게 되면 그 이전 단계로의 퇴보는 없다고 보았다.

도덕성발달 수준을 확인할 때 중요한 것은 도덕적 갈등 상황에 대한 아동의 최종적 판단 자체가 아니라 그러한 판단에 이르기까지 판단에 내재되어 있는 이유를 확인하는 것이다. 따라서 도덕적 판단의 근거가 된 이유에 따라 개인의 도덕성발달 수준과 단계가 결정된다.

Kohlberg의 세 가지 도덕성발달 수준과 6단계의 특징은 다음과 같다(〈표 5-2〉 참조).

표 5-2   Kohlberg의 도덕성발달 수준 및 6단계의 특징

수준 1   **전인습적 수준**(preconventional level)
기본적으로 자기중심적 사고에 근거한 도덕적 추론 수준이다. 이 단계에 있는 아동은 규칙을 아직 내면화하지 못했기 때문에 벌을 피하거나 보상을 받기 위해 외부에서 주어진 규칙을 지킨다. 이 수준에서 옳은 것이란 벌을 받지 않는 것이거나 개인적으로 보상이나 칭찬을 받는 것을 뜻한다.

- **1단계(처벌과 복종 지향)**: 이 단계는 처벌받게 될 가능성에 근거해 도덕적 판단을 내린다. 또한 대부분이 복종해야 하는 권위자에 의해 제시되는 고정불변의 규칙을 지키고자 하는 단계이다. 이 시기의 아동은 벌을 받지 않기 위해 권위에 따르지만 들키지 않아서 벌을 받지 않았다면 그 행동을 나쁘다고 생각하지 않는다. 결국 행위의 옳고 그름은 그 결과에 달려 있다고 생각한다.

- **2단계(도구적 상대주의 지향)**: 이 단계에서는 아동이 도덕적 결정에 있어 상대방의 입장이 다를 수 있음을 인식하기는 하지만 여전히 자신에게 미치는 행동의 결과에 먼저 초점을 두고, 보상을 받는다는 기대에 의해 행동이 일어나고 개인적 목적을 만족하기 위해 규칙을 따른다. 이 단계의 원리에 의하면 시험 볼 때 부정행위를 하는 것도 정당화될 수 있다. 옳은 일이란 나를 가장 행복하게 해 주는 일이므로 부정행위를 해서 좋은 점수를 받아 내가 행복해질 수 있다면 부정행동도 정당화될 수 있다고 생각하는 것이다. 또한 이 단계는 "눈에는 눈, 이에는 이"의 격언처럼 상대방과의 상호주의에 입각해 도덕적 판단을 한다. "당신이 나에게 무언가를 해 준다면, 나도 당신에게 무언가를 해 주겠다."는 생각이 이 단계의 특징이기도 하다(Eggen & Kauchak, 2016).

수준 2   **인습적 수준(conventional level)**

이 단계의 도덕적 추론은 사회적 규칙의 내면화를 반영하고 있다. 즉, 자기중심성이 감소하고 인지발달이 진행됨에 따라 타인의 관점에서 바라보는 능력이 점점 발달하게 된다(Eggen & Kauchak, 2016). 또한 사회질서, 규칙, 법 등의 도덕적 기준을 절대적 가치로 믿고 따르려는 상태이다. 옳고 그른 것이 명확한 시기로 흑백논리의 시기라고도 한다. 실제로 많은 성인들이 이 단계 수준의 도덕적 추론을 하는 것으로 나타나고 있으며, 이 인습단계에서 멈추는 사람들도 많다.

- **3단계(착한 소년-소녀 지향 혹은 대인 간 조화)**: 이 단계에서 사람들은 타인을 기쁘게 하고 타인을 돕고 타인의 인정을 받는 좋은 사람이 됨으로써 주변 사람들의 기대에 부응하고 착한 사람이 행해야 하는 것에 비추어 도덕적 판단을 한다. 착한 일을 하는 이유가 상대방을 기쁘게 하기 위한 목적이 크다. 부모님을 기쁘게 하기 위해 열심히 공부한다거나, 부모님을 걱정시켜 드리지 않기 위해 일찍 귀가하는 경우 등도 이 단계에 속한다고 볼 수 있다.

- **4단계(사회적 질서 유지 지향)**: 이 단계에 있는 사람들은 법과 질서를 그 자체로 존중하고 따른다. 법은 사회질서를 보호하기 위해 중요하기 때문에 반드시 지켜야 하며, 법을 어긴다는 것은 정당화될 수 없는 일이다. 이 단계에서 도덕적 판단의 기초는 사회질서, 법, 정의, 의무에 대한 이해이다. 따라서 다른 사람들이 모두 교통신호를 위반하고 과속을 하더라도 반드시 신호를 지키고 규정 속도를 준수한다.

수준 3   **후인습적 수준(postconventional level)**

이 단계에서는 내면화된 도덕적 절대성, 즉 개인적 차원을 초월해 보편적인 원리에 비추어 도덕적 판단을 내리는데 사회적 규칙과 일치하지 않을 수 있다. 이 단계는 법이나 도덕을 잘 알지만 그것이 전부가 아니라는 사실을 인식하고 상황이나 맥락에 따라서 적절한 판단기준을 적용하게 되는 시기이다.

- **5단계(사회적 계약 지향):** 이 단계는 합리성이 법의 유용성에 우선한다고 생각하는 도덕적 추론을 보이며, 사람들은 법과 규칙을 유연하고 융통성 있는 도구로 생각한다. 즉, 법의 중요성과 유용성을 인정하나 법과 규칙은 고정불변의 것이 아니라 유동적이므로 맹목적으로 혹은 그 자체를 위해 준수해야 하는 것이 아니라 법이 사람들의 욕구를 충족시키지 못할 경우 상호합의와 민주적 절차에 의해 변경할 수 있다고 본다. 이에 법은 '최대 다수의 최대 행복'이라는 공익의 원칙에 기초해야 하며, 인간의 권리나 존엄을 위협하는 법은 부당한 것으로 생각된다.
- **6단계(보편적 윤리 지향):** 이 단계는 옳고 그름을 보편적 법칙에 따른 개인의 철학문제로 해석한다. 아주 극소수의 사람만이 이 단계의 도덕적 추론을 할 수 있다. 도덕성을 연구하는 학자들이 '보편적' 원리의 존재에 대한 의문을 지속적으로 제기함에 따라 Kohlberg는 이후 연구에서는 이 단계를 강조해 다루지 않았다.

표 5-3   Kohlberg의 도덕성발달 단계 판단 기준

수준	단계		도덕적 판단의 기준	반응 예시
전인습적 수준	1	처벌과 복종 지향	• 처벌을 받지 않기 위해 규칙을 준수함: 좋거나 나쁜 행동은 그것의 물리적 결과에 의해 결정됨 • 자신보다 힘 있는 사람의 권위에 맹목적으로 순종함: 타인의 입장이나 감정을 고려하지 못함	**찬성**: Heinz가 처음부터 돈을 안 내겠다고 한 것도 아니고, 그 약의 원가가 200달러이므로 2,000달러를 훔친 게 아니다. **반대**: Heinz가 약을 훔치는 것은 벌을 받게 되기 때문에 잘못이다. 그는 허락을 받지도 않았고 힘으로 약국을 부수고 들어갔다. 그는 약국에 큰 피해를 끼쳤고, 매우 비싼 약을 훔쳤다.
	2	도구적 상대주의 지향	• 자신의 욕구 만족 여부에 따라 도덕적 행동을 결정함: "나에게 좋은 것이 뭐지?"의 윤리 • 다른 사람들도 욕구를 갖고 있음을 인식	**찬성**: 약국 주인에게 큰 손해를 끼치는 것도 아니고 또 언젠가 갚을 수도 있다. 아내를 살리려면 훔칠 수밖에 없다. **반대**: 약사는 나쁜 사람이 아니고 돈을 받고 약을 파는 것은 당연하다.
인습적 수준	3	착한 소년/소녀 지향 (대인 간 조화)	타인이 어떻게 생각할지를 고려해 도덕적 결정을 내림. 타인을 기쁘게 하고, 도와주고, 타인이 허락하는지가 중요한 기준이 됨	**찬성**: 훔치는 것은 나쁘지만 좋은 남편으로서 당연한 행동이다. 아내가 죽도록 버려둔다면 비난받을 것이다. **반대**: 아내가 죽더라도 남편의 잘못이 아니며 비난받을 일은 아니다. 약을 훔치지 않았다고 해서 무정한 남편이라고 할 수 없다. 약사는 이기적이고 무정한 사람이다.

	4	사회적 질서 유지 지향	법과 규칙 그리고 사회질서에 근거한 도덕성. 규칙, 법, 사회질서는 절대적이고 반드시 지켜져야 한다고 믿음	**찬성**: 사람이 죽어가는 마당에 약사가 나쁘다. 아내를 살리는 것이 남편의 의무라고 할 수 있다. 그러나 약값은 반드시 갚아야 하고 훔친 데 대한 처벌도 받아야 한다. **반대**: 아내를 살리려면 하는 수 없지만 그래도 훔치는 것은 나쁜 행동이다. 법은 어떤 경우에도 지켜져야 하기 때문에 Heinz의 행동은 정당하지 못하다. 개인의 감정이나 상황에 관계없이 규칙은 지켜져야 한다.
후인습적 수준	5	사회적 계약 지향	법이 중요하지만 법의 사회적 유용성에 대한 합리적 고려에 따라 법이 바뀔 수도 있음	**찬성**: Heinz가 약을 훔친 것은 분명 잘못이나 인명을 구하기 위한 일이므로 정당화될 수 있다. 이 상황에 처했다면 누구라도 약을 훔칠 수밖에 없을 것이다. **반대**: 약을 훔치면 아내를 살릴 수 있지만, 목적이 수단을 정당화할 수 없다. Heinz가 전적으로 나쁘다고 할 수는 없지만 상황이 그렇다고 해서 훔친 행동이 정당화될 수는 없다.
	6	보편적 윤리 지향	보통 사람들에게는 거의 찾아볼 수 없음. 도덕성에 대한 결정이 사회규칙을 초월한 추상적, 보편적 원리에 근거해서 이루어짐	**찬성**: 이 상황은 Heinz가 약을 훔치거나 아내를 죽게 내버려 두는 것 사이에서 선택을 하도록 강요받는 상황이다. 생명을 존중하고 지키기 위해서는 훔치는 것도 도덕적으로 옳을 수 있다. 그는 생명을 존중하고 지키기 위한 행동을 해야 한다. **반대**: Heinz는 그의 아내처럼 절실하게 그 약이 필요한 다른 사람을 고려할 것인지 고려하지 않을 것인지를 결정해야 한다. 환자는 많고 약은 귀하기 때문에 모든 사람에게 약이 돌아갈 수는 없다. 이 경우에는 모든 사람들이 보편적으로 옳다고 생각하는 행동을 해야 한다. 사적인 감정이나 법에 따라 행동할 것이 아니라 모든 생명의 가치를 고려해 행동해야 한다.

출처: 임정훈 외(2012), p. 63; 신명희 외(2018), pp. 95-97 참고.

그러나 Kohlberg의 이론은 다음과 같은 면에서 이론의 한계점이 지적되고 있다.

첫째, 도덕적 판단과 도덕적 행위 간의 불일치 현상이 나타난다는 점이다. 도덕성발달이론은 도덕적 행위보다는 도덕 관련 상황에 대한 올바른 판단과 사고 능력을 중시하는 이론으로 보고 도덕적 판단 능력을 통해 발달 단계를 구분하고 있다(Strike, 1990). 하지만 Kohlberg는 높은 수준의 도덕적 사고 또는 판단을 하는 사람이라도 그 수준에 맞는 도덕적 행동을 하지 않을 수도 있다는 점을 간과하고 있다.

둘째, 도덕적 퇴행(regression) 현상이다. Kohlberg의 도덕성발달 이론은 상황에 대한 인지적 판단 능력의 발달에 근거를 두고 있으므로 이론상 도덕성발달 단계의 순서는 불변적이며 어떤 단계도 뛰어넘거나 낮은 단계로 퇴행할 수 없다고 주장하지만, 실제로 도덕적 퇴행 현상이 발생한다는 점이다.

셋째, 사람들은 상황과 맥락에 따라 동시에 몇 단계의 도덕적 추론을 보일 수도 있다. 특정 단계의 도덕적 사고를 하는 사람이라 할지라도 모든 상황에 일관성 있는 동일 단계의 도덕적 수준을 보이기보다 동일한 개인이 어떤 상황에서는 1단계 수준의 도덕성을, 다른 상황에서는 3단계 수준의 도덕성을 보이는 것이 가능하다는 것이다.

넷째, Kohlberg의 이론이 소년과 남성만을 대상으로 한 종단적 연구에 근거하고 있어 여성의 도덕적 판단과 도덕성발달은 제대로 설명하지 못하고 있다는 점이다. Gilligan(1982)은 남성과 여성은 다른 도덕적 기준을 사용하며, 남성은 도덕성을 정의와 공정으로 보는 반면 여성은 도덕성을 동정과 배려로 보는 경향이 있다고 보았다. 따라서 배려지향적 도덕이 정의지향적 도덕보다 가치가 떨어지는 것이 아니라 단지 성질이 다를 뿐이다.

다섯째, 문화적으로 편향되어 있다는 점이다. Kohlberg의 연구는 미국 중상류층의 도덕적 가치를 반영한 것이므로 다른 문화나 국가에 그대로 적용하기에는 무리가 있다. 예를 들어, 후인습적 수준에서는 개인주의를 강조하는 서구사회의 가치를 반영하고 있다. 이와는 달리, 가족중심적이거나 집단 지향적인 동양의 경우 개인의 양심보다는 집단의 이익을 중시하는 인습수준의 3단계 발달이 두드러지게 나타나기도 한다(조규판 외, 2017).

여섯째, 후인습적 수준 6단계인 보편적 윤리지향단계의 적합성 여부에 있어서 한계를 보인다. 발달 단계 이론은 대부분의 사람이 모든 단계를 순서대로 발달해 나갈 때 이론적으로 의미가 있다. 하지만 Kohlberg의 도덕성발달 이론은 5단계에 도달한 비율이 10% 이내이며, 6단계에 도달한 사람은 거의 없다. 이러한 결과는 후인습적 수준의 도덕성이 인간이 지향해야 할 이상적인 도덕 발달의 방향을 보여 주는 이론적 가치는 있지만, 있는 그대로의 도덕성발달 양상을 설명해 줄 수 있는 틀로서는 부적합하다는 것을 시사한다. 실제로 Kohlberg의 도덕판단 점수 매뉴얼에서 6단계의 추론을 측정하려는 시도를 더 이상 하지 않고 있다(Colby & Kohlberg, 1987).

이처럼 Kohlberg의 도덕성발달 이론은 몇 가지 한계점이 있으나 도덕교육의 방향과 내용을 결정하는 이론적 근거를 제공하였다. Kohlberg의 도덕성발달이 인지적 요인을 중시하는 교육 현장에 주는 시사점은 다음과 같다.

첫째, 도덕교육의 목표를 도덕적 판단과 추리능력의 발달에 둔다. 둘째, 도덕발달을 유도하기 위해 현재의 도덕적 추리능력으로는 제대로 해결할 수 없는 도덕적 갈등 상황을 교육내용으로 제시하여 인지 갈등을 유발해야 한다. 셋째, 도덕교육의 방법으로는 도덕적 갈등상황에 대한 토론이 효과적이다. 학생들은 토론을 통해 자신의 도덕적 사고를 점검하고, 또래들의 도덕적 사고와 비교하면서 보다 상위 수준의 도덕적 사고에 노출됨으로써 자신의 도덕적 사고를 재평가하는 기회를 경험한다(권대훈 2009). 이때 교사는 구체적인 갈등상황을 제시하도록 하고 학생이 도덕적 갈등상황의 모든 측면을 고려할 수 있도록 분위기를 조성해야 할 것이다.

③ Gilligan의 도덕성발달

C. Gilligan(1982)은 서양의 기존 윤리관을 남성중심의 성차별적 윤리관으로 규정하고 이에 대한 대안으로 '배려의 윤리(ethic of care)'를 주장하였다. Gilligan은 Kohlberg의 도덕성발달 이론이 추상적 도덕원리를 강조하며, 백인남성과 소년을 대상으로 한 것에 대해 비판하였다. 즉, Kohlberg의 도덕성발달 단계에 의하면 정의, 공정성 등 남성적 특성에 기반을 둔 도덕적 판단은 비교적 높은 단계에 속하고 동정, 보살핌, 이해심, 배려 등 여성적 특성에 기반을 둔 도덕적 판단은 3단계라는 비교

C. Gilligan

적 낮은 단계에 해당되기 때문에 여성이 남성보다 도덕적 판단수준이 낮다는 잘못된 결론을 도출할 수 있다는 것이다(Berk, 2007).

　Gilligan에 따르면, 소년은 독립적이고 추상적인 사고를 할 수 있도록 교육받는 반면, 소녀는 남을 돌보는 것과 모성적인 보호본능에 대한 교육을 받고 있어 남녀는 각기 다른 유형의 도덕적 추론을 할 수밖에 없다. 즉, 남성은 추상적 판단을 기준으로 하여 정의적 관점으로 도덕적 판단을 하고, 여성은 인간관계와 타인을 돌보는 것을 근거로 하는 배려와 책임감을 중심으로 도덕적 판단을 한다. Gilligan은 낙태 여부를 결정해야 하는 29명의 여성 응답을 분석하여 인간관계

표 5-4　Gilligan의 도덕성발달 단계

수준 1　자기지향(orientation to individual survival)
여성이 자신의 이익과 생존에 자기중심적으로 몰입하는 단계이다. 어떤 상황이나 사건이 자신의 욕구와 갈등을 일으킬 때에만 도덕적 사고와 추론을 시작한다. 이때 판단의 기준은 자기에게 무엇이 중요한가이다.

[전환기 1] 이기심에서 책임감으로(selfishness to responsibility)
첫번째 전환기에서는 애착과 다른 사람과의 관계 형성이 중요해진다. 도덕적 판단 기준이 독립적이고 이기적인 것에서 관계와 책임감으로 옮겨가기 시작한다. 책임감과 배려를 도덕적 판단기준으로 통합해 간다.

수준 2　자기희생으로서의 선(goodness as self-sacrifice)
사회적 조망이 발달하면서 자신의 욕구를 억제하고 타인의 욕구에 응하려 노력하게 되고 타인에 대한 배려, 책임감, 자기희생을 지향한다. 이 수준에서는 개인이 다른 사람과의 관계를 유지하기 위해 자신의 주장을 포기한다. 다른 사람에게 상처를 줄 때 불평형이 일어나고 자기희생과 타인에 대한 배려를 선한 것으로 간주한다. 그러나 이 수준에서의 타인은 사적인 관계이며, 공적인 관계를 의미하지 않는다.

[전환기 2] 선에서 진실로(from goodness to truth)
두 번째 전환기에서는 왜 다른 사람을 위해 자신을 희생해야 하는가에 대한 의문을 가진다. 도덕적 판단 기준이 자신 주변의 타인과의 일치에서 보다 넓은 범위의 타인의 욕구와 통합되는 것으로 발전해 간다. 두 번째 전환기는 자아개념과 관련된다.

수준 3　비폭력 도덕성(the morality of nonviolence)
대인 간 도덕적 추론의 마지막 단계이다. 개인의 권리 주장과 타인에 대한 책임이 조화를 이룬다. 의사결정 과정에 적극적으로 참여하고, 다른 사람에게 상처 주는 것을 피한다. 자신에 대한 이해와 도덕성에 대한 재정의를 형성한다. 비폭력, 평화, 박애 등은 이 시기 도덕성의 주요 지표이다.

의 보살핌, 애착, 책임을 강조하는 도덕성발달 단계를 제시하고 있다. 여성의 도덕성발달 단계는 세 가지 수준의 단계와 각 단계 사이의 2개의 전환기로 설명된다(〈표 5-4〉 참조). 각 단계는 자신과 타인간의 관계를 더 정교하게 설명하고, 각 전환기는 이기심과 책임감 사이의 이해를 보여 주고 있다.

Gilligan은 여성의 도덕성이 자신의 필요에 몰두하는 이기적 단계에서 시작하여 자신의 욕구보다는 타인의 입장을 중요시하는 도덕성 단계를 거쳐 타인은 물론 자신이 가지는 책임의 중요성을 인식하고 자신과 관련된 모든 사람에게 최선의 방법을 모색하는 도덕성으로 발달해 간다고 주장했다. 여성은 도덕성에서 추상적인 도덕적 원리보다는 인간에 대한 책임을 강조하며 타인의 요구에 민감하게 반응하고 타인과의 관계를 고려하는 도덕적 사고를 중시한다. 여성은 자신을 희생하더라도 인간관계를 유지하고자 하는 강한 배려지향적인 성향을 가진다.

그러나 최근 성차에 대한 도덕성발달 연구들은 일관된 결과를 보이지 않고 있다. 남성보다 여성이 더 친사회적이고 다른 사람을 돕는 반응을 보였다는 연구결과(Eisenberg et al., 2006)가 있는가 하면, 또 다른 연구 결과에서는 남성도 도덕적 판단에서 타인을 배려하는 것으로 나타났다고 주장한다(Knox et al., 2004).

Gilligan의 이론은 배려의 윤리를 통해 도덕성발달에 대한 시각을 넓혀 주었다. 전통적으로 도덕교육 이론가들은 도덕 행위자가 자율적, 합리적, 추상적이고 보편타당한 추론을 할 수 있도록 교육해야 한다고 여겨 왔다. 그러나 인간은 원래부터 타인과 관계를 맺으며 그 속에서 자신이 책임을 다하는 존재이다. 이러한 점은 도덕교육이 자율성이나 합리성만을 강조할 것이 아니라 함께 어울리는 데 필요한 능력, 관계맺음, 책임감 등도 반영할 것을 시사한다.

3) 도덕성발달에 영향을 미치는 요인

개인의 도덕성발달은 수많은 요인에 의해 영향을 받는다. 이 중 주요 영향요인으로 개인적 요인, 부모의 양육방식, 또래집단, 대중매체 등을 들 수 있다(오만록, 2017; 조규판 외, 2017).

① 개인적 요인

도덕성발달에 영향을 미치는 개인적 요인으로 연령, 성별, 지적능력 등을 들수 있다.

첫째, 연령은 개인의 성숙수준을 의미하는데 일반적으로 연령이 많을수록 더높은 수준의 도덕성발달 양상을 보이나 도덕성발달에는 개인차가 있어 동일한연령이라도 반드시 같은 도덕성 단계에 도달하는 것은 아니다. 둘째, 성별에 따라 도덕성발달에 있어 차이가 있느냐에 대해서는 상반된 연구결과들이 제시되고 있으나 남자와 여자가 서로 다른 사회화 과정을 겪는 점을 감안해 보면 도덕성발달과 성별 차이는 한 가지 방향으로만 단정 내리기는 쉽지 않다. 셋째, 도덕성발달과 지능의 관계를 보면 지능이 높을수록 도덕성발달이 더 높다는 연구결과들이 있기는 하지만 도덕성과 지능 간의 상간관계는 그리 높지 않다. 도덕적으로 문제가 심각한 사람의 지능 수준이 상당히 높은 경우도 있고, 낮은 경우도있는 현실을 고려해 볼 때 이들 간의 관계를 단정하기는 쉽지 않다.

② 부모의 양육방식

부모의 양육방식은 자녀의 도덕성은 물론 인지, 성격, 정서, 사회성을 포함한모든 영역의 발달에 지대한 영향을 미친다. 부모가 자율적이고 수용적이어서 자녀에게 애정을 많이 표현하고 자녀의 욕구에 민감하게 반응하면 자녀의 책임감,자신감, 사회성 등이 높아지며 도덕성발달에 긍정적인 영향을 미친다. 그러나부모가 지나치게 엄격하고 통제적이며 과보호적인 양육방식을 보이면 자녀의의존적, 복종적, 반항적 성격이 강해지며 사회성 부족 등의 행동이 야기되어 도덕성발달에 부정적인 영향을 미친다.

부모는 양육방식에 있어 논리적 설명을 통해 도덕성의 발달에 긍정적인 영향을 줄 수 있다. 무조건 시키는 대로 하라고 하는 대신 왜 그런 행동을 해야 하는가를 설명해 주거나 또는 옳지 못한 행동이 다른 사람에게 어떠한 영향을 미치게 되는지를 가르치는 훈육방법이 자녀의 도덕성을 내면화시키는 데 도움이 된다. 반면 자녀에게 더 이상 애정이나 관심을 보이지 않는 애정철회나 체벌 또는 위협을 사용하는 훈육은 효과적이지 못하다(Brody & Shaffer, 1982; Hoffman, 1988). 아동은 모델의 행동을 관찰하는 과정을 통해 새로운 행동이나 기능을 학습한다. 특히 부모는 또래, 교사와 함께 아동과 가장 많은 시간을 보내는 사람으로 도덕성발달에 중요한 모델 중 하나다. 아동은 관찰을 통해 부모의 바람직하지 않은 행동도 학습할 수 있다. 특히 아동은 나쁜 행동을 쉽게 모방하기 때문에 자녀에게 좋은 모델이 되기 위해서는 부모 자신이 도덕적이어야 한다.

③ 또래집단

개인의 도덕성발달은 또래와의 관계 및 또래 문화도 중요한 역할을 한다. 또래와의 관계에서 보면, 아동과 청소년이 자신보다 높은 도덕적 추론을 하는 또래를 접하게 되면 인지적 불균형 상태에 놓이게 됨으로써 노력을 통해 높은 수준의 도덕성발달이 이루어지기도 하지만 이러한 결과가 항상 보장되지는 않는다. 또한 또래와의 관계에서는 또래집단의 규칙을 준수해야 하고, 협동심이나 타협을 필요로 한다. 또래집단은 상호간의 강화와 모방을 통해서 아동에게 영향을 미친다. 아동은 부모보다 또래집단이 자신과 더 유사하다고 지각하기 때문에 또래가 더 적절한 모델이라고 생각하며 더 많은 영향을 받는다. 따라서 또래는 행동패턴을 강화하는 강화자의 역할을 하고, 다양한 환경에서 적절한 행동과 부적절한 행동에 대한 정보를 제공하는 모델의 역할을 하기도 한다. 아동은 또래와 함께 있을 때 반사회적 행동에 대한 불안이나 죄책감을 덜 느끼므로 이러한 일이 반복되면 반사회적 성향이나 비행성을 점차 내면화시키게 되어 결국 반사회적인 성격을 형성하게 되며 아주 낮은 도덕성의 단계까지 퇴행하는 경향을 보일 수도 있다(Hoffman, 1980).

④ 대중매체

TV, 인터넷, 스마트폰, 각종잡지, 신문, 영화 등이 포함되는 인쇄매체와 전파매체, 전자통신 매체에 의한 대중매체가 아동의 생활에 미치는 영향력은 매우 크다. 아동기나 청소년기에는 신체적으로나 정신적으로 급격한 변화를 보이는데 이러한 변화의 원인으로 성숙요인, 급격한 사회변화, 다양한 문화, 문명의 발달 등을 들 수 있으나 대중매체의 영향도 매우 크다고 볼 수 있다. 이러한 매체는 풍부한 지식과 경험, 건전한 가치관과 태도, 합리적인 사고방식, 의사소통이나 정보수집 등의 긍정적인 기능을 가지고 있지만 동시에 폭력적인 온라인 게임,

선정적인 영상 등은 부정적인 영향을 미치기도 한다. TV, 영화, 온라인 게임 등에 등장하는 인물들은 아동에게 모델이 된다. 대중매체에서 소개되는 모델의 행동을 관찰하며 아동은 도덕적 판단이나 도덕적 행동을 배우게 된다. 대중매체에서 나타나는 이타적인 행동이나 유혹에 저항하는 행동은 아동의 도덕성발달에 긍정적인 영향을 미치는 반면, 대중매체에서 나타나는 폭력성이나 비도덕적 가치관은 공격적 행동뿐만 아니라 도덕적 가치나 행동에도 영향을 주게 된다.

토론과제 >>>

1. 학생의 도덕성발달을 돕기 위한 학교의 도덕교육은 어떤 방향으로 나아가야 할지 구체적인 예를 들어 논의해 보자.

2. 정체성을 정의하고, 정체성 위기를 극복하기 위한 방안에 대해 논의해 보자.

3. 학교나 가정에서 아이들의 자아존중감을 길러주기 위해 어떤 방법들이 이용될 수 있을지에 대해 논의해 보자.

4. 암 치료제 개발과정에서 실험용 쥐나 개로 임상실험을 하는 것이 정당한지에 대해 토론해 보자.

5. 1994년 퓰리처 수상작으로 한 사진사가 찍은 '수단의 굶주린 소녀'가 선정되었다. 남아프리카 공화국 출신으로 아프리카의 기아 및 내전 취재 전문 사진기자였던 그는 당시 아프리카의 극심한 기아상황을 취재하기 위해 수단 남부에 들어가 어느 식량센터 근처에서 아사 직전의 한 소녀를 발견한다. 이 어린 소녀의 뒤에는 살찐 독수리가 소녀의 죽음을 기다리고 있었다. 독수리가 호시탐탐 때를 기다리던 순간에 사진기자는 셔터를 눌렀고 이 사진은 전 세계적으로 엄청난 반향을 일으켰다. 이러한 사진사의 사례에 대해 도덕적 측면에서의 자신의 의견은 어떠한지, 그리고 그러한 의견에 대한 근거를 제시하며 토론해 보자.

제 **6** 장

개인차 I: 지능

고영남
◇◇◇◇◇

개인차(individual difference)는 사람들이 다른 사람들과 차이를 보이는 안정적이고 지속적인 측면이며, 특히 지능은 이러한 개인차를 심도 있게 볼 수 있는 심리학의 한 영역이다. 그렇다면 지능이란 과연 무엇인가? 지능이라는 개념은 교육에서 매우 중요하면서도 논란의 여지가 많을 뿐 아니라 지능검사의 활용 차원에서도 오용과 남용되는 경우가 많은 것도 사실이다. 일반적으로 교육자들은 지능발달의 개인차를 평가하기 위해 지능검사를 많이 사용한다. 심리측정적 접근은 아동의 정신능력을 평가하는 데 유용한 지능검사의 기초가 되고 있다. 심리측정 연구자들은 '어떤 요인과 차원이 지능을 구성하고 그것은 연령에 따라 어떻게 변하는가? 미래의 학업성취, 직업적 수행, 그리고 지적 성공과 같은 측면을 예측하기 위해 지능은 어떻게 측정될 수 있는가? 같은 연령대의 아동들이 지능에서 어느 정도 다르며, 무엇이 그 차이를 설명해 주는가?'와 같은 질문을 한다. 이러한 질문에 대해 많은 사람들은 '지능검사가 아동들의 진정한 지적 능력을 제대로 측정하고 있는가? 지능검사에 문화적 편향의 문제는 없는가? IQ는 미래의 학업성취, 직업적 수행 등을 잘 예측하고 있는가?' 등과 같은 질문을 되묻기도 한다. 이 장에서는 지능의 개념에 대한 전통적인 심리측정적 접근뿐 아니라 대안적 접근 차원에서 지능의 개념 및 지능이론을 탐색하고, 전통적인 지능검사는 물론 지능검사의 새로운 접근 차원에서 역동적 평가, 문화적 편향을 고려한 검사에 대해 알아보며, 지능발달의 개인차 차원에서 유전적 영향과 환경적 영향에 대해 살펴볼 것이다.

학습목표

1. 지능에 대한 대안적 접근의 출현 배경을 분석하고 심리측정적 접근과의 차이를 설명할 수 있다.
2. Gardner의 다중지능이론과 Sternberg의 삼원지능이론에 대한 이해를 바탕으로 각 이론의 시사점을 교수-학습 장면에 적용할 수 있다.
3. 역동적 평가, 문화적 평형을 고려한 지능검사 등 지능검사에 대한 새로운 접근이 출현하게 된 배경을 분석할 수 있다.
4. 지능발달의 개인차에 대한 이해를 바탕으로 지능발달을 위한 유익한 환경을 제공하기 위한 가정, 학교, 국가의 역할을 논의할 수 있다.

1. 지능에 대한 접근과 지능이론

지능에 대한 다양한 견해를 이 절에서 다루고자 한다. 먼저 지능에 대한 전통적 접근인 심리측정적 접근으로서 Spearman의 일반요인설, Thurstone의 기본정신능력, Guilford의 지능구조모형, Cattell과 Horn의 유동성 지능과 결정성 지능, Carroll의 지능의 위계적 모형을 살펴본 후, 이러한 접근에 대한 대안으로서 Gardner의 다중지능이론과 Sternberg의 삼원지능이론을 다루고자 한다.

1) 심리측정적 접근

표준화된 지능검사의 발달을 낳은 심리측정적 접근(psychometric approach)은 아동의 정신능력을 평가하는 데 유용한 여러 다양한 지능검사의 기초가 되고 있다. 즉, 심리측정의 시각에서는 인지발달적 접근, 정보처리적 접근과 달리 과정보다는 결과 지향적이다(Berk, 2006). 심리측정 이론가들에 따르면 지능은 지적 능력에 있어서 개인들 간에 구분되는 특질 혹은 특성의 집합체이다. 이에 따라 이들의 관심은 이러한 특질들이 무엇인지를 정확하게 알아내고 측정하여 개인들 간의 지적 차이를 기술하는 것에 있다. 그러나 심리측정 이론가들은 지능의 구조에 대해 합의하지 못했다. 즉, 지능은 단일 능력이냐 아니면 여러 다른 능력들의 집합이냐에 관해 서로 의견이 달랐다(Sattler, 2001; Sternberg, 2004).

(1) Spearman의 일반요인설

Spearman(1927)의 일반요인설은 인간의 지능이 일반요인(general factor: g요인)과 특수요인(specific factors: s요인)으로 구성된다고 주장하였기에 2요인설이라고도 한다. 일반요인이 다양한 과제에 공통적으로 적용할 수 있는 능력으로서 모든 지적 과제의 수행에 영향을 주는 반면에, 특수요인은 단지 특정 과제의 수행에만 관련이 되며 여러 영역에 일반화할 수 있는 정보를 제공하지 못하였다. 이에 따라 Spearman은 특수요인의 의미를 중시하지 않았고, 일반요인을 중심적

Charles E. Spearman

이고 우월한 것으로 생각했다. 결국 Spearman에 따르면 지능은 일반요인으로 구성되는 단일능력인 것이다.

(2) Thurstone의 기본정신능력

Louis Thurstone

Thurstone(1938)은 지능이 단 하나의 요인으로 구성되어 있기보다 상호 관련이 있는 7개의 요인으로 구성되어 있다고 보았고, 이를 기본정신능력(Primary Mental Abilities: PMA)이라고 불렀다. 기본정신능력에는 언어이해력, 언어유창성, 수리력, 공간시각능력, 기억력, 지각속도, 추리력이 포함된다. 따라서 Thurstone은 Spearman의 g요인이 실제로 7개의 정신능력으로 구성된다고 보고 있다.

Thurstone이 제시하는 7개의 기본정신능력은 다음과 같다.

- 언어이해력: 단어와 문장의 의미를 이해하는 능력
- 언어유창성: 단어를 신속하게 생각해 내는 능력
- 수리력: 기초적인 수학 문제를 해결하는 능력
- 공간시각능력: 상징이나 도형을 정신적으로 조작하는 능력
- 기억력: 단어, 문장, 그림 등을 기억하는 능력
- 지각속도: 자극을 신속하게 인식하는 능력
- 추리력: 유추문제를 해결하고 원리나 법칙을 알아내는 능력

(3) Guilford의 지능구조모형

Joy Paul Guilford

Guilford(1988)는 Thurstone의 기본정신능력을 확장시켜 지능이 180개의 요인으로 구성되어 있다고 보았다. 즉, Guilford의 지능구조(Structure of Intellect: SOI)모형에서 지능은 5개의 '내용(contents)' 차원, 6개의 '조작(operations)' 차원, 6개의 '산출(products)' 차원이 조합(5×6×6)되어 만들어지는 180개의 정신능력이다([그림 6-1] 참조).

'내용' 차원은 사람이 생각해야 하는 정보의 종류, '조작' 차원은 수행하도록 요구되는 사고의 종류, '산출'은 내용에 대해 조작을 하여 생성된 결과를 의미한다. 그러나 이러한 Guilford의 이론은 모형의 복잡

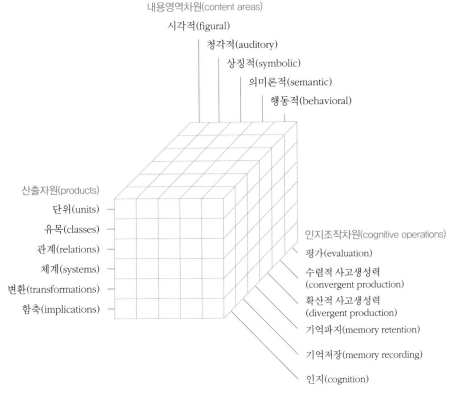

내용영역차원(content areas)

시각적(figural)

청각적(auditory)

상징적(symbolic)

의미론적(semantic)

행동적(behavioral)

산출자원(products)

단위(units)

유목(classes)

관계(relations)

체계(systems)

변환(transformations)

함축(implications)

인지조작차원(cognitive operations)

평가(evaluation)

수렴적 사고생성력
(convergent production)

확산적 사고생성력
(divergent production)

기억파지(memory retention)

기억저장(memory recording)

인지(cognition)

[그림 6-1] Guilford의 SOI 모형

성 때문에 학교교육에서 공식적으로 적용하기 어렵다는 한계를 가지고 있다.

(4) Cattell과 Horn의 유동성 지능과 결정성 지능

Cattell(1963)과 Horn(1968)은 Spearman의 g요인과 Thurstone의 기본정신능력(PMA)이 유동성 지능(fluid intelligence: Gf)과 결정성 지능(crystallized intelligence: Gc)의 두 차원으로 나누어질 수 있다고 보았다. 유동성 지능은 유전적·생리적 영향을 받는 지능이다. 이 지능은 두뇌 발달에 기초하고 있기 때문에 청소년기까지 계속 발달되지만, 생리적 발달이 쇠퇴하는 성인기 이후에는 점차 쇠퇴한다. 유동성 지능은 단순 암기력, 지각력, 일반적 추론력을 포함한다. 반면에 결정성 지능은 환경적·문화적·경험적 영향을 받는 지능이다. 따라서 결정성 지능은 가

Raymond Cattell

John Horn

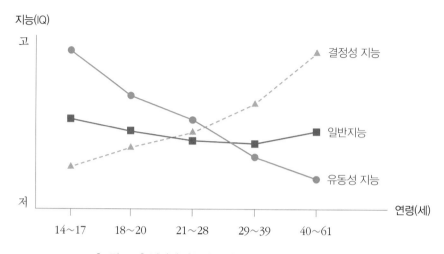

[그림 6-2] 발달에 따른 유동성 지능과 결정성 지능 그래프

출처: Horn (1970), p. 63.

정·학교 환경, 교육 정도, 직업 등의 영향을 받는다. 이 지능은 성인기 이후에도 계속 발달될 수 있지만 환경의 질에 따라 차이가 있다. 결정성 지능은 언어이해력, 일반적 지식, 문제해결력, 논리적 추론력을 포함한다([그림 6-2] 참조).

(5) Carroll의 지능의 위계적 모형

John Carroll

심리측정 이론가들에게 오늘날 광범위하게 받아들여지고 있는 견해는 지능의 위계적 모형(hierarchical models of intellect)이다. 위계적 모형 중 가장 정교한 모형은 Carroll(1993)이 만든 지능의 3계층 모형 (three-stratum theory of intelligence)이다([그림 6-3] 참조). Carroll(1993)은 지능을 피라미드 모양으로 형상화하였다. 이 모형의 제일 위층에는 일반지능인 g가 있고, 두 번째 계층에는 광범위한 요인으로서 8개의 지능 유형이 위치하고, 세 번째 계층에는 특정 요인으로서 사람들이 두 번째 층의 요인들을 보여 주는 특정 행동들이 위치한다. 8개의 특수능력요인은 각각의 하위검사에 의해 측정되며, 이렇게 측정된 8개의 하위검사 점수들은 일반지능(g)을 나타내는 총점으로 합할 수 있다.

이 모형이 시사하는 바는 2층에 위치한 특수능력요인에 대한 하위검사 점수가 개인의 강점과 약점에 대한 정보를 제공할 수 있다는 것이다. 따라서 이 모형은

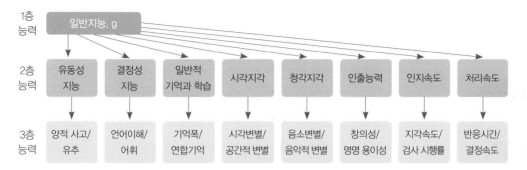

[그림 6-3] Carroll의 3계층 모형

평균 이하의 일반지능(g)을 가진 사람이라도 특정 영역에서의 수행을 돕는 2층의 능력이 매우 높다면 3층의 좁은 영역에서 실제로 뛰어날 수 있다는 것을 설명할 수 있다(Shaffer, 2002). Carroll의 이론과 같은 위계적 모형은 일반적 지능과 요인적 지능이라는 두 가지 관점을 조화시킨 것이라고 볼 수 있으며, 심리측정적 접근을 하는 지능이론 중 가장 포괄적인 이론이라 할 수 있다. 그러나 많은 연구자들은 심리측정적 접근을 하는 어떠한 지능이론도 지능을 완전히 설명할 수 없다고 생각한다(Shaffer, 2002; Kail, 2007).

2) 대안적 접근

심리측정적 접근에서 사용하는 지능의 정의에 대해 자주 제기되는 비판 중 하나는 지식이 습득되고 유지되고 문제해결을 위해 사용되는 과정(process)보다는 매우 협의의 지적인 내용물 혹은 아동이 현재 알고 있는 것에 주로 초점을 맞추고 있다는 것이다(Shaffer, 2002). 이에 따라 최근의 지능이론가들은 심리측정적 접근의 지능이론보다 지능의 개념을 더 넓게 정의하는 경향이 있으며, 심리학의 최근 경향도 좁은 의미의 지능보다 넓은 의미의 지능 개념을 선호하는 편이다(Sternberg & Williams, 2002). 이제 심리측정적 접근의 지능이론이 갖는 한계점을 이해하도록 도와주는 두 개의 대안적인 관점인 Gardner의 다중지능이론과 Sternberg의 삼원지능이론을 구체적으로 살펴보기로 한다.

(1) Gardner의 다중지능이론

Gardner(1983)는 인간의 지능을 하나의 수치로 기술하고자 하는 심리측정 이론가들을 비판하는 이론가이다. 그는 지능이 높은 아동이 모든 영역에서 우수하다는 종래의 지능관을 비판하고, 인간의 지적 능력은 서로 독립적이며 상이한 여러 유형의 능력으로 구성된다는 다중지능이론(theory of Multiple Intelligence: MI 이론)을 제시하였다.

Gardner는 1983년에 다중지능이론을 소개하면서 7개의 지능, 즉 언어 지능, 논리-수학 지능, 공간 지능, 음악 지능, 신체운동 지능, 대인관계 지능, 자기이해 지능을 제안하였고 그 후에 자연친화 지능을 추가하였다(〈표 6-1〉 참조). Gardner에 따르면 이 외에도 더 많은 종류의 지능이 있음을 강조한다. 다시 말해 8가지란 마법의 숫자가 아니라

Howard Gardner

표 6-1 Gardner의 다중지능이론

지능의 유형	설명	예
언어 지능	단어의 의미와 소리에 대한 민감성, 언어의 구조와 언어가 사용될 수 있는 다양한 방법에 대한 민감성	시인, 소설가, 언론인
논리-수학 지능	추상적인 상징체계를 조작하고, 그들의 관계를 파악하며, 논리적이고 체계적으로 추론할 수 있는 능력	수학자, 과학자
공간 지능	시·공간적 관계를 정확하게 지각하고, 이러한 지각을 변형하며 관련 자극이 없을 때도 시각적 경험의 측면을 재생하는 능력	엔지니어, 조각가, 건축가, 항해사
음악 지능	음의 높낮이, 리듬 혹은 멜로디, 음악적 표현 형태를 산출하고 감상하는 능력	음악가, 작곡가, 연주가
신체운동 지능	자신을 표현하고 목적을 달성하기 위해 신체를 기술적으로 사용하는 능력, 사물을 기술적으로 다루는 능력	운동선수, 무용가
대인관계 지능	타인의 감정, 기분, 동기 및 의도를 이해하고, 이것에 적절하게 반응하는 능력	심리치료사, 영업사원, 교사
자기이해 지능	자신의 내부 상태에 대한 민감성, 자신의 강점과 단점을 파악하고 자신에 대한 정보를 적절하게 사용하여 적응적으로 행동하는 능력	자신을 정확하고 상세하게 아는 사람
자연친화 지능	다양한 동물, 식물을 알아보고 분류하는 능력, 물리적 세계의 차이점과 유사점을 인식하는 능력	생물학자

는 것이다(Woolfolk, 2016). 최근에 Gardner(2003)는 존재의 의미, 삶과 죽음과 같은 궁극적 문제를 고려할 수 있는 능력인 실존 지능을 하나의 지능으로 추가할지 고려하고 있다.

Gardner(1983)는 이 모든 지능을 모두 우수하게 갖추고 있는 전능한 사람도 없으며, 지적장애아라도 모든 지능이 박약한 것은 아니라고 주장하였다. 따라서 아이들의 지적 능력 발달을 이해하고 지도하는 데 중요한 것은 아이들이 각기 갖고 있는 특수한 능력을 올바르게 진단하고 교육을 통해 이를 촉진하는 일이라 할 수 있을 것이다.

이러한 Gardner의 다중지능이론은 학교교육에서 중요한 의미를 갖는다. Gardner(1993)는 각기 다른 강점 지능과 약점 지능을 갖고 있는 학생들을 위해 수업방식을 다양화할 것을 제안하고 있다. 그는 전통적으로 언어 지능과 논리-수학 지능만이 학교교육에서 지나치게 강조되어 왔음을 지적하면서 모든 지능

표 6-2 | Gardner의 다중지능 적용

지능의 유형	적용
언어 지능	학생들에게 아이디어를 이야기하거나 글을 표현하도록 하기 위해 어떻게 해야 하는가?
논리-수학 지능	학생들에게 아이디어를 명료화하거나 수량화할 수 있도록 숫자, 논리, 범주를 어떻게 제시할 것인가?
공간 지능	학생들에게 아이디어를 공간적으로 시각화하거나, 그림을 그려 표현하거나, 혹은 개념화할 수 있도록 도와주기 위해 무엇을 해야 하는가?
음악 지능	학생들에게 자연적인 소리를 활용하도록 하고, 그들의 아이디어를 리듬이나 멜로디로 바꿀 수 있도록 도와주기 위해 무엇을 해야 하는가?
신체운동 지능	학생들에게 신체 전체를 움직일 수 있도록, 혹은 실제 훈련의 경험을 활용할 수 있도록 도와주기 위해 무엇을 해야 하는가?
대인관계 지능	학생들에게 상호작용 기술을 길러 주기 위해 또래학습이나 협동학습을 어떻게 활용할 것인가?
자기이해 지능	학생들에게 자신을 하나의 개인으로서, 그리고 학습자로서 인식하도록 돕기 위해 자신의 능력과 감정에 대해 어떻게 생각해 보게 할 수 있을까?
자연친화 지능	학생들에게 사물들을 서로 다른 유형으로 분류하도록 하고, 이들이 사용한 범주 도식을 분석할 수 있는 경험을 어떻게 제공할 것인가?

이 학교교육을 통해 촉진되어야 한다고 주장하였다. 이를 위해 교사는 서로 다른 강점 지능을 갖고 있는 학생들이 더 잘 이해하는 방식으로 수업내용을 다양화하여 제시하는 것이 필요하며, 각각의 능력 차원에서 학생들도 자신의 강점과 약점을 이해하도록 돕는 것이 필요하다. 이에 대해 Eggen과 Kauchak(2016)는 〈표 6-2〉와 같이 그 가능성을 제시하고 있다.

이와 같은 Gardner의 다중지능이론에 대해 다음과 같은 비판적인 견해도 제기되고 있다. 구체적으로 다중지능이론과 적용이 연구를 통해 타당화되지 못했고, 신체운동 지능과 음악 지능은 지능이 아니라 사실상 재능(talent)이며, 대인관계 지능도 성격특성에 가깝기 때문에 개별 지능으로 분류될 수 없으며, 논리-수학 지능과 공간 지능은 높은 상관이 있어 완전히 독립적인 것이 아니라는 비판 등이 제기되고 있다. 그럼에도 불구하고 Gardner의 다중지능이론은 심리측정적 접근에서의 지능에 대한 좁은 개념을 보다 확장시켰고, 하나의 수치로 개인의 지능을 특징짓기보다는 각 개인 내에서 무엇이 강점 지능이고 약점 지능인지를 바르게 이해하고 교육을 통해 이를 촉진할 수 있다는 생각을 하게 해 주었다.

(2) Sternberg의 삼원지능이론

인지심리학의 최근 연구에서는 모든 사람들에게 공통적으로 나타나는 인지 및 사고 과정을 강조한다. 이러한 맥락에서 Sternberg(1985, 1997)는 지능을 이해하는 데 인지적 접근 차원에서 성공지능의 삼원이론(triarchic theory of successful intelligence)을 제안하였다. Sternberg의 이론은 지능의 독립적인 구조를 강조하는 Gardner의 이론과는 달리 지능의 작용 과정을 강조한다.

Robert Sternberg

Sternberg는 지능이란 지능검사가 측정하는 것 이상의 어떤 것으로서의 지능을 강조하기 위해 '성공지능'이란 용어를 선호한다. 삼원지능이론에 따르면 인간의 지능은 분석적 능력(analytic ability), 창의적 능력(creative ability), 실제적 능력(practical ability)의 세 가지 측면으로 구성되어 있으며, 이 세 가지 능력은 삼원지능이론의 세 가지 하위이론인 요소하위이론(componential subtheory), 경험하위이론(experiential subtheory), 상황하

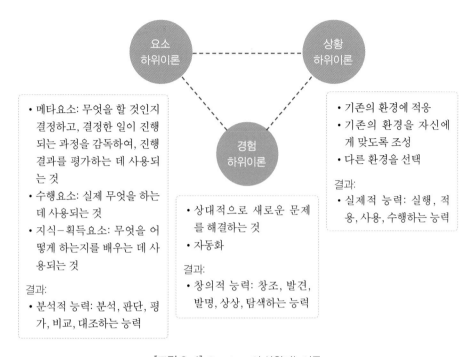

[그림 6-4] Sternberg의 삼원지능이론

위이론(contextual subtheory)을 구성하는 핵심요소가 된다([그림 6-4] 참조).

① 분석적 능력

분석적 능력은 문제를 분석, 판단, 평가, 비교, 대조하는 능력을 말한다. Sternberg는 이 능력을 요소하위이론으로 체계화하였는데, 여기에는 메타요소, 수행요소, 지식획득요소의 세 가지 과정이 포함된다. 첫 번째 메타요소는 무엇을 할 것인지 계획을 세우기, 계획한 일이 진행되는 과정을 점검하기, 진행결과를 평가하기와 같은 상위기능의 역할을 한다. 두 번째 수행요소는 메타요소가 계획한 것을 실행하는 것과 관련된 과정이다. 세 번째 지식-획득요소는 문제해결하는 방법을 학습하는 것과 관련된 과정이다. 실제 문제를 해결하는 데 이 세 가지 요소가 어떻게 상호작용하는지를 예로 들어 보면, 학생들이 특정 주제에 대한 중간보고서를 작성할 계획을 세우는 것(메타요소), 주제에 대해 학습하는 것(지식-획득요소), 그것을 작성하는 것(수행요소) 등으로 설명할 수 있다(Sternberg & Williams, 2002).

② 창의적 능력

창의적 능력은 새로운 상황과 문제에 대하여 대처하는 능력을 의미하며, 이 능력에 대해 Sternberg는 경험하위이론으로 체계화하였다. 창의적 능력에는 두 가지 특성이 있는데, 첫째는 친숙하지 않은 새로운 문제나 상황을 효과적으로 다루는 능력 혹은 통찰력(insight), 둘째는 친숙한 문제나 상황에서의 자동화(automatization) 능력이다. 따라서 지적인 사람은 새로운 문제나 상황을 상대적으로 잘 해결하고 일상적인 문제나 과제를 신속하게 효과적으로 수행하는 사람이라 할 수 있다.

③ 실제적 능력

실제적 능력은 어떤 해결방법과 계획이 실제로 효과가 있는지를 판단할 수 있는 능력을 의미하며, Sternberg는 이 능력을 상황하위이론으로 체계화하였다. 이 능력에서는 한 사람이 성공할 수 있는 환경을 선택(selection)하고, 그 환경에 적응(adaptation)하거나 만약 필요하다면 환경을 변형(shaping)시키는 것이 중요하다는 것을 강조한다. 따라서 일상생활에서 환경에 대한 적응, 변형, 선택 사이의 균형을 유지하는 것이 중요하다. 이러한 실제적 능력은 지능이 결코 문화와 관련 없는 지적 행동이 아님을 일깨워 준다. 즉, 지적인 행동은 문화에 따라, 시대에 따라 다르다고 할 수 있다.

최근 연구에서 Sternberg(1998)는 지능을 향상시킨다는 생각을 확장하여 세 가지 서로 다른 종류의 사고를 제안하였다. 첫째는 비교, 대조, 판단, 평가 등과 관련한 분석적 사고(analytic thinking)이고, 둘째는 무엇인가를 고안해 내고 발견하며 상상하고 가정하는 것과 관련한 창의적 사고(creative thinking)이며, 셋째는 적절한 아이디어를 찾아내고 실행하며 적용하고 활용하는 것과 관련한 실제적 사고(practical thinking)이다. 이러한 서로 다른 종류의 사고를 연습하는 것은 학생들로 하여금 서로 다른 방식의 정보처리를 가능하게 하며, 개인의 강점을 최대한 이용하게 할 수 있다고 Sternberg는 주장한다. 분석적 사고, 창의적 사고, 실제적 사고를 서로 다른 내용 영역에 적용한 예는 다음 〈표 6-3〉과 같다(Eggen & Kauchak, 2016).

| 표 6-3 | 분석적, 창의적, 실제적 사고를 서로 다른 내용 영역에 적용한 예 | | |

내용 영역	분석적 사고	창의적 사고	실제적 사고
수학	44를 이진수로 표현하기	피타고라스 정의에 대한 이해를 측정하는 검사문항을 만들어 보기	기하학이 건설에 어떻게 활용될 수 있는지 생각해 보기
언어	로미오와 줄리엣이 비극으로 간주되는 이유	로미오와 줄리엣을 희극으로 만들기 위해 종결부분을 고쳐 보기	로미오와 줄리엣 연극을 선전하는 TV 홍보물을 제작하기
사회과	한국전쟁과 베트남전쟁의 공통점과 차이점	미국이 이 두 전쟁에서 다르게 할 수 있었다면 어떤 것들을 할 수 있었을 것인가 생각해 보기	이 두 전쟁에서 우리가 얻을 수 있는 교훈은 무엇인지 생각해 보기
미술	고흐와 모네의 스타일을 비교하기	자유의 여신상이 피카소에 의해 제작되었다면 어떤 모습이었을까 생각해 보기	지금까지 배운 미술가들 중 한 사람의 스타일을 활용하여 학생미술전을 알리는 포스터를 만들어 보기

이와 같은 Sternberg의 삼원지능이론은 실제적 지능이 인생의 성공에 매우 중요하며 문화에 따라 지능적인 행동이 왜 달라지는지를 설명하는 데 도움을 준다. 하지만 일부 학자들은 창의성이나 실제적 지능을 지능으로 보기보다 지능이 아닌 것으로 보려는 경향이 있다(Sternberg & Williams, 2002). 그럼에도 불구하고 Sternberg의 삼원지능이론은 교육에서 지능의 지적 측면뿐만 아니라 실제적이고 실용적인 측면도 강조해야 하고, 학생들의 문화적 배경과 관련된 지능적 행동에 대해서 고려해야 하며, 학생들의 강점을 활용한 수업을 해야 한다는 점 등은 학교교육에 매우 의미 있는 시사점이라 할 수 있다.

2. 지능의 측정

거의 100여 년 전인 1904년에 Binet는 당시 프랑스 정부로부터 학교를 다닐 준비가 되어 있지 않은 아이들을 진단할 수 있는 검사를 만들어 달라는 의뢰를 받고 개발한 검사가 최초의 지능검사이다. 이때의 Binet 검사에서는 지능지수 (Intelligence Quotient), 즉 IQ의 개념은 없었고 단지 정신연령(Mental Age: MA)이라는 개념에 기초하여 지능을 해석하였다. Binet 검사의 개발 이후 Stanford-Binet 검사, Wechsler 검사 등이 개발되어 많은 나라에서 사용되고 있다. 현재는 많은 연구자들에 의해 전통적인 지능검사의 한계를 극복하고 지능검사의 타당도 향상을 위한 노력이 이루어지고 있는 상황이다.

여기에서는 우선 전통적인 지능검사로서 Stanford-Binet 검사와 Wechsler 검사에 대해 살펴보고, 그 다음 지능검사의 새로운 접근 차원에서 개발되고 있는 지능검사에 대해 알아보기로 한다.

1) Stanford-Binet 지능검사

Stanford-Binet 지능검사는 1916년 Stanford 대학의 Terman 교수가 Binet 검사를 미국 문화에 맞게 표준화한 것이다. 이 검사에서는 아동을 정신연령(MA)에 따라 분류하였던 Binet 검사와는 달리 Stern(1912)이 개발한 지능지수(IQ)의 개념을 사용하기 시작했다. 이 당시의 IQ는 정신연령(Mental Age: MA) 대 생활연령(Chronological Age: CA)의 비에 100을 곱하여 계산되었다.

$$IQ = 정신연령(MA)/생활연령(CA) \times 100$$

만일 어떤 개인의 정신연령이 실제 생활연령과 같다면 그 개인의 IQ는 100이다. 개인의 정신연령이 생활연령보다 높으면 IQ는 100 이상이 될 것이고, 이 점수는 평균 이상으로 간주된다. 한편 정신연령이 생활연령보다 낮으면 IQ는 100 이하가 될 것이고, 이 점수는 평균 이하로 간주된다. 그러나 이러한 비율 IQ는 아동들의 연령이 증가함에 따라 동일한 의미를 갖지 않기 때문에, 그 이후에 이러한 문제를 해소하기 위해 편차 IQ의 개념을 사용하였다. 편차 IQ는 한 사람의 지능을 그와 동일 연령 집단 내에서의 상대적 위치를 규정하는 IQ이다([그림 6-5] 참조).

현재는 Stanford-Binet 검사는 물론 다음에 소개할 Wechsler 검사를 포함하

비율 IQ
한 아동의 생활연령에 대한 정신연령의 비에 100을 곱하여 계산하는 지능지수

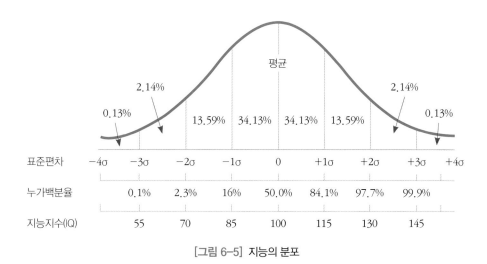

표준편차	-4σ	-3σ	-2σ	-1σ	0	$+1\sigma$	$+2\sigma$	$+3\sigma$	$+4\sigma$
누가백분율		0.1%	2.3%	16%	50.0%	84.1%	97.7%	99.9%	
지능지수(IQ)		55	70	85	100	115	130	145	

[그림 6-5] 지능의 분포

여 대부분의 지능검사에서 편차 IQ를 사용하고 있다. 편차 IQ는 특정 연령집단의 점수분포를 평균이 100, 표준편차가 15 내지 16이 되도록 변환시킨 분포에서 개인의 점수가 어느 위치에 해당되는가를 나타낸다. [그림 6-5]에서 보는 바와 같이 정상분포의 특성상 평균을 중심으로 ±1 표준편차의 범위(IQ 85~115)에는 약 68%가 분포하며, ±2 표준편차의 범위(IQ 70~130)에는 약 95%가 분포한다.

2) Wechsler 지능검사

Stanford-Binet 지능검사와 함께 널리 사용되는 검사는 Wechsler가 개발한 Wechsler 지능검사이다. Wechsler가 자신의 지능검사를 만든 이유는 Stanford-Binet 지능검사의 초기 판에 언어적 기술을 요하는 문항이 너무 많다고 생각했기 때문이다. 이에 따라 Wechsler 지능검사는 Stanford-Binet 지능검사와는 달리 언어성 검사와 동작성 검사 두 종류의 하위검사로 구성되어 있다. 동작성(혹은 수행성) 하위검사는 토막짜기, 동형짜기, 공통 그림 찾기 등의 비언어적 능력을 측정하도록 고안되었다([그림 6-6] 참조). 피검자는 언어성 IQ, 동작성 IQ, 그리고 이 두 종류의 IQ를 통합한 전체 IQ의 세 가지 점수를 받는다.

편차 IQ
한 아동의 지능을 그와 동일 연령집단 내에서의 상대적 위치를 규정하는 지능지수

표준편차
자료의 산포도를 나타내는 수치로서 표준편차가 작을수록 평균값에서 변량들의 거리가 가까움

〈언어성 검사〉

이해

개인의 상식과 판단력을 평가하기 위해 고안된 검사다.

예: "만약 어떤 사람이 식당에서 나갈 때 책을 두고 가는 것을 보았다면 어떻게 해야 합니까?

"은행에 돈을 저금하는 것의 장점은 무엇입니까?"

〈동작성 검사〉

토막 짜기

아동은 두 가지 색깔의 블록을 가지고
검사자가 보여 주는 그림과 똑같은 모
양으로 맞추어야 한다. 시각-운동협응
력, 지각적 조직화, 공간구성능력을 측
정하는 검사다.

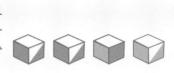

예: "왼쪽에 있는 4개의 블록을 가지고 오른쪽의 패턴과 똑같은 모양이 되도록 맞추어 보세요."

[그림 6-6] WISC의 하위검사 예

Wechsler 지능검사로는 취학 전 아동을 위한 WPPSI (Wechsler Preschool and Primary Scale of Intelligence), 6세부터 16세까지의 아동을 위한 WISC(Wechsler Intelligence Scale for Children), 그리고 성인용인 WAIS(Wechsler Adult Intelligence Scale) 세 가지가 있다. 우리나라에서는 한국판 웩슬러 지능검사인 유아용 (K-WPPSI-IV), 아동용(K-WISC-V), 성인용(K-WAIS-IV)이 각각 표준화되어 활용되고 있다.

3) 지능검사의 새로운 접근

Stanford-Binet 검사나 Wechsler 검사와 같은 전통적인 지능검사들이 아직도 많이 사용되고 있지만 새로운 검사들도 계속해서 개발되고 있다. 이는 전통적인 지능검사가 가지고 있는 한계 때문이라 할 수 있다. 주로 전통적인 지능검사에서는 개인이 현재 알고 있는 것을 평가할 뿐 그 개인이 갖고 있는 미래의 학습을 위한 잠재력을 평가하지 않는다는 한계가 있다. 또한 전통적인 지능검사는 근본적으로 문화적 편향의 문제가 있다는 한계를 가지고 있다. 이러한 맥락에서 지능검사의 타당도 향상을 위한 노력과 문화적 편향을 고려한 지능검사를 제작하고자 하는 노력을 하고 있다.

(1) 역동적 평가

Stanford-Binet 검사나 Wechsler 검사와 같은 전통적인 지능검사에서는 검사 시점까지의 아동이 축적해 온 지식의 정도를 평가하는 경향이 있다. 그러나 이에 대해 일부 연구자들은 지능검사가 미래의 학습에 대한 아동의 잠재력을 측정한다면 이것이 더 타당한 지능검사가 될 것이라고 주장한다. 이러한 맥락에서 역동적 평가(dynamic assessment)는 검사자의 도움을 받아 새로운 것을 학습할 수 있는 잠재력을 측정한다. 이는 Vygotsky의 근접발달영역(ZPD)과 발판화(scaffolding)의 개념에 기초한 지능 측정의 한 접근방법이다(Kail, 2007). 대표적인 역동적 평가의 예로는 제2장에서 제시했던 Feuerstein(1979)의 학습잠재력평가도구(Learning Potential Assessment Device: LPAD)를 들 수 있다. 이것은 Vygotsky가 사회문화 이론에서 강조했던 '지원받은 발견(assisted discovery)'에서처럼, 성인이 점점 더 도움이 되는 힌트를 줄 때 아동은 이러한 성인의 도움을 받아서 새로운 것을 배우도록 요구한다. 이 검사에서는 지능을 최소한의 도움으로 재빨리 학습할 수 있는 능력으로 해석하였다.

(2) 문화적 편향을 고려한 지능검사

문화적 편향(cultural bias)은 검사에서 문항들이 특정 문화적 배경을 지닌 집단의 아동들에게 불리하게 작용할 때 발생된다. 지능검사에서도 이러한 문화적 편향을 고려하여 문화적으로 영향을 줄 수 있는 요인들을 제거하거나 그 영향을 최소화한 문화평형검사(culture-fair test)를 개발하고자 하는 노력이 계속되고 있다. 대표적인 문화평형검사를 살펴보면 다음과 같다.

• SOMPA(System of Multicultural Pluralistic Assessment): Mercer와 Lewis(1978)가 개발한 SOMPA는 다문화적이고 다원적인 차원에서 지능을 측정하는 검사이다. 이 검사는 5세에서 11세 사이의 아동들에게 실시할 수 있으며, 특히 저소득층 가정의 아동들을 위한 것이다. SOMPA는 단일 검사라기보다

는 아동의 생활을 다음 네 가지 영역, 즉 (1) WISC 검사로 측정한 언어성 지능과 동작성 지능, (2) 1시간 동안의 부모면담을 통한 아동의 사회경제적 배경, (3) 부모질문지를 통한 학교에서의 사회적응력, (4) 의학적 검사를 통한 아동의 신체적 건강 상태를 알아보게 된다.

- 카우프만 아동용 지능검사(Kaufman Assessment Battery for Children: K–ABC): Kaufman과 Kaufman(1983)이 제작한 이 검사는 2세에서 12세 사이의 아동들을 대상으로 하는 검사로서 주로 비언어적인 척도로 이루어져 있고, 문항이 모든 계층의 아동들에게 고르게 적합하며, 학습잠재력과 학업성취도 모두를 측정하는 특징을 갖고 있다.

이 외에도 Raven 진행적 행렬검사(Raven's Progressive Matrices Test), Valencia 와 Suzuki의 동작성 보편지능검사(Universal Nonverbal Intelligence Test: UNIT)도 언어적 요인을 배제하여 주로 비언어적 문항으로 이루어진 문화평형검사이다. 그러나 문화적 편향을 완전히 배제한 문화평형검사를 개발하는 것은 상당히 어려운 일이다.

*왼쪽 그림과 같은 행렬 패턴에서 패턴의 한 부분이 빠져 있는 그림에 맞는 부분을 오른쪽의 예들에서 찾도록 한다.

[그림 6–7] Raven 진행적 행렬검사의 문항 예

4) IQ와 성취의 관계

(1) IQ와 학업성취의 관계

지능과 관련한 많은 연구에서 IQ와 학업성취 간의 상관은 .40~.70의 범위에 이르며 전형적으로는 .50과 .60이다(Brody, 1997). 이렇게 높은 상관이 나오는 이유는 원래 지능검사가 개인이 학교에서 얼마나 잘 수행할 것인지를 예언하고 자 하는 목적으로 개발되었기 때문이라고 볼 수 있다. IQ와 학업성취 간의 높은 상관이 나온다고 해서 어떤 학생의 IQ가 그의 현재 혹은 미래의 학업성취를 정확하게 반영한다고 볼 수는 없다.

이는 앞에서 설명했듯이 현재 실시되고 있는 지능검사는 개인이 현재 알고 있는 것을 측정할 뿐 미래의 학습잠재력을 측정하지는 않고 있으며, 학업성취는 IQ 이외에 학생의 학업적 자아개념, 성취동기, 학습습관 등과 같은 요인에 의해 좌우되기 때문이다. 따라서 IQ가 다른 어떤 검사보다도 학업성취를 더 잘 예언 하긴 하지만 미래의 학업성취를 예언할 수 있는 가장 중요한 요인은 아니다. 실제로 학생의 학업성취를 가장 잘 예언하는 요인은 IQ가 아니라 이전까지의 학업 성취라는 것을 많은 연구에서 보여 주고 있다(Minton & Schneider, 1980).

(2) IQ와 직업수행의 관계

일반적으로 IQ와 직업수행 사이의 상관은 .50이며, 이는 IQ와 학업성취 사이의 상관과 비슷한 정도이다(Neisser et al., 1996). 그렇다고 해서 관리자나 인사담 당자들이 채용이나 승진을 위해 IQ만을 고려하는 일은 없다. IQ 이상을 고려해야 하는 한 가지 이유는 사람들마다 실제적 지능(practical intelligence)이 다르기 때문이다. 이는 일상의 문제를 가늠하고 문제의 해결을 위해 조치를 취하는 능력으로 IQ와는 밀접하게 관련되지 않으면서 직업수행을 잘 예언해 주는 능력이 다(Sternberg et al., 1995). 오히려 IQ보다 이전의 직업수행, 대인관계 기술, 성공에 대한 동기가 미래의 직업수행을 위해 더 중요할 것이다(Neisser et al., 1996).

3. 지능발달의 개인차

인간 발달 관련 연구에서 지능이 유전되는 것인가 아니면 환경에 의한 것인가 하는 이슈는 학자들 간에 오랫동안 매우 뜨거운 논쟁을 벌였던 주제라고 할 수 있다. 그러나 오늘날에는 지능이 유전과 환경 모두에 의해 영향을 받는다는 데 대부분의 학자들이 동의하고 있고, 일반적으로 많은 사람들은 유전적 요인이 개인의 지적 능력 범위를 제공하며 그 범위 내에서 환경의 영향에 따라 지능이 달라진다고 믿고 있다. 그렇다면 가정이나 학교에서는 학생들의 지능발달을 위해 어떠한 환경을 제공해야 할 것인가? 이 주제를 다루기 위해 우선 지능발달의 개인차를 낳는 유전적 영향과 환경적 영향에 대한 연구결과를 개관한 후에 아동들의 지적 수행을 향상시키기 위한 다양한 노력에 대해 살펴보기로 한다.

1) 유전적 영향

지능발달의 개인차가 유전적 소인에 기인한다는 것은 쌍생아연구와 입양아연구에서 찾아볼 수 있다. [그림 6-8]은 약 5만 쌍의 쌍생아와 다른 친척들에 대

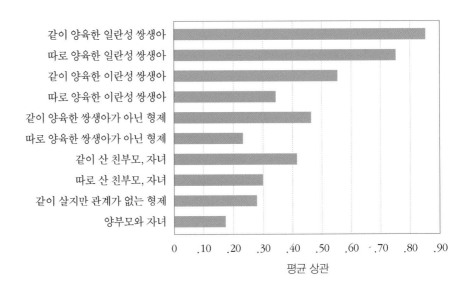

[그림 6-8] 쌍생아와 가족 구성원 간의 IQ 상관

한 100편 이상의 연구에서 IQ 상관에 대한 결과를 요약한 것이다(Bouchard &
McGue, 1981). [그림 6-8]을 보면 가족 구성원들 사이에 유전적 유사성이 클수록
IQ간의 상관이 높다는 것을 알 수 있다. 예를 들어, 같이 양육한 일란성 쌍생아
의 상관관계(약 .84)가 같이 양육한 이란성 쌍생아의 상관관계(약 .55)보다 더 높
고, 같이 양육한 쌍생아가 아닌 형제와의 상관관계(약 .47)보다 더 높다.

　또한 출생 직후 입양된 아동과 친부모의 상관관계(약 .31)가 양부모와의 상관
관계(약 .19)보다 더 높다. 아동의 성장환경과 전혀 무관한 친부모가 자녀의 IQ
와 갖는 상관은 유전적 소인의 중요성을 보여 주는 것이다. 그리고 따로 양육한
일란성 쌍생아의 상관관계(약 .76)가 같이 양육한 이란성 쌍생아의 상관관계(약
.55)보다 더 높고, 같이 양육한 쌍생아 아닌 형제의 상관관계(약 .47)보다 더 높은
것도 지능발달에 유전적인 영향의 중요성을 보여 주는 것이라 할 수 있다.

2) 환경적 영향

　쌍생아연구와 입양아연구에 근거하여 유전만이 지능의 결정요인이라고 할 수
있을까? 지능의 개인차 원인을 유전적 소인에서 찾는 입장과 달리 그 원인이 환
경적 요인에 있는 것으로 주장하거나 이에 따른 증거도 다양하게 보고되고 있다.

　지능발달에 미치는 환경적 요인의 중요성에 대한 고전적인 주장으로는
Klineberg(1963)의 누적적 결함가설(cumulative deficit hypothesis)이 있다. 이 가
설에 따르면 빈곤한 환경이 아동의 지적 발달을 억제하며, 이러한 억제효과는
시간이 경과함에 따라 누적되어 간다는 것이다. 따라서 아동이 빈곤한 환경에
오래 있을수록 지능발달은 그만큼 지체된다. 이러한 맥락에서 Ginsburg(1972)
는 이 가설에 따라 저소득 계층의 아동들이 빈곤한 환경으로 인해 지능발달이
어떻게 지체되는가를 잘 설명해 주고 있으며, Schiff 등(1982)의 연구에서도 저소
득층 가정에서 태어났지만 유아기 때 고소득층 가정에 입양된 아동들을 추적 ·
조사한 결과, 고소득층의 풍부한 환경에 노출된 아동들이 원래 저소득층 가정에
서 양육된 그들의 형제, 자매들보다 IQ가 평균 14점이 높은 것으로 나타났다.

　한편 Flynn 효과를 통해서도 환경이 지능발달에 영향을 미친다는 것을 알 수
있다. Flynn(1998)은 IQ가 시대의 흐름에 따라 점차 상승하여 세대 간(30년)에 평

Flynn 효과

전 세계적으로 시대
의 흐름에 따라 IQ가
상승되는 현상

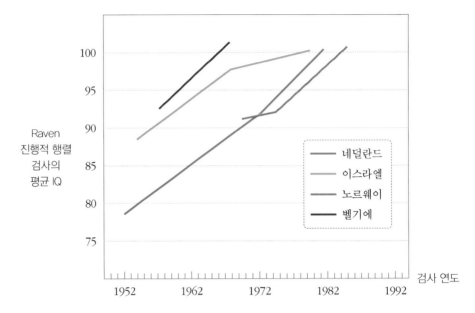

[그림 6-9] Flynn 효과: 4개국의 공간추리 검사 수행에서 나타난 세대 간 증가

균 18점 상승하고 있음을 보여 주었다([그림 6-9] 참조). 이러한 현상을 Flynn 효과(Flynn effect)라고 부른다. Flynn 효과는 확실히 환경적인 영향에 따른 것이다. 즉, 교육환경의 개선, 기술적 혁신, 여가활동 시간의 증가, 일반적으로 더 자극적인 세계, 검사 수행 동기의 향상 등과 같은 변화하는 환경이 지능에 영향을 주는 것은 분명하다고 할 수 있다(Greenfield, 1998; Dickens & Flynn, 2001).

3) 지능발달을 위한 유익한 환경 제공

유전적으로 타고난 재능이 개인의 지적 능력에 영향을 주지만, 아동의 지능발달을 촉진하기 위한 환경을 제공할 수 있다. 아동이 성장하는 초기 환경은 가정이 중심이 되므로 아동의 지능발달에 미치는 가정환경의 영향에 관한 많은 연구가 이루어져 오고 있다. 대표적으로 Bradley와 Caldwell(1984)은 취학 전 가정환경의 질이 아동의 지적 발달에 중요하다고 주장하였다. 여기에서 가정환경의 질이란 부모의 직업, 학력, 사회경제적 지위와 같은 지위변인이 아니라 부모와 아동 간 상호작용의 질과 관련된 과정(process)변인을 의미하는 것이다. Bradley와 Caldwell은 가정환경의 질을 알아보기 위해 HOME 목록(Home Observation

HOME 목록
지능발달에 미치는 가정환경의 질을 평정하기 위해 Bradley와 Caldwell이 개발한 도구

표 6-4 HOME 목록의 하위척도

영아기	유아기	아동기
1. 부모의 정서적·언어적 반응성	1. 부모의 애정, 온정	1. 부모의 정서적·언어적 반응성
2. 아이에 대한 부모의 수용	2. 신체적 처벌의 회피	2. 부모-자녀 관계의 정서적 분위기
3. 아이에 대한 부모의 개입	3. 언어적 자극	3. 사회성숙도에 대한 부모의 격려
4. 물리적 환경의 조직	4. 학업행동에 대한 자극	4. 적극적 자극 제공
5. 적절한 놀이감 제공	5. 놀이감, 읽기자료를 통한 자극	5. 성장 촉진 자료와 경험
6. 일상에서 다양한 자극 제공	6. 사회성숙도에 대한 부모의 모델링과 격려	6. 발달적 자극을 주는 경험에의 가족 참여
	7. 일상에서 다양한 자극 제공	7. 자녀양육의 부모 개입
	8. 물리적 환경: 안전, 청결, 발달지원적	8. 물리적 환경: 안전, 청결, 발달지원적

for Measurement of the Environment inventory)라는 도구를 개발하여 사용하였다. HOME 목록은 관찰자가 영아, 유아, 초등학생의 가정을 방문하여 가정환경이 얼마나 지적으로 자극적인가 아니면 박탈되었나를 결정할 수 있도록 고안되었다(〈표 6-4〉 참조).

많은 연구에서 HOME 목록을 통해 얻은 가정환경의 질이 사회계층을 불문하고 영아, 유아, 초등학생의 지적인 수행을 예언한다는 것을 보여 주었다(Luster & Dubow, 1992; Gottfried et al., 1998; Jackson et al., 2000). 이러한 결과는 영유아 및 아동의 지적 발달을 위해 교육환경을 어떻게 구성하고 제공해야 하는지에 많은 시사점을 제공하고 있다.

이와 같이 가정 차원에서 지능발달을 위한 유익한 교육환경을 제공할 수도 있지만, 사회적 차원에서도 유익한 교육환경을 제공함으로써 아동의 지적 발달을 도모할 수 있다. 이는 가정 차원에서 양질의 교육환경을 제공하지 못하는 많은 저소득층을 위해 사회나 국가 차원에서 지능발달에 해가 될 수 있는 위험을 가진 아동들의 초기 환경을 바꾸어 주고자 하는 것이다. 많은 저소득층 부모들은 자녀들에게 지적 자극이 풍부한 환경을 제공하는 데 어려움이 있다. 이러한 맥락에서 보상교육(compensatory education)은 저소득층의 유아들에게 환경적인 조건을 보상하거나 수정해서 조기학습경험을 제공하도록 고안된 교육적 노력이라 할 수 있다.

보상교육(compensatory education) 차원에서 1965년에 미국정부에 의해 시작되었던 Head Start 프로그램은 경제적으로 불이익을 받는 아동들에게 중류층 아동들이 가정이나 어린이집, 유치원에서 경험하는 종류의 교육적 경험을 제공하는 것이다. 이 프로그램에서는 부모의 참여를 매우 중요시 여기는데, 부모는 프로그램의 목표를 교육받을 뿐 아니라 양육과 아동발달의 특별 프로그램에 참여하며 아동의 향상에 대한 정보를 제공받는다. 현재는 19,000여 개 이상의 Head Start 센터가 91만 명의 아동에 대해 교육서비스를 제공하고 있다(Head Start Bureau, 2004).

한편, 일각에서는 Head Start가 너무 늦게 시작되어 효과를 보기에는 그 기간이 너무 짧기 때문에 좀 더 이른 시기인 영아기에 시작하여 수년간 지속되는 중재가 IQ와 학업수행에 더 효과적이라고 주장한다. 이러한 조기중재 프로그램으로는 미국의 캐롤라이나주에서 진행되었던 기초중재프로그램(The Carolina Abecedarian Intervention Program)을 들 수 있다. Ramey와 그의 동료들에 의해 수행되었던 기초중재 프로그램(Ramey & Campbell, 1984; Ramey & Ramey, 1998; Ramey, Ramey, & Lanzi, 2001)에 참여한 사람들은 경증 지체 아동이 될 수 있는 위험군에 속한 가족들이었다. 이들은 모두 정부의 지원을 받고 있었으며, 대부분이 편모 가정이었고 모(母)의 IQ는 평균 이하(70~85)였다. 프로그램은 참여아동이 생후 6~12주 정도 되었을 때 시작하여 5년간 지속되었다.

위험군 아동의 절반은 무선으로 선택되어 이들의 지적 발달을 도모하는 특별한 보육 프로그램에 배정되었다. 이 프로그램은 아침 7시 15부터 저녁 5시 15분까지 주 5일 매년 50주 동안, 아동이 학교에 입학할 때까지 제공되었다. 나머지 절반은 통제집단으로 이들에게는 실험집단과 동일한 섭식, 사회적 서비스, 소아과 치료가 제공되었지만 보육 프로그램에는 참여시키지 않았다. 그 후 21년 동안 일정한 간격으로 IQ 검사를 통해 두 위험군 아동들의 변화를 측정하였고, 학교에서도 정기적으로 학업성취검사를 실시하였다.

그 결과 Abecedarian에 참여한 아동들은 18개월부터 통제집단에 비해 높은 IQ 점수를 나타내었으며, 이러한 IQ의 평균을 21세까지 유지하였다. 이는 매우 일찍 시작된 양질의 학령전 프로그램이 아동들의 지적 발달에 긍정적인 영향을

ⓗead Start 프로그램
1965년 미국 연방정부에서 경제적·문화적으로 불우한 아동들을 위해 국가적으로 개입하여 만든 유아교육 프로그램

미칠 뿐 아니라 이후의 지적 발달에도 그 영향이 유지되고 있음을 보여 주는 것이다. 또한 이 프로그램에 참여했던 아동들은 모든 학업성취 영역에서 통제집단에 비해 우수한 것으로 나타났다(Shaffer, 2002).

토론과제 >>>

1. '무엇이 지능에서의 개인차를 설명해 주는가?'라는 질문에 대하여 토론해 보자.

2. 지능검사가 아동들의 진정한 지적 능력을 제대로 측정하기 위해서는 어떠한 것들을 고려해야 하는지에 대하여 논의해 보자.

3. Gardner의 다중지능이론과 Sternberg의 삼원지능이론이 학교교육에 주는 시사점은 무엇인지 논의해 보자.

4. 아동의 지능 발달을 위한 유익한 환경 제공이라는 측면에서 가정, 학교, 국가의 역할에 대하여 토론해 보자.

제 **7** 장

개인차 II: 창의성, 학습양식

고영남

◇◇◇◇◇

근래 들어 창의성은 교육에서 지능 못지않게 중요한 학습자의 특성으로 부각되고 있다. 예전에는 창의성을 소수의 과학자나 예술가에게 국한되는 선천적인 능력이라고 생각하였다. 그러나 창의성은 출생 시에 결정된 것도 아니고 소수의 사람들만이 소유하고 있는 것도 아니다. 창의성은 누구나 태어날 때부터 갖고 태어나는 보편적인 능력으로서 누구나 일상생활을 하면서 활용하고 있다. 현재는 창의성이 교육을 통해 개발될 수 있다는 생각을 하게 됨에 따라 창의성 향상을 위한 교육방법 혹은 교육프로그램이 개발되고 있다. 이와 함께 오늘날과 같은 4차 산업혁명 시대에서는 새로운 지식을 창출하고 적용해 나갈 것을 요구하고 있으며, 이러한 시대적 요구에 의해 창의성 교육은 그 어느 때보다 강조되고 있는 게 사실이다. 따라서 이 장에서는 창의성이 무엇인지, 창의성은 어떻게 측정될 수 있는지, 창의성을 향상시킬 수 있는 프로그램이나 기법으로는 어떤 것이 있는지를 알아보고, 마지막으로 창의성 증진을 위한 교육에서 고려해야 할 사항에 대하여 살펴볼 것이다. 또한 학습양식이라는 개념은 과거 수십 년 동안 학생들의 학습 선호뿐 아니라 학교 장면에서 학생들 각자의 성공과 실패에 영향을 미치는 구인으로 고려되어 왔다. 학습양식은 교수자들이 수업을 계획하는 데 학습자의 안정적 특성을 제공하고 학습자의 요구에 반응적이기 때문에 학습자들에게 보다 나은 학습기회를 제공할 수 있다. 따라서 교수자가 수업을 준비하기 위한 기초자료로서 학습자의 학습양식을 이해하고 이를 수업 계획과 운영에 반영하는 것은 다양한 학생들의 요구에 부응하기 위한 교수자의 첫걸음인 것이다. 이 장에서는 학습양식 관련 이론 중 Witkin의 장독립형–장의존형, Kagan의 충동형–반성형, Dunn과 Dunn의 학습양식 모형을 중심으로 학습자의 다양한 학습양식에 대한 이해를 도모하고자 한다.

학습목표

1. 창의성이 무엇인지, 창의성을 어떻게 측정할 수 있는지를 설명할 수 있다.
2. 창의성을 증진시킬 수 있는 대표적인 프로그램과 기법에 대하여 말할 수 있다.
3. 창의성에 대한 이해를 바탕으로 창의성을 증진시킬 수 있는 교사의 역할에 대하여 논의할 수 있다.
4. 장독립형과 장의존형을 구분하여 차이를 설명할 수 있다.
5. 충동형과 반성형을 구분하여 차이를 설명할 수 있다.
6. 장독립형–장의존형, 충동형–반성형, Dunn과 Dunn의 학습양식 모형에 대한 이해를 바탕으로 교수–학습 장면에 다양한 교수양식을 적용할 수 있다.

1. 창의성

1) 창의성의 개념

창의성에 대한 개념 정의는 창의성에 대한 접근 방법과 연구 분야에 따라 다양하게 정의되어 왔다. Goldman(1964)은 "창의성이라는 개념은 우산과 같아서 그 밑에 모든 것이 들어올 수 있지만 정작 그 밑에는 아무 것도 없다."는 말로 표현한 적도 있다. 창의성의 본질에 대해 1950년 Guilford가 미국심리학회에서 창의성의 중요성을 강조한 이후에 창의성을 인지적으로 접근하려는 경향이 지배적이었다. Guilford가 인간의 사고를 수렴적 사고(convergent thinking)와 확산적 사고(divergent thinking)로 구분하였고, 그 이후 상당 기간 동안 확산적 사고가 곧 창의성이라는 개념을 갖게 되었다.

Rhodes(1961)는 4P를 통해 창의성에 대한 정의를 하였다. 즉, 창의적 산물(product)이란 창의적 인간(person)이 창의적 과정(process)을 통해 얻은 결과이며, 이 모든 것은 창의적 환경(press)의 영향을 받는다고 설명하였다. 이러한 Rhodes의 정의는 창의성을 연구하는 학자들의 주요 강조점이 4P 중 어디에 있는지에 따라 창의성에 대한 정의가 달라지는 것으로 볼 수 있다. 사실상 창의성에 관한 연구 중 대부분의 연구가 이 네 가지 측면 중 하나에 초점을 맞추어 진행되어 왔다.

최근에는 창의성에 대한 기존의 서로 다른 이론이나 접근방법을 통합하여 인지적, 정의적, 동기적, 환경적 요인을 종합하여 창의성을 설명해야 한다는 다원적이고 통합적인 관점이 많은 학자들에 의해 지지되고 있다. 이러한 맥락에서 현재 창의성을 연구하는 대부분의 학자들은 창의성을 '새롭고(novel) 적절한(appropriate) 산출물을 생성할 수 있는 능력'이라고 정의하고 있다(Hennessey & Amabile, 1988; Perkins, 1988; Lubart, 1994; Sternberg & Lubart, 1996).

새로움이란 통상적인 것이 아니라 기발하며 예상치 않은 혹은 독창적인 것을 말하는데, 이는 어떠한 산출물이 창의적인 것으로 인정받기 위한 최소한의 조건이다. 그런데 새롭다는 것은 창의적 산출물의 필요조건이지 충분조건은 아니다.

어떠한 산출이 창의적인 것으로 인정받기 위해서는 새로움 외에도 적절성이 있어야 한다. 적절성이란 유용하고 가치 있는 것을 말한다. 새로움만이 창의적 산출의 기준이 된다면 수없이 많은 기괴한 것들이 모두 창의적인 것이 될 것이다. 따라서 유용함, 가치 있음 등을 포함하는 적절성은 이런 의미에서 간과할 수 없는 창의적 산출의 판단 기준이 된다(정종진, 2003).

2) 심리측정적 접근과 다차원적 접근

창의성과 관련된 많은 연구는 창의성에 대한 접근방법에 따라 신비주의적, 정신역동적, 심리측정적, 인지적, 사회성격적, 통합적 접근 등으로, 그리고 창의성의 연구 분야에 따라 창의적 인성, 창의적 과정, 창의적 산출, 창의적 환경으로 구분될 수 있다. 하지만 이는 창의성을 설명하는 합일된 설명 체제가 아직 존재하지 않는다는 것을 의미하며, 또한 창의성을 단일 요인에 의하여 설명하는 것이 불가능하다는 것을 말한다. 최근에는 창의성에 대한 기존의 서로 다른 이론이나 접근방법을 통합하여 인지적, 정의적, 동기적, 환경적 요인들이 모아져 발현된다고 하는 다원적이고 통합적인 관점이 설득력을 가지고 있다(정종진, 2003).

여기에서는 심리측정적 관점에서 창의성을 개인의 내적 요인인 사고 특성으로 보았던 Guilford의 관점에 대해 살펴보고, 그 다음 창의성을 다차원적인 관점에서 보는 Sternberg와 Lubart의 창의성 투자이론(Investment Theory of Creativity)을 알아보기로 한다.

(1) 심리측정적 접근

창의성을 오로지 인지적으로만 접근했던 Guilford(1967)는 지능구조모형에서 창의성이 수렴적 사고(convergent thinking)보다 확산적 사고(divergent thinking)를 반영한다고 주장하였다. 수렴적 사고가 어떤 문제에 대해 하나의 정답에 이르기를 요구하는 것과 달리 확산적 사고는 하나의 정답이 존재하지 않는 문제에 대해 다양한 해결책을 생성하도록 요구한다.

Guilford는 확산적 사고가 곧 창의성이라 간주하고, 다음과 같이 확산적 사고를 6개의 하위 요인으로 세분화하였다.

- 민감성(sensitivity): 주변 환경에서 어떤 문제를 지각하는 능력
- 유창성(fluency): 가능한 한 많은 양의 아이디어를 산출하는 능력
- 융통성(flexibility): 가능한 한 다양한 범주의 아이디어를 산출하는 능력
- 독창성(originality): 참신하고 독특한 아이디어를 산출하는 능력
- 정교성(elaboration): 다듬어지지 않은 기존의 아이디어를 보다 세밀하고 치밀한 것으로 발전시키는 능력
- 재구성력(reorganization): 기존의 일반적인 생각이나 산물을 다른 목적이나 관점에서 재구성하는 능력

[그림 7-1]과 같은 확산적 사고의 검사는 표준화 표집의 수행과 비교해서 점수를 낼 수 있기 때문에 창의성의 심리측정적 접근이라고 부른다(Berk, 2006). 그러나 이 측정에 대해 비판을 하는 사람들은 확산적 사고가 창의성의 인지적 구

[그림 7-1] 8세 아동의 확산적 사고 반응 예

성요인 중 한 부분일 뿐이며 창의적인 가능성을 촉진하는 성격, 동기, 그리고 환경적 측면에 대해 아무것도 설명하지 못한다고 지적한다.

(2) 다차원적 접근

창의성에 대한 다차원적 혹은 통합적 접근에서는 창의성을 한두 가지 요인으로 구성된 단일 차원적 접근을 하지 않고 여러 요인이 상호 종합적으로 작용한다고 생각한다. 가장 대표적인 다차원적 접근은 Sternberg와 Lubart의 창의성 투자이론(Investment Theory of Creativity)이다. Sternberg와 Lubart(1996)는 대부분의 사람들이 창의성을 길러주는 자원(구성요소)을 집합시킬 수 있고 적절한 목표에 자신을 투자할 수 있다면 적어도 어느 정도는 창의적이거나 창의적일 수 있는 잠재력을 가지고 있다고 주장한다(Shaffer, 2002). 이들에 따르면 창의성은 서로 다르지만 서로 관계되어 있는 6개 차원, 즉 지적 자원, 지식, 사고양식, 성격, 동기, 환경의 종합에 달려 있다고 한다. 이와 같은 창의성의 6개 자원, 즉 창의성의 6개 구성요소를 살펴보면 다음과 같다.

- **지적 자원**(intellectual resources): Sternberg와 Lubart는 세 가지 지적 능력이 창의성에 특별히 중요하다고 믿는다. 첫째는 새로운 문제를 발견하거나 이전 문제를 새로운 방법으로 보는 능력이다. 둘째는 자신의 아이디어를 평가하는 능력이다. 셋째는 새로운 아이디어의 가치를 다른 사람들이 받아들일 수 있게 설득시켜서 아이디어를 개발하는 데 필요한 지원을 얻을 수 있어야 한다.
- **지식**(knowledge): 자신이 선택한 분야의 광범위한 전문지식은 창의적인 기여를 하기 위해 필요하다. 이러한 지식에 대해 Gruber(1982)는 "준비된 지성에서 통찰이 생겨난다."라고 표현하였다.
- **사고양식**(thinking style): 이는 능력이 아니라 문제를 해결할 때 지식이나 능력을 적용하는 양식인데, Sternberg와 Lubart는 입법적(legislative) 사고양식이 창의성에 중요하다고 하였다. 입법적 사고양식이란 과거에 인정해 왔던 것을 받아들이기보다 새로운 방법으로 사고하는 것을 선호하는 양식이다.
- **성격**(personality): 성격적 특성은 창의성의 인지적 요소를 촉진하는데, 특히

혁신적인 사고방식, 위험 감수의 의지, 자기 신념의 용기, 불확실성과 모호함에 직면하여 견뎌내는 참을성과 같은 성격적 특성이 매우 중요하다.

- 동기(motivation): 창의성에는 내재적 동기 혹은 과제지향적 동기가 중요하다.
- 환경(environment): 창의성에 대한 부모, 가족, 교사, 학교, 사회의 지지적 환경이 중요하다.

3) 창의성의 측정

창의성의 개념 정의가 접근방법과 연구분야에 따라 다양하듯이 창의성을 측정하는 창의성 검사 또한 다양한 형태로 구성된다. 일반적으로 창의성 검사는 창의성을 발휘하기 위해 필요하다고 생각되는 능력을 평정하는 창의적 인지능력에 관한 검사, 개인의 성격과 태도를 측정하는 창의적 인성에 관한 검사, 창의적 산물을 만들도록 요구하고 그 결과물을 통해 평가하는 창의적 산물에 관한 검사로 분류된다. 이에 따라 세 부류의 창의성 검사를 살펴보면 다음과 같다.

(1) 창의적 인지능력 검사

① TTCT

Guilford의 확산적 사고 개념에 기초하여 개발된 Torrance(1966)의 '창의적 사고검사(Torrance Tests of Creative Thinking: TTCT)'는 현재 창의성을 검사하는 도구 중에서 가장 많이 사용되고 있다. 이 검사는 언어검사 7문항과 도형검사 3문항으로 구성되어 있다.

언어검사는 그림을 보면서 답하는 것으로 '그림 속의 장면에 대해 질문하기' '그림 속의 장면이 일어나게 된 원인 이야기하기' '결과 이야기하기'와 같은 문항으로 이루어져 있으며, 도형검사는 '그림 구성하기' '도형 완성하기' '평행선 완성하기' 문항으로 이루어져 있다.

② TCT-DP

Jellen과 Urban(1986)에 의해 개발된 '창의적 사고 그림검사(Test for Creative

Thinking Drawing Production: TCT-DP)'는 여섯 개의 불완전한 도형 조각을 보여 주고 자유로운 상상과 해석을 유도하여 독창적인 사고를 측정하는 검사이다.

(2) 창의적 인성 검사

① CPS

Gough와 Heilbrun(1983)이 개발한 '형용사 체크리스트(ACL)'에 포함되어 있는 CPS(Creative Personality Scale)는 창의성과 관련된 프로파일을 제시하는 30개의 문항으로 구성되어 있다. 이러한 CPS는 '유능한' '통찰력이 있는' '발명적인' '관습에 얽매이지 않는' 등과 같은 18개의 정적 문항과 '평범한' '보수적인' '관습적인' 등과 같은 12개의 부적 문항으로 이루어져 있다.

② KTCPI

Khatena와 Torrance(1976)가 개발한 'Khatena-Torrance 창의적 지각 검사(Khatena-Torrance Creative Perception Inventory: KTCPI)'는 두 개의 설문지, 즉 자신감, 호기심, 상상력 등을 측정하는 '당신은 어떤 사람입니까?(What Kind Of Person Are You?: WKOPAY)' 부분과 민감성, 주도성, 자아의 힘 등을 측정하는 '나 자신에 대하여(Something About Myself: SAM)' 부분으로 구성되어 있다.

③ GIFT

Rimm과 Davis(1976)가 개발한 GIFT(Group Inventory for Finding Talent)는 초등학교 1~2학년용, 3~4학년용, 5~6학년용이 있으며, 이 검사는 '예' 혹은 '아니요'로만 응답하게 되어 있고 독립성, 융통성, 호기심 등과 관련된 내용으로 구성되어 있다.

④ GIFFI I · II

Davis와 Rimm(1982)이 개발한 GIFFI(Group Inventory for Finding Interest) I은 중학생 대상이며, GIFFI II는 고등학생 이상을 대상으로 한다. 이 검사는 5점 척도로 평정하도록 되어 있고, 독립성, 자기신뢰, 위험감수, 모험심 등과 관련된 내용으로 이루어져 있다.

(3) 창의적 산물 검사

① CAT

Amabile(1982)에 의해 개발된 '합의적인 평정기법(Consensual Assessment Technique: CAT)'은 피검사자에게 창의적 산물을 만들게 하고 전문가들이 창의성 정도를 평가하는 것이다. 예를 들어, 예술적인 창의성을 알아보기 위해 콜라주(두꺼운 종이 위에 다양한 색종이를 오려 붙이도록 함)를 만들도록 한 후에 이 분야의 전문가인 심리학자, 미술교사, 미술가 등에게 5점 척도로 평가하도록 한다.

4) 창의성 훈련

창의성은 비교적 안정된 지적 특성이다. 그러나 환경을 적절히 조직하고 효과적인 훈련을 통해 창의성을 증진시킬 수 있다. 지금까지 창의성을 향상시키기 위해 개발된 프로그램과 기법은 매우 다양하다. 하지만 여기에서는 일반적이고 대표적인 프로그램과 기법을 살펴보기로 한다.

(1) 창의성 훈련 프로그램

① Feldhusen의 퍼듀 창의적 사고 프로그램

Feldhusen의 퍼듀 창의적 사고 프로그램(Purdue Creative Thinking Program: PCTP)은 위대한 인물이나 사건에 초점을 맞춘 32개의 프로그램으로 구성되어 있으며, 오디오테이프를 활용하여 창의적 사고활동을 하도록 유도하는 것이 특징이다. 이 프로그램은 3단계로 이루어져 있는데, 첫 단계에서는 창의적인 문제해결의 원리를 소개하고, 두 번째 단계에서는 역사적으로 유명한 사람이나 사건에 대한 토의가 진행되며(이때 오디오테이프를 통한 청각자료를 사용함으로써 학생들이 주제에 더욱 주의를 기울이도록 하며 상상력을 최대한 발휘하도록 도움), 마지막 단계에서는 앞서 들은 내용을 바탕으로 토의한다. 이 프로그램의 주요 목표는 창의적인 인물과 사건에 초점을 맞추기, 창의적인 사고를 자극하기 위해 정보를 제공하기, 상상력을 촉진하기 위해 언어 자극을 이용하기, 창의적인 사고와 문제해결력을 기르기이다. 각각의 프로그램은 오디오테이프와 일련의 창의적 활동으로 구성되어 있다.

② Covington의 생산적 사고 프로그램

Covington 등(1974)의 생산적 사고 프로그램(Productive Thinking Program: PTP)은 초등학교 고학년 학생들을 대상으로 만들어졌으며, 상황의 불일치를 인지하는 방법과 가설을 세우는 방법을 익히도록 구성되어 있다. 이 프로그램은 학생들이 학습하는 과정에서 학자, 경찰, 기자, 과학자 등과 같이 생각할 수 있도록 16개의 '만화식 책자'로 구성되어 있다. 또한 프로그램을 읽는 학생들은 만화에서 제공되는 다양한 정보를 이용하여 문제를 해결해 가며, 규칙적으로 피드백을 받으면서 문제를 해결한다(김언주, 1993).

③ de Bono의 CoRT 사고 프로그램

de Bono(1985)의 CoRT(Cognitive Research Trust) 사고 프로그램은 학습자 사고의 효율성 증진을 위해 고안된 것이다. 이 프로그램에서는 일련의 문제가 제시되어 있고, 4~5명의 소집단으로 수업이 진행되며, de Bono에 의해 고안된 사고기법을 사용하여 문제를 해결하도록 구성되어 있다. 또한 CoRT 프로그램은 CoRT 1부터 CoRT 6까지 6부로 구성되어 있는데, CoRT 1에 PMI 기법이 소개되어 있다.

(2) 창의성 훈련 기법

① Osborn의 브레인스토밍

브레인스토밍(brainstorming)은 여러 사람이 모여서 어떤 한 주제에 대해 다양한 아이디어를 자유롭게 내놓는 집단토의 방법이다. 효과적인 브레인스토밍을 위한 네 가지 원리는 다음과 같다(Osborn, 1963).

- 판단 혹은 비판 금지: 아이디어가 아무리 모호하거나 부적절한 것처럼 보이더라도 판단을 하거나 비판을 하지 않는다.
- 다양한 아이디어의 산출: 아이디어의 질에 관계없이 가능한 한 많은 아이디어를 산출하도록 한다.
- 결합과 개선: 아이디어를 결합하고 개선방안을 모색한다.
- 자유로운 사고: 과거의 지식, 경험, 규칙에 얽매이지 않고 자유롭게 아이디어를 산출하도록 한다.

② de Bono의 육색 사고 모자

de Bono(1984)는 인간의 사고를 수직적 사고(vertical thinking)와 수평적 사고(lateral thinking)로 구분한다. 수직적 사고가 기존 관점에 따라 직선적이고 일방적인 방향으로 진행되는 사고로서 논리적 추론을 통해 옳고 그름을 판단하는 데 비해, 수평적 사고는 기존 관념을 깨뜨리고 새로운 관점과 인식으로 변화를 찾는 사고로서 문제를 새롭게 정의하거나 해석하는 대안을 탐색한다. 이 중 창의성과 관련된 사고는 수평적 사고이다.

수평적 사고를 촉진할 있도록 개발된 육색 사고 모자(six hat) 기법은 de Bono(1985)가 제안한 것으로서 여섯 가지 색깔의 모자를 바꾸어 쓰면서 자신의 모자 색깔이 표상하는 유형의 사고자 역할을 해 보도록 하는 방법이다. 이와 같은 방법을 통하여 사람들은 대체로 한 가지 방식의 사고에 얽매여 있거나 자기방어 때문에 할 수 없는 말이나 생각을 하게 된다. 모자 색깔에 따른 사고 내용은 다음과 같다.

- 하얀 모자: 중립적이고 객관적 사고
- 빨간 모자: 감정적이고 직관적 사고
- 검은 모자: 부정적 사고
- 노란 모자: 긍정적 사고
- 초록 모자: 창의적 사고
- 파란 모자: 요약 및 결론

③ de Bono의 PMI

PMI(Plus-Minus-Interesting) 기법은 de Bono(1985)가 개발한 CoRT 프로그램 속의 사고 기법이며, 이 기법의 목적은 제안된 해결방안 중에서 어느 것이 최선책인지를 결정할 수 있도록 돕는 것이다. 이를 위해 먼저 어떤 문제의 좋은 점, 좋은 이유, 긍정적 측면(Plus)을 살펴보도록 하고, 다음 그 문제의 나쁜 점, 나쁜 이유, 부정적 측면(Minus)을 살펴보도록 한 후, 마지막으로 긍정적이거나 부정적인 측면을 떠나서 그 문제의 흥미롭거나 재미있는 측면(Interesting)을 생각하도록 한다. 이러한 PMI 기법 또한 육색 사고 모자(six hat) 기법과 마찬가지로 수평적 사고를 촉진시키기 위해 개발되었다.

④ Eberle의 SCAMPER

Eberle(1972)의 SCAMPER 기법은 Osborn의 질문 목록을 재조직하여 만든 것으로서 일곱 가지 질문에 있는 핵심 단어의 두문자를 따서 명명하였다. 이는 아이디어 체크리스트법이라고도 부른다.

- 대치하기(Substitute): "무엇을 대신 사용할 수 있을까?"라는 질문을 한다.
- 결합하기(Combine): "무엇을 결합하거나 덧붙일 수 있을까?"라는 질문을 한다.
- 적용하기(Adapt): "다른 상황이나 분야에 적용한다면 어떻게 될까?"라는 질문을 한다.
- 수정하기(Modify), 확대하기(Magnify), 축소하기(Minify): "수정하거나 확대·축소시키면 어떻게 될까?"라는 질문을 한다.
- 다르게 사용하기(Put to other uses): "다른 용도로 사용하면 어떻게 될까?"라는 질문을 한다.
- 제거하기(Eliminate): "무엇을 제거하거나 삭제할 수 있을까?"라는 질문을 한다.
- 반대로 하기(Reverse) 혹은 재배열하기(Rearrange): "뒤집어 보거나 재배열하면 어떻게 될까?"라는 질문을 한다.

⑤ Gordon의 시네틱스

시네틱스(synectics)는 Gordon(1961)이 개발한 기법이다. 이 기법은 친숙한 것을 이상한 것으로 바라보도록 하거나 친숙하지 않은 것을 친숙한 것으로 받아들이는 경험을 통해 창의적 사고를 증진시키는 방법이다. 이러한 시네틱스에 널리 사용되고 있는 세 가지 유추 방법은 환상적 유추, 직접적 유추, 개인적 유추이다.

환상적 유추는 브레인스토밍할 때와 마찬가지로 모든 아이디어를 비난하지 않고 받아들이면서 다른 사람의 아이디어를 토대로 자신의 아이디어를 발달시킬 수 있다. 직접적 유추는 실제생활 내에서 유사한 문제를 찾아보도록 하는 것인데, 이것이 환상적 유추와 다른 점은 환상적 유추가 완전히 가상의 상황인 반면에 직접적 유추는 실제 상황이라는 점이다. 개인적 유추는 개인 자신이 문제의 주체가 되어 생각하는 방법이다. 그 예로 "내가 만일 새롭게 고안된 병따개라면 어떤 모양이 되고 싶은가?"와 같이 사람이 문제의 일부분이 되어 보는 것이다.

⑥ Crawford의 속성열거법

속성열거법(attribute listing)은 Crawford(1954)가 창안한 기법이다. 이 기법은 문제의 대상이나 아이디어의 다양한 속성을 목록으로 작성하여 세분된 각각의 속성에 주의를 기울이도록 하는 방법이다. 속성열거법은 대상의 주요 속성을 열거하기, 속성을 변경시킬 수 있는 방법을 열거하기, 한 대상의 속성을 다른 대상물의 속성을 변경하는 데 이용하기 등으로 이루어져 있다. 여기에서 대상의 속성은 크게 명사적 속성, 형용사적 속성, 동사적 속성 등 세 가지로 구분한다.

5) 창의성과 교육

학교 현장에서 창의성 증진을 위해 어떤 점을 고려해야 하는지를 살펴보면 다음과 같다(정종진, 2003).

첫째, 창의적 사고의 속성을 강조해야 한다. 창의성 교육의 목적이 궁극적으로 학생들의 창의적 잠재력을 계발하는 데 있다고 한다면, 교사는 창의성을 전문가에 의해 창의적인 것으로 지각되는 최종 산물을 강조하기보다는 창조적이고 독창적인 경향에 보다 많은 관심을 가져야 한다. 이러한 관점은 어떤 사고가 그 개인에게 새롭고 독창적인 것이라면, 다른 사람들이 그런 사고를 창의적인 것으로 인정하는 사실 여부와 관계없이 독창성의 자격을 갖추는 것이다. 학교교육 현장에서 일반 학생들을 위한 창의성 교육은 창의적 사고에 의한 개인적이고 심리적인 수준의 창의성을 강조하는 것이 보다 가르치기 용이하고 더 많은 학생들에게 흥미와 관여를 유도할 수 있으며, 부수적으로 학교장면을 떠나 일상생활에서도 창의적 사고를 쉽게 전이시킬 수 있는 이점을 제공할 수 있을 것이다.

둘째, 특정 영역에 대한 지식 획득을 강조해야 한다. 이는 특정 분야에서 탁월한 창의성을 발휘하기 위해서는 우선 특정 분야에서 오랜 기간 동안 지식을 축적해 소위 전문가(expert)가 되어야 할 필요가 있음을 의미하는 것이다. Hayes(1985)는 음악 분야에서 창의적 업적을 남긴 것으로 인정된 고전음악 작곡가들의 예를 들면서, 그들이 적어도 10년 이상을 작곡 활동에 종사했었을 때에야 비로소 명곡을 작곡할 수 있었다는 증거를 제시하였다. 모든 예술에서 기술(craft)은 중요한 요소이고, 따라서 예술가로서 성공하려면 예술의 형식을 표현하는 도구와 기법을 숙달해야 할 필요가 있다. 그렇게 숙달되려면 선언적 지식과 절차적 지식이 모두 필요한데, 그런 지식들을 습득하려면 장기간에 걸친 공부와 연습이 필요한 것이다.

셋째, 창의적인 태도를 강조하고 격려해 주어야 한다. 이를 위해서 학생들에게 창의적으로 사고하고 행동하는 것은 사회적으로 가치 있고, 개인을 위해 중요한 일이라는 것을 먼저 인식시켜 줄 필요가 있다. 그리고 바람직한 창의적 태도를 유지할 수 있는 호의적인 교육환경을 조성하고 지원하는 일이다. 즉, 교사는 학생들의 호기심과 탐구심을 자극시켜 주고 격려하며, 과제 수행에 대한 자신감과 도전의지를 길러 주고, 학생들에게 기계적인 답이 필요한 질문을 하기보다는 통찰력 있는 문제해결 방안을 발견할 수 있도록 하는 훈련과 활동을 제공해야 한다.

넷째, 내적 동기의 중요성을 강조해야 한다. 창의성의 결정 요인으로서 내적 동기가 외적 동기보다 더 효과적이라는 것은 학자들 사이에 폭넓게 합의가 이루어지고 있다. 내적 동기를 유발시키기 위해서 우선 교사는 학생들에게 먼저 자신의 과제를 사랑할 수 있도록 해야 하며, 또한 학생들이 직접 과제를 선택할 수 있는 기회를 보다 많이 제공해야 한다. 그리고 내적 동기를 직접 저해하는 통제적인 외적 구속(예: 평가, 감독, 보상을 위한 계약, 경쟁 등)을 피해야 한다. 예를 들어, 교사는 교실에서 점수에 관해 덜 이야기해서 평가의 영향을 감소시킬 수 있고, 또한 교사가 학생들에게 인정과 유능감을 확인시켜 주는 피드백 혹은 이후 창의적 수행에 정보적인 피드백을 제공한다면, 학생의 내적 동기에 긍정적으로 기여해서 창의성을 향상시킬 수 있을 것이다.

2. 학습양식

1) 장독립형과 장의존형

Witkin은 사람들이 전체 장(field)에서 구성요소를 별개 항목으로 지각하는 정도에 대해 연구한 결과, 사람들의 인지양식을 장독립형과 장의존형으로 구분하였다. 장독립형(field independence)은 어떤 사물을 지각할 때 그 사물의 배경이 되는 주변 장의 영향을 별로 받지 않거나 적게 받는 인지양식이며, 장의존형(field dependence)은 어떤 사물을 지각할 때 그 사물의 배경이 되는 주변 장의 영향을 많이 받는 인지양식이다.

따라서 장독립적인 사람들은 전체를 부분으로 분리시켜 잘 지각하고 그 구성요소에 따라 형태를 분석할 수 있기 때문에 분석적이고 구조적으로 지각을 하는 반면에, 장의존적인 사람들은 전체로서 형태를 지각하는 경향이 있어서 상황의 한 측면에만 초점을 맞추거나 혹은 형태를 부분들로 분석하는 데 어려움을 겪기 때문에 전체적이고 맥락적으로 지각을 한다. 하지만 이러한 지각 경향의 차이가 있음에도 불구하고 장독립형과 장의존형은 각각의 인지양식에 맞는 구체적 상황에서 가치가 있기 때문에 어느 것이 더 좋거나 나쁘다고 할 수는 없다.

장독립형-장의존형 인지양식을 판별하기 위해 Witkin 등(1962)은 잠입도형검사(Embedded Figures Test: EFT)를 개발하였고, 1971년에 Witkin 등에 의해 표준화되었다. 잠입도형검사는 피검사자에게 어떤 복잡한 도형 안에 여러 개의 단순한 도형들이 숨어 있는 그림을 제시한 후 그 그림 안에서 단순한 도형들을 찾도록 하는 검사이다([그림 7-2] 참조). 이 검사에서 장의존형 학습자는 장독립형

잠입도형검사
장독립형-장의존형 인지양식을 판별하기 위해 Witkin 등이 개발한 '숨은 도형 찾기 검사'

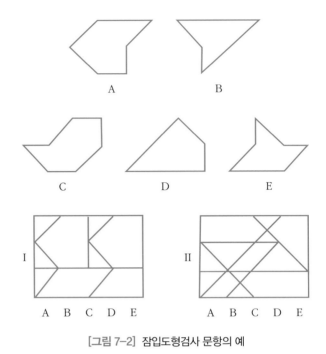

[그림 7-2] 잠입도형검사 문항의 예

학습자에 비해 숨겨진 도형을 잘 찾지 못하거나 찾는 데 비교적 많은 시간이 걸린다.

장독립형과 장의존형은 학교에서의 학업성취와 관련이 있다(Davis, 1991, Wapner & Demick, 1991). 장독립형 학습자는 새로운 개념이나 자료에 흥미가 많으며, 구조화되지 않은 자료를 자신의 기준에 의해 자기 나름대로 구조화하는 특성이 있다. 이에 반해 장의존형 학습자는 자신의 경험과 관련된 자료에 잘 열중하고, 비구조화된 자료를 학습하는 데 어려움을 겪으므로 구조화된 자료를 원하는 특성이 있다. 또한 장독립형 학습자는 타인에게 무관심하고 과제지향적 · 개인지향적 특성을 나타내기 때문에 사회적인 내용을 다룬 자료에 집중하는 데 외부의 도움이 필요하며, 점수와 경쟁을 통해 동기화되고, 개별학습을 선호한다. 이에 반해 장의존형 학습자가 타인의 감정이나 사고에 민감하며 관계지향적이고 사회지향적 특성을 나타내기 때문에 사회적인 정보나 내용을 다룬 자료를 잘 학습하고, 사회적 강화를 통해 동기화되며, 협동학습을 선호한다. 전공 선택의 측면에서도 장독립형과 장의존형은 차이를 보여 주는데, 장독립형 학습자들이 수학, 자연과학, 공학 등 높은 수준의 분석적 사고를 요구하는 영역을 전공으

표 7-1 | 장독립형 학습자와 장의존형 학습자의 특성 비교

장독립형 학습자	장의존형 학습자
• 전체보다 부분에 초점을 둔다.	• 부분보다 전체에 초점을 둔다.
• 분석적(analytic)으로 지각한다.	• 전체적(global)으로 지각한다.
• 구조화되지 않은 자료를 자기 나름대로 구조화할 수 있다.	• 비구조화된 자료를 학습하는 데 어려움을 겪으므로 구조화된 자료를 원한다.
• 사회적인 내용을 다룬 자료에 집중하는 데 외부의 도움이 필요하다.	• 사회적인 정보나 내용을 다룬 자료를 잘 학습한다.
• 새로운 개념 자체에 흥미를 갖는다.	• 자신의 경험과 관련된 자료에 잘 열중한다.
• 자기 자신이 세운 목표와 강화를 갖는다.	• 외부에서 부과된 목표와 강화를 원한다.
• 점수와 경쟁을 통해 동기화된다.	• 강화를 통해 동기화된다.
• 타인에게 무관심하며 과제지향적 · 개인 지향적이다.	• 타인의 감정이나 사고에 민감하며 관계지 향적 · 사회지향적이다.
• 개별적 · 독립적으로 학습하는 것을 선호한다.	• 공동의 목표를 위해 동료와 함께 학습하는 것을 선호한다.
• 수학, 자연과학, 공학 등 높은 수준의 분석적 사고를 요구하는 영역을 전공으로 선택하는 경향을 보인다.	• 인문과학, 사회과학, 교육 등 전체적인 시야를 포함하고 있는 영역을 전공으로 선택하는 경향을 보인다.

로 선택하는 경향이 있는 반면, 장의존형 학습자들은 인문과학, 사회과학, 교육 등 전체적인 시야를 포함하고 있는 영역을 전공으로 선택하는 경향이 강하다.

2) 충동형과 반성형

Kagan(1965, 1966)은 제시된 자극에 충동적으로 반응하느냐, 반성적으로 반응하느냐의 인지속도(cognitive tempo)에 따라 충동형(impulsive)과 반성형 (reflective)의 인지양식으로 분류하였다. 충동형의 학습자들은 충분하게 생각을 하지 않고 빨리 반응을 하여 오류를 많이 범한다. 반면에 반성형의 학습자들은 충분하게 생각을 하기 때문에 오류를 적게 범한다.

이 인지양식은 주로 MFF(Matching Familiar Figures, 똑같은 그림 찾기) 검사로 판별된다. MFF 검사는 각 문항마다 하나의 표준도형과 5~6개의 선택도형으로 구

MFF 검사

충동형과 반성형의 인지양식을 판별하기 위한 '같은 그림 찾기 검사'

성되어 있는데, 선택도형 중에는 표준도형과 똑같은 도형이 하나만 있을 뿐 나머지 선택도형은 서로 비슷하여 정답을 선택할 때 사려 깊게 검토하지 않으면 정답을 고르기 어렵게 되어 있다([그림 7-3] 참조). MFF 검사에서 답을 선택하는 데 걸리는 시간이 짧고 오답 수가 많으면 충동형으로 판별되며, 이와 반대로 시간이 오래 걸리고 정답 수가 많으면 반성형으로 판별된다.

충동성의 수준은 학교에서의 학업성취에 영향을 준다. 충동형의 학생은 읽기나 기억 과제에서 더 많은 오류를 범하고 추론 문제나 시각적인 구별을 요하는 과제에서 오답을 하는 경우가 많다(Stahl, Erickson, & Rayman, 1986). 그러나 충동형 학생들도 구체적인 전략을 배운다면 보다 반성적으로 학습할 수 있다. 충동형 수정에서 가장 널리 사용되고 있는 것 중 하나는 Meichenbaum(1977) 의 자기교수법(self-instruction)이다. 이 방법은 인지적 행동수정의 한 기법으로 Vygotsky의 혼잣말(private speech)을 활용한 것이다. 자기교수란 자기 스스로에게 하는 내적 언어인 자기진술(self-statement)로서 잘못된 인지양식을 바꾸어 행

[그림 7-3] MFF 검사 문항의 예

동을 바르게 변화하도록 하는 것을 말한다. 자기교수법은 다음과 같은 단계로 이루어진다.

- 1단계: 아동은 성인모델이 소리 내어 혼잣말(자기교수)을 하면서 과제를 수행하는 것을 관찰한다(인지적 모델기법).
- 2단계: 아동은 성인모델이 말하는 자기교수의 내용을 그대로 따라 말하면서 동시에 성인모델이 수행하는 것과 같은 과제를 수행한다(외적 안내).
- 3단계: 아동은 모델의 시범이 없이 혼자서 큰소리를 내어 모델이 한 것과 똑같은 자기교시를 하면서 과제를 수행한다(외적 자기안내).
- 4단계: 아동은 자기교수를 속으로 중얼거리면서 과제를 수행한다(외적 자기안내의 약화).
- 5단계: 아동은 내적 언어를 통해 과제를 수행한다(내적 자기교수).

3) Dunn과 Dunn의 학습양식 모형

Dunn과 Dunn의 학습양식 모형은 학습자의 환경적, 정서적, 사회적, 생리적, 심리적 영역과 관련된 21개의 학습양식 요소로 구성되어 있다. Dunn과 Dunn에 따르면, 어떤 경우에도 21개 요소 모두에 의해 영향을 받지는 않지만, 대부분의 사람들은 대략 6개에서 14개 정도의 요소에 의해 영향을 받는다. 이러한 21개의 학습양식 요소는 다음과 같이 환경적, 정서적, 사회적, 생리적, 심리적 영역으로 분류된다.

- 환경적 영역: 이 영역은 소리, 조명, 온도, 구조 등 4개의 요소로 구성되어 있다.
  - 소리: 어떤 학습자들은 학습할 때 매우 조용한 환경을 선호하지만, 다른 학습자들은 배경 음악과 같이 소리가 있는 상황을 선호한다.
  - 조명: 어떤 학습자들은 주의집중을 위해 환하고 밝은 환경을 선호하지만, 다른 학습자들은 아늑한 분위기와 집중된 조명을 선호한다.
  - 온도: 어떤 학습자들은 따뜻한 환경을 선호하지만, 다른 학습자들은 서늘한 환경을 선호한다.

　　－구조: 어떤 학습자들은 딱딱한 좌석을 선호하지만, 다른 학습자들은 소파
　　　와 같이 부드러운 좌석을 선호한다.

- **정서적 영역**: 이 영역은 다음과 같이 4개의 요소로 구성되어 있다.

　　－동기: 어떤 학습자들은 새로운 것이나 어려운 것을 보다 수월하게 학습하
　　　기 시작하지만, 다른 학습자들은 학습을 시작하기 위해 어떤 다른 사람으
　　　로부터 자극받을 필요가 있다.

　　－지구력: 어떤 학습자들은 학습과제가 완성될 때까지 주의집중을 유지하
　　　는 반면에, 다른 학습자들은 과제를 완성하도록 상기시킬 필요가 있다.

　　－책임감: 어떤 학습자들은 해야 할 일을 잘하지만, 다른 학습자들은 해야
　　　할 일을 잘하지 않는다.

　　－과제의 구조화: 어떤 학습자들은 교사나 동료의 지시에 따라 과제를 구조
　　　화하지만, 다른 학습자들은 자신이 스스로 과제를 구조화한다.

- **사회적 영역**: 이 영역은 다음과 같이 6개의 요소로 구성되어 있다.

　　－혼자: 어떤 학습자들은 혼자서 공부할 때 가장 잘 학습한다.

　　－짝과: 어떤 학습자들은 한 명의 동료와 함께 짝으로 학습하는 것을 선호
　　　한다.

　　－동료들과: 어떤 학습자들은 소집단의 형태로 학습하는 것을 선호한다.

　　－집단: 어떤 학습자들은 대집단의 형태로 학습하는 것을 선호한다.

　　－성인: 어떤 학습자들은 성인과 함께 학습하는 것을 선호한다.

　　－다양한 유형: 어떤 학습자들은 다양한 형태로 학습하지만, 다른 학습자들
　　　은 하나의 형태로만 학습하기를 선호한다.

- **생리적 영역**: 이 영역은 다음과 같이 4개의 요소로 구성되어 있다.

　　－지각적(청각적, 시각적, 촉각적, 운동역학적 강점): 어떤 학습자들은 들을 수
　　　있는 청각적인 자료를 가장 잘 학습하고, 일부 학습자들은 읽거나 볼 수
　　　있는 시각적인 자료를 가장 잘 학습하며, 또 어떤 학습자들은 노트 필기
　　　와 같이 손으로 조작할 수 있는 촉각적인 학습상황일 때 가장 잘 학습하
　　　고, 다른 학습자들은 움직일 수 있는 운동역학적인 학습상황일 때 가장
　　　효과적으로 학습한다.

　　－간식: 어떤 학습자들은 새롭고 어려운 학습자료에 집중할 때 마실 것이나

먹을 것을 필요로 하는 데 반해, 다른 학습자들은 그러한 것을 필요로 하지 않는다.

- 시간대: 어떤 학습자들은 오전 시간에 집중하기를 선호하는 반면에, 일부 학습자들은 오후 시간에, 또 다른 학습자들은 저녁 시간을 선호한다.
- 이동성: 어떤 학습자들은 움직임 없이 오랜 시간 동안 앉아서 집중하는 반면에, 다른 학습자들은 여기 저기 옮겨 다니면서 학습하기를 선호한다.

• 심리적 영역: 이 영역은 3개의 요소로 구성되어 있다.

- 통합적 정보처리와 분석적 정보처리: 통합적 정보처리자들은 내용과 관련된 사실에 초점을 맞추기 전에 그 내용이 자신과 어떻게 관련되는지를 이해하기 위해 맨 처음 내용에 대한 개관을 하면서 학습을 시작하고, 그 다음 관련된 사실에 초점을 맞춘다. 분석적 정보처리자들은 맨 처음 사실에 대한 조사를 통해 이해하기 시작하고, 그 다음 개념에 대한 이해를 하는 방식으로 단계적인 절차에 따라 사실을 학습한다.
- 대뇌 반구: 어떤 학습자들은 새로운 정보에 집중할 때 우뇌를 사용하는 반면에, 다른 학습자들은 좌뇌를 사용하는 경향이 있다.
- 충동형과 반성형: 어떤 학습자들은 철저하고 빈틈없는 과정을 통해 결론에 도달하는 반면에, 다른 학습자들은 신속하게 결론에 도달하고 실패에 대한 두려움이 거의 없다.

이와 같이 Dunn과 Dunn이 제시한 학습양식 요소는 환경적 영역, 정의적 영역, 사회적 영역, 생리적 영역, 심리적 영역과 관련된 것이다. 이 중 환경적 영역이나 생리적 영역과 관련된 학습양식 요소는 다른 학습양식 모형에서는 전혀 다루어지지 않은 것들이지만, 실제로 이러한 환경적 영역이나 생리적 영역과 관련된 학습양식 요소는 학습과정에서 학습에 영향을 미치고 학습의 효율성에 영향을 미치는 중요한 요소들이다.

Dunn과 Dunn의 학습양식 모형은 학습자 특성의 인지적, 정의적, 심리운동적 영역을 모두 고려하고 있고, 각 요소에 대한 학습자의 선호를 측정함으로써 학습양식이 학습자의 다양한 영역과 관계가 있음을 알 수 있게 해 주었다. 하지만 학습양식 구성요소들 간에 이루어지는 역동적인 관계를 밝히지 못함으로써 학습양식의 유형을 분류해 내지 못하고 단지 구성요소들을 나열하는 데 그치는 한계를 가지고 있다(고영남, 2005).

Dunn과 Dunn의 학습양식 모형에 기반을 두고 있는 학습양식 검사로는 LSI (Learning Style Inventory)가 있다. 이 검사는 1975년에 Dunn, Dunn, Price에 의해 처음으로 개발되었다. 그 이후 LSI는 수차례 개정되었고 가장 최근의 개정판은 2000년에 이루어졌다. LSI는 학습자의 학습환경, 그리고 과제에 대한 학습자의 접근과 학습환경 간의 상호작용에 초점이 맞추어져 있다. 따라서 이 도구는 학생들이 효과적으로 학습할 수 있는 조건에 대한 가치 있는 정보를 교사들에게 제공하는 장점을 가지고 있다. 구체적으로 이 검사의 결과를 통해 교사들은 학생들의 학습 선호에 맞추어 수업을 계획하는 데 활용할 수 있다.

LSI는 104개 문항으로 된 자기보고형 질문지이며, 초등학교 3학년부터 고등학교 3학년까지의 학생들이 환경적, 정서적, 사회적, 생리적, 심리적 영역과 관련된 21개의 요소를 포함하고 있다. 학생들이 이 검사에 응답하는 데는 약 20분에서 30분 정도 소요된다. 이러한 LSI는 여러 학습양식 검사 중에서 가장 높은 신뢰도와 타당도를 가지고 있는 것으로 보고되고 있다(Curry, 1987; DeBello, 1990; Tendy & Geiser, 1998).

4) 학습양식과 교수양식의 연계

학생들은 누구나 학습할 수 있지만 그렇다고 해서 모든 학습자가 동일한 방법으로 학습하는 것은 아니다. 학생들이 학교에서 성공적인 학업 수행을 하기 위해서는 학습양식과 같은 자신의 특성에 대한 이해는 물론 그러한 자신의 개별적 강점을 어떻게 이용해야 하는지에 대한 명확한 이해가 필요하며, 이와 함께 교사는 학생들이 저마다 갖고 있는 학습양식의 특성을 이해하고 이러한 특성을 수용하는 일이 매우 중요하다. 즉, 학생들의 학습양식을 확인할 수 있고 이를 수업의 기초로 활용하는 것은 보다 다양해지고 있는 학생들을 이해한다는 측면에서 매우 중요하다(고영남, 2005).

많은 연구자들은 학생들의 학습양식과 학업성취의 관계를 설명하고자 했는데, 대체로 적성-처치 상호작용(Aptitude-Treatment Interaction: ATI) 연구에서 학생들의 학습양식에 맞추어 수업을 진행하는 것이 긍정적인 효과가 있는 것으로 나타났다. 특히 Dunn, Beaudry, Klavas(1989)에 따르면, 학생들의 학습양식 선호에 따라 학습과제를 학습하도록 할 때 학습자들은 그렇지 않을 때보다 통계적으로 유의하게 더 높은 학업성취와 학습태도를 보여 주는 경향이 있다고 보고하였다. 이처럼 학습자의 학습양식에 맞추어 수업을 진행하는 것은 학생들의 학업성취를 향상시키는 데 도움이 되며, 학교현장의 교사들은 학습자의 학습양식에 대한 이해를 바탕으로 한 적절한 교수전략을 확인해야 한다고 여러 연구에서 제안하고 있다.

반면에 Partridge(1983)는 학생들의 효율적인 학습을 증진시키기 위해 학습양식과 수업을 연계하는 생각에 대하여 동의하면서도 학생들이 하나의 학습양식만을 습관적으로 이용한다면 다른 방식을 이용해야 하는 경우에 심각한 불편함과 불리함을 가질 수 있다고 주장하였다. 이와 같이 학습양식과 수업양식과의 연계를 반대하는 연구자들은 학생들의 학습행동을 확장하기 위해 그들의 발달적 요구 측면에서 바라보았다. 특히 Lynch(1987)와 Partridge(1983)는 20명 내지 30명 이상의 학생들을 대상으로 이들의 다양한 학습양식에 맞추어 수업을 한다는 것은 현실적으로 어려움이 있다고 지적하였다. 또한 Lederman과 Niess(1998)도 위와 같은 생각은 시간소비 차원 등에서 비현실적이기 때문에 학생들은 교사의 교수양식에 맞추어 학습해야 하며, 만약 그렇지 않는 경우 학생들은 졸업 후 생활해야 하는 다양한 학습 환경에 적응하지 못하는 어려움을 겪을 수 있게 된다고 주장하였다.

그러나 이러한 상반된 연구결과와 주장에도 불구하고 다양한 교수양식을 활용하여 학습자들의 다양한 학습양식에 맞추어 수업하느냐 하는 것은 순전히 교사의 몫이라 할 수 있다. 즉, 교사가 다양한 수업 접근을 이용할 때 학습자들은 자신이 가장 선호하는 방식으로 학습할 기회를 가질 수 있고, 자신이 선호하지 않는 다른 방식으로 수업을 받을 때 그 방식을 확장시키고 강화시킬 기회를 갖게 될 것이다.

토론과제 >>>

1. '창의성은 선천적인 특성인가, 아니면 후천적인 특성인가?'에 대하여 생각해 보고, 후천적인 특성이라면 학교교육에서 교사의 역할은 무엇인지에 대하여 토론해 보자.

2. 지능이 높은 학생들이 창의성도 높을 것인가에 대하여 생각해 보고, 지능과 창의성의 관계에 대하여 서로 의견을 나누어 보자.

3. 장독립형과 장의존형 학습양식 차원에서 자신의 학습양식이 무엇인지 생각해 보고, 교사 입장에서 학생들 각각의 학습양식을 고려한 수업방식에 대하여 논의해 보자.

4. 학생들의 다양한 학습양식에 맞추어 수업을 진행하는 것이 과연 긍정적인 효과가 있는지에 대하여 서로 의견을 나누어 보자.

제 **8** 장

특수한 학습자

이신동

◇◇◇◇◇

특수한 학습자를 위한 진정한 의미의 교육은 무엇일까? 특수한 학습자라는 단어는 다소 생소하게 들리지도 모른다. 특수한 학습자란 간단히 말해 특수한 교육적 요구를 가진 학습자라는 뜻이다. 일반 학생, 즉 다수의 학생들과는 다르고 독특한 교육을 요구하고 있다는 의미이다. 또한 특수한 학습자라고 할 때, 장애를 가진 학생을 생각하기 쉽지만, 사실 우수한 학습자, 즉 영재 학생도 여기에 포함된다.

현장의 교사들은 장애학생과 영재학생들을 위한 교육방법을 잘 이해하고 있을까? 이런 학생들에 대한 이해가 없다면 이런 학생들에게 꼭 필요한 교육적 요구를 충분히 채워 주기 어려울 것이다. 따라서 예비교사들이 이런 학생들에 대한 깊은 이해를 가질 수 있도록 하는 적절한 교육이 필요하다.

이를 위해 이 장에서는 특수한 학습자를 위한 교육의 의미, 영재학생을 위한 교육, 지적장애 학생을 위한 교육, 학습장애 학생을 위한 교육 등을 다룰 것이다.

학습목표

1. 특수한 학습자를 위한 교육이 무엇인지 이해할 수 있다.
2. 영재학생의 특성을 이해하고, 영재학생을 위한 교수방법을 설명할 수 있다.
3. 지적장애 학생의 특성을 이해하고, 지적장애 학생을 위한 교수방법을 설명할 수 있다.
4. 학습장애 학생의 특성을 이해하고, 학습장애 학생을 위한 교수방법을 설명할 수 있다.

특수한 학습자는 교사들을 당황하게 하는 상황을 종종 만들며, 교사가 신규일 때는 더욱 그러하다. 교사들이 교육 대상자에 대한 특수한 지식과 전략들을 갖추고 관심을 가질 때 전문성을 갖춘 교사가 될 수 있다. 이 장의 목표는 특수한 학습자들도 그들의 잠재성을 끌어낼 수 있는 지원과 관심을 받을 때, 그들 또한 여느 일반 학생들만큼의 전문성을 발휘할 수 있다는 것을 강조하는 것이다.

과거에는 교사들이 장애를 가진 학생들에게 관심이 많지 않았고, 특수학급에 배치하는 것으로 책임을 다하였다고 생각하였으나, 최근에는 특수교사들뿐만 아니라 모든 교사들이 이러한 특별한 요구를 가진 학생들에 대해서 관심을 가지며 통합학급 형식으로 학생들에게 교육 서비스를 제공하고 있다.

모든 학생들은 다양한 분야에서 특수하다고 볼 수 있다. 그러나 이 장에서 말하는 특수한 학습자는 한 가지 혹은 그 이상의 영역에서 특수함을 보이며, 그러한 특수함으로 인해 판별, 교수, 평가에서 특별한 요구가 발생되는 학습자이다. 다시 말해, 특수한 학습자는 영재학생이건 장애학생이건 교육적, 법적인 차원에서 판별되어 교육받아야 하는 학생들이다.

이러한 특수한 학습자들이 적절한 교육을 받지 않는다면, 그들은 학교뿐만 아니라 삶에서 성공하는 데 필요한 기능들을 습득하지 못하는 위험에 처하게 된다. 이 장에서는 영재학생, 지적장애, 다양한 유형의 학습장애, 정서 및 신체장애를 가진 학생들에 대해서 다룰 것이다. 이 학생들은 그들의 잠재력을 발현시키기 위해 교실 안팎에서 특별한 유형의 중재가 필요하다.

여기에서는 주요 다양한 유형의 특수성에 대해서 다루는데, 먼저 특수한 학습자들과 관련된 법적 실제와 효과적인 교수학습 전략을 제시하고자 한다.

1. 특수한 학습자를 위한 교육

특수교육은 특별한 요구를 지닌 것으로 판별된 학생들을 위해 특수한 교육 서비스를 제공하는 모든 프로그램을 말한다. 19세기 중반까지 특수교육은 찾아보기 힘들었다. 그러나 점차 심각한 장애를 가진 학생들이 그에 맞는 교육 서비스를 제공하는 기관으로 격리되어 교육을 받게 되었다. 그러나 이러한 제도가 장애를 가진 학생들에게 성인이 되어서 사회에 적응할 수 있는 기회를 빼앗는다는 비판에 이르렀다. 1970년대에 미국은 이러한 비판 및 교육격차를 메우기 위해서 최초로 특수교육법안을 제정하였다.

1) 주요 법령과 법적 권리

1975년에 미국은 「장애아동교육법(공법 94-142)」을 통과시켰으며, 각 주(state)들이 '(만약 지방법에서 3~5세 아동이나 혹은 18~21세의 청소년들에게 무료 공교육을 실시하지 않았다면) 3세에서 21세까지 모든 아동에게 장애의 유형이나 정도에 상관없이 무료의 적절한 공교육'을 제공하도록 하였다.

1986년에 공법 99-457은 법 적용 연령을 3~5세로 확대하였으며, 심각한 장애를 가진 유아에게 적절한 프로그램을 제공해야 함을 추가하였다. 1990년에 공법 101-476은 「장애인교육법(Individuals with Disability Education Act: IDEA)」으로 명칭이 변경되었으며, 학교는 16세의 청소년들에게 평생교육과 진로교육을 제공해야 함을 요구하였다. 이 법에서는 능력이나 신체적 결함으로 오는 낙인찍기의 부정적 편견을 없애기 위해 '불구(handicapped)'라는 용어를 '장애(disability)'로 변경하였다.

2001년에 제정된 「낙오학생방지법(No Child Left Behind)」은 1965년의 유아~12학년의 교육과 관계되는 초 · 중등교육법을 강화한 것이다. 「낙오학생방지법」은 모든 유아~12학년의 교육에 관하여 연방정부의 역할을 강화하였다. 지역관할 학교에 의해 관리를 받았던 체제가 최초로 연방정부에 의해 학교의 질을 직접적으로 모니터링하게 된 것이다.

종합적으로 특수교육법은 장애를 가진 학생들과 부모들에게 과거에는 누리지 못했던 수많은 법적 권한을 부여하였다. 이러한 권한 확대에 더하여, 교실의 교사들에게 최소 제한 배치(least restrictive placement)와 개별화교육 프로그램(Individualized Educational Programs: IEP)이라는 두 가지 혁신을 가지고 왔다.

(1) 최소 제한 배치

이 법령은 어린이는 가능한 한 정상적인 교육환경에 배치되어야 한다는 것이다. 이러한 법령의 제정과 진화하는 교육철학적 변화의 결과로서, 특수한 학습자는 정규학급에 점차적으로 포함되게 되었다.

표 8-1   최소 제한 배치의 유형과 특징

유형	세부내용
통합교육 (mainstreaming)	특수한 학습자가 일반 학생에게서 요구되는 기본적인 필수요건을 갖추게 되면 정규학급에 배치시키는 것이다. 조금 더 심각한 장애를 가진 학생들은 일부의 시간에 정규학급에 통합을 시키고 나머지 시간은 특수학급에 편입되어 정규학급에서 받을 수 없는 교육 서비스를 받게 된다.
완전통합 (full inclusion)	심각한 장애가 있는 학생이 있을지라도 모든 학생들을 정규학급에 배치하는 것이다. 학교는 특수한 학습자들이 적응할 수 있는 필수적인 편의를 제공해야 한다. 그러나 여기에는 정책적이고 교육적인 이유로 논쟁이 빈번하다. 완전통합법의 지지자들은 장애를 가진 학생은 장애가 없는 학생들과 상호작용하는 방법을 배우며, 그들의 동료들도 역으로 배우게 된다고 주장한다. 그러나 이에 반대하는 사람들은 그 어느 누구도 이득을 얻을 수 없으며 장애학생은 장애가 없는 친구들에게 받아들여지지도, 상호작용하지도 못하며, 일반 학생의 혜택조차 줄어드는 상황이 발생한다고 한다.
균형통합 (finding a balance)	심각한 장애를 가진 학생들을 포함시키는 가장 균형적인 접근법은 사례기반의 의사결정을 하는 것이다. 이는 모두의 요구를 고려하고자 하는 노력의 일환이다. 또한 학교에서 효과적으로 가르치고 자원을 효율적으로 사용하고자 하는 교사의 요구를 반영할 필요가 있다. 그리고 그러한 결정은 특별한 시점의, 특별한 상황을 기반으로 했기 때문에 항상 변하므로, 정기적으로 재고될 필요성이 있다.

(2) 개별화교육 프로그램

개별화교육 프로그램(IEP)의 목적과 목표는 학생들의 성취수준을 향상시키는 것이다. 담임교사, 교과교사, 학교의 전문상담교사, 특수교육 관리자, 부모, 보호자, 개인학생이 한 팀이 되어 작성된다. 이 교육과정은 해마다 갱신되어야 하며 다음의 내용들이 진술되어야 한다.

- 학생의 현재 기능하는 수준
- 그 해의 목표와 이를 위해 측정 가능한 단기적 교수목표들
- 교육 서비스가 시작된 시점부터 학생에게 제공될 특별 교육 서비스
- 정규 교육과정의 특성화 정도
- 특별 교육 서비스가 지속될 기간
- 목표에 기준하여 진전된 정도
- 16세 혹은 그 이상의 학습자를 위한 평생교육과 진로교육적 처방

2) 특수교육을 위한 위탁

주의 깊은 교사는 항상 특수한 요구를 갖는 학생들을 살핀다. 특수교육 대상자의 진단을 위한 의뢰는 담임교사들이 상대적으로 낮은 수행을 보이는 학생에 대한 분명한 소견이 없을 때 요청한다. 최근에는 법적, 교육적, 윤리적 이유로 학생의 특수성으로 인해 교육에서 소외되지 않도록 모든 아동들의 요구에 민감하기를 요구하고 있다. Pullen과 Kaufman(1987)은 〈표 8-2〉에 정리된 것과 같이 그러한 위탁을 위한 몇 가지 제안을 하였다.

표 8-2 특수교육 서비스를 위한 아동 의뢰절차: 절차에 대한 예시

단계 1	학생의 부모나 보호자와 접촉하라. 진단 의뢰 전에 부모와 학생의 문제에 대해서 논의하라.
단계 2	의뢰 전에 학생의 학교 기록을 모두 점검하라. • 특수교육 서비스를 받은 적이 있는가? • 다른 특수교육 프로그램에 참가한 것이 있는가? • 표준화 검사에서 평균보다 훨씬 낮은 점수를 받았는가? • 그러한 현상이 유지되었는가? 〈기록 해석하기〉 • 진전을 보인 영역과 퇴보를 보인 영역은 무엇인가? • 의학적, 물리적 문제는 없는가? • 학생이 약을 복용하고 있는가?

| 단계 3 | 다른 교과교사와 상담하고 학생에 대한 문제에 대해서 전문가의 지원을 요청하라.
• 다른 교과교사들은 그 학생과 문제점이 없었나?
• 그 학생을 성공적으로 다루는 방법은 없었는가?

학생의 교육적 요구를 충족시키기 위해 교실에서 사용한 전략을 문서화하라. 그러한 문서들은 전문가 위원들이 학생을 평가할 때 요구되는 유용한 증거물이 된다. 문제에 대해 문서화된 기록을 남기고 다음과 같은 사항을 기록하라.
• 당신이 직접적으로 고민하는 내용이 무엇인가?
• 왜 그 문제에 대해서 고민하는가?
• 그 문제를 관찰한 날짜, 장소, 시간은?
• 문제를 해결하기 위해서 시도한 일들이 분명히 무엇인가?
• 당신이 사용한 계획과 전략을 고안하는 데 도움을 준 사람이 누구인가?
• 성공하거나 실패한 전략들에 대한 증거는 무엇인가? |

* 해당 학생이 심각한 상황에 있으며 특수교육 없이는 적절한 교육 서비스를 받지 못한다는 분명한 확신이 있을 때 의뢰를 해야 한다. 특수교육을 위한 의뢰는 해당 학생에게 잠재적으로 해를 줄 수 있고, 많은 법적 문제를 야기시킬 수 있는 시간과 비용-소모적이고, 스트레스를 받는 과정이다.

출처: Pullen & Kauffman (1987).

3) 우리나라 특수교육법

우리나라 특수교육법제의 형성 발전 과정은 1977년 「특수교육진흥법」 제정, 1994년 「특수교육진흥법」 전문 개정, 2007년 「장애인 등에 대한 특수교육법」 제정 등 크게 세 차례의 큰 계기를 거쳤다.

(1) 특수교육법 제정 이전

1960년대 장애아동 특수교육은 일반 아동의 교육에 비하여 크게 낙후되어 있었다. 1967년 당시 문교부는 '특수교육 5개년 계획'을 수립하고 특수학교와 특수학급의 신설, 특수학교 초등부 과정의 의무교육화에 힘을 기울였다. 1970년에는 장기적이고 종합적인 차원에서 교육개혁을 추진하고자 하였으나 재원 문제로 보류된 바 있다.

(2) 특수교육진흥법의 제정 및 개정

1970년대에 들어 모든 국민에 대한 교육기회의 균등화가 요구되고 장애인에 대한 인식 전환, 특수교육의 필요성 인식 등 국내 여건에 변화가 생겼다. 이러한 배경하에서 한국특수교육협회를 비롯한 특수교육 관계자들의 꾸준한 노력으로 1977년 12월 31일「특수교육진흥법」이 제정되었다. 당시 제정된 법률의 주요 내용은 시청각 장애인, 지적장애인 등 심신장애인에 대한 교육기회를 넓히고 그 질적 향상을 도모하기 위하여 국가와 지방자치단체의 의무 설정, 사립 특수학교에 대한 보조, 피교육자에 대한 교육비 지원, 특수교사의 자질 향상, 교과용 도서 등을 주요 내용으로 하고 있다.

(3) 장애인 등에 대한 특수교육법 제정

「특수교육진흥법」은 초·중등교육 중심으로 되어 있어 장애 영유아 및 성인을 위한 교육지원에 대한 규정이 미흡하여 국가와 지방자치단체의 특수교육 지원에 대한 구체적인 역할 제시가 부족하여 법의 실효성 담보에 한계가 있다는 의문에 제기되었다. 이에 따라 교육인적자원부에서는 2005년에 수행한 정책연구를 바탕으로 2006년 6월에 개정안을 마련하게 되고,「장애인 등에 대한 특수교육법」이 통과되고 2008년 5월에 시행되었다.

2. 영재학생을 위한 교육

영재는 특수한 능력과 재능을 가진 자이다(Callahan, 2000). 그러한 영재와 영재성의 개념, 출현율, 출현 영역 등 영재에 대한 패러다임은 시대적, 문화적, 사회적, 상황에 따라 변화되어 왔다. 여기에서는 영재성의 다양한 개념과 판별방법, 영재들의 특별한 요구에 따른 교수방법에 대해 다루고자 한다.

영재
특정한 영역에 대하여 평균 이상의 능력 및 창의성, 과제집착력을 보유하고 있는 사람으로서 그에 적합한 특수한 교육과정이 필요한 사람

1) 영재성 개념의 다양성

가장 널리 사용되는 영재성의 개념은 Renzulli(1994a, 1994b)가 개발한 세 고리

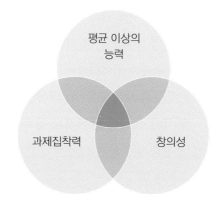

[그림 8–1] Renzulli의 영재성에 대한 세 고리 모형

Joseph Renzulli

모형을 기본으로 하고 있다. 그는 영재성이 [그림 8–1]과 같이 세 가지의 요소가 상호작용하여 발생한다고 보았다. 여기에서 세 가지 요소란 ① 평균 이상의 능력, ② 창의성, ③ 과제집착력을 의미한다. 이 모델에 따르면 영재는 반드시 전통적 영역 능력에서 특별히 뛰어날 필요는 없다. Renzulli는 상위 15~20%에만 속해도 이러한 기준을 만족하기에 충분하다고 보았다. 그러나 이러한 평균 이상의 능력뿐만 아니라 특정한 목적을 추구하는 과제집착력과 동기, 창의성에서도 상당히 높은 수준의 수행을 보여 주어야 한다. 이러한 모델을 적용하게 되면 광의의 영재성 개념을 사용하게 되는 것이다.

어떤 학자들은 영재성의 영역뿐 아니라 수준도 차별화한다. 이러한 차별화는 측정된 지능의 수준, 성취수준 혹은 성취영역에 근거하여 만들어진다. 예를 들면, Renzulli(1994a, 1994b)는 전통적인 영재성의 개념은 단지 언어 및 수학과 같은 영역에서 특별히 높은 수행을 보이는 학교 영재성만을 다룬다고 하였다.

Renzulli는 학교 영재성과 창의적–생산적 영재성을 구별하였으며, 그러한 영재성은 어린 시절뿐만 아니라 미술작품을 만들고, 문학, 연극, 과학적 연구 혹은 학교 밖의 세상에서 가치를 평가받은 다른 성과물을 생산하는 성인기에도 관찰할 수 있다고 하였다(Renzulli & Reis, 2007).

다른 연구자들(Sternberg & Zhang, 1995; Tannenbaum, 1986)은 사회문화적 가치가 얼마나 많이 우리의 영재성 개념을 형성하는지 지적하였다. 예를 들면, 미국의 어느 지역은 전통적인 지능검사와 측정된 능력에 가치를 둔다. 이러한 능력은 언어이해, 추상적 추리, 수학적 추리를 검사한다. 다른 사회는 이러한 검사를 이용하지 않으며, 그러한 능력을 높이 평가하지 않는다(Taylor & Kokot, 2000). 어떠한 사회는 뛰어난 사냥 기술에 가치를 두며, 뛰어난 신체적 힘을 가진 사람들에게 높은 평가를 한다. 심지어 한 나라 안에서도 영재성에 대한 각기 다른 생각을 가지고 있다. 그러므로 우리의 문화가 영재성에 대한 개념에 어떻게, 얼마나 많은 영향을 주는지 인식할 필요가 있다.

2) 영재학생의 판별

많은 학교에서는 영재학생들에게 적절한 교육 서비스를 제공하기 위해서 영재판별을 하고자 한다. 영재학생을 판별하는 방법은 영재성을 정의하는 방법에 따라 다르다. 앞에서 언급한 것과 같이, 영재성에 대한 다양한 개념이 반영된다.

(1) 지능

영재판별에 대한 하나의 관점은 지능검사로 측정된 지능이 영재성의 가장 중요한 요소라고 보는 입장이다(Gallagher & Gallagher, 1994). 지능검사가 인간의 모든 능력을 측정할 수 없어도 이러한 관점을 고수하는 학교들은 영재를 판별하는 제한적이고 근본적인 방법으로 지능검사를 사용한다. 예를 들면, 그들은 지능검사에서 상위 1~2%에 해당하는 학생을 영재로 판별할 것이다.

그러나 그러한 판별은 영재성에 대해서 다소 협소한 견해에 근간을 두고 있다(Tannenbaum, 2000). 또한 이 검사는 다른 집단에 비해서 상대적으로 문화적 수혜를 받은 집단의 비율이 높게 나온다는 경향성을 보인다. 이러한 편견을 극복하기 위해서, 1970년대 초반에 시드니 말랜드 교육위원회에서 정부차원의 영재성에 대한 광범위한 견해가 제안되었다(Marland, 1972). 말랜드 보고서는 영재학생을 판별하는 데 고려할 만한 여섯 가지 영역을 확립하였다.

- 일반 지적 능력
- 특수학문 적성

- 창의적 혹은 생산적 사고력
- 리더십
- 시각 및 공연 예술 능력
- 정신운동 능력

이 보고서는 이러한 영역 중에서 한 개 혹은 그 이상의 분야에서 탁월함을 보이는 학생은 판별되어 특별한 교육 서비스를 제공받아야 한다고 강조하고 있다.

비록 마지막 범주인 '정신운동 능력'은 이 보고서가 출판되고 나서 바로 제거되었지만, 말랜드 보고서는 영재판별을 위해 고려할 능력을 결정하는 지침이 되었다. 이러한 능력들은 학교기반 수행을 통해 평가될 수 있다(VanTassel-Baska et al., 2007).

(2) 다면적 영재판별 방법

오늘날 대부분의 학교는 영재학생을 판별하기 위해서 지능검사, 성취도 점수, 학교 수행평가 결과, 교사 추천, 창의성 검사나 비범한 학습동기 증거들과 같은 다양한 유형의 평가방법을 활용한다. 어떤 학교는 Gardner(2006)의 다중지능이론을 영재판별에 사용하고 있다. 여기에는 언어, 논리-수학, 공간, 음악, 신체-운동, 자연친화, 대인관계 혹은 자기이해 지능, 혹은 이러한 지능의 복합적 능력들이 영재성 판별에 활용된다. Sternberg의 삼원지능이론(Sternberg, 1999)에 기반을 둔 검사는 분석적, 창의적, 실제적 영재학생을 판별하기 위해서 활용되고 있다.

(3) 교실에서 영재학생 판별하기: 영재학생의 특성

교실에서 영재학생들이 일반 학생들과 얼마나 다른지에 관한 수많은 연구문헌이 있는데, 그러한 영재학생의 특성들은 전문가들의 특성과 일맥상통하는 부분이 많다(Pressley, 1995).

영재학생들은 단순히 다른 사람들이 정의해 놓은 방식으로 문제를 해결하지 않으며 오히려 그것을 해결하기 위해서 새로운 유형의 문제를 창출해 낸다. 교사들은 작문, 수학, 음악, 미술, 운동, 무용에서 탁월한 성취를 보이는 것뿐만 아

표 8-3 영재학생의 특성

- 영재학생은 더 나은 학습전략을 가지고 있다.
- 영재학생은 메타인지 능력(생각을 재고하고 조직하며, 문제를 해결하는 능력)을 보여준다.
- 영재학생은 타인에 대한 지식을 가지고 있다.
- 영재학생은 배우고 성취하는 데 동기화되어 있다.
- 영재학생은 빠르고 효과적으로 정보처리를 한다.
- 영재학생은 새로운 상황에 대처하는 방법에 대한 지식을 쉽게 전이한다.
- 영재학생은 문제해결에 있어서 더 나은 통찰력을 가지고 있다.

출처: Pressley (1995).

니라, 또 다른 영역에서 영재성과 재능의 징후들을 찾을 수 있다. 이와 같이 어떤 영역이든 뛰어난 창의성이나 실제적 성취는 영재성의 징후라고 볼 수 있다. 그래서 영재학생을 판별하는 데 단순히 형식적인 검사에 의존하지 말아야 한다. 다양한 성취 결과물들이 더 많은 것을 설명할 수 있기 때문이다.

3) 영재학생 교수방법

영재학생의 특별한 요구를 충족시키기 위해 다양한 교수방법이 개발되고 있다. 여기에서는 풀-아웃 프로그램, 속진, 심화 프로그램에 대해서 다루고자 한다.

(1) 풀-아웃 프로그램

영재학생이 일반 학급에 배치되지만, 영재연수를 받은 전문 교사에게 정기적으로 특별지도를 받기 위해 일주일에 2~3일에 걸쳐 한두 시간씩 일반 학급을 벗어나 수업을 받기도 한다. 이러한 프로그램은 영재학생들이 일반 학급의 동료들과 영재학생 동료들과 상호작용할 수 있는 기회를 동시에 제공하는 장점이 있다. 그러나 보통 영재학생들에게는 매우 제한된 양의 영재교육을 제공한다. 영재학생들의 경우 영재학급에 있는 동안 일반 학급에서 빠뜨린 수업을 나중에 보충해야 한다.

(2) 속진

또 다른 유형의 영재 프로그램은 Stanley(1996)가 주장한 속진이다. 학생들은 정규교육과정을 받지만, 학습진도는 매우 빠르다. 예를 들면, 3학년과 4학년의 수학 교육과정을 단 1년 만에 마칠 수 있다.

이와 유사한 프로그램이 교육과정 압축이다(Renzulli, Smith, & Reis, 1982). 이 절차는 핵심적인 정규교육과정을 배우도록 되어 있지만, 학생들이 이미 알고 있는 내용은 제외시킨다. 이를 위해서는 학생들의 선행지식에 대한 진단이 있어야 하며, 그 결과를 바탕으로 교육내용을 압축하고 반복을 피해서 확보되는 시간에 또 다른 속진이나 심화활동으로 활용되는 장점이 있다.

(3) 심화

이 접근은 영재들이 정규교육과정을 배우되 지식의 이해를 심화시키는 활동과 이미 배운 것을 실제로 적용할 수 있는 기회를 제공한다. 심화는 때로 속진 프로그램의 대안으로 묘사되기도 한다. 실제로 두 접근은 상보적이고 병행적일 수 있다.

Renzulli는 세 가지 특별한 유형의 심화 프로그램을 기술하였다.

- I부 심화학습은 주제에 관한 심층적인 소개를 하며, 깊이 있는 탐구를 할 수 있도록 학생의 흥미를 이끌어 낸다.
- II부 심화학습은 연구기술, 참고자료의 활용능력, 개인적이고 사회적인 기능뿐만 아니라 고수준의 사고 능력까지 계발될 수 있도록 고안이 된다.
- III부 심화학습은 개별 혹은 소집단 탐구활동으로 학생들이 배운 것을 바탕으로 실세계의 문제를 해결하는 데 목적을 둔다.

3. 지적장애 학생을 위한 교육

지적장애(정신지체, mental retardation로 잘 알려진)는 일반적으로 낮은 수준의 정신 능력을 의미한다(Detterman, Gabriel, & Ruthsatz, 2000). 미국지적발달장애협회(The American Association on Intellectual and Developmental Disabilities: AAIDD)
는 지적장애가 현재 기능상의 근본적인 제약을 가진 상태로 정의하였다. 그러한
정의는 다음과 같다.

> 지적장애는 현재 지적 기능과 개념적, 사회적, 실제적 적응기능과 같은 적응능력에
> 상당한 제한성을 가진 것으로 인정되는 장애이다. 이러한 장애는 18세 이전에 발생한
> 다(AAIDD, 2008).

이 정의에서 '현재'라는 말은 과거 한때의 수행에 근거하여 진단을 내려서는
안 되며, 같은 맥락으로 현재의 결함으로 인해 나타나지도 않은 미래에 보여 줄
아동의 행동을 예상하여 진단해서도 안 된다. 지적장애의 정의에서 '적응능력'은
중요한 의미이다. 학문적 능력에서의 결함을 가지나 일상생활에서는 잘 적응하
는 아이를 '교사(校舍) 지체(schoolhouse retardation)'라고 말한다.

오늘날 대부분의 학교에서는 낙인찍기의 위험을 인식하고 '지적장애' 혹은 '정
신지체'라고 명명하는 것에 주의하고 있다. 이는 학문적 혹은 IQ의 결함뿐 아니
라 실제적인 능력에 결함이 나타날 때만 그러한 용어를 사용한다. 교사로서 명
심해야 할 것은 학교에서 학생이 수행을 잘한다고 해서 반드시 학교 밖의 모든
삶의 수행도 그러한 것은 아니라는 것이다. 지적장애가 있는 것으로 의심되는
어린이를 평가할 때는 단지 교실에서 벌어지는 상황에 국한하지 말고, 넓은 세
상 속에서 겪게 되는 학생의 능력을 염두에 두어야 한다(Luckasson, 1992).

1) 지적장애의 원인

지적장애의 원인은 잘 알려지지 않았다. 지금까지 알려진 것으로는 크게 두 가
지로, 가족 유전적 원인과 유기체적(organic) 원인이 있다(Hodapp & Zigler, 1999).

유전적 지적장애는 그 이름에서도 알 수 있듯이 집안 대대로 내려온다. 만약
가족 중 한 아이가 장애를 보이면, 그 가족의 다른 아이도 다른 무선표집한 집단
에 비해서 장애를 가지고 있을 경우가 많다.

유기체적 원인은 가족의 유전에서 온 것이 아니고 외상성 사건이나 비정상적

🔵 무선표집

모집단의 모든 개체
가 표본에 포함될 확
률이 동일하고 상호
독립이 보장되는 표
본 선정 절차

🔵 외상

어떤 충격적 경험을
겪게 되었을 때 갖는
심리적 고통이나 마
음의 상처

표 8-4 | 반성유전 증후군

유형	특징
터너증후군	이들은 성 염색체가 결여되어 있다. 이러한 사람은 X염색체(X) 하나만을 가지며 표현형은 여성이다. 터너증후군의 출현율은 출생률의 1/240에서 1/4900까지이다. 이러한 증후군은 언어 지능에는 거의 영향을 주지 않으나, 잠재적으로 비언어, 동작성에는 심각한 영향을 미친다. 예를 들면, 공간 도형 회전과 지도 읽기, 익숙한 공간의 배치도를 그리는 수행활동에 어려움을 겪는다.
클라인펠터 증후군	최소 Y염색체 한 개와 추가적인 X염색체(XXY)를 갖는다. 그들의 표현형은 남성이다. 일반적으로 인구 중에서 이러한 장애의 출현율은 1/900이다. 이들은 종종 언어 지능검사에 결함이 있으며, 동작성 지능과 비언어적 지능은 정상이다. 그들은 선천적으로 언어 분야에 학습장애를 가지고 있으며, 독해나 철자 쓰기에 어려움이 있다. 이러한 증후군을 가진 사람은 동일 연령에 비하여 대뇌피질의 두께가 얇다.
취약 X 증후군	비정상적인 X염색체를 가진다. 그들의 표현형은 남성 혹은 여성이다. 일반 인구에서 이러한 증상의 출현율은 대략 남성에게는 1/2000, 여성에게는 1/4000이다. 이러한 증후군을 갖는 여성의 1/3은 IQ에 결함이 있다. 남성의 경우 IQ와 다른 인지적 기능 측면에 심각한 장애를 동반한다.

인 환경 노출이 크다. 이러한 지적장애의 원인은 **다운증후군**과 같은 염색체 이상, 신진대사 불균형, 태아기의 비정상적 발달, 태아기에 어머니의 알코올과 코카인 섭취에 따른 약물중독, 뇌 질병, 출생 시 외상, 다른 출생 관련 문제들, 약물중독, 영양부족, 유아기의 외상 등의 문제를 포함한다. 아마도 이러한 유기체적 원인이 감소된다면 모든 지적장애의 절반을 미연에 막을 수 있을 것이다. 그러한 장애가 가난, 환경적 약물감염, 영양실조나 다른 요소에 의해 발생하였더라도 열악한 생활환경은 더 나은 환경에서 생활하는 것보다 학생들의 수행능력을 감소시키게 된다.

　몇 가지 반성유전 증후군도 지적장애를 유발할 수 있다. 이러한 증후군은 X, Y염색체의 출현과 배치에 영향을 받는다. 보통 여성은 2개의 X염색체(XX)를 갖고 남성은 X, Y염색체(XY)를 갖는다. 그러나 모두가 이러한 패턴을 따르는 것은 아니다.

다운증후군
정신지체의 일종으로 염색체 이상으로 나타남

2) 지적장애의 수준

지적장애는 그 수준에 있어서 매우 다양하다. 가장 널리 사용되는 예가 IQ 점수를 바탕으로 한 4단계의 경도(mild), 중등도(moderate), 중도(severe), 최중도(profound)이다.

① 경도 지적장애

경도 지적장애를 가진 사람은 IQ가 50~70의 범위를 가진다. 이러한 사람들은 전체의 지적장애를 가진 집단의 80~85%를 차지하며, 전체 인구의 2%를 차지한다. 이 집단에는 특수교육을 제공하는 교사가 없어도 된다고 생각하는 경향이 있으나 교육적 지원이 제공되면 이러한 학생들은 6학년 이하의 기초 학업능력을 습득할 수 있다.

② 중등도 지적장애

중등도 지적장애를 가진 사람은 IQ가 35~50 정도의 범위를 가진다. 이러한 사람들은 전체 지적장애를 가진 집단의 10%를 차지하며, 전체 인구의 0.1%를 차지한다. 이러한 사람들은 세심한 교육적 지원이 필요하다. 이러한 지원이 제공된다면 그들은 4학년 수준의 학업적 능력을 습득할 수 있다.

③ 중도, 최중도 지적장애

지적장애를 가진 나머지 5%는 IQ가 35 이하인 중도 또는 최중도 지적장애를 겪는다. 이러한 중도 지적장애를 가진 사람들은 직업훈련에 대한 해택을 거의 받지 못하는 것으로 보인다. 최중도 지적장애를 가진 사람들은 일반적으로 단지 걷기와 수저 들기와 같은 아주 제한된 과제수행 훈련에 반응할 수 있다. 대부분의 교사들은 이러한 중도 혹은 최중도 지적장애 학생들을 일반 교실에 포함시키지 않는다.

④ 학습지체아

IQ 70은 전통적으로 지적장애를 가진 사람들을 판별하는 컷오프 점수로 사용된다. IQ가 70 이하인 사람들보다 70~85인 사람들의 수가 4배 더 많다. 그러므로 교사들은 교직에 있는 동안 필연적으로 낮은 IQ의 학생들을 만날 수밖에 없다. 그들은 때때로 학습지체라고 불린다. 평균보다 IQ가 낮은 학생들에게 지적장애를 가진 학생들을 지도하는 유사한 교수방법을 적용할 수 있다.

3) 지적장애 학생의 특성

발달지체에 관한 차이이론(difference theory)은 지적장애를 가진 사람들은 단순히 다른 사람들에 비하여 발달만 느린 것이 아니라, 다른 면에서도 차이가 존재한다(Zigler, 1999)고 생각하는 이론이다. 그러한 예로, 지적장애를 가진 사람은 사고에 있어서 더욱 경직되어 있으며, 주로 학습과 기억에 있어서 결함을 보여 준다고 하였다.

또 다른 학자들은(Butterfield & Belmont, 1977) 고수준 정신기능의 중요성을 강조하였다. 이러한 견해에 의하면 지적장애를 가진 사람들은 특히 계획하기, 모니터링하기, 자신의 인지적 전략을 평가하기와 같은 고수준 사고과정에 특히 어려움이 있다고 하였다. 교사들의 지원이 없으면 지적장애를 가진 사람들은 학습과정이나 문제해결 과정에서 사용되는 다양한 전략들을 발달시키기 어려울 것이다.

또 다른 견해는 지적장애를 가진 어린이는 복잡한 정신적 사고과정에만 결함을 보이는 것이 아니라, 일상생활에서 새로움에 적응하는 능력에도 어려움이 있다는 것을 주장하였다(Sternberg & Spear, 1985). 예를 들어, 그들에게 새로운 장난감을 주었을 때, 일반적으로 어떻게 가지고 놀아야 할지 알지 못한다. 그래서 신기한 장난감에 대한 즐거움을 느끼지 못한다.

4) 지적장애 학생의 교수방법

① 교수-학습 전략
지적장애를 가진 학생들도 학습과 문제해결 전략을 성공적으로 배울 수 있다. 학생들이 이러한 전략을 회상할 수 있도록 돕는 간단한 체크리스트를 만들어 주는 것도 하나의 방법이 될 수 있다.

② 지도안을 세부적으로 나누고, 학습단계를 명확히 하기

단계적인 지침과 교사의 지원이 있다면 지적장애를 가진 학생들도 전략을 사용하는 방법이 향상될 것이다. 예를 들면, 전문적인 교사는 학생들이 목표를 생각하고, 목표를 성취하기 위한 계획을 수립하고, 계획을 실행하고, 그 계획이 잘 실행되었는지 스스로 질문하는 방법을 지도할 수 있다.

③ 자기조절 능력을 배우도록 지도하기

전문적인 교사는 지적장애 학생들이 그들의 행동을 조절하고, 그들의 수행과정을 모니터링하고, 필요할 때 스스로를 교정하도록 지도한다. 전문 교사들은 그러한 학생들이 가능한 한 스스로 계획할 수 있도록 격려한다.

④ 학습계획을 구체적으로 작성하고 일상생활에 적용 가능하게 하기

수업계획은 학생들이 구체적인 목표에 접근하도록 돕는 교량 역할을 한다. 지적장애를 가진 학생들이 도구를 만들거나 실제로 그것을 사용할 수 있도록, 실생활과 관련된 기능을 배울 수 있는 수업자료 사용을 추천한다.

⑤ 자존감을 높이도록 격려하기

전문 교사들은 "너는 성공할 수 있어. 너는 그럴 만한 자격이 있어. 노력한다면 어려움들을 극복할 수 있어."라고 계속적으로 격려를 한다. 가르치는 과정에서 지적장애를 가진 학생들에게는 산출물보다는 노력하는 과정에 초점을 두도록 한다. 방향이 맞았다면 다소 작은 성취라도 발견하여 칭찬과 보상을 해 주어 그들의 낮은 자존감을 높여 주어야 한다.

4. 학습장애 학생을 위한 교육

1) 학습장애

어떤 어린이는 특정한 영역 수행에 있어서 결함을 보이지만 일반 영역에서는

높은 수행을 보여 주기도 한다. 이러한 사실을 인지한 심리학자, 학부모, 교사들은 전체 학업영역과는 다른 기능적 영역에서 저조한 수행을 보이는 증상에 대하여 일반 아동과 구별되는 진단적 명칭을 찾기 시작하였다. 이러한 결과 새로운 범주 분류인 학습장애라는 개념이 생기게 되었다.

(1) 학습장애의 정의

일반적으로 학습장애(Learning Disabilities: LD)는 보통 학생에게서 측정된 종합지능점수를 바탕으로 기대되는 수행 수준보다 실질적으로 특정한 영역에서 낮은 수행을 보이는 경우 진단된다. 이러한 장애는 전형적으로 아동기에 발견되나 일생에 걸쳐 언제든지 자각될 수 있다(National Joint Committee on Learning Disabilities, 1999).

학습장애는 '성공적인 학교생활에서 길러야 할 기능들, 즉 읽기, 쓰기, 셈하기, 의사소통, 사회성 기술 등을 숙달하지 못하는 장애를 가진 집단'이다(Foster, 1994: 647). 예를 들면, 평균 혹은 높은 IQ를 가졌지만 특이하게도 낮은 읽기 능력을 가진 어린이들이 읽기장애로 판별된다. 읽기장애는 지금까지의 학습장애 유형 중 가장 일반적으로 발견되는 유형이다. 읽기장애에 대한 몇 가지 설명이 제시되었다.

- 시각적 지각의 결함
- 낱자를 조합하여 읽는 데의 문제점
- 자동화(automatization)의 문제점: 읽기장애가 있는 학생들은 독서기능에서 문제를 유발할 수 있다. 무의식적이고 빠르게 읽어야 할 독서기능에서 다소 느리고 의식적이며, 신중하게 읽는다.
- 교육과정의 실패: '읽기장애'가 몇몇 학생들의 읽기 교육과정에서 발생한 교육적 실패를 설명하기 위해서 사회가 만들어 놓은 용어라는 견해이다. 이 견해에 따르면 문제는 개인에게 있는 것이 아니라 사회에 있다.

(2) 학습장애의 원인과 유형

학습장애의 원인은 생물학적 요소와 환경적 요소가 서로 상호작용하여 영향을 끼친다. 다시 말하면, 내재적 요소와 외현적 요소가 함께 영향을 준다.

어린이가 학습장애를 가진 것으로 판명이 되면, 동료들에 비해서 지속적으로 그들의 위치가 하향됨으로써, 그 어린이는 마태효과(Matthew effect)라는 위기에 놓이게 된다(Stanovich, 1999). 교사가 그러한 학생들에게 기대하는 것이 거의 없기 때문에 달성될 수 있는 성취도 거의 없는 것이다. 이렇게 동료들에 비해서 지속적으로 하향되는 순환이 계속된다.

학습장애를 세부적으로 범주화했을 때, 읽기장애가 가장 보편적인 유형이지만 다른 유형으로는 수학에 장애를 가지는 계산불능증(dyscysculia), 글자를 쓰는 데 장애가 있는 서자착오증(dysgraphia)이 있다. 그럼에도 불구하고 읽기장애가 아닌 다른 다양한 학습장애를 판별하는 본질과 판별영역에 상당한 논쟁이 존재한다. 예를 들면, 어떤 진단가들은 특정한 외국어나 추리장애가 존재한다고 확신한다.

학습장애를 가진 학생에 대한 특별한 범주는 영재이면서 동시에 학습장애를 가진 학생집단이다. 그러한 학생들은 때때로 '학습장애 영재(gifted LD)'라고 불린다. 다시 말하면, 영재조차도 학습장애를 가질 수 있다는 것이다.

(3) 학습장애 학생의 교수방법

학습장애를 가진 학생들을 위한 이상적인 교육의 초점은 무엇이 되어야 하는지 교육자들 사이에서 지속적으로 논쟁이 되어 왔다. 이러한 학습자들을 위한 프로그램이 치료교육, 즉 학생의 약점 영역을 교정하는 데 중점을 두는 치료교육에 초점을 맞추어야 하는가? 아니면 그들의 장애 영역을 보완할 수 있는 방법을 찾는 보충교육에 초점을 두어야 하는가? 이 두 가지 접근법을 조합하는 것이 적합한 방법이다. 손으로 글씨를 쓰는 데 어려움이 있지만 머릿속으로 사고하고 내용 구성력이 있는 학생들은 워드프로세서를 사용하여 판독하기 어려운 필체로 인해 오는 불필요한 자책감을 줄일 수 있다.

2) ADHD

주의력결핍/과잉행동장애(Attention-Deficit/Hyperactivity Disorder: ADHD)라는

용어는 부주의, 충동성, 과잉행동 등의 문제 행동특성을 일컫는 말이다. 이러한 장애를 가진 어린이는 주의력을 조절하는 데 문제를 가지고 있다. 때로는 선생님의 말씀과 같이 중요한 것에 집중하지 못하며, 먼저 판단하지 않고 행동하는 것처럼 보인다. 그들은 지나친 신체적 활동성을 보여서 자기 자리에 오래 앉아 있지 못한다. 계속적으로 의자에서 안절부절못하고, 몸을 비비 꼬며, 손가락으로 탁탁 소리를 내거나 좀처럼 쉬려고 하지 않는다. 또한 시작한 일을 끝까지 완수해 내지 못하고 과제를 정리하지 못한다.

(1) ADHD 증후군

ADHD 증후군의 정도는 심해지기도 하고 약해지기도 한다. 그러한 증상은 연령에 따라 변하기도 한다. ADHD를 가진 2/3 정도의 사람들은 성인기에도 그 증상이 계속된다. 눈에 띄는 증상은 보통 7세에서 8세에 판별되지만 때로는 그전에 나타나기도 한다. 그러한 증상을 처음 알아차리는 사람은 주로 교사인데 이는 학교가 다른 많은 상황들에 비해서 보다 집중된 주의력과 자기 통제력이 요구되기 때문이다.

ADHD를 가진 학생들은 학교에서 학업적, 사회적 문제를 가진 것이 보통이다. 특히 높은 과제기만 행동이 있는데, 배워야 할 교재가 어려워지면 어려워질수록 학습장애의 징후는 더욱 극명하게 드러난다. ADHD를 가진 학생들은 또한 그들의 충동적인 행동이 교우관계 형성을 방해하기 때문에 사회적 문제를 경험한다.

최근 미국에서는 정확한 이유는 밝혀지지 않았지만, ADHD로 진단된 학생들이 급격히 증가하고 있다. 제기된 원인 중 하나가 ADHD 증상에 대한 이해의 확대와 결측이 없는 진단의 정확성 때문이라고 제안하였다. 또 다른 이유는 TV 쇼나 영화의 선전성, 폭력성의 급격한 증가, 식품첨가물의 증가, 어린 아동에게 지나친 요구와 부담감 부여, 설탕의 수요 증가가 그 원인이라고 설명한다.

최근에 측정된 수치는 학령기에 있는 아동들의 6~9%, 전체 인구의 5~7%가 ADHD 증상을 가진 것으로 보고된다. 남학생이 5/9 정도로 여학생보다 ADHD 출현율이 더 높다. 이러한 성별에 따른 격차의 발생은 남학생이 과잉행동과 충동성을 보이는 경향이 여학생에 비하여 더 높으며, 반면에 여학생은 남학생에 비해서 부주의한 경향을 보여 준다.

(2) ADHD 치료

경도(mild) ADHD 증상을 가진 학생들은 일반적으로 상담과 특수교육적 지원을 병행해서 치료를 한다. 중등도(moderate)와 중도(severe) ADHD의 경우는 전형적으로 행동적 중재와 흥분제 약물처방을 병행하여 치료한다.

직관적으로 흥분제 투여치료는 ADHD 치료에 반대되는 것처럼 보인다. 그러나 흥분제를 처방했을 때 신체적 활동성이 줄어들고 집중시간이 더 늘어나는 것으로 나타났다. 불행하게도 흥분제의 투여는 심장박동수와 혈압, 매스꺼움, 불면증, 성장과 체중에 영향을 주는 부작용이 있다. 최근에는 그러한 흥분제가 아닌 다른 약물이 개발되어 사용되고 있으며, 다른 중재 프로그램과 병행되고 있다.

(3) ADHD 교수방법

심지어 전문 교사들도 ADHD를 가진 학생들을 가르치는 것을 어려운 일로 여긴다. 그러나 다음과 같은 방법들이 도움이 될 것이다.

- **교실환경을 주의 깊게 구성하기**: ADHD를 가진 학생은 주의를 분산시키는 환경(문, 책상, 연필깎이 등)에서 될 수 있는 한 멀리 자리를 배치하고 모범적인 학생의 옆에 앉히는 것도 좋은 방법이 된다. 색으로 분류해 놓거나 교구와 학생의 소지품에 라벨을 붙여 두면 학생들이 스스로 정리할 수 있는 체제를 갖추게 된다.
- **구조화된 활동**: ADHD를 가진 학생들은 기대되는 행동이 무엇인지 알지 못할 때 참지 못한다. 일상생활 속의 일들도 매뉴얼화하여 명시해 두는 것이 좋다. 필요하다면 기대하는 행동을 상기시킬 수 있도록 글로 써서 벽에다 붙여 놓아도 좋다. 일상적인 것에 쉽게 싫증을 내는 학생들을 위해서 방해가 되지 않는 한에서 예외들을 줄 수도 있다.
- **학생들이 주의를 집중할 수 있게 돕기**: 어떤 교사들은 ADHD를 가진 학생들이 교실 활동에 집중할 수 있도록 수신호를 활용하기도 한다. 예를 들면, 교사는 학생 옆을 지나가면서 선생님의 말씀에 집중할 수 있도록 학생의 어깨에

손을 올릴 수 있다. 또 말하기 전에 박수치기나 혹은 엄지손가락을 올리는 것 같은 비언어적 단서들도 줄 수 있다.

• 학생들이 자신의 행동에 대한 지각력을 높이도록 돕기: 목표행동이 좋은 것이건 좋지 않은 것이건 과제를 단계별로 체크리스트화하는 것은 학생에게 기대되는 행동이 무엇인지 지각하도록 돕는다. 그리고 분명한 피드백을 주는 것은 학생들이 자신이 하고 있는 행동이 상황에 적합한 것인지 지각하도록 돕는다.

• 과잉된 에너지를 사용할 수 있는 기회 제공하기: 초등학교 교사들은 높은 신체적 활동성을 차분한 수업으로 진정시키기도 한다. 중·고등학교에서도 교실에서 어느 정도의 움직임은 허용한다. 예를 들면, 과학 수업에 탐구센터를 만들어 놓을 수도 있다. 문학 수업의 경우 수업 중에 배운 작품을 연극으로 공연할 기회를 만들 수도 있다.

토론과제 >>>

1. 특수한 학습자를 위한 교육이 무엇이고 누구를 위한 교육인지 논의해 보자.

2. 영재학생을 위한 교육의 필요성과 방법에 대해 생각해 보고 각자의 의견을 나누어 보자.

3. 지적장애 학생을 위한 교육의 필요성과 방법에 대해 생각해 보고 각자의 의견을 나누어 보자.

4. 학습장애 학생을 위한 교육의 필요성과 방법에 대해 생각해 보고 각자의 의견을 나누어 보자.

제 **9** 장

학습에 대한 행동주의적 접근

최병연
◇◇◇◇◇

| 개요 |

    학습에 대한 행동주의적 관점은 학습을 경험에 의해 발생하는 관찰 가능한 지속적
인 행동의 변화로 간주한다. 따라서 행동주의자들은 관찰할 수 있고 객관적으로 측정
가능한 환경적 사태 혹은 자극과 행동 혹은 반응을 연구하였다. 행동주의 학습이론은
고전적 조건형성 이론과 조작적 조건형성 이론으로 대별된다. 고전적 조건형성 이론은
중립 자극이 반사 행동을 유발하는 무조건 자극과 연합해서 무조건 자극이 유발시켰던
반응을 유발시킨다는 것이다. 조작적 조건형성은 어떤 행동 뒤에 수반되는 결과에 따
라 행동의 지속 여부가 결정된다는 것이다. 즉, 어떤 행동 뒤에 만족스러운 결과가 수
반되면 해당 행동이 추후에도 지속되지만, 불만족스러운 결과가 수반되면, 행동의 강
도와 빈도가 약화된다. 행동주의 학습이론은 학교 학습뿐만 아니라 정치, 경제, 스포츠,
동물학습 등 다양한 영역에서 활용되고 있다. 이 장에서는 행동주의 학습이론의 기본
가정, 주요 개념, 교육적 시사점을 살펴볼 것이다.

학습목표

1. 행동주의 이론의 기본 가정을 설명할 수 있다.
2. 행동주의 이론의 관점에서 학교교육을 평가할 수 있다.
3. 고차적 조건형성 과정을 예를 들어 설명할 수 있다.
4. 조작적 조건형성의 주요 개념을 예를 들어 설명할 수 있다.
5. 효과적인 강화 전략을 창안할 수 있다.

인간은 평생 동안 매일매일 의도적이든 그렇지 않든 간에 여러 가지를 학습한다. "자신을 변화시킬 수 있는 인간의 능력, 즉 학습능력은 인간이 갖고 있는 가장 독특한 특징이다."라고 언급한 Thorndike(1931)의 주장을 인용하지 않더라도 인간의 학습능력은 다른 종(種)과 비교할 수 없을 정도로 광범위하고 정교하기 때문에 인류의 모든 문명은 인간이 갖고 있는 학습능력의 산물이라고 할 수 있다.

이러한 인간의 학습과 행동에 대한 심리학적 연구는 1880년대 후반부터 시작되었는데, 1900년대 초 일부 심리학자들은 심리학의 연구방법이 객관적이지 않다면 진정한 '과학'이 될 수 없다면서 관찰 가능한 주제, 즉 유기체의 '행동'이 탐구의 대상이 되어야 한다고 주장하였다. 행동주의(behaviorism) 이론의 핵심은 행동주의자들이 주장하는 것처럼 행동에 있는 것이 아니라 주어진 '환경' 속에서 학습을 설명하는 것이다.

학습에 대한 행동주의적 관점은 학습을 경험에 의해 발생하는 관찰 가능한 지속적인 행동의 변화로 간주한다. 내면적인 사고나 태도의 변화는 학습이 아니며 외현적인 행동에 변화가 있을 때 학습이 일어났다고 본다. 즉, 행동주의자들은 사고나 정서, 동기와 같은 유기체의 내적 과정은 블랙박스(black box)로 간주하여 연구대상에서 제외시켰으며, 대신에 관찰할 수 있고 객관적으로 측정 가능한 환경적 사태 혹은 자극(stimulus)과 행동 혹은 반응(response)을 연구하였다.

또한 행동주의적 접근은 유기체가 빈 백지 상태(blank slate)로 태어난다고 가정한다. 특정한 새나 물고기의 귀소본능과 같이 종 특유의 본능과 정신지체나 정신질환과 같은 기질적 장애를 제외하면, 유기체는 특별한 방식으로 행동하려는 경향성을 가지고 태어나지 않는다. 그 대신 유기체는 환경과의 경험으로 점점 채워지는 빈 백지로 세상에 태어난다고 가정한다. 유기체는 자극과 반응 간의 연결이나 강화를 통해서 각자 독특한 행동을 습득하게 된다.

마지막으로, 행동주의적 접근에서 제안된 학습의 원리들은 주로 통제된 실험실에서 쥐나 비둘기와 같은 동물실험을 통해 밝혀진 것들이다. 이처럼 동물의 어느 한 종에서 밝혀진 학습원리는 인간을 포함한 모든 동물의 모든 행동에 적용할 수 있다는 동등 잠재성(equipotentiality) 가정에 따른 것이다.

1. 고전적 조건형성

Ivan Pavlov

러시아의 생리학자 Ivan Pavlov(1849~1936)는 그의 동료들과 함께 개의 침 분비와 소화에 관한 연구를 수행하는 과정에서 실험자의 모습을 보거나 발자국 소리만 들어도 개가 침을 흘린다는 것을 우연히 관찰하게 되었다. Pavlov는 이러한 관찰을 바탕으로 학습에 관한 체계적인 실험을 실시하였으며, 그 결과 조건형성 이론이 탄생하게 되었다.

여기에서 조건(condition)이라는 용어는 어떤 조건이 주어지면 어떤 결과가 일어난다는 뜻에서 'if-then'의 관계로 이해해야 하며, 조건형성(conditioning)은 주어진 조건이 만족되면, 그에 따르는 결과가 나타나도록 만들어 준다는 의미이다(권준모, 2001). Pavlov 연구가 조건형성과 관련된 최초의 연구라는 점에서 사람들은 그의 이론을 고전적 조건형성(classical conditioning)이라고 부르는데, 조건형성의 과정을 도식화하면 [그림 9-1]과 같다.

조건형성 이전 단계, 즉 자연 상태에서 개는 음식물을 보면 침을 흘린다. 여기에서 음식물은 유기체의 본능적 혹은 반사적 반응을 유발시키는 무조건 자극(Unconditioned Stimulus: UCS)이고, 무조건 자극을 보고 자동적으로 침을 흘리는 반응은 무조건 반응(Unconditioned Response: UCR)이며, 자연 상태에서 종소리를 듣고 침을 흘리는 개는 없기 때문에 종소리는 중립 자극(Neutral Stimulus: NS)이다.

그러나 종소리인 중립 자극과 무조건 자극인 음식물을 계속해서 연합시켜 개에게 제공하면 개는 종소리만 들어도 침을 분비하게 된다. 이때 중립 자극인 종소리는 무조건 자극과 연합하여 특정한 반응을 일으키는 조건 자극(Conditioned Stimulus: CS)이 된다.

종소리와 음식물을 얼마 동안 함께 제공한 후에 종소리만 울려도 개는 침을 흘리게 되는데 이것을 조건 반응(Conditioned Response: CR)이라고 한다. 처음에는 전혀 관련이 없던 조건 자극이 무조건 반응과 연합하여 무조건 자극만이 유발시켰던 반응을 유발시키게 된다. 결국, 고전적 조건형성이란 본능적 혹은 반

조건형성
특정 조건이 충족되면 그에 따른 결과가 나타나도록 만들어 준다는 것

고전적 조건형성
조건반응을 일으키기 위해서 중립자극을 무조건 자극과 연합시키는 형태의 학습

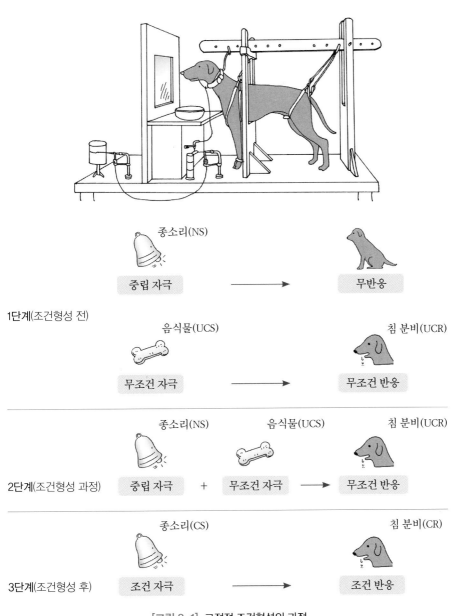

[그림 9-1] 고전적 조건형성의 과정

사적 반응과 유사한 불수의적(involuntary) 정서 혹은 생리적 반응을 유발시키는 학습의 한 가지 형태이다(Eggen & Kauchak, 2016).

　　Pavlov의 고전적 조건형성 이론을 통하여 몇 가지 중요한 학습원리가 제안되었다.

1) 소거와 자발적 회복

소거

무조건 자극을 제시하지 않고 조건 자극을 계속 제시하면 조건반응이 점차 사라지게 되는 것

자발적 회복

소거된 이후에 조건 자극이 제시되면 조건반응이 갑자기 다시 나타나는 현상

Pavlov의 실험에서 조건형성이 이루어진 개에게 음식물(UCS)을 주지 않고 종소리(CS)만 울리는 과정을 수차례 반복하게 되면 개는 더 이상 침을 분비하는 반응(CR)을 보이지 않는데 이를 소거(extinction)라고 한다. 그러나 소거가 이루어진 이후에 어느 정도의 휴식 시간이 경과한 다음 종소리만 들려주어도 침을 흘리는 반응을 다시 나타내는데 이를 자발적 회복(spontaneous recovery)이라고 한다. 즉, 조건형성 과정에서 학습된 반응은 소거 절차가 있다고 해도 영원히 소멸되지 않으며 조건 자극이 제시되면 학습된 행동이 재생된다는 것을 알 수 있다. 그러나 자발적으로 회복된 반응의 강도는 본래의 조건반응에 비해 약하고 쉽게 소멸된다.

2) 일반화와 변별

일반화

특정 자극과 유사한 자극에도 동일하게 반응하는 것

변별

자극들 간의 차이를 구별하여 각기 다르게 반응하는 것

Pavlov의 개는 조건 자극으로 제시되는 종소리와 유사한 종소리에도 침을 흘리는 반응을 보인다. 이처럼 특정한 조건 자극과 유사한 자극에도 동일한 반응을 보이는 현상을 일반화(generalization)라고 한다. 그러나 두 번째 제시되는 자극이 원래의 조건 자극과 유사성이 떨어질수록 조건반응의 크기는 점차적으로 작아진다. 이와 반대로 원래의 조건 자극에 대해서만 반응하고 다른 자극에 대해서는 반응하지 않는 현상을 변별(discrimination)이라고 한다.

3) 고차적 조건형성

고차적 조건형성

첫 번째 조건 자극이 두 번째, 세 번째 조건 자극과 연합하는 것

종소리(CS1)를 듣고 침을 분비하는 반응(CR)을 보이는 개에게 이번에는 종소리가 아닌 번쩍이는 불빛을 통해서도 침을 분비하게 할 수 있다. 즉, 종소리와 번쩍이는 불빛(NS)을 짝지어 제시하게 되면, 번쩍이는 불빛이 또 다른 조건 자극(CS2)이 되어 개는 불빛이 번쩍이기만 해도 침을 흘리게 된다. 이처럼 제2, 3의 조건 자극을 만들어 내는 현상을 고차적 조건형성(higher-order conditioning)이라고 한다. 고차적 조건형성은 학생들이 교실에서 보이는 일부 두려움을 설명해

줄 수 있다(Ormrod, 2008). 예를 들어, 어린 아동에게 본래 '실패'는 아무런 정신적, 육체적 고통을 유발시키지 않는 중립 자극이다. 그러나 체벌은 두려움을 유발시키는 무조건 자극이다. 시험에서의 실패가 체벌과 연합하게 되면 아동은 두려움에 빠지게 되기 때문에 시험에서의 실패(CS1)와 두려움(CR) 간에 조건형성이 이루어진다. 또한 시험에서의 실패 경험으로 인하여 교실이 무서워진 아동에게 급우들 앞에서의 발표(NS)도 두려움을 유발시키는 요인이 된다. 즉, 급우들 앞에서의 발표가 두려움(CR)을 일으키는 또 다른 조건 자극(CS2)이 된다. 이러한 고차적 조건형성이 지속되면 학교 자체가 그 아동에게는 두려움의 대상이 될 수 있다.

4) 교육적 시사점

첫째, 복습과 연습을 반복하라. 자극과 반응 간의 연합을 반복하게 되면 그 연합은 강화된다. 특정한 자극에 대한 반응을 완전히 배울 필요가 있다면 연습과 복습이 효과적이다. 예를 들면, 덧셈과 뺄셈을 수없이 반복한다면 기본적인 덧셈과 뺄셈을 잘 배우고 더 빨리 기억할 것이다.

둘째, 긍정적인 정서적 반응을 유발시킬 수 있는 학급풍토를 조성하라. 새 학기 첫날 무서운 표정으로 학생들이 지켜야 할 규칙을 이야기하고, 규칙을 위반할 경우 처벌할 것이라고 경고하는 선생님을 만난 학생들은 그 선생님에 대해 두려움을 느낄 것이고, 그러한 상태가 지속되면 해당 교사가 가르치는 과목은 물론 학교에 가는 것이 싫어져서 결국에는 등교를 거부할지도 모른다. 따라서 교사는 학생들의 불안이나 실망, 혹은 분노를 이끌어 내는 상황보다는 즐거움, 열의, 흥분과 같은 긍정적 정서를 이끌어 낼 수 있는 학급풍토를 조성해야 한다.

셋째, 두려움이나 불안을 극복시키기 위해 체계적 둔감법(systematic desensitization)을 사용하라. 체계적 둔감법이란 Wolpe(1958)가 제안한 기법으로 근육을 이완시킨 상태에서 불안을 유발시키는 상황을 약한 것에서부터 강한 것까지 차례로 경험시킴으로써 특정 사태에 대한 불안을 제거시키는 방법이다. 이 기법을 사용하기 위해서는 먼저 불안을 일으키는 자극을 세분화시켜 불안 위계 목록을 작성해야 한다. 근육을 충분히 이완시킨 다음 불안 위계 목록에서 가장 약한 불안 유발 상황을 상상하도록 해서 그 상황에 대한 불안이 완전히 제거되면, 그다음으로 불안 수준이 높은 상황을 상상하도록 하는 방법으로 더 이상 불안해하지 않을 때까지 계속해 나간다. 체계적 둔감법은 학교에서 발표나 시험불안이 있는 학생들의 치료에 도움이 된다.

넷째, 나쁜 습관을 고치기 위해 특정한 자극-반응 연결을 다른 것으로 대체하라. 학생들이 좋은 행동습관을 갖도록 돕는 것은 교육의 중요한 목적 중 하나이다. 나쁜 습관을 깨뜨리는 데는 피로법, 식역법, 양립 불가능 반응법이 있다.

피로법(fatigue method)은 너무 피곤해서 습관적으로 반응할 수 없을 때까지 특정한 행동을 하도록 하는 것이다. 지우개 조각을 던져 급우를 괴롭히는 아동에게는 방과 후에 남겨 지우개 조각을 던지는 것이 재미없을 때까지 계속해서 던지도록 한다.

식역법(threshold method)은 습관적으로 반응하는 것을 막기 위해 처음에는 반응을 일으키지 않을 정도의 약한 자극을 제시한 다음, 점차 자극의 강도를 증가시켜 습관적인 반응이 일어나지 않도록 하는 것이다. 이때 주의할 점은 자극이 계속 제시되면서 자극의 강도 역시 증가하지만 그 강도는 항상 식역(반응을 일으키는 최소한의 자극 강도 혹은 수준) 이하로 유지해야 한다는 것이다. 시험불안이 있는 아동에게는 게임을 하면서 문제를 푸는 것과 같이 전형적인 시험 상황과는 다른 자극을 제시하고, 점차 시험과 유사한 상황을 제시함으로써 시험불안을 제거시킬 수 있다.

양립 불가능 반응법(incompatible response method)이란 바람직하지 못한 반응에 대한 자극을 바람직하지 못한 반응과 양립할 수 없는 반응을 유발시키는 또 다른 자극과 동시에 제시하는 것이다. 예를 들어, 강아지를 무서워하는 아동에게 아동이 좋아하는 어머니가 가슴에 품고 온 강아지를 만져 보도록 한다면, 어머니와 강아지가 연합되어 그 아동은 더 이상 강아지를 무서워하지 않게 된다. 마찬가지로 서로 좋은 성적을 얻으려고 경쟁하는 학급에서 교사는 모둠학습을 실시하여 개인이 아니라 모둠의 수행에 따라 성적을 준다면, 학생들은 경쟁보다는 협력적인 행동을 더 할 것이다.

2. 조작적 조건형성

급진적 행동주의자로 불리는 B. F. Skinner(1904~1990)는 학습과 행동에 관한 이해의 폭을 확장시킨 20세기 가장 영향력 있는 심리학자로 인정받고 있다. "인간행동의 어느 정도는 뒤따르는 결과의 종류에 영향을 받는다. 그러므로 그 결과를 통제함에 따라 유발되는 행동을 통제할 수 있다."(Skinner, 1971)라는 주장에서 알 수 있듯이, 그는 인간의 행동은 특정한 행동이 일어나기 이전에 존재하는 자극이나 환경보다는 행동 이후에 수반되는 결과에 따라 더 많이 결정된다고 주장하였다. 예를 들어, 수업 중에 창의적인 답변을 해서 교사로부터 칭찬을 받은 아동은 추후에도 창의적인 대답을 더 많이 하게 된다.

B. F. Skinner

Thorndike(1911)가 문제상자에 동물을 넣고 탈출할 때까지 소요되는 시간, 즉 문제를 해결할 때까지 걸린 시간(time to solution)을 바탕으로 학습을 연구했다면, Skinner는 스키너 상자(skinner box)를 사용하여 동물의 반응비율(rate of responding)을 사용해서 보상이 행동유발에 미치는 영향을 연구했다.

스키너 상자는 쥐가 지렛대를 누르면 먹이통에 먹이가 나오도록 되어 있다. 상자 속의 쥐는 여러 가지 행동을 하다가 우연히 지렛대를 누르게 되어 먹이를 먹게 되면서 지렛대 누르기와 먹이 간의 관계를 학습하게 된다. 이때 쥐가 지렛대를 누른 행동은 상자 속에서 쥐가 할 수 있는 여러 가지 행동 목록 중 하나였으며, 쥐가 지렛대를 누르는 행동은 먹이와 같은 결과를 만들어 내는 환경을 조작한 것이다. 쥐가 지렛대를 누르면 먹이가 나온다는 것을 습득하는 절차를 조작적 조건형성(operant conditioning)이라고 한다.

> **조작적 조건형성**
> 행동에 수반되는 결과에 따라 행동이 강화되거나 약화되는 현상

조작적 조건형성이란 어떤 행동이 외적 자극의 영향 없이 자발적으로 일어난 뒤에, 그 행동의 결과에 따라 행동의 빈도와 강도가 변화되는 것을 의미한다. 조작적 조건형성은 다양한 과정이 포함되어 있는데, 그중에서 행동의 빈도에 핵심적인 역할을 하는 것은 반응에 대한 보상, 즉 강화(reinforcement)이다. 이러한 이유로 Skinner의 이론을 강화이론이라고 한다.

조작적 조건형성은 고전적 조건형성과 차이가 있다. 고전적 조건형성에서 특

표 9-1 | 고전적 조건형성과 조작적 조건형성의 비교

특징	고전적 조건형성	조작적 조건형성
기본 관점	유기체는 행동을 조작하지 않는다.	유기체는 행동을 조작한다.
자극-반응 순서	자극이 반응에 선행한다.	반응은 결과에 선행하여 일어난다.
자극의 역할	반응을 이끌어 낸다.	반응을 방출한다.
자극의 특수성	특정한 자극은 특정한 반응을 일으킨다.	특정한 자극은 특정한 반응을 일으키지 않는다.
조건형성 과정	중립 자극이 무조건 자극과 연합한다.	행동의 결과가 미래의 행동에 영향을 미친다.
조건형성 내용	정서적, 불수의적 행동이 학습된다.	목적 지향적, 의도적 행동이 학습된다.
예	학습자가 교실(원래 중성적)을 교사의 따뜻함과 연합하면 교실이 긍정적인 정서를 유발한다.	학습자가 질문에 답하면 칭찬이 주어지고, 그러면 답을 하려는 시도는 증가된다.
대표자	Pavlov	Skinner

정한 반응은 무릎반사와 같이 외부의 자극에 의해 유도된 반응(elicited response)이지만, 조작적 조건형성에서의 반응은 자발적, 혹은 우연적으로 방출된 반응(emitted response)이며, 그러한 반응은 결과를 창출하는 환경에 영향을 미친다. 또한 고전적 조건형성에서 학습은 중립 자극이 무조건 자극과 연합될 때 발생하고 정서적, 불수의적 행동이 학습되지만, 조작적 조건형성에서의 학습은 행동 뒤에 따르는 결과(consequence)에 의해서 일어나며, 목적 지향적, 의도적 행동이 학습된다. 고전적 조건형성과 조작적 조건형성 간의 이러한 차이를 정리해 보면 〈표 9-1〉과 같다.

1) 강화와 처벌

Skinner는 쥐나 비둘기를 사용한 동물 실험에서 특정한 행동의 빈도를 증가시키기 위해 먹이를 제공했는데, 이때 먹이는 지렛대를 누르는 것과 같이 특정한 행동을 하도록 한다는 의미에서 강화인(reinforcer)이 되며, 행동의 발생 빈도를

증가시키기 위해 강화인을 제공하는 과정을 강화라고 한다. 강화에는 정적 강화 (positive reinforcement)와 부적 강화(negative reinforcement)가 있다. **정적 강화란** 어떤 행동이 일어나면 행위자가 만족할 만한 긍정적 자극을 제시함으로써 추후에 그 행동이 일어날 확률과 빈도를 증가시키는 것을 말한다. 교사가 급우의 학습을 도와주는 학생에게 칭찬을 해 줌으로써 계속해서 학습이 부진한 급우를 돕도록 하는 것이 정적 강화의 예이다.

반면에 **부적 강화**란 어떤 행동이 발생한 후에 행위자가 싫어하거나 혐오스러운 자극을 제거하여 그 행동이 발생할 확률을 증가시키는 것을 의미한다. 여기에서 부적이라는 말은 가치판단을 의미하는 것이 아니라, 어떤 것이 제거되었다는 의미이다. 예를 들어, 어떤 교사가 늦게 귀가하는 것을 무척 싫어하는 학생을 학교에 지각했다는 이유로 교실에 혼자 남겨 늦게 귀가하도록 했는데, 오늘 그 학생이 지각하지 않아 제때에 귀가시켰다면, 그 교사는 부적 강화를 사용한 것이다. 이처럼 바람직한 행동을 증가시키기 위해 학생들이 일반적으로 싫어하는 요인을 제거하는 부적 강화는 혐오적인 자극을 제시함으로써 행동이 일어나는 빈도를 감소시키거나 억압하는 '처벌(punishment)'과는 구별된다.

처벌이란 특정한 행동을 약화시키거나 발생 빈도를 감소시키기 위해 처벌인 (punisher)을 사용하는 과정이다. 즉, 처벌이란 그것을 받는 사람이 또다시 같은 방식으로 행동하는 경향을 줄일 것이라는 가정하에서 거북하고, 위험하고 또는 원하지 않는 행동을 행동목록에서 제거시키기 위하여 설계된 것이다(Skinner, 1971).

처벌에는 제거성 처벌(removal punishment)과 수여성 처벌(presentation punishment)이 있다. **제거성 처벌**은 특정한 행동이 발생한 후에 긍정적 자극을 제거시킴으로써 그 행동의 발생 확률을 감소시키도록 하는 것이다. 급우에게 욕설을 한 학생을 쉬는 시간에 빈 방에 격리시키는 타임아웃(time out)은 제거성 처벌의 예이다. **수여성 처벌**은 꾸중이나 체벌과 같이 혐오적인 자극을 제시하여 행동의 발생 빈도를 감소시키는 것이다. 강화와 처벌의 관계는 〈표 9-2〉와 같다.

정적 강화
반응빈도를 증가시키기 위해서 긍정적 자극을 제공하는 것

부적 강화
반응빈도를 증가시키기 위해서 부정적 자극을 제거하는 것

제거성 처벌
반응빈도를 감소시키기 위해서 긍정적 자극을 제거시키는 것

수여성 처벌
반응빈도를 감소시키기 위해서 불쾌한 자극을 제공하는 것

표 9-2 강화와 처벌의 관계

자극	반응 후 제시	반응 후 제거
유쾌한	정적 강화 (반응빈도 증가)	제거성 처벌 (반응빈도 감소)
혐오적	수여성 처벌 (반응빈도 감소)	부적 강화 (반응빈도 증가)

2) 조형

수업 중에 책상에 앉아 책을 읽으려고 하지 않는 아동의 행동을 어떻게 하면 수정할 수 있을까? 유기체가 의도한 행동을 자발적으로 하지 않는다면 어떻게 해야 하는가? 이러한 경우 조형(shaping)의 원리를 사용하면 가능하다.

조형이란 의도한 목표행동(target behavior)과 유사한 행동을 체계적으로 강화함으로써 새로운 기술이나 행동을 학습시키는 절차를 말하며, '연속적인 접근(successive approximation)'이라고도 한다. 조형을 통해서 자연적인 상태에서는 의도한 최종 행동이 발생할 가능성이 거의 없는 복잡한 행동을 학습시킬 수 있다(Skinner, 1968). 예를 들어, 교사는 아동이 자신의 책상 근처에 갈 때 강화를 주고, 다음에는 의자에 앉은 행동에 강화를 주고, 책을 꺼내는 행동에 강화를 주는 것과 같은 방법으로 책상에 앉아 책을 보는 행동을 습득시킬 수 있을 것이다.

특정한 행동을 조형하는 데 사용될 수 있는 절차는 다음과 같다(Schunk, 2016).

- 학생이 지금 무엇을 할 수 있는지(초기 행동) 확인한다.
- 바람직한 행동을 확인한다.
- 학생의 환경에서 강화물이 될 수 있는 것을 확인한다.
- 바람직한 행동을 순차적으로 숙달할 수 있도록 소규모의 세부단계로 나눈다.
- 바람직한 행동에 근접할 때마다 연속적인 강화를 제공해 줌으로써 학생이 초기 행동에서 바람직한 행동으로 옮겨 가도록 한다.

조형
의도한 행동에 근접한 행동을 강화함으로써 완전히 새로운 행동을 학습시키는 방법

3) 선행자극

행동에 영향을 주는 것은 행동 뒤에 수반되는 결과만이 아니다. 행동에 선행하는(antecedent) 자극 역시 행동의 결과에 중요한 역할을 한다. 과거에 강화를 받았던 행동의 선행자극은 미래의 행동 빈도를 증가시키지만, 처벌받았던 행동의 선행자극은 미래의 행동 빈도를 감소시킨다. 이처럼 행동에 영향을 미치는 선행자극에는 단서, 환경적 사태, 변별과 일반화가 있다.

선행자극
행동에 영향을 미치는 행동에 선행하는 자극

- **단서(cue):** 유기체는 특정한 자극에 대한 반응이 강화로 이어질 수 있다는 것을 학습하게 되는데, 이때 강화를 유도하는 자극이 변별자극(discriminative stimulus)이다. 변별자극은 강화될 반응이 나타날 계기를 마련해 주지만, 그것이 늘 명확하게 존재하는 것은 아니다. 따라서 어떤 행동이 강화될지 혹은 처벌될지에 대한 추가적인 변별자극을 제공하는데, 이를 단서 제공(cueing) 또는 자극 촉구(prompting)라고 한다. 무엇인가에 단서를 제공한다는 것은 학생들에게 어떤 반응을 상기할 수 있도록 하는 비언어적 신호를 말한다(Ormrod, 2008). 예를 들어, 협동학습 활동을 하고 있을 때 교사는 학생들의 머리 위에 켜진 전등을 빠른 속도로 껐다 켰다 하는 행동을 반복함으로써 학생들이 큰 소리로 떠들지 않고 조용히 이야기해야 한다는 사실을 떠올리게 할 수 있다.
  어떤 상황에서는 언어적 단서가 더 유용하다. 예를 들어, 점심 식사를 하러 식당에 갈 준비를 하는 학생들에게 교사는 "조용히 걷고 한 줄로 서세요."라고 말하는 것으로 단서를 제공한 후, 학생들이 지시대로 했을 경우에만 식당에 들어갈 수 있도록 하면 된다. 교사들은 어떤 반응을 보이면 처벌을 받게 되는지 학생들에게 일깨워 줄 때에도 단서 제공을 이용할 수 있다. 예를 들어, 말썽을 부리거나 학업을 게을리할 때, 신체언어(얼굴 찡그리기, 눈살 찌푸리기), 물리적 근접성(학생에게 가까이 다가가기), 간단한 언어 충고("민수야, 잡지 치우거라.") 등의 방법을 이용할 수 있다.
- **환경적 사태(setting events):** 특정한 행동이 쉽게 발생할 수 있는 환경적 사태가 선행자극의 역할을 한다. 예를 들어, 학생들 간의 협력이 필요한 게임은

학생들의 협동심을 촉진시킬 것이며, 학생들이 서로 협력하여 게임을 하는 것에 대해 강화를 받게 되면 미래에도 그러한 행동은 증가하게 될 것이다. 즉, 협동적인 게임은 협동적 행동을 증가시키는 반면에 경쟁적 행동은 공격적 행동을 증가시킨다(Bay-Hinitz, Peterson, & Quilitch, 1994).

- **변별과 일반화**: 자극의 차이를 인식하는 변별과 동일하지 않을지라도 유사한 자극에 이전과 동일한 반응을 하는 일반화는 추후 행동에 영향을 미치는 선행자극이 된다. 반응이 강화될 때 끊임없이 나타나는 모든 자극은 변별자극이다(Gredler, 2005). Skinner 상자 속의 비둘기가 빨간 불에 반응할 때만 반복적으로 강화를 준다면, 그 비둘기는 다른 색깔의 불빛은 무시해 버릴 것이다. 영어 철자 'b'를 처음 배운 아동은 철자 'd'를 보고 'b'라고 할 가능성이 높다. 즉, 아동은 일반화를 시도하지만 강화를 받지 못할 것이고, 그에 따라 두 철자를 변별하는 것을 학습하게 될 것이다. 이처럼 일반화와 변별을 일으키는 과거의 강화인 역시 행동에 영향을 미치는 선행자극이다.

4) 교육적 시사점

첫째, 바람직한 행동을 증가시키기 위해서는 강화를 사용하라. 다음은 강화를 효과적으로 사용하는 데 참고할 수 있는 몇 가지 지침이다.

- 학생들에게 바람직한 행동이 무엇인지를 구체적으로 알려 주고 그 행동이 나타나면 즉각적인 강화를 제공하라. 교사가 원하는 바람직한 행동이 무엇인지를 구체적으로 알려 주면 학생들은 자신들이 수행할 행동의 기준을 설정할 것이다. 또한 의도한 행동이 발생하면 지연된 강화보다는 즉각적으로 강화를 해 주는 것이 좋은데, 아동이 어릴수록 즉각적인 강화가 더 효과적이다.
- 강화인의 효과를 지속적으로 점검하라. 학생과 상황에 따라 선호하는 강화인이 다르기 때문에 모든 학생들에게 동일한 효과가 있는 강화인은 거의 없다. 어떤 학생에게는 강화인이되지만, 다른 학생에게는 그것이 처벌로 작용하기도 한다. 따라서 교사는 학생 개개인이 선호하는 강화인이 무엇인지를 구체적으로 파악할 필요가 있다. 학생이 선호하는 강화인을 파악하게 되면

강화의 효과를 극대화시킬 뿐 아니라 바람직하지만 발생 빈도가 낮은 행동을 학습시키는 데도 활용할 수 있다. 예를 들어, 수학공부는 싫어하지만 친구들과 농구하기를 좋아하는 학생에게 10개의 수학문제를 모두 풀면 나가서 농구를 하도록 허락해 주겠다고 제안하는 것이다. 이처럼 유기체가 원하는 행동을 허용하는 조건으로 덜 원하는 행동을 하게 하는 것을 프리맥 원리(Premack principle) 혹은 '할머니 법칙'이라고 한다. 프리맥 원리를 잘 활용하면 원래는 발생 빈도가 낮았던 행동을 점증적으로 증가시킬 수 있을 것이다.

- 행동의 결과가 무엇인지 분명히 전달하라. 학습자가 행동에 뒤따르는 결과가 무엇인지 분명히 인지했을 때 강화는 더 효과적이다. 예를 들어서, 수업 태도가 가장 좋은 모둠 순으로 식당에 내려가 점심을 먹을 수 있다는 것을 알고 있는 중학생들의 수업 태도는 매우 좋을 것이다. 이처럼 특정 행동에 대한 결과, 즉 유관성을 전달하는 데 효과적인 방법 중의 하나가 유관계약(contingency contract)이다. 유관계약이란 학습자가 특정한 행동을 할 경우 교사가 특정한 강화인을 제공하겠다고 학습자와 교사가 계약을 맺는 것을 의미한다. 예를 들면, 한 달 동안 지각생이 한 명도 없을 경우 근처 공원에서 학급 파티를 하겠다고 학생들과 교사가 구두나 서면으로서 약속을 하는 것이다. 유관계약은 비행이나 나쁜 학습 태도와 같은 행동수정에 효과적인 것으로 밝혀졌다.

- 학습자가 목표행동을 학습하고 그러한 행동을 규칙적으로 한다면, 인위적 강화인을 단계적으로 제거하라. 교실에서는 인위적 강화인(contrived reinforcer)과 자연적 강화인(natural reinforcer)을 사용할 수 있다. 인위적 강화인이란 책을 한 권 읽을 때마다 휴식시간을 제공하는 것과 같은 것이며, 자연적 강화인이란 소설책을 읽을 때 경험하는 즐거움과 같이 어떤 행동에 자연스럽게 수반되는 긍정적인 결과이다. 인위적 강화인을 효과적으로 사용할 수 있는 방법은 학생들이 바람직한 행동을 했을 때 토큰(예: 금별 스티커, 칩)을 제공하고, 정기적으로 학생들이 원하는 보상과 교환해 주는 토큰강화체제(token reinforcement system)이다. 인위적 강화인은 특정한 행동을 학습시키기 위한 초기 단계에서는 효과적일 수 있지만, 지나친 외적 강화는 학습활동 자체에 포함되어 있는 흥미를 잃게 할 수도 있다. 따라서 교사는 학습자가 바

프리맥 원리
원하는 행동을 허용하는 조건으로 덜 원하는 행동을 하게 하는 것

유관계약
학습자가 특정한 행동을 할 경우에 교사가 특정한 강화인을 제공하겠다고 학습자와 교사가 계약을 맺는 것

인위적 강화인
특정한 행동을 유도하기 위해 칭찬이나 보상 등 외적으로 제공되는 강화인

자연적 강화인
특정한 행동 자체가 즐거워서 그러한 행동을 하는 것

토큰강화체제
지정된 행동을 했을 때 획득한 토큰을 바람직한 보상과 교환하는 체제

람직한 행동을 학습하게 되면 인위적 강화인을 점차 제거하여 자연적 강화물, 즉 내적 강화인으로 전환시킬 수 있도록 도와주어야 한다.

• **강화계획을 적절히 활용하라.** 강화계획(reinforcement schedule)이란 강화인이 제공되는 시점과 빈도를 패턴화한 것이다. 의도한 행동이 발생할 때마다 강화를 계속해 주는 것이 연속적 강화(continuous reinforcement)이며, 이러한 형태의 강화는 새로운 행동을 학습시키는 데 효과적이다. 그러나 일상생활에서 강화받을 행동이 발생할 때마다 계속적으로 강화를 해 주는 것은 쉽지 않다. 따라서 학습된 행동을 계속 강화해 주기보다는 가끔씩 강화해 주는 부분강화(partial reinforcement, 혹은 간헐적 강화)가 학습된 행동을 유지하는 데 유용한 경우가 많다. 부분강화는 강화가 제공되는 시간 간격에 따라 고정간격(fixed interval), 변동간격(variable interval) 계획으로 구분되며, 반응이 출현하는 횟수에 따라 고정비율(fixed ratio), 변동비율(variable ratio) 계획으로 구분된다. 이러한 강화계획을 적절히 활용하여 궁극적으로는 강화인 없이 학습자 스스로가 바람직한 행동을 유지할 수 있도록 도와주어야 한다.

• **칭찬을 효과적으로 사용하라.** 칭찬이란 '행동의 적절함이나 옳음에 관한 단순한 피드백 이상의 의미를 가진 반응'이다(Brophy, 1981). 교사의 칭찬은 학생과 긍정적인 인간관계 유지에 도움이 될 뿐만 아니라, 과제 수행에 대한 기준의 역할을 한다. 그러나 칭찬은 '양날의 칼'과 같아서 잘 사용하면 학생에게 '득(得)'이 되지만, 그렇지 않으면 '실(失)'이 될 수 있다. 예를 들어, 쉬운 과제를 잘 수행했다고 칭찬받은 학생은 교사의 칭찬을 교사가 자신의 능력을 낮게 지각하고 있다는 증거로 해석할 수 있을 것이다(Meyer, 1992). 그러한 상황에서의 칭찬은 학생의 자신감을 높여 주기보다는 오히려 낮출 수 있다. 또한 다른 학생들의 행동을 통제할 목적으로 제공하는 칭찬은 칭찬받는 학생을 학급에서 소외시키는 결과를 가져올 수도 있다. 뿐만 아니라, 칭찬을 자주 사용한다면 아동들은 자신의 수행을 판단할 만한 기준을 스스로 세울 수 없게 되어 성인의 권위에 의존하게 될 것이다(Kamii, 1984). 〈표 9-3〉은 Brophy(1981)가 제안한 효과적인 칭찬과 비효과적인 칭찬을 요약한 것이다. 이들 원리의 대부분은 칭찬뿐 아니라 외적 강화의 형태에도 적용된다.

표 9-3 효과적인 칭찬과 비효과적인 칭찬

효과적인 칭찬	비효과적인 칭찬
1. 행동의 결과에 수반되어 제공된다.	1. 임의적으로 혹은 체계가 없이 제공된다.
2. 수행과정의 구체적 단계에 제공된다.	2. 전반적으로 긍정적인 반응에 대해서만 제공된다.
3. 즉각적이고 다양하며 신뢰성이 있다.	3. 최소한의 관심만을 보이며 건성으로, 진실된 마음 없이 획일적으로 제공된다.
4. 수행과 노력준거를 구체화시켜서 그것을 달성했을 때, 보상으로 제공된다.	4. 수행과정이나 결과에 대한 고려 없이 단순히 참여한 것에 대한 보상으로 제공된다.
5. 학생들의 능력이나 성취의 가치에 대한 정보를 제공해 준다.	5. 정보를 전혀 제공해 주지 않거나 학생들의 수행결과만 알려 준다.
6. 학생들이 과제 수행과 관련된 자신의 행동과 문제해결에 대한 사고를 잘 이해하도록 해 준다.	6. 또래들과 비교하거나 경쟁을 유도한다.
7. 현재의 성취수준을 설명하기 위해서 이전의 성취수준을 이용한다.	7. 학생의 성취수준을 설명하기 위하여 또래들의 성취수준을 이용한다.
8. 어려운 과제에 많은 노력을 기울였거나 성취했을 때 제공된다.	8. 성취의 개인적 의미나 노력의 정도에 상관없이 제공된다.
9. 성공을 노력과 능력에 귀인시키고 장래에도 유사한 성공을 기대할 수 있다는 것을 시사해 준다.	9. 성공을 단지 능력 혹은 행운과 과제의 용이성과 같은 외적 요인에 귀인시킨다.
10. 내생적 귀인을 조장한다. 즉, 학생 자신이 과제를 수행하기를 좋아하고 과제와 관련된 기능을 계발하기 원하기 때문에 그 과제에 노력을 기울인다는 신념을 갖도록 한다.	10. 외생적 귀인을 조장한다. 즉, 학생 자신이 교사를 기쁘게 하거나 경쟁에서 승리하거나 혹은 보상을 받는 것과 같이 외적 이유 때문에 노력을 기울인다는 신념을 갖도록 한다.
11. 학생들의 주의를 과제와 관련된 행동에 집중시킨다.	11. 학생들의 주의를 외적 권위자인 교사에게 집중시킨다.
12. 수행이 완료된 후에 과제와 관련된 행동에 대한 평가와 바람직한 귀인을 조장한다.	12. 과제를 수행하고 있는 동안에 칭찬을 함으로써 학생들의 주의를 분산시킨다.

둘째, 바람직하지 않은 행동을 감소시키기 위해 처벌을 사용할 경우 신중해야 한다. 처벌이 야기할 수 있는 문제점은 다음과 같다(Eggen & Kauchak, 2016).

- 체벌(physical punishment)은 공격성을 가르칠 수 있다. 종종 체벌을 받은 사람은 이후에 다른 사람에게 비슷한 체벌을 주는 행동을 한다.
- 처벌은 더 강한 반응의 원인이 된다. 권위 있는 사람에게 저항하는 것을 배운 학생들은 처벌을 받은 후 더욱더 반항적이 되기 쉽다.
- 처벌은 단지 일시적으로 행동을 억제시킬 뿐이다. 처벌을 주는 사람이 계속 처벌을 사용하지 않는 한, 처벌은 불량행동의 문제를 해결할 수 있는 장기적인 해결책이 아니다.
- 처벌은 학생들이 처벌인뿐만 아니라 처벌을 주는 사람까지도 피하게 만든다. 처벌을 받은 사람은 잡히지 않는 지능적인 방법을 찾으려 하고 학생은 처벌을 자주 주는 교사를 피할 것이다.
- 처벌은 부정적인 감정을 초래한다. 고전적 조건형성을 통해 학생들은 교실과 처벌받은 것을 연합할 것이고, 교실은 부정적인 감정을 생산해 내는 조건화된 자극이 된다. 학생들은 그들의 부정적 감정을 과제, 다른 교사 그리고 학생에 일반화시킬 것이다.

교사는 불가피한 경우를 제외하고는 처벌을 최대한 삼가야 하고, 부득이 처벌해야 할 경우에는 처벌의 부정적인 측면을 최소화할 수 있도록 해야 한다. 또한 교사는 대안적인 방법을 사용하여 처벌을 최소화해야 한다. 예를 들어, 수업 준비를 철저히 하여 수업을 방해하는 학생이 나오지 않도록 하는 것과 같이 처벌이 필요한 상황을 만들지 않는다. 또는 바람직하지 않은 행동을 의도적으로 무시해 버림으로써 원하지 않는 행동을 소거시키거나 문제행동과 정반대되는 행동을 강화하는 것과 같이 상반된 행동 강화 기법을 사용할 수도 있다.

상반된 행동 강화
문제행동과 정반대되는 행동을 강화하는 것

생산적인 학습환경
학습이 효율적으로 이루어질 수 있도록 안전하고 정돈된 교실환경을 구성하는 것

셋째, 생산적인 학습환경을 구성하라. 생산적인 학습환경(productive learning environment)이란 학습이 효율적으로 이루어지도록 안전하고 정돈된 교실환경을 구성하는 것이다. 행동주의가 교사에게 정돈된 환경을 구성하기 위한 모든 해답을 제공하는 것은 아니지만, 다음의 원리들은 교사들에게 좋은 지침이 될

수 있다(Eggen & Kauchak, 2016).

- 학생들을 존경하고 예의 바르게 대하며 교실과 학교에 대해 긍정적인 감정을 가지도록 만들어라.
- 기대 행동을 이끌어 내기 위한 환경적 선행자극을 만들어라.
- 학생들의 노력과 능력의 향상에 대해 강화하라.
- 바람직한 행동기준에 부합하는 행동을 했을 경우 나타날 긍정적인 결과를 강조하고 강화인이 효과적이지 못할 경우 처벌을 사용하라.

넷째, 학습자의 심각한 문제행동을 체계적이고 집중적으로 변화시키고자 한다면 응용행동 분석을 활용하라. 행동수정이나 행동치료라고도 불리는 **응용행동 분석**(applied behavior analysis)은 심각한 문제행동은 과거와 현재의 반응−결과 간의 유관성의 결과라고 가정하며, 문제행동을 수정하기 위해 강화, 조형, 단서 제공, 소거, 처벌 등과 같은 행동주의와 관련된 다양한 개념들이 포함된다(Ormrod, 2008). 이 원리를 적용하기 위해서는 보통 다음과 같은 단계를 거친다(Eggen & Kauchak, 2016).

응용행동 분석
행동주의의 원리를 적용하여 학습이나 행동상의 문제를 수정하는 것

- 목표행동을 결정한다. 교사는 변화시키기를 원하는 학생의 특정 행동을 파악하여 빈도를 측정한다. 예를 들어, 욕하기, 다른 학생 때리기와 같은 목표행동을 선정할 수 있다.
- 목표행동의 기저선을 설정한다. 이것은 비교할 수 있는 기준을 세우기 위해 행동의 발생 빈도를 측정하는 것을 뜻한다. 예를 들어, 교사는 해당 학생이 한 주 동안 욕설은 몇 번 했는지, 다른 학생은 몇 번 때렸는지를 파악한다. 이 기저선은 각각의 목표행동에 어떤 변화가 나타날 것인지를 볼 수 있게 해 준다.
- 강화인을 선택하고 필요시 처벌인도 선택한다. 행동의 변화를 시도하기 전에 교사는 개별 학생에게 영향을 줄 수 있는 특별한 강화인과 처벌인을 찾아야 한다. 교사는 칭찬이나 스티커를 강화인으로 선택할 수 있으며, 방과후에 늦게 귀가시키는 것과 같은 처벌인을 선정할 수도 있을 것이다.

- 목표행동의 변화를 측정한다. 기저선을 만들고 가능한 강화인과 처벌인을 결정하면 특정 기간 동안 변화가 발생하는지를 보기 위해 목표행동을 측정한다.
- 행동이 향상되면 강화인의 빈도를 점점 감소시킨다. 처음에는 연속적 강화인이 필요하겠지만 점차 부분강화를 사용하는 것이 바람직하며, 학교 밖에서나 강화가 없는 상황에서도 문제행동을 하지 않고 기대되는 행동을 계속 유지할 수 있도록 도와주어야 한다.

응용행동 분석은 학업수행과 학습습관, 주의집중, 사회적인 기술, 개인 위생 등의 개선과 충동성, 공격성, 폭력 등의 감소에 효과적이며, 적절한 학업적, 사회적 행동을 하도록 계속적으로 동기화시켜야 할 학습자들, 즉 심각한 학습상의 문제나 행동문제를 가지고 있는 특수한 학습자들을 교육하는 데 효과적이다 (Ormrod, 2008).

3. 학습에 대한 행동주의적 접근의 한계

행동주의 이론의 주요 기법은 교육 현장에서 발생하는 다양한 문제행동을 해결하고 바람직한 행동을 학습하고 유지하도록 하는 데 도움이 된다. 그러나 학습에 대한 행동주의적 접근은 다음과 같은 몇 가지 점에서 한계가 있다(Eggen & Kauchak, 2016; Ormrod, Anderman, & Anderman, 2017).

첫째, 행동주의에 기초한 수업은 정보가 구체적 항목으로 분할되어야 하며, 학습자들이 관찰 가능한 행동으로 표출하여 강화받을 수 있어야 한다고 제안한다. 그러나 학교에서 가르치는 것 중 많은 것은 탈맥락적인 단편적 정보를 강화하여 효과적인 학습을 보장할 수 없다. 예를 들어, 효과적으로 글 쓰는 방법은 의미 있는 맥락 속에서 글쓰기를 연습함으로써 배울 수 있는 것이지 맥락과 무관한 글쓰기를 함으로써 배울 수 있는 것이 아니다.

둘째, 학업 과제를 완성한 것에 제공되는 강화는 학생들이 질 좋은 과제를 수행하도록 하기보다는 오히려 신속하게 과제를 끝마치는 일에 집중하게 할 수도 있다. 일반적으로 과제를 끝마친 것에 강화를 주게 되면 학생들은 과제 수행 과정에서 학습을 하려고 하기보다는 과제를 단지 완성하는 데 주의와 노력을 기울이게 된다.

셋째, 행동을 변화시키려는 시도들은 잠재적으로 학습을 간섭하는 인지적 요인을 무시한다. 인지적 결함(예: 제한된 배경지식, 부족한 읽기 기능, 비효과적인 공부 전략)이 어떤 기능을 획득하는 데 방해가 될 때, 강화만으로는 유의미한 향상을 가져오지 못할 수도 있다.

넷째, 행동주의는 언어학습과 같은 고등 정신 기능을 정확하게 설명할 수 없다. 예를 들어, Chomsky와 Miller(1958)는 사람들이 행동과 강화에 기초하여 문장을 학습한다면, 어휘 수가 적은 국어를 가진 사람조차도 평생 동안 일 초에 한 문장을 학습하는 것보다 더 빠른 속도로 문장을 학습해야 할 것이라고 주장했다.

다섯째, 이미 내재적으로 흥미를 갖고 있는 활동에 대한 외적 강화는 그 활동에 대한 즐거움을 해칠 수도 있다. 학생들은 종종 내재적 강화인(예: 성공감 또는 유쾌함) 때문에 어떤 행동에 착수한다. 몇몇 연구는 즐거운 활동이 외재적 강화를 통해 증가될 수 있지만 그 후에 일단 강화인이 제거되면 빈도가 기초선 아래로 감소할 것이라고 지적한다. 학생들이 외재적 강화인을 개선과 진보를 촉진하는 것이 아니라 오히려 통제하고 조종하는 것이라고 지각할 때, 이러한 역효과는 쉽게 나타날 것이다(제14장 참조).

마지막으로, 행동주의를 비판하는 사람 중 일부는 학교는 보상을 받기 위한 학습보다는 학습 그 자체를 위한 학습을 하도록 해야 한다는 입장을 갖고 있다. 또 다른 비판은 행동주의는 학생들이 자신의 행동을 통제하도록 도와주는 방법이라기보다는 본질적으로 다른 사람을 통제하기 위한 수단이라고 주장한다.

토론과제 >>>

1. 우리나라 학교에서 관찰할 수 있는 행동주의에 기반한 교육 활동 세 가지를 제시하고, 그러한 활동이 교육적으로 바람직한가에 대해 의견을 나누어 보자.

2. '강화는 수업에 효과가 없다.'라는 주장의 타당성에 대해 토론해 보자.

3. 「초 · 중등교육법 시행령」 제31조 제8항은 "학교의 장은 법 제18조 제1항 본문에 따라 지도를 할 때에는 학칙으로 정하는 바에 따라 훈육 · 훈계 등의 방법으로 하되, 도구, 신체 등을 이용하여 학생의 신체에 고통을 가하는 방법을 사용해서는 아니 된다. 〈개정 2011. 3. 18.〉"라고 규정하고 있다. 이 시행령의 적합성에 대해 토론해 보자.

4. 유치원, 초 · 중 · 고등학교에서 적절한 효과적인 칭찬 방법을 생각해 보고 각자의 생각을 나누어 보자.

5. 생산적인 학습 환경을 조성하는 방법에 대해 토론해 보자.

제 **10** 장

학습에 대한 사회인지주의적 접근

최병연

◇◇◇◇◇

....

학습에 대한 사회인지주의적 접근은 Albert Bandura 등에 의해 수행된 관찰학습에 대한 연구를 바탕으로 하고 있다. 사회인지이론은 학습이 반드시 직접적인 경험을 통해서만 발생하는 것이 아니라, 많은 경우 타인의 행위와 그 결과를 관찰함으로써 일어난다고 가정한다. 이 이론은 인간의 학습이나 행동이 개인, 환경, 행동 요인 간의 끊임없는 상호작용에 의해서 결정된다는 상보적 인과관계를 기본 모형으로 하고 있다. 상보적 인과관계에서는 특정한 행동을 배우거나 수행하기 위해 필요한 활동을 조직하고 실행하는 개인의 능력과 관련된 자기효능감이 중요한 개념이다. 사회인지이론의 또 다른 특징은 자기조절 기능의 강조다. 즉, 인간의 많은 행동은 자신의 행동에 대한 내적 기준과 자신의 행동에 대한 자기평가를 통해 동기화되고 조절된다는 것이다. 이 장에서는 관찰학습의 과정, 자기효능감의 근원 및 신장방법, 자기조절의 요소, 그리고 사회인지이론의 교육적 시사점에 대해 살펴보겠다.

학습목표

1. 사회인지이론의 기본 가정을 이해할 수 있다.
2. 관찰학습의 하위 과정을 학습 과정에 작용할 수 있다.
3. 자기효능감에 영향을 미치는 요인에 대해 설명할 수 있다.
4. 자기조절과 관련된 요인을 설명할 수 있다.
5. 사회인지이론의 교육적 시사점을 논할 수 있다.

행동주의 이론의 한계를 극복하려는 시도 중의 하나는 Albert Bandura(1925~2011)를 중심으로 연구된 사회인지이론(social cognitive theory)이다. 사회인지이론은 행동주의 이론과 마찬가지로 강화와 벌의 개념을 사용하여 학습을 설명하지만, 이에 대한 해석이 다르다. 행동주의자들은 강화인과 처벌인을 행동의 직접적인 원인으로 간주하지만, 사회인지이론가들은 이러한 요인들이 **기대**(expectation)를 형성하게 한다고 보았다. 어떤 행동을 했을 때 수반될 강화(혹은 처벌)에 대한 기대가 과거의 강화(혹은 처벌) 경험보다 더 중요하다는 것이다. 예를 들어, 계획적으로 공부하여 좋은 성적을 얻은 학생은 다음에도 계획적으로 공부하면 좋은 성적을 얻을 것으로 기대할 것이며, 수업 중에 소란을 피워서 벌을 받는 급우를 본 학생은 수업 중에 떠들면 동일한 벌을 받을 것이라고 기대하여 조용히 할 것이다. 즉, 사회인지이론의 관점에서 인간은 이전의 강화 조건에 따라 자동적으로 행동하기보다는 강화에 대한 기대를 형성하는 존재이다. 이처럼 행동주의 이론에서는 기대의 역할을 고려하지 않지만, 사회인지이론에서는 기대를 중요하게 여긴다.

Albert Bandura

기대
어떤 수행이 특정한 결과를 가져올 것이라는 예측

사실 인간의 언어나 관습, 그리고 사회적 행동 등 인간의 모든 행동은 개인 각자의 강화 경험만을 통해서 형성될 수 없다. 아동들은 부모의 행동을 모방하고, 10대 청소년들은 연예인의 스타일이나 유행에 따라 행동하려는 경향이 있다. 인간은 직접 행동하고 그 결과를 경험하면서 학습할 수도 있지만 다른 사람의 행동이나 만화 주인공과 같은 상징적 모델에 대한 관찰을 통해서도 학습을 한다. 사실 인간 학습의 대부분은 타인에 대한 관찰을 통해서 이루어진다. 이처럼 관찰을 통한 학습, 즉 **대리학습**(vicarious learning)을 강조한 이론이 사회인지 학습이론(social cognitive theory)이다.

대리학습
타인의 행동결과에 대한 관찰을 통해 이루어지는 학습

이 분야의 대표적인 이론가인 Bandura의 초기 이론은 학습이 관찰이나 사회적 장면 속에서 이루어진다는 의미에서 관찰학습(observational learning) 혹은 사회학습이론(social learning theory)이라고 불리었지만, 최근 그의 연구가 인간의 신념, 자기지각, 기대 등과 같은 인지적 요인에 초점을 맞추고 있기 때문에 그의 이론을 사회인지이론이라고 부른다.

[그림 10-1] 상보적 인과관계

상보적 인과관계

인간의 행동은 개인
요인, 환경 요인, 행동
요인 간의 지속적인
상호작용에 의해 결
정된다는 것

사회인지이론은 [그림 10-1]에서 볼 수 있는 바와 같이 인간의 행동을 상보적 결정론(reciprocal determinism) 혹은 상보적 인과관계(reciprocal causation)라는 개념으로 설명한다. 이것은 인간의 행동이 신념, 태도, 지식, 연령, 성별 등과 같은 개인(person) 요인, 가족, 친구, 기타 사회적 영향 등과 같은 환경(environment) 요인, 언어나 신체적 반응, 사회적 상호작용 등과 같은 행동(behavior) 요인 간의 끊임없는 상호작용에 의해서 결정된다는 의미이다(Bandura, 1986). 즉, 인간의 행동은 환경에 의해 영향을 받지만, 인간 역시 자신을 둘러싼 여러 환경과 사건에 영향을 미친다는 것이다. 예를 들어, 유치원에 다니는 영주가 친구들과 장난감을 갖고 놀기를 좋아한다고 가정해 보자. 영주 또래들은 그와 같이 놀기를 좋아할 것이며, 그에 따라 그의 사회성은 발달하게 될 것이다. 영주의 사회성이 점차 발달함에 따라 그의 주변에는 더 많은 친구들이 생기게 될 것이고, 더 많은 인기를 얻게 될 것이다.

1. 관찰학습

모델링

모델에 대한 관찰을
통해 발생하는 인지
적, 정의적, 행동적
변화

사회인지이론의 핵심은 모델링(modeling) 혹은 관찰학습(observational learning)이다. 모델링은 관찰을 통해 수행하는 방법을 배우는 능력으로서 관찰을 통해 발생하는 인지적, 정의적, 행동적 변화이다. 특정한 행동을 관찰하기만 해도 특정한 행동을 실제로 행할 때와 동일한 반응을 하는 뉴런, 즉 거울 뉴런(mirror neuron)이 존재한다는 연구 결과는 모델링을 신경 생리학적 측면에서 지지해 주고 있다.

　모델링은 새로운 행동을 습득하게 하거나 촉진시키는 효과가 있을 뿐 아니라 대리 처벌을 통해 특정한 행동을 제지(inhibition)시키는 효과가 있다. 또한 모델링은 금지된 행동을 하도록 하는 탈제지(disinhibition) 효과도 있다. 예를 들어, 폭력성이 많이 묘사된 영화는 아동들에게 이미 학습한 공격적인 행동을 강화시킬 수 있다. 마지막으로, 모델링은 관찰자의 정서 변화에도 영향을 미친다. 예를 들어, 수업 중에 교사가 안절부절못하는 모습을 보이면, 이를 관찰하는 학생들 역시 불안해질 것이다.

　모델링에는 모델의 행동을 그대로 모방하려고 하는 직접(direct) 모델링, 영화의 주인공이나 연예인들의 행동을 모방하려는 상징적(symbolic) 모델링, 여러 모델들의 행동을 혼합해서 특정한 행동을 하게 되는 종합적(synthesized) 모델링이 있다(Bandura, 1986).

　모델링의 효과는 Bandura(1965)의 초기 연구를 통하여 밝혀졌다. 이 실험에 참여한 학령전기 아동들은 비디오에 등장한 모델이 Bobo 인형을 발로 차고 때리고 쓰러뜨리는 것과 같이 인형에 공격적인 행동을 하는 비디오를 시청하였다. 첫 번째 집단은 공격적인 행동을 한 모델이 다른 성인에 의해 사탕이나 음료수로 보상받는 장면을 보았고, 두 번째 집단은 모델이 다른 성인에 의해 꾸지람을 당하는 것처럼 처벌받는 장면을 보았다. 그리고 세 번째 집단은 모델의 공격적인 행동만을 시청하였다.

　비디오를 시청한 후에 연구자는 실험 조건과 동일한 방에 아동들을 들여보낸 다음 그들의 공격적인 행동을 관찰하였다. [그림 10-2]의 '유인 없음' 그래프에서 볼 수 있는 바와 같이 보상받은 모델을 관찰한 첫 번째 집단이 가장 공격적이었는데, 그것은 아동들이 대리강화(vicarious reinforcement)를 경험했기 때문이다. 반면에, 대리처벌(vicarious punishment)을 경험한 두 번째 집단의 공격성이 가장 덜 공격적이었다. 즉, 대리처벌이 아동의 공격성을 억제한 것이다.

　이 연구의 두 번째 단계는 학습(learning)과 수행(performance)을 분명히 구분하기 위하여 고안되었다. 이 단계에서는 비디오에 출현한 모델과 같은 행동을 하면 장난감이나 과일 주스를 주겠다고 한 다음, 각 집단에 속한 아동들의 공격적인 행동을 다시 관찰하였다. [그림 10-2]의 '정적 유인' 그래프에서 볼 수 있는

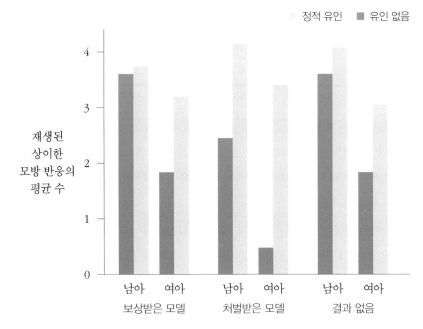

[그림 10-2] 모델을 관찰한 아동의 평균적인 공격적 반응의 수

것처럼 실험에 참가한 세 집단 아동 모두 거의 유사한 수준으로 공격적인 행동을 학습한 것으로 나타났다. 이러한 실험을 근거로 Bandura는 지식이나 행동을 획득하는 학습과 실제로 그것을 실행하는 수행을 구분하였다. 다시 말해, 사람들은 획득한 행동을 모두 수행하지 않으며, 수행할 만한 가치가 있고 긍정적인 결과가 기대되는 상황에서 획득한 행동을 행동으로 실천한다는 것이다.

　모델이 아동의 공격성에 미치는 영향에 대한 Bandura의 초기 연구에 대하여 많은 논란이 있음에도 불구하고, 후속 연구들은 아동들이 공격적이거나 폭력적인 모델을 관찰할 때 좀 더 공격적이 되며, 실물 모델뿐만 아니라 영화, 텔레비전, 비디오 게임에서 보는 상징적 모델로부터도 공격성을 학습한다는 것을 보여 주었다(Ormrod, Anderman, & Anderman, 2017). 또한 모델링을 통해 학업 기능이나 운동 기능, 그리고 대인관계 기능과 같이 다양한 기능과 전략을 학습할 수 있다는 것이 입증되었다(Schunk, 2012).

　관찰학습은 주의집중(attention), 파지(retention), 운동재생(motor-reproduction), 동기화(motivation) 과정을 통해서 이루어진다(Bandura, 1986).

① 주의집중 과정

모델링은 모델에게 주의를 집중하면서부터 시작된다. 모델의 행동에 대해 주의를 집중하지 않으면 학습은 일어나지 않는다. 또한 모델과 모델의 행동을 단순히 관찰하는 것만으로 학습은 일어나지 않는다. 관찰자는 모델의 독특한 특징이나 단서를 정확하게 지각해야 모델로부터의 학습이 가능하다. 일반적으로 모델의 연령, 성별, 지위, 능력, 매력 등과 같은 모델의 특징은 학습자의 주의집중 과정에 영향을 미친다. 또한 관찰자가 느끼는 행동의 중요성, 관찰자의 지각 태세, 선행경험, 감각능력, 각성수준, 관찰기술 등과 같은 관찰자의 특징이나 행동의 기능적 가치 역시 주의집중에 영향을 준다.

② 파지 과정

관찰자는 관찰한 행동을 기억해야 모델이 없는 상황에서도 관찰을 통해 얻은 정보를 유용하게 사용할 수 있다. 파지란 관찰된 모델의 행동이 관찰자의 기억 속에 유지되는 것을 말하며, 파지 과정은 정보가 심상적 체제나 언어적 체제와 같은 상징적 기호로 저장되는 것을 의미한다. 파지는 되뇌임(rehearsal) 혹은 시연을 통해 가능하다. 되뇌임에는 관찰한 행동을 마음속으로 상상해 보는 내적 되뇌임과 실제 행동으로 나타내 보는 외적 되뇌임이 있다. 또한 관찰자는 파지 과정에서 인지적 기술이나 인지적 구조를 활용해야 한다.

③ 운동재생 과정

관찰자가 파지 과정에서 상징적으로 부호화한 기억을 적절한 행동으로 전환시키는 과정이다. 간단한 행동은 관찰만으로도 재생이 가능하지만, 복잡한 문제해결 과정이나 세련된 동작을 실행하기 위해서는 지속적인 연습, 피드백, 점검, 시범 등이 요구된다. 또한 기억 속에 저장된 행동을 재생하기 위해서는 필요한 신체적 능력을 갖추고 하위요소 기능들을 숙달하여 활용할 수 있어야 한다.

④ 동기화 과정

관찰자가 특정한 행동을 학습하고 그것을 수행할 만한 능력을 갖추고 있다고 해도, 그 행동은 실제로 나타날 수도 있고 그렇지 않을 수도 있다. 그것은 동기화

과정이 학습한 행동의 수행 여부를 결정하기 때문이다. 동기화 과정에는 행위자가 특정한 행동을 하게 되면 그에 따라 직접적으로 제시되는 직접강화, 특정한 행동을 한 모델에게 제시되는 강화에 의해 관찰자가 영향을 받는 대리강화, 그리고 행위자 스스로 특정한 행동에 강화를 주는 자기강화가 있다. 또한 유인가(incentive)에 대한 관찰자의 선호도, 편견, 내적 기준 등과 같은 관찰자의 특성에 의해서도 동기화는 영향을 받는다.

관찰학습의 순서는 [그림 10-3]과 같다(Tuckman & Monetti, 2011).

대리강화
모델에게 제공되는 강화에 의해 관찰자가 영향을 받는 것

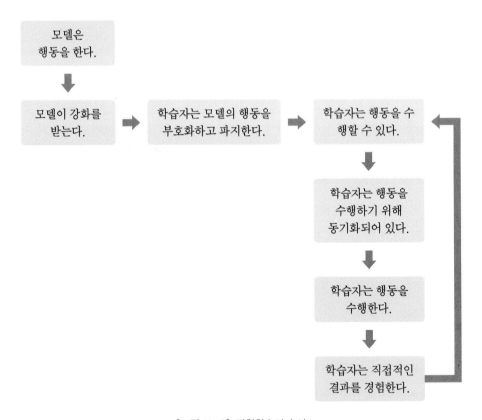

[그림 10-3] 관찰학습의 순서

2. 자기효능감

사회인지이론의 또 다른 핵심 요소는 자기효능감(self-efficacy)이다. 사회인지이론에서 인간의 행동은 특정한 행동을 자신이 얼마나 잘할 수 있을 것인가에 대한 기대, 즉 자기효능감에 의해 영향을 받는다고 가정한다. 자기효능감은 인간의 자기지각과 실제 행동 사이를 중재하는 동기요인이다.

자기효능감이란 자신이 의도한 수행을 성취하는 데 요구되는 일련의 행동들을 조직하고 실행하기 위한 자신의 능력에 대한 판단이다(Bandura, 1986). 교육적 맥락에서 자기효능감은 학습자가 소유하고 있는 지식과 기술을 효과적으로 적용하여 새로운 인지기술을 학습할 수 있는 능력이 있는가에 대한 학습자의 믿음이라고 정의된다(Schunk, 1989). 결국 **자기효능감**은 어떤 과제나 목표를 성공적으로 수행하는 데 필요한 활동을 조직하고 실행하기 위한 자신의 능력에 대한 판단이라고 정의할 수 있다. 이러한 자기효능감은 자아개념이나 자존감과 다르다. 자아개념은 자기효능감을 포함하는 것으로 자기에 관한 여러 가지 지각을 포괄하는 보다 폭넓은 구조이고, 자존감은 자기가치에 대한 판단과 관련이 있다(Woolfolk, 2016).

자기효능감
특정한 과제를 성공적으로 수행하기 위한 자신의 능력에 대한 판단

학습자들은 학업상황에서 다음과 같은 네 가지 판단 단서를 통하여 자기효능감을 형성한다(Bandura, 1986; Schunk, 1989, 1990).

- 실제적인 수행경험이다. 이것은 실질적인 숙달경험을 바탕으로 하기 때문에 효능감 판단에 가장 유력한 요인이다. 성공경험은 자기효능감을 높이는 반면에 실패경험은 효능감을 낮춘다.
- 대리경험(vicarious experience)이다. 타인을 통하여 자신의 능력에 관한 정보를 습득하는 것 또한 효능감에 대한 자기지각에 영향을 준다. 어린 아동일수록 또래들의 성공적인 수행결과를 보고 자신도 할 수 있다는 생각을 갖게 된다.
- 타인의 칭찬이나 격려와 같은 언어적 설득은 정도가 약하지만 자기효능감 판단에 영향을 준다. 사람들은 흔히 타인이 어떤 과제를 수행할 수 있는 능

력이 있다는 말을 듣게 되면 노력을 더 많이 하는 경향이 있다.

- 생리적 상태에 대한 해석이다. 특정한 과제를 수행하는 동안 일어날 수 있는 생리적 현상(예: 심장박동 수, 땀) 혹은 정서적 반응은 효능감 판단의 단서가 될 수 있다. 높은 불안상태로 인하여 실패를 경험한 학습자는 유사한 과제에 직면하게 되면 불안수준이 다시 높아져서 과제수행에 부정적인 영향을 줄 것이다. 이러한 과정을 통하여 학습자는 수행능력에 대한 확신을 잃게 될 것이고 그에 따라 효능감은 낮아질 것이다.

자기효능감은 행동선택, 노력의 양, 과제에 대한 지속력, 사고의 형태와 정서적 반응 등에 영향을 준다(Bandura, 1986). 학습에 대한 자기효능감이 낮은 학습자는 과제를 회피하려고 하지만, 반대로 자기효능감이 높은 학습자는 학습활동에 기꺼이 참여하려고 한다. 또한 자기효능감 수준에 따라 학습에 투입하는 노력의 양과 지속성은 달라진다. 이러한 일련의 과정들은 학습자의 사고형태와 정서적 반응에 순환적으로 영향을 준다.

자기효능감이 학업 과제 수행에 영향을 미치는 주요 연구 결과는 다음과 같다(Alderman, 2008).

- 더 높은 자기효능감을 가진 학생들은 더 높은 목표를 설정하고 그 목표를 달성하기 위해 더 많이 노력한다.
- 더 높은 자기효능감을 가진 학생들이 더 많은 인지전략과 초인지 전략을 사용하고 더 오랫동안 끈기 있게 공부한다.
- 더 높은 자기효능감을 가진 학생들이 더 어려운 수학 과제에 도전했다.
- 자기효능감은 중학생의 인테넷 사용에 대한 자신감과 관련이 있었다.
- 학생들이 대학교 1학년 동안 보고했던 자기효능감의 수준이 그들의 기대와 전반적 만족감, 그리고 수행의 강력한 예측 변인이었다.

〈표 10-1〉은 자기효능감이 인지와 행동에 미치는 영향을 높은 자기효능감을 가진 학생과 그렇지 않은 학생을 비교한 것이다(Eggen & Kauchak, 2016).

표 10-1 | 자기효능감이 인지와 행동에 미치는 영향

	높은 자기효능감을 가진 학생	낮은 자기효능감을 가진 학생
과제 지향	도전감을 느끼는 과제 선택	도전감을 느끼는 과제 회피
노력	도전감을 느끼는 과제를 할 때 더 노력함	도전감을 느끼는 과제를 할 때 덜 노력함
인내심	목표에 도달하지 못했을 때 포기하지 않음	목표에 도달하지 못했을 때 포기함
믿음	자신이 성공할 것이라고 믿음 목표에 도달하지 못했을 때 생기는 스트레스와 불안감을 통제하고 조절함	무능하다는 느낌에 집중 목표에 도달하지 못했을 때 스트레스와 불안감을 느낌
전략 사용	비생산적 전략이라고 생각하면 사용하지 않음	비생산적 전략을 계속 사용함
수행	같은 능력을 가정할 때, 낮은 자기효능감을 가진 학생보다 높은 수행을 보임	같은 능력을 가정할 때, 높은 자기효능감을 가진 학생보다 낮은 수행을 보임

학업에 대한 학습자의 자기효능감은 학습자의 학업능력과 수행을 매개하는데, 이를 입증해 주는 연구들이 매우 많다. 예를 들어, Multon, Brown, 그리고 Lent(1991)는 1977~1988년 사이에 발표된 36편의 논문에 대한 **메타분석**(meta analysis)을 통해서 자기효능감과 학업성취 간에는 r=.38의 상관이 있다고 주장하였다. 이와 유사하게 임선아와 정윤정(2013)은 1995~2013년 초반기까지 국내에서 이루어진 논문 175편을 대상으로 자기효능감이 학업성취에 미치는 영향력을 메타분석했는데, 그 결과 평균 .277의 **효과크기**(effect size)가 나타났다고 하였다. 이 연구에서 밝혀진 학교급별에 따른 효과크기를 살펴보면, 초등학생 .265, 중학생 .316, 고등학생 .164, 대학생 .173으로 자기효능감이 특히 중학생의 학업성취에 더 큰 영향을 미치는 것으로 나타났다.

한편, 학생들의 자기효능감은 연령의 증가에 따라 변화한다. 이제까지 학생들의 자기효능감을 포함한 유능감에 대한 연구는 초등학생들에게서 가장 높은 수준으로 나타났고, 중학교로 진학함에 따라 빠르게 낮아지며, 심지어 학년이 올라감에 따라 낮아지는 학습동기와 유능감은 학교교육 현장에서 피할 수 없는 상황이라는 주장이 제기되고 있다(김아영, 김성일, 봉미미, 조윤정, 2022). 학생들의

메타분석
동일하거나 유사한 주제로 연구된 여러 연구 결과를 종합하여 요약할 목적으로 개별 연구 결과를 통계적으로 재분석하는 방법

효과크기
개별 연구 결과들을 통계 절차를 통해 표준화시킨 것으로 효과크기의 값은 실험효과의 정도를 의미함

자기효능감이 학년이 올라갈수록 저하되는 것은 자신의 능력을 보다 현실적으로 판단할 기회가 많아지고, 경쟁 지향적 학습풍토에서 유발된 스트레스가 그 원인일 수 있다.

학습자들의 자기효능감은 다음과 같은 방법으로 향상시킬 수 있다(최병연, 1998).

- 성공적인 과제수행경험은 학습자의 자기효능감을 높일 수 있다. 자기효능감 판단의 가장 중요한 근원은 실제경험이다. 교사는 다양한 상황에서 학습자들이 성공을 경험할 수 있는 기회를 제공해 주어서 자신도 스스로 잘할 수 있다는 확신을 갖도록 해 줄 필요가 있다. 또한 협동학습 전략을 활용하여 학습자들의 자기효능감을 향상시킬 수 있다. 집단활동을 통한 성공적인 과제수행은 구성원들의 효능감을 높여 줄 것이다.
- 또래 모델을 활용하여 학생의 자기효능감을 향상시킬 수 있다. 학습자들은 자신과 연령이나 성별, 혹은 능력이 유사한 모델의 성공적인 수행을 관찰함으로써, 대리경험을 통해서 자신도 그러한 과제를 수행할 수 있다는 신념을 갖게 된다. 또래 모델은 특정한 과제에 대한 자신의 수행능력을 의심하거나 그것으로 인해 스트레스를 경험했던 학습자들에게 효과적이다.
- 다양한 형태의 피드백을 통하여 학습자의 자기효능감을 높일 수 있다. 교사는 성공적으로 과제를 수행한 학습자에게 능력이나 노력에 귀인(attribution)하도록 함으로써 학습자가 자신의 능력을 높게 지각하도록 할 수 있다. 또한 학습전략과 관련된 교사의 피드백은 학생의 자기효능감을 향상시킬 수 있다. 학습전략이 성공적인 과제수행에 도움이 된다고 지각하는 학생들은 자기효능감이 향상되고 그에 따라 추후과제에서도 그러한 전략을 기꺼이 사용하려고 할 것이다. 특히 자기효능감이 낮은 학습자들에게는 능력이나 노력과 관련된 피드백은 자신의 능력에 대한 불신과 무기력을 유도할 수 있기 때문에 학습전략의 가치, 사용방법 등에 대한 구체적인 피드백이 학습자의 자기효능감 향상에 도움이 될 것이다.
- 실패나 어려운 과제에 접할 때 유발되는 정서적 각성을 긍정적으로 대처할 수 있는 기회를 제공해야 한다(김아영, 김성일, 봉미미, 조윤정, 2022). 예를 들

어, 긴장하게 되면 불안을 느끼고 손에 땀이 나며 심장박동이 빨라지게 된다. 개인이 이와 같은 증상을 경험할 때, 자신의 능력이 부족하고 실패가 두려워서 생기는 것으로 지각한다면 효능 기대는 떨어지게 될 것이다. 따라서 긴장이나 불안해 대응하는 대처기술을 훈련시키는 것이 중요하다.

3. 자기조절

Bandura(1986)는 인간에게는 자신의 생각, 감정, 행동에 대한 통제력을 행사할 수 있는 자기 주도적 능력(self-directed capabilities)을 가지고 있다고 주장하면서 인간의 자기조절(self-regulation) 기능을 강조한다. 인간은 단지 다른 사람이 선호하는 대로 행동하지 않으며, 인간의 많은 행동은 자신의 행동에 대한 내적 기준과 자신의 행동에 대한 자기평가를 통해 동기화되고 조절된다. 다시 말해서, 인간은 처음에는 외부 환경에 의해 영향을 많이 받지만 점차적으로 자신의 행동을 스스로 조절하는 자기조절 능력을 발달시킨다.

자기조절
자신의 행동을 스스로 조절하는 것

학습 상황에서 자기조절의 중요한 요인은 학습자의 선택이며, 학습자의 선택에 따라 자기조절 과정은 〈표 10-2〉처럼 다양하다(Schunk, 2016).

〈표 10-2〉는 학습자가 잠재적으로 이용 가능한 선택과 그에 상응하는 일부 자기조절 과정을 보여 준다. 한 가지 선택은 참여 여부이다. 참여 여부는 학습자의 목표, 가치, 자기효능감과 같은 자기조절 과정에 달려있다. 학습자는 또한 학습하는 동안 사용할 방법을 선택할 수 있다. 예를 들어, 과제를 수행하기 위해 사용할 전략과 과제 수행 중 불안하게 되면 어떤 이완(relaxation) 기법을 사용할 것

표 10-2 학습자 선택과 자기조절 과정

학습자 선택	자기조절 과정
참여 선택	목표, 자기효능감, 가치
방법 선택	사용 전략, 이완
결과 선택	자기점검, 자기판단
사회적, 물리적 맥락 선택	환경 구조화, 도움 추구

인지를 선택한다. 세 번째 선택은 결과를 포함한다. 즉, 학습자가 원하는 과제 수행 결과는 무엇인가? 학습자는 과제를 수행하면서 자신의 수행이 의도한 결과를 성취할 수 있을 것인지를 판단하고 점검한다. 마지막으로, 학습자는 과제 수행 중 사용할 사회적, 물리적 맥락을 선택할 수 있다. 학습자는 학습을 하기 위해 적절한 환경을 구조화하고 필요한 경우 도움을 요청할 필요가 있다. 많은 학습 상황은 자기조절이 거의 불가능하거나(예: 교사가 제시한 일방적으로 제시한 과제 마감 기일) 자기조절이 최대한 가능한 상황(예: 학생 스스로가 학습 시간 선택)과 같은 양극단 간의 어딘가에 위치하고 있다. 따라서 이러한 상황에서는 자기조절이 있었는지에 대해 의문을 갖기보다는 자기조절이 어느 정도 이루어졌는지를 말하는 것이 타당하다.

　　자기조절에는 기준 및 목표 설정, 자기관찰, 자기평가, 자기반응과 같은 네 가지 요소가 포함되며, 이러한 과정은 상호 배타적이기보다는 보완적이다 (Bandura, 1986; Ormrod, 2008; Schunk, 2016).

- **기준 및 목표 설정:** 인간은 자신의 행동을 수행하기 위해 어떤 기준을 세우기도 하고 자신의 행동을 안내하고 평가하기 위해 특정한 목표를 설정하기도 한다. 사람들이 스스로 수립한 수행 기준과 목표의 종류는 다른 사람들이 설정하고 있는 기준과 목표에 어느 정도 영향을 받는다. 즉, 사람들은 자신의 능력과 유사한 사람이 설정한 기준과 유사한 기준을 설정하려고 하지만, 자신보다 훨씬 유능한 모델이 설정한 기준을 자신의 수행 기준으로 설정하려고 하지 않는 경향이 있다. 목표 설정은 특히 장기 과제를 수행하는데 유용한 전략이며, 학습자들에게 학습을 위한 목표를 수립하게 하는 것은 목표 달성과 관련된 책임감을 길러 주며, 자기효능감을 높여 준다.

- **자기관찰:** 자기조절의 중요한 부분은 목표를 추구해 가는 과정에서 스스로 자신의 행동을 관찰하는 것이다. 자기관찰은 수행을 체계적으로 점검하여 수행이 잘 이루어지고 있는 부분과 개선이 필요한 부분이 무엇인지 파악하도록 하는 데 도움이 된다. 자기관찰은 언어 혹은 문서적 기록이나 자신의 행동과 반응을 양적으로 기록하는 방법을 통해 가능하다. 자기관찰은 개념적으로 자기점검과 유사하며, 보통 자기조절 능력을 가르치는 수업에 포함

된다. 그러나 일반적으로 자기관찰만으로 행동을 조절하는 것은 충분하지 않다. 목표 도달 기준과 진전 정도를 평가할 수 있는 준거가 필요하다.

• **자기평가**: 자기평가 혹은 자기판단은 현재의 수행 수준과 목표를 비교하는 것이다. 자기평가는 사용된 자기평가 기준 유형, 목표의 속성, 목표 도달의 중요성, 귀인에 달려 있다. 자기평가 기준은 평가의 기준이 고정되어 있는 절대적 기준과 다른 사람의 수행을 근거로 설정되는 상대적 기준이 있다. 자기평가는 설정된 목표의 구체성, 근접성, 난이도 등과 같은 목표 속성에 영향을 받는다. 목표 달성의 중요성 역시 자기평가와 일부 관련이 있다. 사람들은 가치가 있다고 여기는 목표를 달성하기 위해 진전 정도를 평가하며, 원래는 거의 가치가 없는 목표도 자신들이 능숙해지고 있다는 피드백을 받으면 더 중요하게 간주하는 경향이 있다. 마지막으로, 자기평가는 결과에 대한 원인 지각을 의미하는 귀인과 관련이 있다. 목표를 달성하기 위한 시도가 잘 되지 않는다고 믿는 학습자가 이것을 자신의 낮은 능력 탓으로 돌리게 되면, 이는 기대와 행동에 부정적인 영향을 준다. 진전이 없는 것을 노력 부족이나 부적절한 학습전략 때문이라고 생각하는 학습자들은 열심히 노력하거나 전략을 바꾸면 수행을 더 잘할 것이라고 믿을 것이다.

• **자기반응**: 목표의 진전 정도에 대한 자기반응은 행동을 동기화한다. 목표를 성취할 때 예상되는 만족과 더불어 자신이 기대한 만큼 만족스러운 진보를 하고 있다는 믿음은 자기효능감을 높이고 동기를 유지시킨다. 수행에 대해 평가적인 반응을 하도록 가르치면 동기를 유발시킬 수 있다. 즉, 자신이 수행을 잘할 수 있다고 생각하는 사람은 과제를 더 끈기 있게 수행하고 더 많은 노력을 한다. 자기조절 능력이 발달해 감에 따라 사람들은 스스로 설정한 목표를 성취했을 때, '잘했어.'라고 스스로 말하는 것과 같이 자기강화를 하지만, 그렇지 못한 경우에는 죄책감이나 수치심을 느끼는 것과 같이 자기 스스로를 처벌하기도 한다.

4. 교육적 시사점

첫째, 효과적인 모델을 활용하라. 모델링의 성패는 모델에 달려 있다. 관찰자에게 영향력이 있는 모델은 권위가 있거나, 믿음직하게 보이거나, 한 집단을 대변하거나, 관찰자의 야망을 안내하기 위한 믿을 만한 기준을 제공하거나, 관찰자에게 비교가 되는 현실적인 참조 모습을 제공한다(Rosenthal & Bandura, 1978).

교실에서 영향력 있는 모델은 또래와 교사이다. 교실에서 연령과 능력이 비슷한 다른 사람이 과제를 성공적으로 수행하는 것을 관찰하는 것은 관찰학습의 가능성을 높여 준다(Schunk, 1987). 특히 능력이 유사한 동료의 성공적인 수행을 관찰하는 것은 해당 과제에 대한 학습자의 자기효능감을 증가시킨다. 교사나 지역사회 자원(예: 경찰관, 은행원 등)은 학생들에게 효과적인 모델이며, 김구, 간디 등과 같은 상징적 모델들도 효과적일 수 있다.

둘째, 학생들이 성취에 대한 현실적인 목표를 설정하도록 하라. 아동들은 점차 자기조절을 하면서 자신의 행동에 대한 기준을 설정하기 시작한다. 그런 기준은 주변 사람들이 갖고 있는 기준인 경우가 많은데, 어떤 경우에는 너무 낙관적이고 어떤 경우에는 너무 비관적이다(Ormrod, 2008). 학생의 수행 기준이 비현실적으로 너무 높으면 완벽주의자처럼 계속 실망하고 좌절하게 될 것이며, 학생의 기준이 너무 낮으면 미성취(underachievement)를 보일 것이다.

따라서 교사는 가능한 한 아동 스스로 목표를 설정하도록 지도하는 것이 바람직하지만, 아동이 성취하기에 너무 쉽거나 어려운 목표를 설정할 경우에는 적절한 목표를 설정하도록 도와주어야 한다. 예를 들어, 장기간 수행이 필요한 과제의 경우, 교사가 과제를 단기 목표로 세분화하도록 도와준다면, 학생들은 하위 과제를 수행하는 과정에서 자기효능감을 높일 수 있을 것이다. 또한 학생들 스스로 목표를 설정할 수 있도록 한다면, 학생들은 목표 달성에 대한 책임감을 기르고, 성취에 따른 높은 자기효능감을 경험할 수 있을 것이다.

셋째, 자기조절 능력을 신장시켜라. 학습자의 자기조절 능력은 자기교수, 자기기록, 자기강화 등 다양한 방법으로 신장될 수 있다.

자기교수(self-instruction)는 학습자로 하여금 자신의 행동과정을 스스로 말해

자기교수
문제해결 과정을 개인적 언어로 말해 보도록 하는 것

보도록 가르치는 것이다. Meichenbaum(1977)은 언어를 이용해서 행동을 조절하고 문제를 해결할 수 있다고 주장하였다. 예를 들어, 사람들은 특정한 과제를 수행하기 위해 '어떻게 시작하지?' '자료는 어디서 찾지?' '제대로 되고 있는가?' 등과 같이 자신의 행동을 통제하기 위해 언어를 사용한다. 이러한 자기지시는 자신감을 증진시키고 학습에 문제가 있는 학생들의 학습불안을 감소시킬 수 있다. Meichenbaum(1977)은 자기교수의 다섯 가지 절차를 다음과 같이 제안하였다.

- 인지적 모델링: 성인 모델은 소리 내어 말하면서 과제를 수행한다.
- 명백한 외적 지도: 아동은 성인 모델의 언어적 지시를 들으면서 동일한 과제를 수행한다.
- 명백한 자기지도: 아동은 소리 내어 말하면서 과제를 수행한다.
- 약화된 명백한 자기지도: 아동은 과제수행 과정을 혼잣말하면서 과제를 수행한다.
- 은밀한 자기교수: 아동은 개인적 언어를 통해 스스로 과제수행 과정을 지시하면서 과제를 수행한다.

자기기록(self-recording)은 아동들에게 자신의 행동을 계속 기록하게 하는 것으로 아동들에게 책임감을 갖도록 하는 간단한 방법이다. 아동들은 스스로 특정한 행동의 빈도, 수행 수준, 지속시간 등을 기록하면서 바람직한 행동은 증가시키고, 그렇지 않은 행동은 감소시킨다.

자기강화(self-reinforcement)는 스스로 자신의 강화를 선택하고 관리해서 자신의 행동을 조절하는 방법이다. 예를 들어, 수학 10문제를 모두 해결한 아동들에게 자신들이 원하는 활동(예: 장난감 가지고 놀기, 자유롭게 책 읽기 등)을 하도록 하는 것이다. 자기강화는 스스로에게 보상을 줌으로써 미리 설정된 성취기준에 도달할 때까지 계속 노력하게 하는 동기적 기능을 한다. 그러나 교실에서 자기강화를 사용하게 되면 상대적으로 과제를 일찍 마친 소수의 아동들만이 보상을 이용할 수 있게 되고, 아동들에게 과제 자체보다는 강화물이 더 가치가 있다는 메시지를 전달할 수 있다는 점에 유의해야 한다.

넷째, 학습자의 자기효능감을 신장시켜라. 자기효능감은 이전 성취 경험과 유

의미한 타인의 피드백, 그리고 모델의 성패 등에 영향을 받아 발달한다. 자기효
능감은 학습자의 활동 선택과 과제 지속성에 영향을 미치며, 특히 학업성취에
의미 있는 영향을 미친다. 따라서 교사는 개별 학습자의 자기효능감에 영향을
미치는 요인을 구체적으로 파악하여, 학습자의 자기효능감을 단기간, 혹은 장기
간에 높일 수 있는 활동을 제공해 주어야 한다. 또한 교사는 **집단효능감**(collective
efficacy) 증진에도 관심을 가져야 한다. 집단효능감이란 특정 수준의 성취를 이
루기 위해 필요한 행동을 조직화하고 실행하는 공동의 능력에 대해 집단이 공유
하는 신념이다(Bandura, 1997). 집단효능감은 학습자 개인의 능력에 대한 신념과
집단 내에서 자신의 역할에 대한 인식과 책임감에 영향을 받는다. 집단효능감은
사명감과 목표 인식에 영향을 주기 때문에 학습자는 혼자 과제를 수행할 때보다
집단이나 팀에서 동료들과 함께 과제를 수행할 때 더 높은 자기효능감을 경험하
게 될 것이다. 따라서 교사는 집단효능감을 높일 수 있는 과제를 제시할 필요가
있다.

마지막으로, 교육활동과 관련된 교사 자신의 효능감을 점검하라. 여러 경험
적 연구를 통하여 교사가 학생들의 학습과 성취에 영향을 줄 수 있다고 믿는 효
능감이 교수 행동 및 학생의 학업성취와 긍정적인 관계가 있다는 사실이 발견되
었다(김아영, 김성일, 봉미미, 조윤정, 2022). 즉, 학생들의 학습능력에 대한 교사들
의 신념과 학습을 증진시키는 능력에 대한 교사들의 자신감은 교사들이 가르치
는 방법에 영향을 미치고, 그에 따라 학생들의 동기와 학업성취에 영향을 미친
다(Alderman, 2008).

한편, 교사가 교실 수업이나 학생의 수행에 영향을 미칠 수 있는 능력이 있다
고 믿는 정도를 **교사효능감**(teacher efficacy) 혹은 교수효능감(teaching efficacy)이
라고 한다(Ashton, 1984). 교사효능감은 학생의 성취에 대한 중요한 예측 변인이
다(Schunk, Pintrich, & Meece, 2008). 높은 교수효능감을 가진 교사들은 도전적인
활동을 개발하는 경향이 있고, 학생들이 성공할 수 있도록 도우며, 학습에 문제
가 있는 학생들에 대해서도 끈기 있게 계속 가르치며, 수업 활동 계획과 학생들
과의 상호작용을 통해 학생들을 더 잘 배울 수 있도록 북돋아 준다. 높은 효능감
을 지닌 교사들은 긍정적인 학급 환경을 조성하고, 학생들의 생각을 지지해 주
며, 학생들의 필요를 충족시키려는 경향이 있다.

집단효능감
공동 과제를 성공적
으로 수행할 수 있는
능력에 대한 신념

교사효능감
교사가 학생의 수행
에 영향을 미칠 수 있
는 능력이 있다고 믿
는 정도

또한 특정 과제에 낮은 자신감을 보인 학생이 다음 학년에서 높은 교사효능감을 지닌 교사를 만났을 때 더 높은 기술을 보였다(Ross, Hogaboam-Gray, & Hannay, 2001). 이처럼 교사효능감은 교사가 수업과 관련된 활동을 선택하고 학생들이 학습과제에 노력을 기울이고 지속하도록 도와줌으로써 학생의 학습동기와 성취에 영향을 미친다. 따라서 교사는 자신의 교사효능감을 항상 점검하고 높은 효능감을 유지할 수 있도록 성공적으로 교육 활동을 수행하는 교사들에 대한 관찰이나 철저한 수업 준비 등과 같은 지속적인 자기 노력이 필요하다.

토론과제 >>>

1. 학교에서 또래 모델을 효과적으로 활용할 수 있는 방법을 토론해 보자.

2. 교사는 학교에서 학생들의 중요한 모델이 된다. 교사가 학생들에게 보여 주는 적절한 모델과 부적절한 모델의 사례에 대해 토론해 보자.

3. 학교 학습 상황에서 자기조절을 잘하는 학생과 그렇지 못한 학생 간의 차이를 보여 주는 사례를 제시하고, 각 사례들 간의 유사점과 차이점에 대해 논의해 보자.

4. 학생의 자기조절 능력을 신장시킬 수 있는 방법에 대해 토론해 보자.

5. 교사효능감을 높일 수 있는 방법에 대해 토론해 보자.

제 **11** 장

학습에 대한 인지주의적 접근

박용한

◇◇◇◇◇

앞서 우리는 인간 학습의 원리로서 자극-반응 간 연합에 의한 학습에 초점을 맞춘 행동주의적 접근과 관찰이나 모델링 등 개인-환경-행동 간의 상보적 인과관계에 초점을 맞춘 사회인지적 접근을 살펴보았다. 이러한 접근이 인간 학습에 대하여 의미 있는 해석의 틀을 제공해 주기 하지만, 여전히 풀리지 않는 궁금증이 학습 연구자들에게 남아 있었다. 예를 들어, 학습과 관련된 인간의 마음 혹은 정신 내 구조적 체계는 무엇인가? 정신의 구조 체계 내에서 학습은 어떤 과정을 통해 이루어지는가? 이와 같은 질문은 기존의 행동주의에 기반한 접근으로는 해결하기 어려운 질문이었고, 따라서 완전히 새로운 시각의 접근을 필요하게 되었다. 1950년대 시작된 인지 혁명은 단순히 행동만을 관찰하는 것을 넘어서서 '인간의 마음이 어떻게 작동하는가'에 대한 연구 필요성을 제기하였다. 동시에 이러한 접근을 가능케 하는 새로운 틀에 대한 아이디어를 디지털 컴퓨터로부터 도출하였다. 이 장에서는 학습에 대한 인지주의적 접근의 출현 배경, 대표적인 인지주의 학습이론으로서 정보처리이론의 구성 요소 및 특징, 인지주의의 교육적 시사점 및 한계에 대해 살펴보겠다.

학습목표

1. 학습에 대한 인지주의적 접근의 출현 배경을 분석할 수 있다.
2. 감각기억, 작업기억, 장기기억 등 정보처리이론에서 제시하는 정보 저장소의 특징을 설명할 수 있다.
3. 정보처리이론에서 제시하는 정보처리의 과정을 통해 인간 학습의 과정을 설명할 수 있다.
4. 효과적인 학습과 수업을 위해 정보처리이론의 원리를 적용할 수 있다.
5. 학습에 대한 인지주의적 접근의 교육적 시사점과 한계를 논할 수 있다.

우리는 유아의 어휘력이 특정한 시기에 폭발적으로 증가한다는 것을 잘 알고 있다. 우리는 일상에서 외부의 보상이나 처벌 없이도 스스로 계획을 세우고, 필요한 방법을 사용하여 기억하며, 어떠한 시행착오도 없이 매우 창의적인 방법으로 문제를 해결하기도 한다. 인간을 단순히 강화와 벌에 반응하는 존재로 간주하였던 행동주의적 관점으로는 인간의 언어 습득이나 복잡한 문제해결 과정을 설명하는 데 많은 한계가 있다. 더욱이 20세기 중반부터 이루어진 컴퓨터를 포함한 기술 문명의 발달은 지각, 기억, 사고 등 인간의 정신 현상, 즉 인지(cognition)에 대한 과학적 연구의 발달을 가속화하였다.

학습에 대한 인지주의적 접근에서는 학습자 내부에서 무엇이 일어나는지에 관심을 기울이며, 인지심리학 분야의 많은 연구가 이에 대한 통찰을 제시하고 있다. 인지심리학에서는 인간이 어떻게 학습하는가에 대하여 다음과 같은 몇 가지 기본 가정을 갖는다(Ormrod, Anderman, & Anderman, 2017). 첫째, 인지 과정이 학습에 영향을 미친다. 즉, 우리가 학습할 때 이루어지는 내적 정신 과정은 학습의 내용과 방법에 영향을 주고 궁극적으로는 학습의 결과에도 영향을 준다. 둘째, 인간의 인지 과정은 종종 행동으로부터 추론될 수 있다. 행동주의 연구자들은 직접 관찰할 수 없는 것은 과학적 연구의 대상이 될 수 없다고 하였지만, 인지주의 연구자들은 인간의 행동을 관찰하고 분석함으로써 인지 과정에 대한 합리적인 추론이 가능하다고 하였다. 셋째, 인간은 무엇을 정신적으로 처리하고 학습해야 할지에 대해서 선택적으로 접근한다. 우리는 동시에 수많은 정보를 처리할 수 없기 때문에 학습할 때도 소수의 특정 정보는 깊이 있게 처리하지만, 다른 정보는 약간의 주의만 기울이거나 아예 무시하는 등 선택적으로 정보를 처리한다. 넷째, 학습에서 의미와 이해는 환경으로부터 직접 도출되는 것이 아니라 학습자에 의해 구성(construct)된다. 따라서 우리는 동일한 정보를 학습하더라도 각자 다르게 이해할 수 있으며, 심지어 완전히 잘못된 이해를 하기도 한다. 다섯째, 뇌의 성숙은 나이가 들어감에 따라 더 정교한 인지 과정을 가능하게 한다. 신경심리학이나 인지신경과학 등의 발달은 인간의 학습과 사고에 대한 인지주의 연구의 많은 가정을 검증할 수 있게 해 주었다. 그에 따르면 인간의 뇌는 아동기와 청소년기를 거치면서 점진적으로 변화하며 이러한 변화는 인지 과정이 발달하여 더 효과적으로 작동하는 것과 연관이 있다.

이 장에서는 학습에 대한 인지주의적 접근이 본격적으로 태동하기 이전에 이루어진 인지주의 기반의 연구를 살펴보고, 1950년대 인지주의가 재출현하여 인간행동 및 학습 연구에서 중추적인 역할을 하게 된 배경을 알아볼 것이다. 무엇보다도 학습에 대한 인지주의적 접근의 핵심적인 이론적 틀로서 정보처리이론(information-processing theory)을 살펴봄으로써 그 교육적 시사점과 한계를 논의할 것이다.

1. 학습에 대한 인지주의적 접근의 태동

1) 초기 인지주의 연구

인지주의가 출현하기 이전 오랫동안 인간의 학습과 행동에 대한 현대 심리학적 설명은 행동주의에 기반하여 이루어졌다. 그러나 현대 심리학은 그 출발점에서부터 인지주의적 특성이 있었다고 할 수 있다. 1879년 독일 라이프치히 대학교에 최초로 과학적 심리학 실험실을 설립하여 현대 심리학의 아버지라고 불리는 Wilhelm Wundt(1832~1920)는 분석적 내성법(analytic introspection)이란 방법을 통해 인간의 경험 및 사고 과정을 분석하고 정신요소로 기술하고자 하였는데, 이러한 정신 내적 과정에 대한 관심은 인지주의 연구의 핵심적인 특징이라고 할 수 있다. 또한, 현대 교육심리학의 출발에 기틀을 마련하였던 초기 미국 심리학자 William James(1842~1910)도 그의 저서 『심리학의 원리(Principles of Psychology)』에서 인간의 주의나 의식과 같은 정신의 작동에 대해 서술함으로써 내적 정신 과정에 대한 탐구의 초석을 이루었다. 여기서는 아직 본격적인 인지주의가 태동하기 전에 이루어진 인지주의적 관점에서의 학습 연구 몇 가지를 살펴보고자 한다.

(1) Ebbinghaus의 기억 실험

독일 베를린 대학교의 심리학자 Hermann Ebbinghaus(1850~1909)는 기억

의 본질을 밝히는 데 관심이 있었는데, 특히 학습된 정보가 시간이 지남에 따라 얼마나 빨리 망각되는지에 대한 연구를 수행하였다. 기억과 망각을 연구하기 위해 내성법과 같은 회고식 방법을 통해 기억을 기술하게 되면 해당 기억이 언제 형성되었는지, 얼마나 자주 회상했는지, 그리고 기억이 얼마나 정확한지 등을 알 수가 없다. 따라서 Ebbinghaus는 기억을 측정하는 새로운 양적 방법을 통해 실험 과정을 정밀하게 통제하였는데, 이 실험 방법의 가장 두드러진 특징은 GAK, DAX, QEH와 같은 무의미 철자로 구성된 기억 목록을 사용함으로써 기억이 특정 단어의 의미로부터 영향을 받지 않게 하는 것이었다.

Hermann Ebbinghaus

　Ebbinghaus는 우선 기억 목록을 처음으로 학습하는 데 시간이 얼마나 걸리는지 측정하였고, 일정 시간이 지난 후 그 목록을 재학습하는 데 걸리는 시간을 측정하였다. 최초 학습과 재학습 사이의 지연시간 동안에는 망각이 일어나는데, Ebbinghaus는 특정 지연시간이 지나면 얼마나 많은 부분을 망각하는지 분석하여 [그림 11-1]의 망각곡선(forgetting curve)에 제시된 것처럼 기억은 처음 학습하고 2일 내에 급격하게 떨어지고 그 이후에는 완만하게 떨어진다는 것을 보여 주었다. 또한 재학습을 통한 반복이 망각을 방지할 수 있음을 보여주었다. Ebbinghaus의 연구 방법은 기억을 양으로 측정할 수 있다는 것을 보여주었을

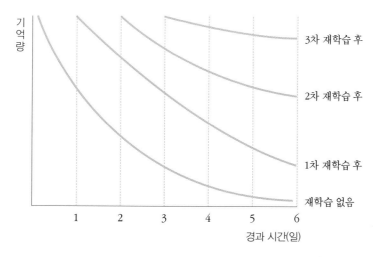

[그림 11-1] Ebbinghaus의 망각곡선

출처: Ebbinghaus (1885): Kirschner & Hendrick (2020), p. 214에서 재인용 및 수정.

뿐만 아니라 기억이나 망각 등 인간 정신 과정의 속성을 밝히기 위해서 망각곡선과 같은 함수를 사용할 수 있다는 것을 보여 주었다는 점에서 학습 연구에서 중요한 기여를 하였다.

(2) Tolman의 잠재학습 연구

미국 캘리포니아 버클리 대학교 심리학자 Edward Tolman(1886~1959)은 행동주의가 번성하던 20세기 전반 시기에 다른 행동주의자들과 마찬가지로 동물을 사용해서 학습을 연구했지만, 유기체 내부의 인지 과정에 관심을 가졌다. 그는 잠재학습(latent learning)에 대한 연구를 통하여 학습에 관한 행동주의자들의 관점을 반박했다. 잠재학습은 외적인 행동으로 즉시 전환되지 않은 학습을 의미하는 것으로서, Tolman과 Hozik(1930)의 실험을 통해 입증되었다.

Edward Tolman

잠재학습
이미 발생하였지만 수행으로 전환되지 않았기에 관찰되지 않는 학습

[그림 11-2]에서 볼 수 있는 바와 같이 연구자들은 배고픈 쥐를 세 집단으로 나누어 미로를 달리도록 하였다. 첫 번째 집단 쥐에게는 미로를 정확히 달려서 목표상자에 도착해도 먹이를 주지 않았고, 두 번째 집단 쥐에게는 목표상자에 도착할 때마다 먹이를 주었다. 세 번째 집단 쥐에게는 실험을 시작한 지 11일째부터 목표상자에 먹이를 넣어 두었다. 그 결과 강화를 받지 않았던 집단의 수행에서 약간의 향상을 보였는데, 이는 쥐가 자극-반응의 연합을 학습한 것이 아니라 인지도(cognitive map), 즉 미로의 환경적 특성과 구조를 획득했다는 것을 의미한다. 또한 11일째부터 강화를 제공받은 세 번째 집단의 수행이 크게 향상되었으며, 규칙적인 강화를 받았던 두 번째 집단에 비해 수행을 더 잘했다. 이러한 결과는 강화란 학습에 영향을 주기보다는 수행에 영향을 준다는 그의 주장을 지지해 준다.

인지도
환경의 특성과 구조를 그림이나 지도의 형태로 정신적으로 표상하는 것

또한 그는 유기체의 행동은 항상 어떤 목적을 지향한다고 주장하였다. 유기체가 특정한 결과를 유발시키는 행동을 일단 학습하게 되면(예: 미로의 목표상자에 도착하면 먹이를 얻게 된다), 유기체는 그 목적을 달성하기 위해 행동한다는 것이

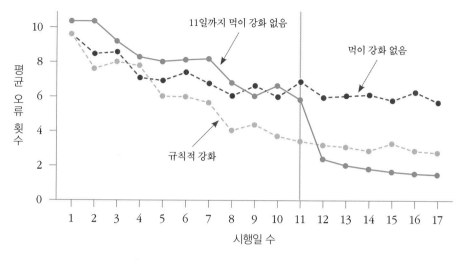

[그림 11-2] 쥐의 미로학습에 대한 실험 결과

출처: Tolman & Hozik (1930).

다. 그의 이러한 설명은 학습이란 단순한 자극-반응의 연합을 통해서 발생하는 것이 아니라 특정한 결과를 얻을 수 있다는 유기체의 기대(expectation)가 행동에 영향을 미친다는 것을 보여 준다. 이처럼 Tolman은 행동의 목적 지향성을 강조했기 때문에 그의 이론을 목적적 행동주의(purposive behaviorism)라고 부른다. Tolman은 행동주의가 주류였던 시대에 인지라는 용어를 사용하였고, 자극-반응 간 연합 이외에 정신 속에서 일어나는 것에 관심을 가졌다는 점에서 인지주의적 접근을 시도하였다고 볼 수 있다.

목적적 행동주의
학습을 목적 지향적 행동과 관련해서 설명하려는 이론

(3) 게슈탈트 심리학

20세기 초반 독일 심리학자들을 중심으로 시작된 게슈탈트 심리학(Gestalt psychology)은 유기체가 환경을 있는 그대로 수용하기보다는 능동적으로 구성하고 조직한다고 가정하고, 유기체의 지각, 학습, 문제해결의 근본적인 과정에 관심을 가졌다. 게슈탈트라는 말은 패턴(pattern), 형태(configuration), 또는 전체(whole)를 의미하는 독일어로, 게슈탈트 심리학의 기본 관점은 다음과 같다.

첫째, 지각(perception)은 실제(reality)와 차이가 있을 수 있다. 게슈탈트 심리학의 창시자라고 할 수 있는 Max Wertheimer(1880~1943)는 '파이현상(phi phenomenon)'을 발견하였다. 파이현상이란 두 개의 연속적 자극 사이의 시간적

게슈탈트 심리학
부분은 단편적인 것으로 지각되는 것이 아니라 부분 상호 간의 조직된 전체 혹은 형태로 지각된다는 원리를 기본으로 지각, 기억, 사고 등을 연구한 학문이며 '형태주의 심리학'이라고도 함

파이현상
인접한 두 개 이상의 전구를 연속적으로 명멸시킴으로써 발생하는 운동 착각

Max Wertheimer

관계를 나타내는 것으로서 네온사인 속의 전구들은 꺼졌다 켜졌다를 반복하지만, 우리는 불빛이 움직이고 있다고 지각하게 되는 것이다. 우리의 경험은 실제와 다를 수 있는데, 그것은 특정한 방식으로 경험을 구조화하고 조직하기 때문이다.

둘째, 전체는 단순히 부분의 합이 아니라 그 이상이다. 우리는 사물을 지각할 때 각각의 부분들을 보는 것이 아니라 부분 간의 상호 관계 속에서 의미 있는 전체로 조직화하여 지각한다. 따라서 단순히 부분만 지각하게 되면 전체가 왜곡된다. 게슈탈트 심리학자들은 우리가 지각할 때 사용하는 조직화의 원리를 도출하였는데, [그림 11-3]은 그중 대표적인 원리 몇 개를 제시하고 있다. 전경-배경(figure-ground)의 원리는 우리가 무언가를 지각할 때 전경과 배경을 분리하는 경향을 말하는데, 무엇을 전경 또는 배경으로 보느냐에 따라 그것을 다르게 지각할 수 있다. 예를 들어, 그림 a는 전경을 무엇으로 보느냐에 따라 두 사람의 얼굴 또는 꽃병으로 지각된다. 근접성(proximity)의 원리는 가까이 있는 대상들이 한 집단에 속하는 것으로 지각하는 경향으로, 이에 따라 우리는 그림 b를 선 3개로 구성된 묶음 3개가 있는 것으로 본다. 유사성(similarity)의 원리는 유사한 것들이 한 집단에 속하는 것으로 지각하는 경향으로, 그림 c에서 우리는 짧은 선 3개로 된 묶음과 긴 선 3개로 된 묶음이 반복되는 것을 보게 된다. 종결성(closure)의 원리는 정보의 일부만 제시되더라도 나머지 부분을 상상하여 정보를 완성된 형태로 지각하는 경향이다. 따라서 우리는 그림 d에서 끊어져 있는 곡선을 통해 하나의 원을 보게 된다.

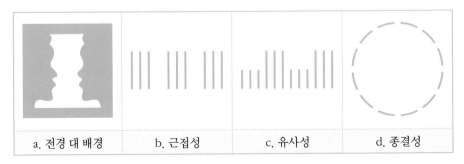

| a. 전경 대 배경 | b. 근접성 | c. 유사성 | d. 종결성 |

[그림 11-3] 게슈탈트 심리학의 지각 조직화 원리

출처: Schunk (2012); Woolfolk (2016), p. 321에서 재인용.

셋째, 학습의 과정에는 통찰(insight)이라는 인지적 활동이 포함된다. 행동주의 심리학자들은 자극-반응의 연합을 통한 점진적인 반응으로서 학습을 설명한 반면, Wolfgang Köhler(1887~1967)와 같은 게슈탈트 심리학자들은 문제 상황에서 주로 문제를 재구성함으로써 이루어지는 갑작스러운 인식이나 깨우침, 즉 통찰에 의한 학습을 설명하였다. Köhler(1925)는 술탄이라는 침팬지가 우리의 천장에 매달린 먹이를 어떻게 손에 넣는가에 대한 실험을 통해서 유기체는 인지적 재구조와 통찰을 통해 문제를 해결하고 학습한다고 주장했다. 즉, 유기체는 자신의 행동에 따른 결과로부터 배운 것을 보조하기 위하여 인지 또는 생각을 사용한다는 것이다.

종합하면, 게슈탈트 심리학에서는 학습을 위해 정보를 처리하는 과정, 즉 지각이 정보가 주는 특징에 의존하는 상향식(bottom-up) 혹은 데이터 기반(data-driven) 처리로만 이루어지지 않으며, 주어진 상황과 현재의 지식을 활용하여 처리하는 하향식(top-down) 또는 개념 기반(conceptually driven) 처리가 함께 이루어진다고 보았다.

Wolfgang Köhler

통찰
문제 상황에서 시행착오가 아니라 문제의 요소들을 재구성함으로써 이루어지는 인지적 이해로부터 나온 해결 방법에 대한 지각

(4) 언어학습에 대한 논쟁

학습에 대한 인지주의적 접근이 태동하는 데 영향을 준 또 다른 사건 중 하나는 1957년에 하버드 대학교 심리학자 B. F. Skinner(1904~1990)가 『언어행동(Verbal Behavior)』이라는 제목의 책을 출판한 일이었다. 대표적인 행동주의 심리학자였던 Skinner는 이 책에서 아동이 조작적 조건형성을 통해 언어를 습득한다고 주장하였다. 즉, 아동은 자신이 들은 소리를 따라 하고, 정확하게 따라 하게 되면 보상을 받기 때문에 정확한 말을 반복함으로써 언어를 배운다는 것이다. 그러나 1959년에 MIT의 언어학자 Noam Chomsky(1928~)가 이에 대해 매우 신랄한 비판을 하는 서평을 게재했는데, 이 서평에서 Chomsky는 아동이 이전에 부모로부터 보상을 받은 적이 없는 많은 문장을 말할 수 있으며, 정상적인 언어발달 과정에서 문법적으로 부정확한 말이 한 번도 강화된 적이 없음에도 불구하고 부정확한 문법(예: The boy hitted the ball.)을 사용하는 단계를 보편적으로 거친다는 점을 지적하였다(Goldstein, 2015).

Chomsky(1972)는 언어 보편성에 대한 생각을 정교한 이론으로 발전시켰는데, 모든 언어가 공통적으로 가지고 있는 문법적 규칙 즉, 보편문법(universal grammar: 예를 들어, 명사나 동사처럼 언어에서 서로 다른 역할을 하는 부분을 특정짓는 것 등)을 담고 있는 생득적인 생물학적 기제가 있다고 하였다. 이를 언어습득장치(Language Acquisition Device: LAD)라고 하였는데, 언어학습은 모방이나 강화에 의해 결정되는 것이 아니라 바로 이 장치를 통해 정신적으로 구성되는 방식의 산물이라고 하였다.

Noam Chomsky

언어습득장치

Chomsky가 가설화한 기제로서, 모든 언어에 공통으로 적용되는 문법적 규칙을 담고 있으며 언어 습득을 가능하게 하는 타고난 기제

2) 인지주의의 재출현

1950년대의 10년은 일반적으로 인지 혁명(cognitive revolution)이 시작된 시기로 알려져 있다(Goldstein, 2015). 인지 혁명이란 심리학의 관심사가 행동주의에서 초점을 맞추는 자극-반응 간 연합으로부터 인간 정신의 내적 기제의 이해로 전환된 것을 가리킨다. 당시 이러한 전환을 이끌었던 가장 중요한 계기는 디지털 컴퓨터의 개발이었다. 1940년대 후반에 개발된 최초의 컴퓨터는 건물을 통째로 차지할 만큼 매우 컸지만, 1954년 IBM사가 일반 대중이 사용할 수 있는 컴퓨터를 개발하고 대학교의 실험실에 도입되어 사용되면서 인간의 정신 과정에 대해 새로운 각도에서 생각하게 하는 방안을 시사해 주었다. 대표적인 적용이 뒤에서 살펴볼 정보처리이론이다.

한편, 1950년대 초반 미국 다트머스 대학의 젊은 수학 교수인 John McCarthy(1927~2011)는 컴퓨터가 인간의 정신 과정을 모방하도록 프로그램할 수 있지 않을까라는 생각을 하게 되었다. 나아가 1956년 여름 McCarthy는 컴퓨터가 인간의 지능적인 행동을 수행할 수 있게 하는 프로그램 방안에 대해 논의하는 학술대회인 '인공지능 하계 연구 프로젝트(Summer Research Project on Artificial Intelligence)'를 개최하였다. 인공지능이란 용어가 이때 처음으로 사용되었는데, 10주에 걸

John McCarthy

친 학술대회 동안 심리학자, 수학자, 전산학자, 언어학자, 정보이론 전문가 등 여러 분야의 연구자들이 학술대회에 참석하였다. 또한 같은 해 9월에는 'MIT 정보이론 심포지엄(MIT Symposium on Information Theory)'이라는 또 하나의 기념비적인 학술대회가 개최되었는데 이 학술대회에서는 Allen Newell(1927~1992)과 Herbert Simon(1916~2001)이 '논리이론가(Logic Theorist)'라는 초기 인공지능 프로그램을 공개하고 George Miller(1920~2012)가 「마법의 수 7±2(The Magical Number Seven Plus or Minus Two)」라는 제목의 논문을 발표하였다. 이 학술대회로부터 10여 년이 지난 1967년에는 Urlich Neisser(1928~2012)가 『인지심리학(Cognitive Psychology)』이라는 교재에서 인지심리학이란 용어를 최초로 사용하였다.

Allen Newell

　근래 기억 및 인지에 대한 연구는 사고, 언어, 지능, 학습 그리고 뇌에 대한 연구가 함께 이루어지는 다학문적 분야가 되었는데 종종 인지과학(cognitive science)이라 불린다. 인지과학에서는 인지를 '매우 복잡하기는 하지만 여러 기억 요소들이 신속하고도 동시적으로 상호작용하는 통합 체제의 작동'으로 본다(Radvansky & Ashcraft, 2014).

Herbert Simon

George Miller

Urlich Neisser

2. 정보처리이론

1) 기억에 대한 모형

인지 연구자들이 가장 많이 관심을 갖는 분야는 인간이 어떻게 외부 환경으로부터 정보를 수용하고 저장하여 필요한 경우에 사용하느냐와 관련된 정보처리(information processing)이다. 1960년대 초 출현한 정보처리이론은 초창기에 컴퓨터의 정보처리 과정을 모델로 삼았다. 인간의 정신은 컴퓨터와 마찬가지로 정보를 받아들여 조작함으로써 정보의 형태와 내용을 변화시킨 다음, 필요에 따라 정보를 저장시키고 인출하며 그에 대한 적절한 반응을 생성한다는 것이다.

정보처리이론
인간이 정보를 지각, 저장, 인출하는 과정을 컴퓨터에 비유하여 설명하는 인지주의 학습이론

인지주의적 관점에서 인간의 학습과 기억을 설명하는 모형은 다양하지만, 대부분 Richard Atkinson(1929~)과 Richard Shiffrin(1942~)이 제시한 모형을 토대로 하고 있으며 이것이 정보처리이론의 핵심이 되었다. [그림 11-4]는 Atkinson과 Shiffrin(1968)의 아이디어를 바탕으로 도식화한 정보처리 모형이다. 정보처리이론에 기초한 기억 모형은 다음과 같은 세 가지 주요 요소로 구성된다(Eggen & Kauchak, 2016).

Richard C. Atkinson

Richard Shiffrin

• 기억 저장소(memory stores): 감각기억, 작업기억, 장기기억. 기억 저장소는 정보를 때에 따라 잠시 혹은 영구적으로 담는 저장고의 역할을 한다.
• 인지 과정(cognitive processes): 주의, 지각, 시연, 부호화, 인출. 이러한 인지 과정은 정보를 하나의 기억 저장소에서 다른 저장소로 옮긴다.
• 메타인지(metacognition): 모니터링, 조절. 정보의 저장뿐만 아니라 기억 저장소 간 정보의 이동을 모니터링하고 조절하는 데 사용하는 인지 기제로서 중앙집행통제(central executive control) 시스템이라고도 한다.

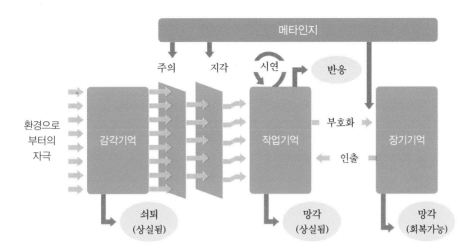

[그림 11-4] 인간 기억 모형

출처: Eggen & Kauchak (2016).

다음에서는 기억 모형의 세 가지 주요 요소에 대해 좀 더 상세히 살펴볼 것이다.

2) 기억 저장소

Atkinson과 Shiffrin(1968)이 제시한 기억 모형에 기초한 정보처리이론의 핵심적인 특징은 인간 정신 내에서 정보가 저장되는 기억 저장소를 감각기억, 작업기억(단기기억), 장기기억의 세 가지 종류로 구분하였다는 점이다. 이러한 구분은 기억 저장소에 정보가 얼마나 오랫동안 저장되어 유지되는가에 따르는데, 일부 연구자들은 감각기억을 제외하고 작업기억과 장기기억만을 기억 저장소에 포함하기도 한다.

(1) 감각기억

무수히 많은 외부자극들이 시각, 청각, 촉각, 후각, 미각 등과 같은 우리의 신체기관에 계속해서 유입된다. 감각기억(sensory memory)은 감각등록기(sensory register)라고도 불리며 외부자극들이 의식적으로 처리될 때까지 자극을 있는 그대로 잠시 붙잡아 두는 일시적인 저장소의 역할을 한다. 시각적 이미지를 일시적으로 기억하는 것을 영상기억(iconic memory)이라고 하고, 청각적 자극을 일시

감각기억
유입되는 정보를 아주 짧은 시간 동안 기억하는 기억의 요소

적으로 기억하는 것을 반향기억(echoic memory)이라고 한다.

감각기억의 용량에는 한계가 거의 없지만, 즉각적인 의식 내 처리가 이루어지지 않으면 시각적 정보는 약 1초, 청각적 정보는 약 2~4초 안에 사라질 만큼 지속시간은 매우 짧다. 이처럼 정보가 빨리 사라지는 것은 새로운 자극이 기존의 자극을 간섭하기 때문이거나 시간의 흐름에 따라 점차 사라지기 때문이다. 따라서 특정한 정보를 계속 처리하기를 원하는 경우 해당 정보에 주의(attention)를 기울여야 한다.

(2) 작업기억

작업기억
정보의 일시적인 저장과 처리를 동시에 처리하는 기억의 요소로서 용량과 시간이 제한되어 있음

감각기억으로부터 들어온 새로운 정보는 **작업기억**(working memory) 내에서 일시적으로 머무르면서 장기기억의 지식과 결합되어 처리된다. 작업기억은 정보의 일시적인 저장과 의식적인 처리를 동시에 수행하는 역동적 체계이다. 짧은 시간 동안 정보를 저장한다고 하여 단기기억(short-term memory)이라고도 하지만, 작업기억이란 용어는 우리의 사고가 이루어지고 새로운 경험을 이미 알고 있는 것과 연결하는 작업대(workbench)이자 의식적이고 능동적인 정보의 처리가 이루어지는 기억 시스템으로서의 역할을 강조한다. Alan Baddeley(1934~)에 따르면 작업기억은 중앙집행기, 음운 루프, 시공간 잡기장, 일화적 저장소 등 적어도 네 가지 요소로 구성되어 있음을 제안하였다(Baddeley, 2007; Jarrold, Tam, Baddeley, & Harvey, 2011; Woolfolk, 2016). 중앙집행기(central executive)는 작업기억의 작업자로서 주의 및 정신적 자원을 통제하는 역할을 하고, 음운 루프 (phonological loop)는 언어적이거나 청각적 정보를 유지하는 역할을

Alan Baddeley

하며, 시공간 잡기장(visuospatial sketchpad)은 시각적 · 공간적 정보를 유지하는 역할을 한다. 한편, 일화적 저장소(episodic buffer)는 음운 루프, 시공간 잡기장, 장기기억으로부터의 정보를 통합하여 복합적 기억을 만드는 역할을 한다. 작업기억을 기억의 작업대라고 한다면, 일화적 저장소는 작업기억의 작업대라 할 수 있다(Woolfolk, 2016).

작업기억 내 처리되어 저장되는 정보는 감각기억에 들어온 소리나 이미지의 형태일 수도 있으며, 혹은 의미에 기초하여 추상적으로 구조화된 형태일 수도

있다. 즉, 작업기억 속의 정보는 의식적인 처리와 지각이 이루어진 정보이기에 있는 그대로의 정보라기보다는 주관적인 해석이 이루어진 정보라고 볼 수 있다. 작업기억의 두드러진 특징은 정보를 작업기억 내에 유지할 수 있는 용량과 지속 시간에 제한이 있다는 점이다. 감각기억과 달리 작업기억의 저장 용량은 매우 제한적인데, Miller(1956)가 마법의 수로 언급한 것처럼 일반적으로 한 번에 5～9개 (7±2개)의 정보만을 작업기억 내에 유지할 수 있는 것으로 알려져 있다. 또한, 작업기억은 지속시간도 짧은데, 정보를 반복적으로 되뇌이거나 다른 방법으로 처리하지 않는다면 해당 정보는 기껏해야 10～20초밖에 유지되지 않는다.

(3) 장기기억

작업기억에서 약호화된 정보는 영구적인 기억 저장고라고 할 수 있는 **장기기억**(long-term memory)에 저장된다. 장기기억의 용량에는 거의 한계가 없으며, 장기기억의 정보는 평생 동안 지속될 수 있다. 장기기억에는 매우 짧은 시간에 인출할 수 있는 정보가 있는 반면에, 그렇지 않은 정보가 수없이 많다. 장기기억에 있는 지식의 형태에 대한 다양한 설명이 있지만, 일반적으로 장기기억 속의 지식은 [그림 11-5]와 같이 선언적 지식, 절차적 지식, 조건적 지식으로 구성되어

장기기억
정보를 영구적으로 저장하며 용량에 한계가 없는 기억의 요소

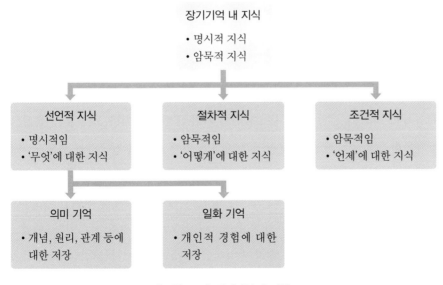

[그림 11-5] 장기기억 내 지식

출처: Eggen & Kauchak (2016).

있다고 가정한다.

선언적 지식(declarative knowledge)은 무엇이 어떻다는 지식(knowing 'what'), 즉 사실에 관한 지식으로서 특정한 사실이나 사건에 관한 지식이다. 선언적 지식은 의식할 수 있고 언어적으로 표현이 가능하다고 해서 **명시적 지식**(explicit knowledge)이라고도 한다. 선언적 지식의 주제와 범위는 매우 다양하다. 예를 들어, '한국의 수도는 서울이다'와 같은 '사실', 보일(Boyle)의 법칙에 관한 지식과 같은 '법칙', 정보처리 이론에 대한 지식과 같은 '이론', '어제 영화 보러 갔다'와 같은 '개인적 사건', '나는 유행가를 좋아한다'와 같은 '개인적 태도' 등이 선언적 지식이다. 선언적 지식은 개인적으로 경험한 사건과 관련된 **일화 기억**(episodic memory)과 세상에 대한 일반적 지식과 관련된 **의미 기억**(semantic memory)으로 구성되어 있다. 예를 들어, 토마토가 채소라는 정보는 의미적 기억과 관련이 있지만, 토마토가 과일이라고 대답하여 민망했던 경험은 일화적 기억에 해당된다. 선언적 지식은 우리의 장기기억 내에서 도식, 즉 **스키마**(schema)의 형태로 조직화된다.

절차적 지식(procedural knowledge)은 어떻게 하는가에 대한 지식(knowing 'how'), 즉 어떤 행위를 수행하는 방법에 관한 지식이다. 예를 들면, 자동차 운전하는 방법, 뺄셈하는 방법, 논문 작성하는 방법 등에 관한 지식이다. 절차적 지식은 일종의 **암묵적 지식**(implicit knowledge)이기 때문에 언어적으로 표현하기가 쉽지 않다. 따라서 절차적 지식의 소유 여부는 실제 수행을 통해 추론된다. 예를 들어, 자전거 타는 과정에서 작용하는 모든 절차를 의식적으로 표현하기란 쉽지 않으며, 대부분 자전거 타는 방법을 의식적으로 생각하면서 타지도 않는다. 또한 절차적 지식의 습득에는 어느 정도의 시간이 필요하지만, 대부분 연습을 통해 자동화가 가능하기 때문에 선언적 지식에 비해 정보에 접근하는 속도도 빠르고 쉽게 소멸되지 않는다.

조건적 지식(conditional knowledge)은 선언적 지식과 절차적 지식을 적용하는 시기(knowing 'when')와 적용하는 이유(knowing 'why')에 관한 지식이다. 예를 들어, 훑어 읽기가 글의 요지를 빨리 파악하는 데 도움이 된다는 것을 '아는 것'은 선언적 지식이고, 훑어 있는 방법에 관한 지식은 절차적 지식이다. 훑어 읽기와 관련된 선언적 지식과 절차적 지식을 갖고 있다고 해도, 그러한 지식을 언제, 왜

선언적 지식
사실이나 사건에 관한 지식

명시적 지식
의식적으로 쉽게 이해할 수 있고 사고의 대상이 되는 지식

일화 기억
개인이 경험한 각종 사건들에 관한 기억

의미 기억
지식의 일부분을 구성하고 있는 일반적 정보(예. 역사적 사실, 주소)

스키마
장기기억 내 정보가 조직화되어 있는 방식을 나타내는 인지구조

절차적 지식
어떤 일을 수행하는 방법에 관한 지식

암묵적 지식
일반적으로 무의식적으로 작용하는 지식

조건적 지식
선언적 지식과 절차적 지식을 적용하는 시기와 이유에 관한 지식으로 자기조절학습과 관련이 많음

표 11-1　기억 저장소의 특징

기억 저장소	용량	지속시간	정보의 형태	인식
감각기억	사실상 무제한	매우 짧음	처리되지 않은 있는 그대로의 형태	인식되지 않음
작업기억	매우 제한적	비교적 짧음	조직화 과정 중에 있는 형태	인식되어 있음
장기기억	사실상 무제한	매우 긺 (영구적이라 보기도 함)	유의미하게 조직화된 스키마 형태	인식되지 않음

출처: Eggen & Kauchak (2016).

사용해야 하는지에 대한 지식, 즉 조건적 지식이 없다면 학습자가 직면한 문제해결에 큰 도움을 주지 못할 것이다. 이러한 점에서 조건적 지식은 자기조절학습(self-regulated learning)과 많은 관련이 있다.

〈표 11-1〉은 지금까지 살펴본 감각기억, 작업기억, 장기기억 세 가지 기억 저장소의 특징을 요약한다.

3) 인지 과정

(1) 주의

주의는 기억 모형 내에서 이루어지는 첫 번째 인지 과정으로서 우리가 주의를 기울이는 자극 혹은 정보는 작업기억으로 이동한다. 주의(attention)란 우리 주변의 여러 자극들 중에서 다른 자극들은 무시하면서 특정 자극에 선택적으로 초점을 맞추는 과정이다. 우리의 주의는 감각기관을 통해 들어오는 모든 정보를 감당할 만큼 무한정한 자원이 아니기 때문에 처리할 정보에 대해서만 주의를 선택적으로 기울여야 한다. 여러 가지 다른 정보를 무시하고 특정한 정보를 선택하여 처리하도록 영향을 미치는 요인은 매우 다양하다. 그러나 가장 분명히 영향을 미치는 것은 정보의 의미(meaning)이다. 여러 사람들이 시끄럽게 떠드는 파티장에서도 자신의 이름을 부르면 금방 알아차리게 되는 칵테일 파티 효과(cocktail party effect)가 그 예이다. 또한 선택적 주의는 경쟁적 과제의 유무(예: 친

주의
다른 자극은 무시하고 특정 자극에 초점을 맞추는 과정

칵테일 파티 효과
다수의 사람들이 시끄럽게 대화하는 가운데에서도 특정한 사람의 말을 구별하여 들을 수 있는 현상

구의 이야기를 들으면서 수업 내용에 집중하는 것은 어려움), 과제의 복잡성 혹은 난
이도(예: 단순한 과제를 할 때에는 여러 가지 일을 동시에 할 수 있음), 주의 통제력 또
는 집중력에 의해 영향을 받는다(Driscoll, 2000).

(2) 지각

정보에 주의를 기울이는 것만으로 정보가 처리되는 것은 아니다. 정보를 처리
하기 위해서는 주의집중을 통해 감각기억에 남아 있는 자극을 있는 그대로 받아
들이는 것이 아니라 정신적으로 해석하여 의미를 부여해야 하는데, 이것이 **지각**
(perception)이다. [그림 11-6]을 보라. 그림에서 우리는 '노파'를 지각할 수도 있
고 '젊은 여인'을 지각할 수도 있다. 그것은 우리의 지각 과정이 과거 경험이나
배경지식, 동기, 기대 등에 의해 영향을 받기 때문이다.

모든 지각은 감각 기관의 자극으로부터 발생하는 신경 체계의 신호를 포함한
다. 예를 들어, 시각은 눈 망막에 부딪히는 빛으로부터 발생하고, 후각은 냄새
분자를 포함하며, 청각은 압력파의 영향을 받는다. 그러나 이러한 자극에 대한
지각은 개인적으로 구성되는 것이기에 사람마다 다르다. 다시 말해, 지각이라는
과정에서 우리는 실세계로부터의 물리적 표상과 우리가 현재 갖고 있는 지식 두
가지 모두에 기초하여 의미를 구성한다. 앞서 게슈탈트 심리학에서 언급한 '상

지각
감각기관에 들어온
자극을 감지하고 의
미를 부여하는 과정

[그림 11-6] 노파와 젊은 여인 그림

향식 처리'와 '하향식 처리'가 함께 이루어지는 것이다. 이를 나타내기 위해 [그림 11-4]에서 '지각' 오른편의 화살표를 곡선으로 표시하였다.

인간이 사물을 어떻게 지각하게 되는가에 대해서는 대표적으로 네 가지 설명이 있다. 첫 번째 설명은 19세기 대표적 물리학자였던 독일의 Hermann von Helmholtz(1821~1894)가 제기한 무의식적 추론(unconscious inference) 이론이다. Helmholtz는 우리가 망막에 맺힌 모호한 자극의 패턴을 지각할 때 '있음직함의 원리(likelihood principle)'에 따라 그 패턴을 생성했을 가능성이 가장 큰 물체로 지각하게 된다. 즉, 우리의 지각은 주변 환경에 대한 무의식적 가정이나 추론의 결과물이라는 것이다. 두 번째 설명은 게슈탈트 심리학자들이 제기한 지각 조직화의 원리(principles of perceptual organization)에 의한 것이다. 앞서 이미 살펴보았듯이 게슈탈트 심리학자들은 우리가 사물을 지각할 때 유사성, 근접성, 종결성 등의 원리를 이용해서 부분적 요소들을 조직화함으로써 더 큰 사물을 형성할 수 있게 된다고 설명하였다. 세 번째는 환경의 규칙성(regularities in the environment)으로서 규칙적으로 반복되는 주변 환경의 특징에 대한 인간의 배경지식이 지각에 영향을 미친다는 설명이다. 이러한 규칙성에는 크게 '물리적 규칙성'(예: 수평이나 수직을 다른 기울기보다 더 쉽게 지각하는 현상 등)과 '의미적 규칙성'(예: 식당이라는 장면을 통해 요리나 음식과 관련된 정보의 지각에 영향을 주는 현상)이 있다. 마지막은 확률적 개념으로, 지각을 설명하는 베이지안 추론(Bayesian inference)이다. 이 용어는 Thomas Bayes(1701~1761)의 이름을 따서 지어졌는데, 그는 어떤 결과가 도출된 확률의 추정치는 특정 결과가 도출될 확률에 대해 처음에 갖고 있던 수행자의 믿음인 '사전확률(prior probability)'과 현재 접근 가능한 증거가 결과와 일치하는 수준인 '우도(likelihood, 있음직함)'의 두 가지 요소에 의해 결정된다고 하였다. 즉, 사람들은 먼저 사전확률을 구하고 난 후 추가적인 증거가 관찰될 때마다 사전확률을 최신화해 나가면서 결론에 도달하는 방식으로 사물을 지각한다는 것이다.

(3) 시연

우리는 흔히 작업기억 속에 정보를 오래 머무르게 하기 위해 정보를 의식적으로 반복하는데, 이것이 시연(rehearsal) 혹은 되뇌임이다. 시연은 유지 시연과 정

유지 시연

유입된 정보를 기계
적으로 반복하는 것

교화 시연으로 구분된다(Woolfolk, 2016). 유지 시연(maintenance rehearsal)이란 유입된 정보를 언어적 혹은 시각적으로 단순히 반복하는 것이다. 예를 들어, 전화국의 안내원으로부터 안내받은 전화번호를 잊지 않기 위해 번호를 계속해서 반복하는 것이다. 우리는 대부분 안내받은 전화번호로 전화를 걸고 나면 그 번호를 잊어버리는 것처럼, 유지 시연은 정보를 사용이 끝날 때까지만 작업기억에 유지한다. 정교화 시연(elaborative rehearsal)은 유입된 정보를 이미 알고 있는 정보, 즉 장기기억 내 다른 정보와 연결하는 것이다. 예를 들어, 안내원으로부터 안내받은 번호가 325-1998이었는데, 이 번호가 우연히 자신이 태어난 날(1998년 3월 25일)과 일치한다는 것을 알고, 그것을 연결짓는 것이 정교화 시연이다.

정교화 시연

유입된 정보에 새로운
내용을 추가하는 것

이처럼 시연은 유입된 정보를 작업기억에 유지하는 기능과 장기기억의 선행지식과 연결하여 장기기억에 저장하는 기능을 수행한다. 물론 전화번호나 이름과 같은 특정한 정보는 단순한 유지 시연을 통해 장기기억에 저장되기도 한다. 그러나 일반적으로 유지 시연은 기계적인 암기에 그치기에 비효율적인 정보처리 방법이다. 반면에, 정교화 시연은 사전지식에 새로운 정보를 덧붙여 확장하는 방법이기 때문에 추후 정보의 인출에 도움이 된다. 따라서 교사는 학습자가 특정 정보를 기계적으로 암기하도록 하기보다는 학습자의 선행지식과 관련시켜 암기하도록 하는 정교화 시연을 활용하도록 지도해야 한다.

(4) 부호화

부호화

유입된 정보를 장기
기억으로 전이시키는
과정

어떤 정보를 지각하고 단순히 반복하여 시연한다고 해서 그 정보가 반드시 장기기억에 저장되는 것은 아니다. 정보를 장기기억에 저장하기 위해서는 정보를 장기기억에 표상하는 부호화(encoding) 혹은 약호화 과정이 필요하다(Bruning, Schraw, & Norby, 2011; Radvansky & Ashcraft, 2014). 다시 말해, 부호화란 유입되는 새로운 정보를 정보처리 체계 안으로 받아들여 장기기억에 저장하기 위해 준비하는 과정이다(Schunk, 2016).

부호화가 잘된 정보는 오래 기억되고 쉽게 인출되지만, 기계적인 암송과 같이 피상적으로 부호화된 정보는 망각되기 쉽고 인출하기도 어렵다. 결국 장기기억에 정보를 효율적으로 저장하고, 저장된 정보를 작업기억으로 인출을 잘해내기 위해서는 정보의 부호화가 잘 이루어져야 한다. 우리는 정보를 항상 의식적으로 부호화하는 것은 아니다. 개인적 사건이나 운동기능 등은 특별한 노력 없이도 자동적으로 부호화되기도 한다. 반면에 학교 학습과 관련된 많은 정보들은 의도적이고 유의미한 부호화 과정이 필요하다. 여기서 유의미성(meaningfulness)은 정보들이 서로 상호 연결된 정도를 의미한다. 예를 들어, 다음의 세 문장을 보자.

① 의유다한 가보습 학정하쉽 기미
② 쉽다 정보가 학습하기 유의미한
③ 유의미한 정보가 학습하기 쉽다

이 세 문장은 정확하게 동일한 글자 13개의 4어절로 되어 있다. 그러나 ①보다는 ②에서, 그리고 ②보다는 ③에서 문장을 구성하는 정보들이 서로 유의미하게 연결되어 있으며, 따라서 더 잘 기억할 수 있다.

(5) 인출

인출(retrieval)은 장기기억으로부터 정보를 꺼내 작업기억으로 가져오는 과정이다. 장기기억에서의 인출은 작은 손전등만을 가지고 크고 어두운 방에서 무엇인가를 찾는 것과 유사하다. 한 번에 작은 한 부분만 볼 수 있지, 전체를 다 보기는 불가능하다(Lindsay & Norman, 1997). 인출은 회상과 재인이라는 두 종류로 구분할 수 있다. 회상(recall)은 외부 정보와의 비교 없이 저장된 정보에 접근하여 인출하는 방식이며, 재인(recognition)은 외부 정보를 저장된 정보와 비교하여 얼마나 잘 연결되는지 결정하여 인출하는 방식이다.

일반적으로 정보의 인출은 기억의 활용 가능성 및 접근 가능성과 관련이 있다(Coon & Mitterer, 2015). 기억의 활용 가능성(availability, 가용성)은 정보가 실제로 장기기억에 저장되어 있느냐를 의미하는 것으로 부호화의 정도에 달려 있다. 부호화가 잘된 정보는 장기기억에 저장되어 필요할 경우 활용될 가능성이 높다. 접근 가능성(accessibility, 접근성)은 저장된 정보를 얼마나 쉽게 인출할 수 있는가와 관련이 있다. 접근 가능성은 인출단서(retrieval cue)에 달려 있다. 인출단서란 기억에 저장된 정보를 인출할 수 있도록 도와주는 단서를 의미한다. 예를

인출
부호화되어 장기기억에 있는 정보를 작업기억으로 가져오는 과정

들어, 우리는 운전 연습을 했던 곳에서 운전면허 시험을 볼 때 실기 시험을 더 잘 보고, 슬픈 기분에서 슬펐던 일을 더 잘 기억해 낸다. 이러한 예는 인출단서가 학습 중에 제시된 단서와 일치할 때, 즉 인출맥락이 부호화 맥락과 일치할 때 인출이 가장 잘 된다는 **부호화 특수성**(encoding specificity) 원리를 보여 준다(Tulving, 1972).

(6) 망각

과거의 경험이나 학습한 것을 기억하지 못하는 것을 **망각**(forgetting)이라고 한다. 망각은 [그림 11-4]에 제시된 바와 같이 정보처리의 전 과정에서 발생한다. 감각기억에서 정보의 망각은 **쇠퇴**(decay, 소멸)와 관련이 있다. 감각 등록기를 통해 들어오는 수많은 정보 중 주의집중의 대상이 된 정보만 남고 나머지 정보는 자연히 기억에서 사라지게 된다. 작업기억에서의 망각은 쇠퇴나 **대치**(displacement)와 관련이 있다. 전술한 바와 같이 작업기억의 용량은 한계가 있기 때문에 의식적으로 처리되지 않은 정보는 저절로 쇠퇴하거나 유입되는 새로운 정보로 대치된다.

한편, 장기기억의 망각에 대해서는 훨씬 더 다양한 설명이 이루어져 왔다. 장기기억에서도 감각기억이나 작업기억에서처럼 기억이 쇠퇴하여 사라지는가에 대해서는 논란이 있지만, 우리는 경험적으로 장기기억에 저장한 정보 중 상당수가 쉽게 기억해 낼 수 없다는 것을 알고 있다. 이것은 곧 장기기억 내에서 망각이 일어나고 있다는 것을 의미한다. 장기기억에서의 망각에 대한 가장 일반적인 설명은 쇠퇴, 억압, 인출실패, 간섭 등이다(Coon & Mitterer, 2015).

쇠퇴(decay) 이론에 따르면 장기기억의 정보도 오랫동안 인출되어 사용되지 않으면 시간의 경과에 따라 기억의 흔적들이 점차 사라지기 때문에 망각이 일어난다고 본다. 그러나 장기기억에서 시간의 경과에 의한 망각이 일어난다는 몇 가지 증거가 있음에도 불구하고 쇠퇴는 장기기억의 망각에 중요한 역할을 하지 않는 것으로 보인다.

억압(repression) 이론에 따르면 고통스럽거나 위협적이고 수치스러운 기억을 의식의 바깥에 유지함으로써 기억해 내지 못하는 것으로 동기화된 망각이라 부른다. 과거의 실패, 괴로운 아동기 사건, 싫어하는 사람의 이름, 또는 지키고 싶

부호화 특수성
인출단서가 부호화 과정에서 사용된 맥락과 유사할 때 인출이 잘 된다는 원리

망각
기억과정의 어떤 부분에서 정보가 손실되는 것

쇠퇴
기억 속의 정보가 시간이 지남에 따라 점점 희미해지는 것

대치
작업기억 용량의 한계로 새로운 정보가 이전 정보를 교체하는 것

지 않은 약속 등을 망각하는 것은 억압에 의한 망각의 예이다.

　인출실패(retrieval failure) 이론에 따르면 장기기억에서의 망각은 장기기억에 저장되어 있는 정보에 접근할 수 없을 때 발생한다. 길거리에서 우연히 마주친 고등학교 친구의 이름이 갑자기 떠오르지 않고, 그의 이름이 혀끝에서 맴도는 소위 설단현상(舌端現象, tip-of-tongue phenomenon)이 인출실패의 예이다. 설단현상은 기억 속에 인출하고자 하는 정보는 있지만 그 정보에 접근이 불가능하여 발생한다. 그러나 부호화 과정에서 사용했던 단서가 제공되면 인출이 가능해지기에 단서 의존적 망각이라고도 한다. 이처럼 정보의 인출은 정보의 부호화와 밀접한 관계가 있다.

　마지막으로, 간섭(interference) 이론은 정보가 서로 경합을 벌이기 때문에 망각이 일어난다고 한다. 간섭에는 역행(retroactive)간섭과 순행(proactive)간섭이 있다. 역행간섭은 새로 학습한 정보가 이전에 학습한 정보의 파지를 방해하는 것을 의미한다. 예를 들어, 영어의 부정사를 공부한 다음 동명사를 공부했다면, 동명사에 대한 학습이 이전에 학습한 부정사에 대한 학습의 파지를 방해하는 것이다. 순행간섭은 이전에 학습한 정보가 새로 학습한 정보의 파지를 방해하는 것을 말한다. 앞의 예에서 부정사에 대한 학습이 동명사에 대한 학습의 파지를 방해하는 것을 말한다. [그림 11-7]은 우리가 여러 정보들을 차례로 제시받을 때, 처

설단현상
장기기억에 정보는 있지만 해당 정보에 접근이 불가능할 경우에 발생하는 인출 실패의 한 가지 현상

역행간섭
새롭게 학습한 정보 때문에 이전 정보가 생각나지 않는 것

순행간섭
이미 알고 있는 정보 때문에 새로운 정보의 학습에 방해가 되는 것

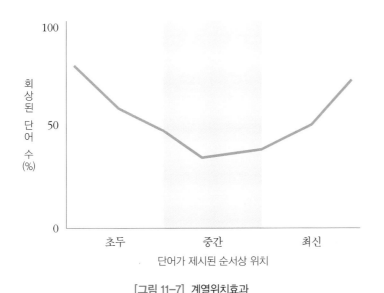

[그림 11-7] 계열위치효과

음과 마지막에 제시되는 정보를 중간에 있는 정보보다 더 잘 기억할 수 있다는 계열위치효과(serial position effect)를 나타낸다. 이와 관련하여 처음에 제시되는 정보를 더 잘 기억하는 것을 초두효과(primacy effect), 마지막에 제시되는 정보를 더 잘 기억하는 것을 최신효과(recency effect)라 부른다. 이러한 효과는 간섭과 관련된다. 중간에 제시되는 정보는 순행간섭과 역행간섭이 모두 일어나기에 상대적으로 망각이 더 잘 일어나는 반면, 처음에 제시되는 정보는 역행간섭만 발생하고 마지막에 제시되는 정보는 순행간섭만 발생한다.

4) 메타인지

우리는 정보를 처리하는 인지 과정에서 주의를 기울여야 할 정보가 무엇이고, 정보를 어떻게 부호화할 것이며, 부호화는 잘 되었는지, 어떤 방법으로 정보를 인출할 것인지 등을 결정하고 조절한다. 정보처리이론에 따르면 [그림 11-4]에서 볼 수 있듯이 정보처리체제 내에서 정보의 모든 흐름은 메타인지(metacognition)에 의해 관장된다. John Flavell(1928~)이 처음으로 제안한 메타인지는 문자 그대로 해석한다면 '인지에 대한 인지(cognition about cognition)' 혹은 '생각에 대한 생각(thinking about thinking)'이라는 의미를 갖는다.

John Flavell

메타인지의 실체에 대한 많은 논의가 있었지만, 대부분 메타인지는 두 가지의 정신적 활동을 하는 것으로 가정한다. 예를 들어, Baker와 Brown(1984)은 메타인지를 '과제수행에 필요한 기술, 전략, 자원에 대한 인식'과 '과제를 성공적으로 완성하기 위한 자기조절 기제를 사용할 수 있는 능력'이라고 하였다. 또한, 메타인지는 인지에 대한 자기평가와 자기관리(Paris & Winograd, 1990), 메타인지적 지식과 메타인지적 경험(Flavell, 1981), 인지지식과 인지조절(Garner, 1987) 등으로 표현된다. 메타인지에 대한 연구를 종합해 보면, 메타인지란 자신의 사고 과정에 대한 지식(knowledge)과 조절(regulation)이라 할 수 있다.

자신의 사고 과정에 대한 '지식'의 측면에서 메타인지는 앞서 살펴본 선언적 지식, 절차적 지식, 조건적 지식을 모두 포함한다(Woolfolk, 2016). 학습자로서 자기 자신에 대한 지식과 과제를 수행하는 데 필요한 기술 · 전략 · 자원에 대한 지식 등은 선언적 지식에 해당하며, 전략의 사용 방법을 아는 것은 절차적 지식에 해당한다. 또한, 과제 수행 및 목표 달성을 위해 특정한 절차나 전략을 언제 그리고 왜 적용해야 하는지를 아는 자기조절 지식은 조건적 지식이라 할 수 있다. 나아가 전략 사용의 가치를 아는 것도 메타인지적 지식에 포함될 수 있다. 이를 기억 과정에 적용하면, 어떻게 해야 정보를 작업기억에 계속 유지할 수 있는지 아는 것, 혹은 다양한 부호화 전략이나 인출 전략을 알고 언제 어떻게 어떤 전략을 사용해야 효과적인지를 아는 것 등이 메타인지적 지식에 포함된다.

한편, 자신의 사고 과정에 대한 '조절'의 측면에서 메타인지는 계획, 점검, 평가라는 세 가지 필수적인 전략을 포함한다. 계획(planning)은 과제에 시간을 얼마나 들여야 할지, 어떤 전략을 사용할지, 어떻게 시작할지, 어떤 자료를 모을지, 어떤 순서로 진행할지, 어떤 것은 넘어가고 어떤 것에 주의를 많이 기울여야 할지 등 목표 달성을 위해 필요한 전략을 계획적으로 결정하는 것이다. 점검(monitoring)은 자신이 과제를 잘해 나가고 있는지, 이해가 잘 되고 있는지, 진행 속도는 적절한지, 공부를 충분히 했는지 등에 대해 과제를 수행하는 과정에서 그때그때 스스로 인식하는 것이다. 평가(evaluating)는 전략을 바꾸어야 할지, 도움을 얻어야 할지, 포기해야 할지, 이 정도면 과제가 마무리되었는지 등 사고 및 학습의 과정과 결과에 대해 판단을 하는 것이다. 이를 기억 과정에 적용하면, 학습할 정보에 어떻게 주의를 집중하여 어떤 부호화 전략을 통해 장기기억에 저장될 수 있게 할지에 대해 계획을 세우고, 계획에 따라 전략을 잘 사용하고 있는지를 점검하며, 최종적으로 정보가 장기기억에 잘 저장되어 인출 가능한지를 스스로 평가하는 것이 메타인지적 조절에 해당한다고 볼 수 있다.

3. 교육적 시사점

1) 기억 저장소의 교육적 시사점

감각기억, 작업기억, 장기기억으로 구분되는 기억 저장소에 대한 연구가 제시하는 교육적 시사점은 대체로 작업기억과 관련된다. 왜냐하면 작업기억은 의식

John Sweller

적 처리가 수행되는 정신 체계로서 바로 여기에서 실질적인 학습이 이루어진다고 볼 수 있으나, 처리 용량이 매우 작고 정보를 유지하는 지속시간도 짧다는 점에서 학습에 걸림돌이 될 수 있는 중대한 제한점을 갖고 있기 때문이다.

John Sweller(1946~   )는 인지부하이론(cognitive load theory)을 통해 작업기억이 갖는 제한점을 교육적으로 고려할 필요성을 강조하였다. 인지부하란 특정 과제를 수행하기 위해 필요한 정신적 자원의 양을 말하는데(Sweller, 1988), 여기서 정신적 자원은 대개 작업기억을 의미한다. 어떤 과제가 갖는 인지부하는 상대적이라고 할 수 있는데, 인지부하의 크기가 선행지식이나 학습보조도구 등 많은 것에 영향을 받기 때문이다. 일반적으로 세 가지 종류의 인지부하가 있다(Kirschner, Sweller, & Clark, 2006). 첫째, 내재적 인지부하(intrinsic cognitive load)는 과제의 복잡성이나 학습자의 전문성 수준에 의해 발생하는 인지 처리의 양을 의미한다. 둘째, 외생적 인지부하(extraneous cognitive load)는 과제가 제시되는 방식이나 학습자에게 요구되는 활동에 의한 인지처리의 양을 의미한다. 셋째, 적절한 인지부하(germane cognitive load)는 효과적인 학습을 위해 적절하고 유익한 인지부하로서 과제와 관련된 정보를 깊은 수준으로 처리하는 데 필요하다. 이러한 관점에 좋은 수업이란 내재적 부하를 학습자 수준에 맞게 유지하면서, 외생적 부하는 줄이고, 적절한 부하를 증진하는 수업이라 할 수 있다.

여기서는 인지부하를 줄일 수 있는 대표적인 세 가지 전략으로 덩이짓기, 자동화, 분배처리를 소개한다(Eggen & Kauchak, 2016).

우선 작업기억의 제한된 용량은 덩이짓기(chunking, 청킹)를 통해 극복될 수 있다. 덩이짓기는 개별적인 정보단위(item)를 보다 큰 정보단위나 의미 있는 정보단위로 묶는 것이다. 작업기억의 제한된 용량은 정보단위의 크기와 관련이 있는 것이 아니라 수와 관련이 있기 때문에, 개별적인 정보단위를 덩이짓기할 수 있다면 더 많은 정보를 유지할 수 있다. 예를 들어, 전술한 '325-1998'이라는 전화번호를 그대로 기억하려면 7개의 정보단위를 기억해야 하지만, '내 생년월일'로 묶는다면 1개의 정보단위가 되어 작업기억의 공간을 덜 차지하게 된다. 덩이짓기를 잘 활용하게 되면 작업기억에서 더 많은 정보를 처리할 수 있다.

또한, 작업기억의 기능적 한계는 **자동화**(automaticity)를 통하여 극복할 수 있다. 자동차를 능숙하게 운전하는 사람은 운전을 하면서 동시에 동승자와 이야기를 할 수도 있다. 특정한 과제를 자동화시키면, 그 정보는 작동기억의 용량을 차지하지 않기 때문에 작업기억을 다른 과제를 처리하는 데 활용할 수 있도록 해 주는 장점이 있다.

마지막으로, 음운루프와 시공간 잡기장으로 구분되어 작동되는 작업기업의 특징을 고려하여 정보처리의 부하를 나누어 처리하는 방식, 즉 정보의 **분배처리**(distributed processing)를 통하여 인지부하를 적절하게 분배함으로써 작업기억의 정보처리 능력을 최적화할 수 있다. 우리는 교사가 언어적으로만 설명하는 것보다는 사진이나 표를 사용해서 설명해 줄 때 더 쉽게 이해한다. 이것은 시각과 청각이 상호 보완적으로 정보처리를 돕기 때문이다.

자동화
의식적 노력 없이 이루어지는 정신적 조작의 수행

분배처리
작업기억의 음운루프와 시공간 잡기장을 활용하여 인지부하를 나누어 처리하는 방식

2) 인지 과정의 교육적 시사점

주의, 지각, 시연, 부호화, 인출, 망각 등 정보처리이론에 포함된 인지 과정에 대한 연구가 제시하는 교육적 시사점을 논의하면 다음과 같다.

(1) 주의 및 지각의 교육적 시사점

먼저, 주의는 정보처리가 이루어지는 인지 과정의 첫 단계로서 학습의 출발점이다. 학습이 효율적으로 일어나기 위해서는 학습자의 주의가 학습과제 이외에 다른 것으로 분산되지 않아야 된다. 즉, 교사는 수업 중에 학생들의 주의집중을 계속 유지할 수 있도록 해야 한다. 이를 위해 수업을 시작할 때 학생들이 예상하지 않은 자료를 보여 주거나 질문을 함으로써 학생들의 주의를 환기하거나, 수업 중에는 화살표나 색분필 등과 같은 시각적 단서를 적절히 사용함으로써 학생들이 학습 과제의 중요한 특징에 주의를 집중하도록 유도할 수 있다. 또한, 목소리 높낮이의 변화와 같은 청각적 단서를 사용하여 수업의 단조로움을 피할 수 있다.

학습상황에서 정확한 지각은 매우 중요하다. 학생들은 지각한 것을 작업기억에 보내고 결국에는 장기기억에 저장할 것이기 때문이다. 잘못된 지각은 오개념(misconception)을 형성하고 이는 이후의 학습에도 부정적인 영향을 미친다. 특

히, 한 번 형성된 오개념은 생각보다 바로잡기가 쉽지 않다. 따라서 교사는 학생들이 정보를 정확하게 지각했는지의 여부를 확인해 볼 필요가 있다. 학생들의 지각을 확인하는 효과적인 방법은 개방형 질문을 사용하는 것이다(Eggen & Kauchak, 2016). 예를 들어, 화학 공식을 칠판에 적은 뒤 과학교사는 "이 공식을 보세요. 무엇을 알 수 있나요?"라고 물을 수 있다. 만약 학생들이 원소와 관련된 정보, 화합물에서 숫자나 화살표의 의미 등과 같은 중요한 정보를 알지 못하면 교사는 그들의 배경지식과 지각이 정확하지 못하고 불완전하다는 것을 알 수 있다. 이 경우 교사는 이를 바로잡기 위해 복습을 시킬 수 있다.

(2) 시연 및 부호화의 교육적 시사점

앞서 언급한 것처럼 단순 반복하는 시연은 학습한 정보를 작업기억에 유지하기에는 충분할지 몰라도 정보를 장기기억에 저장하기에는 한계가 있다. 학습한 정보를 장기기억에 오랫동안 저장하여 활용하기 위해서는 정보를 부호화해야 하는데, 유의미성에 초점을 맞추어야 효과적인 부호화가 이루어져 더 잘 기억될 수 있다. 이는 정보가 얼마나 오랫동안 기억되느냐는 해당 정보가 어느 정도 분석되고 다른 정보와 연결되는지, 즉 처리의 깊이에 달려있다는 **처리수준이론**(levels of processing theory)의 주장과 일맥상통한다(Craik & Lockhart, 1972). 여기서는 유의미한 부호화를 위한 대표적인 전략으로서 조직화, 정교화, 심상, 스키마 활성화를 소개한다.

조직화(organization)란 정보를 하위집합으로 분할하고 그 하위집합 간의 관계를 형성해 가는 과정을 의미하며, 자료의 조직화는 기억, 개념형성, 판단, 문제해결 등과 같은 심리적 과정에 영향을 준다. 조직화에는 두 가지 방법이 있다(Glover, Ronning, & Bruning, 1990). 하나는 자료에 의한 조직화(material-induced organization)이다. 이것은 학습자료 자체가 조직화된 것이다. 잘 조직된 학습자료나 교재는 학습자의 부호화와 인출에 긍정적인 영향을 미친다. 또 다른 방법은 학습자에 의해서 이루어지는 조직화(subject-imposed organization)이다. 제시되는 자료가 조직화되어 있지 않을 때 학습자들은 자발적으로 그 자료를 조직화하려고 한다. Tulving(1962)은 이러한 현상을 주관적 조직화(subjective organization)라고 부른다. 학습과제의 조직화는 위계도, 개념도, 다이어그램 등으로 가능하다.

정교화(elaboration)는 이미 알고 있는 지식에 새로운 정보를 덧붙여 확대시키는 과정이다. 정교화의 중요성에 관한 예로 Stein, Littlefield, Bransford 그리고 Persamipieri(1984)가 일련의 실험을 실시했다(Slavin, 2003에서 재인용). 이 실험에서 "머리가 하얀 남자가 병을 들고 갔다."와 같은 문장을 학습한 학생보다 "머리가 하얀 남자가 염색약이 담긴 병을 들고 갔다."와 같은 문장을 학습한 학생들이 문장을 더 잘 기억하였다. 이것은 부가된 단어(예, 염색약)가 학생들의 마음속에 이미 조직되어 있던 스키마에 결합되었기 때문이다. 정교화는 사례 제공, 유추, 기억술 등을 통해 가능하다. 특정 개념과 관련된 구체적인 사례는 학습자의 이해를 돕는다. 학습자가 이미 알고 있는 개념을 통해 새로운 개념을 학습하도록 도와주는 유추(analogies) 역시 효과적인 정교화 전략 중의 하나이다. 예를 들어, 정보처리 모형은 컴퓨터의 정보처리 과정을 유추하여 설명한 것이다. 또한 교사는 기억술(mnemonics)을 사용해서 과제의 정교화를 도울 수 있다. 기억술은 기억을 향상시키기 위한 체계적인 절차로서 대부분 심상 전략을 사용하며 구체적인 방법으로는 장소법(method of loci), 연상법(pegword), 두문자어법(acronym), 핵심 단어법(Keyword method), 음운기억법(metrical mnemonics) 등이 있다.

정교화는 기억하려는 정보를 이미 알고 있는 정보와 연관시키기 때문에 부호화뿐만 아니라 인출에도 효과적이다. 정교화는 두 가지 방법으로 인출을 돕는다(Gagné, Yekovich, & Yekovich, 1993). 첫째, 정교화는 활성화가 확산될 수 있는 대안적인 인출 통로를 제공한다. 한 통로가 막히면 다른 통로들을 이용할 수 있도록 해 준다. 둘째, 정교화는 답이 구성될 수 있는 다른 부가적인 정보를 제공한다. 결국 어떤 정보가 다른 정보들과 더 많이 연결되면 될수록 정보에 접근할 수 있는 통로는 많아진다. 이것은 정교화된 정보일수록 인출에 필요한 단서들이 많다는 의미이다. 즉, 정교화된 정보는 인출을 쉽게 하고 인출에 필요한 답을 구성하는 데 더 많은 정보를 제공해 준다.

심상(imagery)은 우리가 생각하는 것을 마음에서 그림처럼 그리는 과정으로, 소설가나 작가들이 이야기를 생생하고 흥미롭게 만들기 위해 자주 사용하는 전략이다. 또한, 심상은 축구에서 코너킥이나 야구에서 변화구를 받아치는 연습을 할 때, 혹은 피겨스케이팅에서 점프 회전 기량을 높이기 위해 코치들이 선수

정교화
이미 알고 있는 지식에 새로운 정보를 덧붙여 확대시키는 과정으로 사례 제공, 유추, 기억조성법 등을 사용함

기억술
기억을 향상하기 위해 사용하는 체계적인 절차로서 대부분 심상 전략을 사용함

장소법
기억해야 할 정보를 자신과 친숙한 장소에 연결하여 심상을 구성하는 방법

연상법
어떤 사실을 단어나 숫자와 관련지어 기억하는 방법

두문자어법
기억할 단어나 구의 머리글자를 따서 기억하는 방법

핵심 단어법
학습할 단어의 의미와 단어를 심상으로 결합하여 부호화하는 것

음운기억법
정보를 익숙한 리듬이 있는 가사로 만들어 기억하는 방법

심상
아이디어에 대한 정신적 그림을 형성하는 과정

이중부호화이론
장기기억이 언어 정보와 심상 정보에 대한 구분된 기억 체계를 갖고 있다는 이론

들을 지도할 때도 널리 사용된다. 심상은 **이중부호화이론**(dual-coding theory)으로 설명 가능한 효과적인 부호화 전략이기도 하다(Clark & Paivio, 1991; Paivio, 2006). 이 이론에 따르면 정보가 시각적으로 그리고 언어적으로 함께 부호화될 때 더 쉽게 학습되기에 심상은 기억을 돕는다. 따라서 복잡한 원리를 가르칠 때는 언어적 설명으로만이 아니라 그림이나 도식을 함께 사용할 때 수업의 효과가 더 크다.

스키마 활성화
새로운 정보가 관련된 사전지식과 연결될 수 있도록 사전지식을 활성화하는 부호화 전략

　스키마 활성화(schema activation)는 새로운 지식을 학습할 때 그것과 관련된 사전지식을 활성화하는 부호화 전략으로 효과적인 학습을 돕는다. 수업에서 학생들의 사전지식을 활성화하는 가장 효과적인 방법은 수업 주제와 관련하여 학생들이 이미 알고 있는 것에 대하여 질문을 하거나 그 주제와 관련된 학생의 경험을 얘기해 보도록 하는 것이다. 스키마는 새로운 자료를 의미 있는 구조로 정교화시킴으로써 부호화 과정에 도움이 된다(Schunk, 2016). 어떤 자료를 학습할 때 학습자는 학습자료를 스키마 공간에 맞추어 넣으려고 한다. 예를 들어, 비극에 대한 스키마를 갖고 있는 학생은 문학 작품을 읽을 때 등장인물의 성격이나 행위를 비극과 관련해서 자신이 갖고 있는 스키마에 쉽게 일치시킬 수 있을 것이다.

(3) 인출 및 망각의 교육적 시사점

　우리가 학습한 정보를 장기기억에 잘 저장하였다고 할지라도, 저장된 정보의 인출이 언제나 잘 이루어지는 것은 아니다. 망각에 대한 인출실패이론의 설명에서처럼 우리는 종종 장기기억에 저장되어 있는 정보에 접근할 수 없어 필요할 때 활용하지 못하는 경우가 있다. 또한, 장기기억 내 정보 간의 간섭이나 정보의 소멸에 의한 망각으로 정보를 제대로 인출하지 못하는 경우도 있다. 장기기억 속 정보의 가용성과 접근성을 높여 효과적인 인출을 증진하고 망각을 방지하기 위해서는 다음과 같은 방법을 적용할 수 있다.

　첫째, 앞서 정교화에 대한 설명에서 살펴보았듯이 정보에 접근할 수 있는 경로와 인출단서를 되도록 많이 만들어야 한다. 즉, 기억하려는 정보를 이미 알고 있는 것이나 다른 정보, 혹은 여러 맥락이나 심지어 정서와 연결하는 정교화를 통해 부호화함으로써 정보의 인출을 촉진할 수 있다. 예를 들어, 세종대왕이 조선시대 몇 번째 왕인지를 효과적으로 인출하기 위해서 우리는 조선시대 왕을 순

서대로 암기하기 위한 두문자어법 기억술인 '태정태세문단세 예성연중인명선 광인효현숙경영 정순헌철고순'(이때 우리는 자연스럽게 7개의 문자별로 묶어서 암기 한다. 마법의 수와 청킹을 기억하라!)을 함께 외운다든지, 세종문화회관과 세종대 왕 동상이 함께 있는 광화문 네(4)거리를 연결하거나 '세종대왕'은 조선시대 다 른 왕들과는 달리 4개 글자로 불린다는 것을 연결하여 기억하고, 또는 예전에 역 사 시간에 선생님이 세종대왕에 대한 아주 쉬운 질문을 하셨는데 대답하지 못해 죽도록(死, 죽을 사) 창피했던 경험을 연결함으로써 조선의 제4대 왕인 세종대왕 을 장기기억에 부호화할 수 있다.

둘째, 인출에도 연습이 필요하다. 즉, 효과적인 학습은 반복적인 부호화를 통 해 정보를 작업기억에서 장기기억으로 옮기는 연습도 필요하지만, 이와 더불어 반복적인 인출을 통해 정보를 장기기억에서 작업기억으로 꺼내는 연습도 필요 하다. 인출 연습(retrieval practice)의 대표적인 방법은 시험이다. 연구 결과에 따 르면 동일 시간을 공부하더라도 공부할 내용을 반복적으로 읽는 것보다는 읽기 와 시험을 병행하는 것이 더 좋은 학습 효과를 가져오며, 이를 **시험효과**(testing effect)라고 한다(Roediger & Butler, 2011).

셋째, **분산학습**(distributed practice)이 **집중학습**(massed practice)보다 망각을 방 지하고 인출을 촉진하는 데 더 효과적이다. 즉, 세 번의 20분짜리 공부가 연속 1시간 동안의 공부보다 효과적이다. 시험 직전 벼락치기로 한 번에 공부하는 집 중학습은 그 시험에서는 효과가 있을지 모르지만 장기적인 관점에서는 도움이 되지 않는다. 이는 오래 전 Ebbinghaus(1885)의 망각에 대한 연구로부터도 밝혀 진 사실이다. 같은 시간을 공부하더라도 시간적 간격을 두고 중간중간 휴식을 취하거나 다른 일들을 하면서 공부하는 분산학습이 정보를 더 오랫동안 기억하 고 인출하는 데 효과적임을 여러 연구가 밝히고 있다. 이러한 분산학습이 가져 오는 기억 및 학습에서의 효과를 **간격효과**(spacing effect)라고 한다(Cepeda et al., 2008).

넷째, 간섭에 의한 망각을 예방할 수 있는 방법의 고려가 필요하다. 수업 상황 에서 학습 내용의 유사성에 의한 간섭을 막기 위해 교사는 관련된 개념 간의 유 사점과 차이점을 강조하면서 가르쳐야 할 것이다. 또한, 중요한 내용은 수업 중 간 부분에서만 언급하기보다는, 수업 시작 부분에서 강조하거나 수업이 끝날 때

시험효과
시험과 같은 인출 연 습이 학습을 촉진시 키는 효과

분산학습
중간에 휴지 간격을 두고 짧게 여러 번으 로 나누어 이루어지 는 학습으로 분산연 습이라고도 함

집중학습
한 번에 오랜 시간 동 안 이루어지는 학습 으로 집중연습이라고 도 함

간격효과
집중학습보다 분산학 습으로 학습된 정보 가 장기기억에 더 잘 저장되는 경향성

다시 한번 복습해 준다든지 아니면 이 두 가지를 모두 함으로써 반복의 효과와 더불어 간섭에 의한 망각을 줄일 수 있을 것이다.

과잉학습
숙달 수준을 초과하여 이루어지는 학습

　마지막으로, 과잉학습(overlearning)은 망각을 방지할 뿐만 아니라 정보의 인출이 자동적으로 이루어지게 한다. 즉, 과잉학습은 자동화를 촉진한다. 따라서 과잉학습된 정보의 인출은 작업기억의 용량을 거의 차지하지 않기에 이해나 적용과 같은 고차적인 학습과 비판적 사고에 초점을 맞출 수 있게 한다.

3) 메타인지의 교육적 시사점

자기조절학습
성공적인 학습을 위해 자기 자신의 인지적 과정과 학습 행동을 조절함으로써 이루어지는 학습

　교육은 궁극적으로 학습자가 자기조절학습(self-regulated learning)을 할 수 있기를 기대하며, 메타인지는 자기조절학습의 필수적인 요소이다. 1970년 중반 이후부터 현재까지 꾸준하게 이루어지고 있는 메타인지 연구가 제시하는 교육적 시사점은 다음과 같이 요약할 수 있다(Bruning et al., 2011; Eggen & Kauchak, 2016). 첫째, 메타인지는 학습 및 학교교육에서 중요한 역할을 한다. 올바른 메타인지를 갖춘 학습자는 더 영리하게 학습하기 때문에 추가적인 노력이나 시간을 많이 늘리지 않고도 더 효과적으로 학습할 수 있다. 둘째, 메타인지는 가르쳐질 수 있다. 일반적으로 학생들뿐만 아니라 성인들도 메타인지를 잘 활용하지 못하는데, 메타인지의 개념과 전략들을 직접 가르치거나 모델링함으로써 학생들의 메타인지를 향상시킬 수 있다. 셋째, 메타인지는 일반적인 학업능력과는 별개이다. 따라서 능력이 낮은 학생도 메타인지를 기를 수 있으며 이를 통해 더 효과적인 학습을 할 수 있다.

4. 학습에 대한 인지주의적 접근의 한계

　정보처리이론에 기반한 학습에 대한 인지주의적 접근은 외부적으로 관찰할 수 있는 행동에만 초점을 맞추었던 행동주의적 접근이 갖고 있던 한계를 극복하고, 본격적으로 인간의 마음, 즉 내적 정신 구조와 과정을 통해 학습의 원리를 밝히고자 했다는 점에서 중요한 기여를 하였다. 정보처리이론은 20세기 후반 학습

연구에 가장 큰 영향을 끼쳤으며 이는 현재 진행형이라 할 수 있다.

그럼에도 불구하고 정보처리이론은 몇 가지 측면에서 한계를 갖는다. 첫째, 우리가 어떻게 정보를 정신적으로 처리하고 기억하는지를 컴퓨터에 비유하여 제시한 정보처리이론은 인간의 인지 과정을 지나치게 단순화하였다. 컴퓨터의 정보처리 방식은 상대적으로 단순하며 항상 고정된 순서를 따르지만, 우리 인간이 사고하고 정보를 해석하는 과정은 그런 방식으로 설명하기 어려울 때가 많다. 예를 들어, [그림 11-4]에서 보듯이 전통적인 정보처리이론에서는 주의와 지각을 감각기억과 작업기억 사이에서 순서적으로 이루어지는 처리 과정으로 제시하였지만 이러한 과정이 작업기억과 분리되어 이루어지는 과정인지에 대해서는 의문이 제기된다. 유사하게 작업기억과 장기기억이 서로 구분되는 저장소인지 아니면 하나의 저장소인데 단순히 활성화 상태가 다른 것을 나타내는지에 대해서도 논쟁이 있다. 둘째, 정보처리이론은 학습을 주로 기억의 문제로 설명하기에 문제해결이나 전이와 같은 고차적인 학습을 설명하기에는 어려움이 있다. 셋째, 정보처리이론은 인간 학습과 관련하여 학습이 이루어지는 사회적 맥락이나 학습에 영향을 끼치는 문화, 정서 등의 요인을 적절하게 고려하지 못하고 있다. 넷째, 정보처리이론에서는 학습이 메타인지의 역할을 통해 의식적이고 논리적으로 이루어진다고 보았다. 그러나 많은 경우 인간의 학습과 그 과정에서의 의사결정은 무의식적이며 직관적으로 이루어지는데(Kahneman, 2011), 정보처리이론은 이에 대한 설명을 하지 못한다.

이와 같은 한계에도 불구하고 정보처리이론은 다른 이론이 설명하지 못하는 학습의 기제에 대한 설명의 틀을 제공해 준다. 그렇기에 학습에 대한 인지적 접근을 취하는 최근의 연구들도 대체로 정보처리이론이 제시하는 기본적인 정신 기제, 즉 인간의 정신 구조와 인지 과정에 대한 설명과 요소를 받아들이고 있다.

토론과제 >>>

1. 학습에 대한 행동주의적 접근과 인지주의적 접근을 다음의 측면에서 비교하여 논의해 보자.

    a. 학습의 원리

    b. 좋은 수업에 대한 시사점

    c. 학습자 및 교사의 역할

    d. 학습동기 부여 방법

    e. 이론적 장단점

2. 자신이 과거에 즐겨 사용하였거나 혹은 경험하였던 효과적인 기억 전략을 기술하고 왜 그것이 효과적이었는지 토론해 보자.

3. 이 장에서 새로 배운 용어와 개념을 1~2가지 이상 선택하여 유의미하게 부호화하는 방법을 고안하고 이에 대해 서로 의견을 나누어 보자.

4. 교사로서 학생들의 메타인지를 어떻게 향상시킬 수 있을지 구체적인 방법을 생각해 보고 서로 의견을 나누어 보자.

제 **12** 장

복잡한 인지 과정으로서 학습: 개념학습, 문제해결과 전이

박용한

◇◇◇◇◇

이전 장에서 우리는 정보처리이론에 대해서 알아보았다. 정보처리이론은 학습의 인지적 메커니즘을 이해하는 데 큰 공헌을 했지만, 학습을 주로 정보의 기억과 인출의 과정으로 설명함으로써 인간의 보다 복잡한 인지 과정을 설명하기에는 근본적인 한계를 갖는다. 또한 교육의 궁극적인 목적은 단순한 정보의 기억 또는 암기가 아니라 정보에 내재된 의미를 파악하여 개념을 이해하고, 학교 안팎에서 부딪히는 문제를 해결할 수 있는 능력을 기르는 것이다. 또한, 특정한 맥락에서 학습한 것을 그 맥락에만 한정하여 적용하는 능력이 아니라 새로운 맥락에서 적용할 수 있는 전이 능력을 기르는 것은 학교에서 배우는 것이 시험이나 진학을 위해서만이 아니라 학생의 전반적인 삶과 연계될 수 있다는 점에서 중요하다. 따라서 이 장에서는 복잡한 인지 과정이자 고차적인 사고력과 관련된 학습으로서 개념학습, 문제해결, 전이의 정의와 이론을 살펴보고, 이러한 학습을 촉진할 수 있는 전략에 대해 탐색하고자 한다.

학습목표

1. 개념학습의 정의와 이론을 바탕으로 그 중요성을 파악하고, 개념학습에 영향을 주는 요인을 이해할 수 있다.
2. 문제 및 문제해결의 정의를 바탕으로 문제의 유형을 구분하고 문제해결의 단계를 적용할 수 있다.
3. 전이의 정의를 바탕으로 전이의 유형을 구분하고 전이에 영향을 주는 요인을 이해할 수 있다.
4. 개념학습, 문제해결, 전이 등 학생들의 고차적인 사고력을 기를 수 있는 전략을 적용할 수 있다.

1. 개념학습

1) 개념학습이란?

학습의 인지적 과정은 본질적으로 개념의 학습을 수반한다. 인간은 본능적으로 자신의 경험을 이해하려 노력하는데, 우리가 경험을 이해하는 한 가지 방법은 경험을 정신적인 분류나 집합으로 범주화하는 것, 즉 개념을 구성하는 것이다.

개념(concept)은 공통된 특성 또는 결정적인 속성을 공유하는 일련의 대상, 상징, 또는 사태를 가리킨다(Schunk, 2016). 즉, 개념은 어떤 범주(혹은 집합)에 속하는 예와 그렇지 못한 예를 확인할 수 있게 하는 범주에 대한 정신적 구인 또는 표상이다(Howard, 1987). 개념은 구체성 혹은 추상성의 수준에 따라 많은 유형이 있다. 예를 들어, 사과, 커피, 의자, 교실, 구름 등 관찰 가능하거나 우리 감각을 통해 경험할 수 있는 비교적 구체적 개념들이 있다. 반면에 지식, 자기주도성, 사랑 등은 추상적인 개념이다.

개념은 우리의 경험으로부터 구성되며 우리 사고의 기본적인 토대가 된다. 개념은 우리가 인지적으로 처리하는 정보를 단순화하고, 요약하며, 조직화하는 것을 돕는다(Quinn, 2016). 따라서 개념은 기억 과정을 훨씬 효율적으로 만들어 우리의 기억을 돕는다. 또한, 개념이 없다면 우리는 각 사물이나 대상을 범주화하지 못하기에 모두 개별적인 것으로 볼 것이며 일반화하지도 못할 것이다.

개념학습(concept learning)은 바로 이러한 개념들의 특성이나 속성을 확인하고 그것을 새로운 예로 생성하며, 예(example)와 비예(nonexample)를 변별하는 표상을 형성하는 것이다. 학교 교육과정에서 개념학습은 매우 큰 부분을 차지하고 있다. 학교에서 배우는 국어, 사회, 과학, 수학 등 모든 교과는 개념을 사용하기 때문이다. 국어에서 사용하는 형용사와 동사, 수학에서 사용하는 덧셈이나 소수, 음악에서 사용하는 리듬이나 템포 등이 모두 개념에 해당하며 우리는 각 교과에서 이러한 개념을 학습하고 개념을 통해 더 복잡한 사고와 학습이 가능해진다.

개념
공통된 특성 또는 결정적 속성을 공유하는 일련의 대상, 상징, 사태

개념학습
개념들의 특성이나 속성을 확인하고 표상을 형성하는 것

2) 개념학습 이론

연구자들은 우리가 어떻게 개념을 형성하게 되는지에 대하여 여러 가지 설명을 제시하고 있다. 여러 가지 다른 설명을 종합하면 규칙주도이론과 전형이론의 두 가지로 요약할 수 있다.

규칙주도이론(rule-driven theory)은 우리가 속성이나 특성, 즉 개념의 필수적인 요소에 기초하여 해당 개념을 구성한다고 본다. 이 이론은 개념학습의 초기 연구자인 Bruner, Goodnow와 Austin(1956)의 연구에서 유래하며, 이들은 우리가 개념을 정의하는 특성(characteristics)에 기초하여 서로 다른 개념을 구분한다고 하였다. 즉, 이 이론에서는 우리가 개념의 핵심적인 속성, 특성, 특징을 정의하는 규칙을 습득함으로써 개념을 형성한다고 보며, 따라서 특징분석이론(features analysis theory)이라고도 한다. 예를 들어, 우리가 정사각형 개념을 갖고 있다는 것은 4개의 변, 등변, 등각, 닫힌 구조 등 정사각형의 핵심적인 특성을 정의하는 규칙을 알고 있다는 것이다. 이러한 규칙을 기억하기 때문에 우리는 단순한 규칙에 기초하여 작업기억에 큰 부하를 주지 않고도 많은 다양한 정사각형을 인식할 수 있고 정사각형과 정사각형이 아닌 것을 비교적 쉽게 구분할 수 있다. 우리는 특정 개념에 관련된 경험을 통해 조건들을 충족시키는 어떤 규칙을 형성하고, 그 규칙이 효과적으로 기능하는 한 그 규칙을 유지한다. 그러나 모든 개념이 잘 정의된 특성을 갖고 있지는 않다. 이러한 경우에는 규칙을 만들기가 어렵다.

개념학습에 대한 또 다른 설명인 전형이론(exemplar theory)에 따르면 우리는 규칙에 기초하여 개념을 구성하는 게 아니라 개념의 가장 대표적인 예인 전형(exemplar)을 기억한다(Radvansky & Ashcraft, 2014; Rosch, 1973). 개념의 일반화된 이미지인 원형(prototype)에 기초한다고 하여 원형이론이라고도 한다. 우리는 어떤 예를 접했을 때 장기기억으로부터 가장 유사한 전형 또는 원형을 회상해 내고 이를 비교한다. 예를 들어, 우리는 고래나 박쥐를 접할 때, 같은 포유류인 개나 원숭이보다는 어류인 상어나 조류인 올빼미를 더 쉽게 떠올린다. 또한 자동차라는 개념을 떠올릴 때는 지게차나 캠핑카보다는 좀 더 대표적이고 일반적인 세단형 승용차나 SUV를 더 쉽게 떠올린다. 전형이론은 잘 정의되지 않은 특성을 갖는 개념을 어떻게 구성하는지에 대하여 설명을 제공해 주지만 두 가지

규칙주도이론
특성이나 속성 등 개념의 필수적인 요소를 정의하는 규칙에 기초하여 해당 개념을 구성한다는 이론

전형이론
개념의 가장 대표적인 예인 전형이나 일반화된 이미지인 원형에 의해 개념을 구성한다는 이론

약점을 지닌다. 첫째, 어떤 개념에 대하여 많은 수의 전형을 장기기억에 저장하고 인출하는 것은 작업기억에 높은 인지부하를 준다. 둘째, 우리는 어떤 개념에 대해 종종 불완전하거나 틀린 전형을 기억하고 있을 가능성이 있다. 예를 들어, 아이들은 조류의 전형으로서 독수리나 비둘기, 참새는 기억하지만 펭귄이나 타조는 기억하고 있지 않을 가능성이 높다. 또한, 박쥐를 포유류가 아닌 조류의 전형으로 기억하고 있을 가능성도 있다.

규칙주도이론과 전형이론은 우리가 어떻게 개념을 형성하고 이용하는가에 대한 유용하지만 서로 다른 관점을 제시한다. 많은 경우 우리는 이 두 가지 설명에서 제시하는 방법을 병행하는 것으로 보인다(Schunk, 2017).

3) 오개념 및 개념변화

오개념(misconception)은 자기 자신은 옳다고 생각하지만 객관적인 근거나 일반적으로 받아들여지는 설명과 모순되는 생각 또는 믿음을 가리킨다. 예를 들어, 적지 않은 학생들이 계절이 발생하는 이유를 공전에 의한 지구와 태양 간의 거리가 계절에 따라 다르기 때문으로 믿고 있는데 이는 오개념이다. 사실은 지구 자전축이 공전 궤도면에 대해 기울어진 채 공전하기 때문이다. 교육심리학을 공부하는 학생들의 경우, 행동주의 이론에서 배운 부적 강화의 개념을 종종 '부적(negative)'이라는 단어가 갖는 의미로 인하여 행동을 감소시키는 과정인 처벌의 개념과 동일한 것으로 알고 있는 경우가 있다. 학생뿐만 아니라 교사도 여러 오개념을 갖고 있는데, 많은 교사들이 어떤 주제에 대한 학생의 이해를 돕는 가장 효과적인 방법은 교사의 설명이라고 믿고 있다(Andrew, 2007; Eggen & Kauchak, 2016). 이처럼 교수와 학습이 이루어지는 현장에서 오개념은 흔하게 발견된다.

우리는 새로운 정보나 경험을 그대로 받아들이는 것이 아니라 우리가 이해할 수 있는 방식으로 구성한다. 이것이 오개념이 발생하는 원인 중 하나이다. 상당수의 오개념은 우리의 사전지식이나 사전경험에 부합한다. 예를 들어, 경험상 우리는 불에 가까이 가면 더 따뜻해지기에 그에 비추어 계절의 변화를 이해함으로써 오개념을 형성한다. 언어도 오개념의 원인이 될 수 있는데, '해가 뜨고 진

오개념
객관적인 근거나 일반적인 설명과 모순되는 생각 또는 믿음

다'라는 표현은 태양이 지구 주위를 도는 것으로 믿게 할 가능성이 있다. 겉으로 드러나는 현상도 오개념의 원인이 된다. 예를 들어, 우리가 파워포인트를 활용해서 발표를 할 때 무선 프리젠터를 사용하는 경우가 많은데, 프리젠터 버튼을 눌러도 다음 슬라이드로 넘어가지 않는 경우 종종 빔프로젝터 화면 쪽을 향해 프리젠터를 가까이 대고 버튼을 다시 누른다. 버튼을 누르는 행위와 슬라이드가 바뀌는 결과가 동시에 일어나기 때문에 우리는 현상을 통해 프리젠터-화면이 연결된다는 개념을 형성한다. 그러나 실제 프리젠터는 컴퓨터에 꽂혀 있는 무선 수신장치와 연결되기에 버튼이 작동하지 않는다면 화면보다는 컴퓨터 쪽을 향해 프리젠터를 가까이하는 것이 더 효과적이다. 어떤 오개념은 그러한 오개념이 진실보다 직관적으로 더 매력적이기에 학습된다. 예를 들어, 특정 혈액형이 특정 성격과 관련된다는 믿음은 사실이 아님에도 불구하고 특정 문화권에서 오랫동안 남아 있다.

학생이 갖고 있는 오개념은 학생의 주의를 환기하고 인지적 불평형을 만드는 데 활용할 수 있기에 좋은 수업의 재료가 된다. 또한 오개념을 바꾸어 옳은 개념을 습득하는 것은 교육적으로도 중요하다. 그럼에도 불구하고 오개념을 수정하는 것은 쉬운 일이 아니다. 일반적으로 교사들은 학생들의 오개념을 수정하기 위해 오개념에 반하는 정보를 제공하는데, 이는 그다지 효과가 없다(Alparsian, Tekkaya, & Geban, 2004; Yip, 2004). 왜냐하면 학생들에게는 교사의 설명보다 자신이 구성한 오개념이 더 그럴듯하게 잘 이해되기 때문이다. 이는 Piaget의 인지적 평형화에 의해 설명이 가능하다(Eggen & Kauchak, 2016). 그럴듯하게 잘 이해되는 오개념은 우리에게 인지적 평형화를 제공한다. 오개념을 변화시키기 위해서는 현재의 이해를 재구성하는 인지적 불평형 과정이 필요하다. 그러나 이러한 조절(accommodation) 과정보다는 현재의 이해에 맞추어 경험을 동화(assimilation)하는 것이 더 간단하고 인지적으로도 부담이 적기에 한 번 형성된 오개념을 바꾸는 것은 쉬운 일이 아니다.

2. 문제해결

1) 문제해결이란?

　학교에서뿐만 아니라 일상생활에서 우리는 많은 문제에 부딪힌다. 많은 경우 문제는 불편한 상황이자 회피하고 싶은 상황으로 받아들여진다. 예를 들어, 건강 문제, 돈 문제, 교육 문제, 환경 문제, 인간관계 문제 등은 모두 골칫거리나 부정적인 의미를 내포한다. 그러나 어떤 사람들은 문제를 기회이자 도전할 만한 것으로 받아들인다. 예를 들어, 올림픽에 출전하는 선수가 자신의 수행을 개선하고 향상하기 위해 자신이 가진 문제를 탐색하고, 발견하여, 해결하는 것은 선수로서 의미 있는 과정이자 자기 발전과 성장을 위한 기회가 될 것이다.

　문제라는 단어는 우리가 평소 자주 사용함에도 불구하고 다양하게 정의될 수 있다. 일반적으로 만족스럽지 않은 현 상황을 바꾸고 싶은데 아직 무엇을 어떻게 해야 할지 모르는 상태를 의미한다. 다시 말해, 문제는 어떤 목표에 도달하려고 노력할 때 그 목표에 도달하기 위한 수단을 찾아야 하는 상황에서 존재한다. Jonassen(2011)은 문제를 '불확실하기 때문에 점검하고 해결해야 할 질문이나 이슈'라고 하였는데, 이러한 질문이나 이슈가 사회적·문화적·지적 측면에서 해결할 만한 가치가 있을 때 진정한 의미에서 문제로 성립된다고 보았다. 문제해결(problem solving)은 도달하지 못한 목표가 있거나 무언가 불확실한 문제 상황에서 목표에 도달하거나 불확실함을 해결함으로써 문제가 해결된 상태로 이동하는 과정이다(Davidson & Sternberg, 2003). 또한 문제해결은 일반적으로 목표를 성취하기 위해 이전에 학습한 규칙을 단순하게 적용하는 것을 넘어서 새로운 해결책을 만들어 내는 것으로 정의된다(Woolfolk, 2016).

문제
목표는 있지만 그것을 달성할 수 있는 명확한 방법이 없는 상태

문제해결
문제 상황에서 목표에 도달하거나 불확실함을 해결함으로써 문제가 해결된 상태로 이동하는 것

2) 문제의 유형

　문제는 매우 다양한 형태와 크기를 갖는다. 한편으로 많은 문제들은 공통된 특징을 갖는다. 문제의 유형을 세분화하고 각 유형의 문제가 어떠한 특성을 가

잘 정의된 문제
해결을 위한 모든 정보(현 상태, 목표 상태, 해야 할 조작, 제약이나 규칙)가 제공되는 문제

잘 정의되지 않은 문제
해결을 위한 정보가 제시되지 않은 문제

구조화된 문제
잘 정의된 범위 내에서 제한된 수의 규칙과 원리를 적용하며 하나의 해답을 갖는 문제

비구조화된 문제
해결 과정이나 방법이 불분명하며 복수의 해결책과 복수의 해결 경로를 갖는 문제

지식적으로 풍부한 문제
사전 지식이 많이 필요한 문제

지식적으로 메마른 문제
사전지식이 많이 필요하지 않은 문제

의미적으로 풍부한 문제
문제해결자가 해당 문제 형태에 대한 경험이 많은 문제

의미적으로 메마른 문제
문제해결자가 해당 문제 형태에 대한 경험이 거의 없는 문제

통찰 문제
문제해결에 결정적인 단계를 포함하고 있어, 이 단계만 거치면 해결이 즉각 분명해지는 문제

지고 있는지를 분석하는 것은 문제해결에 대한 이해를 돕는다. 문제의 유형은 해당 문제의 해결을 위한 정보가 모두 제공되는지 여부, 사전지식 필요성의 여부, 문제의 복잡성, 해결책의 다양성 여부 등에 따라 구분될 수 있다. 대표적인 문제의 유형은 다음과 같은 기준에 따라 구분할 수 있으며(Robertson, 2017), 하나의 문제는 어떤 기준에 따라 구분하느냐에 따라 여러 유형에 속할 수 있다.

첫째, 가장 대표적으로 많이 구분되는 문제의 유형은 '잘 정의된 문제'와 '잘 정의되지 않은 문제'이다. 잘 정의된 문제(well-defined problem)는 해결을 위한 모든 정보(IGOR)가 제공되는 문제이다. 여기서 모든 정보란 문제의 현 상태(I: initial state), 문제를 해결했을 때의 상태(G: goal state), 문제를 해결하기 위해서 해야 할 조작(O: operation), 문제를 해결할 때 지켜야 할 제약이나 규칙(R: restriction)을 포함한다. 반면, 이러한 정보 중에서 하나라도 제시되지 않은 경우 잘 정의되지 않은 문제(ill-defined problem)라고 한다.

둘째, 구조화된 문제와 비구조화된 문제로 구분할 수 있다. 구조화된 문제(well-structured problem)는 잘 정의된 범위 내에서 제한된 수의 규칙과 원리를 적용하며 하나의 해답을 갖는다. 이에 비하여, 비구조화된 문제(ill-structured problem)는 어떤 개념이나 원리를 적용해야 하는지, 어떻게 조직화해야 하는지, 그리고 어떤 해결책이 최선인지 등이 불분명하며 복수의 해결책과 복수의 해결 경로를 갖는다.

셋째, 지식적으로 풍부한 문제와 지식적으로 메마른 문제로 구분할 수 있다. 지식적으로 풍부한 문제(knowledge-rich problem)는 사전 지식이 많이 필요한 문제로서 주로 영역 특수적인(domain-specific) 지식이 적용되는 반면, 지식적으로 메마른 문제(knowledge-lean problem)는 사전지식이 많이 필요하지 않은 문제로서 주로 영역 일반적인(domain-general) 지식을 적용하여 해결한다.

넷째, 의미적으로 풍부한 문제와 의미적으로 메마른 문제로 구분할 수 있다. 의미적으로 풍부한 문제(semantically-rich problem)는 문제해결자가 해당 문제 형태에 대한 경험이 많은 문제를 일컬으며, 이와 반대로 의미적으로 메마른 문제(semantically-lean problem)는 문제해결자가 해당 문제 형태에 대한 경험이 거의 없는 문제를 말한다.

다섯째, 통찰 문제와 다단계 문제로 구분할 수 있다. 통찰 문제(insight problem)

는 문제해결에 필수적인 중대한 단계를 포함하고 있기 때문에, 이 단계만 거치게 되면 '아하'나 '유레카' 현상처럼 해결책이 즉각적으로 분명해지는 문제 유형이다. 앞서 언급한 비구조화된 문제는 거의 모두 통찰 문제이다(Sternberg, 2008). 이러한 특징으로 인하여 통찰 문제를 다루는 경우에는 자신이 얼마나 문제해결에 가까이 있는지를 깨닫지 못하는 경우가 많다. 반면, 다단계 문제(multi-step problem)는 해결을 위해 일정한 단계를 순서적으로 거쳐야만 하는 문제이다.

한편, Jonassen(2011)은 보다 세분화된 문제 유형으로 11가지를 제시하였다. 여기에는 논리(logic) 문제, 알고리즘(algorithm) 문제, 일화형(story) 문제, 규칙사용 및 규칙유도(rule-using/rule-induction) 문제, 의사결정(decision making) 문제, 결함해결(troubleshooting) 문제, 진단-해결(diagnosis-solution) 문제, 전략적 수행(strategic performance) 문제, 정책분석(policy-analysis) 문제, 디자인(design) 문제, 딜레마(dilemma)가 포함된다.

단계 문제
해결을 위해 일정한 단계를 순서적으로 거쳐야만 하는 문제

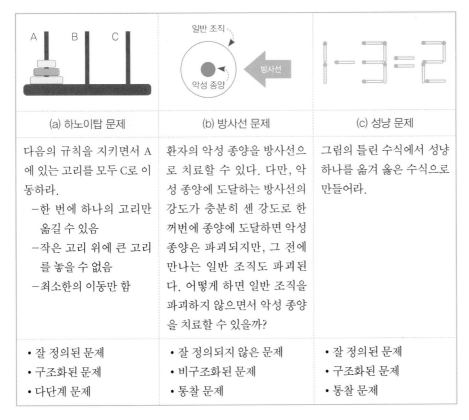

(a) 하노이탑 문제	(b) 방사선 문제	(c) 성냥 문제
다음의 규칙을 지키면서 A에 있는 고리를 모두 C로 이동하라. －한 번에 하나의 고리만 옮길 수 있음 －작은 고리 위에 큰 고리를 놓을 수 없음 －최소한의 이동만 함	환자의 악성 종양을 방사선으로 치료할 수 있다. 다만, 악성 종양에 도달하는 방사선의 강도가 충분히 센 강도로 한꺼번에 종양에 도달하면 악성 종양은 파괴되지만, 그 전에 만나는 일반 조직도 파괴된다. 어떻게 하면 일반 조직을 파괴하지 않으면서 악성 종양을 치료할 수 있을까?	그림의 틀린 수식에서 성냥 하나를 옮겨 옳은 수식으로 만들어라.
• 잘 정의된 문제 • 구조화된 문제 • 다단계 문제	• 잘 정의되지 않은 문제 • 비구조화된 문제 • 통찰 문제	• 잘 정의된 문제 • 구조화된 문제 • 통찰 문제

[그림 12-1] 문제의 예와 유형

3) 문제해결의 단계

　우리가 문제 상황에 부딪혔을 때 그 문제가 어떤 유형의 문제라고 할지라도 문제를 해결하고 목표에 도달하기 위해 보편적으로 거치는 일련의 단계가 있다. Eggen과 Kauchak(2016)은 이를 목표확인, 문제표상, 전략선택, 전략실행, 결과평가의 다섯 단계로 제시하였다.

　첫 번째 단계는 문제의 목표확인(identify the problem goal)으로 무엇을 해야 하는지 구체화하는 단계이다. 목표는 있지만 그 목표에 도달하기 위한 분명하고도 자동적인 방법이 없을 때 문제해결은 시작된다. 즉, 문제해결의 첫 단계에서는 목표를 명료화한다. 어떤 경우에는 목표확인이 비교적 쉽게 이루어지지만, 잘 정의되지 않은 문제처럼 목표확인이 상당히 어려운 경우도 있다. 이럴 때는 전체적인 큰 목표보다는 하위 세부목표를 먼저 확인하는 것이 도움이 되기도 한다.

　두 번째 단계는 문제표상(represent the problem)으로 문제를 재진술하거나 시각적으로 표상하는 단계이다. 문제를 좀 더 친숙한 용어로 바꾸어 보거나 시각적으로 나타냄으로써 문제는 우리에게 더 유의미해진다. 특히 문제를 시각화하는 것은 가장 효과적인 방법이라고 할 수 있는데, 이는 작업기억의 언어처리 장치와 시각처리 장치를 함께 사용함으로써 인지부하를 감소시키기 때문이다.

　세 번째 단계는 전략선택(select a strategy)으로 문제해결을 위한 알고리즘이나 휴리스틱을 확인하는 단계이다. 잘 정의된 문제의 경우, 해결책 탐색에 사용되는 일정한 단계라고 할 수 있는 **알고리즘**(algorithm)이 사용될 수 있다. 그러나 잘 정의되지 않은 문제의 경우처럼 이러한 알고리즘 자체가 존재하지 않을 때도 있는데, 이럴 때는 일반적이고 여러 방식으로 적용되는 문제해결 전략인 **휴리스틱**(heuristics)이 사용된다. 가장 단순한 형태의 휴리스틱으로서 시행착오법(trial and error)은 쉽지만 비효과적이다. 또 다른 휴리스틱으로는 이전에 해결했던 문제와 비교하여 친숙하지 않은 문제를 해결하는 전략인 유추(analogy)가 있다. 수단목표분석(means-ends analysis)도 잘 정의되지 않은 문제를 해결하는 데 효과적인 휴리스틱이라고 할 수 있다. 수단목표분석은 문제를 하위목표로 나누어 하나씩 연속적으로 해결해 나가는 전략이다.

알고리즘
어떠한 문제를 해결하기 위해 정해진 일련의 절차

휴리스틱
발견법이라고도 하며, 합리적이거나 완벽하지는 않지만 당면한 단기목표를 달성하는 데는 충분한 실용적 방법을 적용하는 문제해결 접근법

　네 번째 단계는 전략실행(implement the strategy)으로 문제해결을 위해 선택한 전략을 사용하는 단계이다. 적절한 전략을 확인하여 선택하였다면 이제는 이 전략을 실행에 옮겨야 한다. 또한 이러한 실행의 결과로 문제해결에 대한 최종적인 평가가 이루어지기에 중요한 단계라고 할 수 있다. 그런데 전략이 비교적 분명하고 간단하다고 할지라도, 이를 실행하는 과정에서 어려움이 발생할 수 있다. 실행의 어려움은 몇 가지 이유로 발생한다. 우선 실행 이전의 단계들은 주로 개인의 머릿속에서 일어나는 반면, 실행이 이루어지면 어떤 결과를 가져오는 공적 사건이 되기에 우리는 실행에 옮기는 것을 조심스러워 한다. 또한 실패에 대한 두려움도 실행을 방해하며, 문제해결에 걸리는 시간을 실제보다 짧게 추정하는 계획 오류도 실행을 어렵게 하는 원인이 된다.

　마지막 단계는 결과평가(evaluate results)로 해결책이 적절한지 점검하는 단계이다. 결과를 평가하는 것이 효과적인 문제해결의 마지막 단계임에도 불구하고, 많은 사람들이 이 단계를 생략하는 경향이 있다. 문제해결에 실패했을 때만이 아니라 성공했을 때에도 문제해결 과정과 결과를 평가하는 것은 문제해결력을 기르는 데 있어 매우 중요하다.

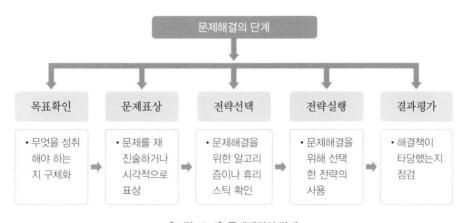

[그림 12-2] 문제해결의 단계

출처: Eggen & Kauchak (2016).

4) 문제해결에 영향을 주는 요인

성공적인 문제해결을 위해서는 종종 사물이나 사건을 새로운 방식으로 바라볼 필요가 있다. 그러나 우리는 과거 경험에 의한 정보나 지식에 의존하는 경향이 있기에 고착화된 사고를 하게 되고 이것이 성공적인 문제해결을 방해한다. 대표적인 고착화된 사고로는 기능적 고착화와 반응 갖춤새가 있다.

기능적 고착화(functional fixedness)는 사물의 관습적 용도에 지나치게 고착됨으로써 이를 좋은 문제해결의 도구로 사용하지 못하는 것을 가리킨다. Duncker(1945)는 다음과 같은 촛불 문제를 통해 기능적 고착화의 사례를 보여주었다. 성냥, 압정 한 상자, 양초를 주고 초를 벽에 붙이되 촛농이 바닥에 떨어지지 않게 하려면 어떻게 해야 할까? 압정 상자를 압정을 담는 도구로서 기능적 고착화하게 되면, [그림 12-3]의 오른쪽에 제시된 훌륭한 해결책을 생각해 내기 힘들 것이다.

기능적 고착화
사물의 관습적 용도에 지나치게 고착됨으로써 이를 좋은 문제해결의 도구로 사용하지 못하는 현상

문제상황

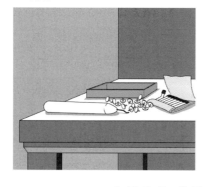

해결책

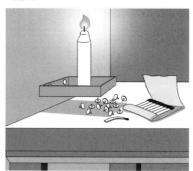

[그림 12-3] 기능적 고착화의 사례: 촛불 문제

출처: Duncker (1945).

반응갖춤새
과거 경험으로 인해 문제해결에서 특정 방식으로 문제를 해결하려고 하는 선호나 편향

고착화된 사고의 다른 사례로는 반응갖춤새(response set, 독일어로는 아인슈텔룽[Einstellung]이라고 함)가 있다. 반응갖춤새란 과거 경험으로 인해 문제상황에서 특정 방식으로 문제를 해결하려고 하는 선호이다. 예를 들어, [그림 12-4]의 처음 세 문제에서 성냥 한 개를 옮겨 로마자를 수정하여 각각 VI=VI, XI=XI, XII=XII로 해결한 사람은 마지막 문제를 해결하는 데 어려움을 겪을 것이다. 마

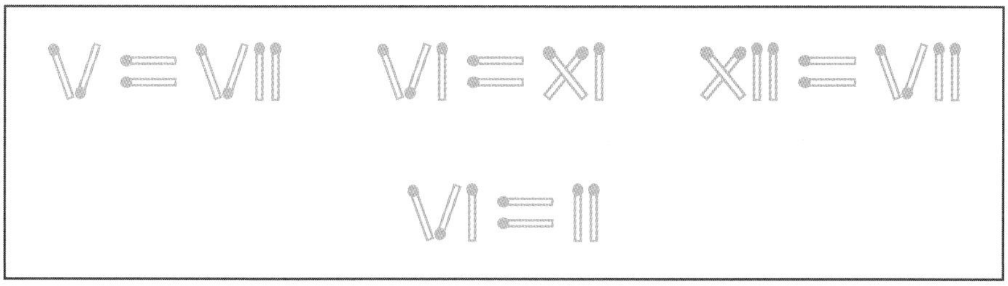

[그림 12-4] 반응갖춤새 사례: 성냥을 한 개만 옮겨서 옳은 수식 만들기
출처: Woolfolk (2016).

지막 문제에서는 로마자를 수정하는 것이 아니라 가운데 부호를 변경하는 방식, 예를 들어 V≠II로 해결 가능하다.

3. 전이

1) 전이란?

새로운 정보가 작업기억에 유입되면 장기기억 내의 관련 지식이 활성화되어 새로운 정보를 처리하게 된다. 그러나 작업기억 용량이 제한되어 있거나 장기기억 내에 저장된 정보를 인출하기 어렵게 되면 새로운 정보를 처리하기 어렵다. 이러한 정보처리 과정은 전이(transfer)와 관련이 있다. 전이란 선행 학습이 새로운 학습이나 문제해결에 영향을 미치는 것을 의미한다. 예를 들어, 국어시간에 요약하기 전략을 학습한 학생이 사회시간에 요약하기 전략을 사용하여 정보를 학습했다면 전이가 일어난 것이다. 이처럼 전이는 학생들이 이전에 습득한 정보를 새로운 정보나 상황에 적용시키는 것을 가능하게 해 주기 때문에 매우 중요하다.

학습의 전이에 대한 논의는 오랫동안 교육심리학의 중요한 관심사가 되어 왔다. 특히 일반 전이의 발생 여부에 대한 문제는 논란이 많았다. 전이를 설명한 가장 고전적 이론은 형식도야설(theory of formal discipline)이다. 형식도야설은 능력심리학(faculty psychology)에 토대를 두고 19세기와 20세기 초반까지 영향력

전이
선행 학습이 새로운 학습이나 문제해결에 영향을 미치는 것

형식도야설
인간의 정신은 몇 가지 기초 능력으로 구성되어 있으며, 이러한 능력을 단련시켜 주면 어떤 과제에도 적용할 수 있는 능력, 즉 형식이 생긴다는 주장

을 미쳤다. 형식도야설에 따르면 인간의 정신은 기억력, 주의력, 추리력, 의지력, 상상력 등과 같은 기초 능력으로 구성되어 있으며, 연습과 훈련을 통해 이러한 능력을 단련시켜 주면 새로운 과제의 학습을 더 잘 촉진시켜 준다는 것이다. 따라서 학생들은 라틴어와 논리학 등 일상생활과 관련이 없는 어려운 교과목을 학습해야만 했다. 그러나 숫자에 대한 기억훈련이 단어의 기억력과 상관이 없는 것처럼 형식도야설을 부정하는 연구결과들이 출현함에 따라 일반 전이를 강조했던 '근육으로서의 정신(mind as muscle)'이라는 개념은 폐기되었다.

형식도야설과 대조를 이루는 이론이 행동주의 심리학자 Thorndike(1924)가 제안한 **동일요소설**(identical elements)이다. Thorndike는 이전 과제와 새로운 과제 사이에 동일요소, 즉 두 과제에 포함된 자극과 반응이 동일한 경우에 전이가 발생한다고 주장하였다. 그의 주장에 따르면, 곱셈을 잘하는 학생은 덧셈을 잘할 것이고, 수학 성적은 물리 성적과 어느 정도 관계가 있겠지만, 영어 성적과는 별다른 관계가 없을 것이다. 이처럼 이전 학습내용과 새로운 학습 사이에 동일하거나 유사한 요소가 있는 경우에 전이가 잘 일어난다는 동일요소설은 당연한 것처럼 보인다. 그러나 이러한 주장은 과제 사이의 유사성이 어느 정도 되어야 하는가의 문제와 동일한 요소가 존재한다고 해도 학습자가 그 요소들을 인지해야 전이가 일어난다는 문제점으로 인하여 모든 전이를 설명하기에는 부적절하다(Shunk, 2004).

한편 Judd(1908)는 두 가지 학습 장면 간에 유사한 원리나 법칙이 포함되어 있을 때 전이가 일어난다는 **일반화설**(generalization theory)을 제안하였다. 그는 전이의 일반화설을 물속 12인치 깊이에 있는 목표물의 위치를 맞추는 굴절의 원리를 학습한 집단이 그렇지 않은 비교집단에 비해 물속 4인치 깊이에 있는 목표물의 위치를 더 정확하게 맞추었다는 실험 결과로 입증하였다. 그의 주장은 학교교육에서 구체적인 사실을 가르치기보다는 새로운 장면에 적용하거나 일반화시킬 수 있는 원리나 법칙을 가르쳐야 한다는 시사점을 주었다.

일반화설은 형태심리학자들에 의해 **형태이조설**(transposition theory)로 확장되었다. 이 이론은 두 학습장면 사이의 전체적인 관계를 완전히 파악했을 때 전이가 더 잘 일어난다고 가정한다. Köhler(1929)는 병아리를 사용해서 수행한 실험을 통해서 특정 상황에서 요소 간의 상호 관련성이 중요하다는 것을 입증하였

동일요소설

이전 과제와 새로운 과제 사이에 동일한 요소가 포함될 경우 전이가 발생한다는 주장

일반화설

일반적인 원리나 법칙을 학습했을 때 새로운 상황에서 전이가 일어난다는 주장

형태이조설

개개의 사실이나 현상들의 전체적인 관계를 완전히 파악했을 때 전이가 일어난다는 주장

다. 그는 먼저 두개의 회색 종이(1번, 2번)에 병아리 먹이를 놓아두고, 병아리가 더 어두운 회색 종이(2번)에서만 먹이를 먹도록 훈련시켰다. 그런 다음, 2번 종이와 그 보다 더 어두운 회색 종이(3번) 둘 다에 먹이를 놓았을 때 어떤 종이의 먹이를 선택하는지를 실험하였다. 그 결과 병아리의 68%가 3번 자극을 선택하였다. 병아리는 두 자극 사이의 관련성, 즉 '어두운 것이 더 좋다.'라는 사실을 학습한 것이다.

정보처리적 관점에서 볼 때, 전이는 선행 지식이 인출될 경우에만 발생한다. 전이 상황에서 인출 단서의 유무는 어떠한 관련 지식이 작업기억에 인출될 것인가에 영향을 줄 수 있다. 새로운 사건은 그 사건의 특성들과 필요한 정보가 장기기억에 가까이 연합되어 있을 경우에 사전학습 정보를 불러오기 쉽다(Ormrod, 2008). 즉, 기억 속에 있는 정보들 간에 연결 네트워크가 풍성할수록 전이의 가능성은 높아진다.

2) 전이의 유형

전이의 형태는 다양하다. **정적 전이**(positive transfer)는 이전 학습이 이후의 학습을 촉진할 때 발생한다. 전술한 바와 같이 국어시간에 학습한 요약하기 전략을 사회시간에도 적용하는 것은 정적 전이의 예이다. **부적 전이**(negative transfer)는 이전 학습이 이후 학습이나 수행에 지장을 주거나 어렵게 만드는 경우이다. 수동변속기 차량을 운전하던 사람이 자동 변속기 차량을 운전할 때 있지 않은 클러치를 밟게 된다. 또한 호텔 화장실 문이 안에서 잠겼을 때, 종업원이 올라와서 문을 열어줄 때까지 기다리면서 카드나 핀을 사용해서 문을 열려고 시도조차 하지 않는 소위 기능적 고착도 부적 전이의 예이다.

또한 특수 전이와 일반 전이가 있다. **특수 전이**(specific transfer)는 원래의 학습과제를 통해서 획득한 지식이나 기술을 유사한 과제나 맥락에 적용할 수 있을 때 발생한다. 예를 들어, 외국어로서 영어를 배우는 것이 스페인어 등 또 다른 외국어를 배우는 데 영향을 미치는 것이다. 특수 전이와 반대되는 것이 **일반 전이**(general transfer)이다. 즉, 원래의 학습과제와 새로운 학습과제가 전혀 다를 때 발생한다. 예를 들어, 생물학적 지식이 철학 공부에 도움이 되었거나 한국어를

정적 전이
이전 학습이 이후의 학습을 촉진하는 것

부적 전이
이전 학습이 이후 학습을 어렵게 만드는 것

특수 전이
이전의 학습을 그와 매우 유사한 맥락에 적용하는 능력

일반 전이
이전의 학습을 다양한 맥락에서 적용하는 능력

잘하는 것이 영어 학습을 촉진시켰다면 일반 전이가 발생한 것이다. 연구 결과, 특수 전이가 일반 전이보다 더 흔하게 나타난다(Bassok, 1997).

특수 전이의 경우 전이가 이루어지는 두 가지 과제 혹은 맥락의 핵심 원리는 매우 유사하지만 겉으로 드러나는 표면적 유사성의 차이에 따라 근접 전이와 원격 전이로 구분할 수 있다. 근접 전이(near transfer)는 과제나 맥락의 근본 원리뿐만 아니라 겉으로 드러나는 모습도 유사할 때 이루어지는 전이를 말한다. 예를 들어, 수학 시간에 분수의 개념을 배운 것이 이동 시간당 이동 거리로 표현되는 속력 공식을 배우는 것에 도움이 된다면 이는 근접 전이라고 할 수 있다. 이에 반해 원격 전이(far transfer)는 과제나 맥락의 근본 원리는 매우 유사하지만 표면적인 모습이 상이할 때 이루어지는 전이를 말한다. 예를 들어, 수학 시간에 분수의 개념을 배운 것이 4인분 기준의 조리법 안내서를 보면서 3인분 요리를 준비할 때 재료의 양을 결정하는 데 도움이 된다면 이는 원격 전이라 할 수 있다.

전이를 수평 전이와 수직 전이로도 구분 가능하다. 수평 전이(horizontal transfer)는 동일 학년 내에서 특정 과목의 학습이 다른 과목의 학습에 영향을 미칠 때 나타난다. 예를 들어, 수학 과목에서 배운 방정식이 물리 과목에서 속력이나 위치에너지 공식을 배우는 데 영향을 미친다면 수평 전이라고 할 수 있다. 반면, 수직 전이(vertical transfer)는 저학년에서 배운 사칙연산이 고학년에서 방정식을 배우는 데 도움이 되는 것처럼 이전의 학습이 후속학습의 기초가 될 때 나타난다.

한편 Salomon과 Perkins(1989)는 전이를 저진로 전이와 고진로 전이로 구분하였다. 저진로 전이(low-road transfer)는 잘 설정된 기능을 동시에 그리고 자동적으로 전이하는 것을 의미한다. 예를 들어, 특정한 자동차를 운전하는 법을 배운 후에, 다르지만 유사한 차를 운전하는 경우처럼 전이가 거의 무의식적으로 일어나는 경우가 저진로 전이에 해당된다. 반면에 고진로 전이(high-road transfer)는 어떤 원리나 규칙을 학습한 이후에 그것을 더 일반적인 의미에 사용할 때 일어나기 때문에 추상적이고 의식적이다. 이러한 점에서 저진로 전이는 주로 선언적 지식과 관련이 있고, 고진로 전이는 산출이나 조건적 지식을 보다 많이 사용한다고 할 수 있다(Schunk, 2016).

근접 전이
두 가지 과제나 맥락 간 근본 원리뿐 아니라 표면적인 특징이 유사할 때 이루어지는 전이

원격 전이
두 가지 과제나 맥락 간 근본 원리는 유사하나 표면적으로는 차이가 클 때 이루어지는 전이

수평 전이
이전의 학습과 새로운 학습의 수준이 비슷한 경우에 나타나는 전이

수직 전이
이전의 학습이 새로운 학습의 기초가 될 때 나타나는 전이

저진로 전이
잘 설정된 기능을 거의 자동적으로 전이하는 것

고진로 전이
맥락 간 연계에 의식적이고 추상화 과정이 요구되는 것

3) 전이에 영향을 주는 요인

학습에서의 전이는 다음과 같은 요인들에 의해 영향을 받는다(Eggen & Kauchak, 2016). 첫 번째 요인은 유의미성(meaningfulness)으로 정보가 유의미하게 부호화될수록 새로운 맥락에서의 전이 가능성은 더 크다. 두 번째 요인은 유사성(similarity)으로 이전에 학습이 이루어진 맥락과 새로운 맥락이 유사할수록 전이 가능성은 더 크다. 세 번째 요인은 개념 지식(conceptual knowledge)으로서 개별 사실보다는 개념, 원리, 이론 등과 같은 개념 지식의 전이 가능성이 더 크다. 네 번째 요인은 실생활 적용(real-world application)으로서 지식이나 기술은 실생활 맥락에서 학습되고 적용될수록 전이 가능성이 더 크다.

4. 교육적 시사점

학습의 궁극적인 목적은 정보를 단순히 기억하는 것이 아니라 이번 장에서 논의한 주제처럼 개념을 이해하고 이를 바탕으로 문제를 해결하며 나아가 학습한 것을 새로운 상황에서 전이할 수 있게 되는 것이다. 따라서 어떻게 하면 학생들에게 이러한 고차적이고 복잡한 사고력을 함양시킬 수 있는지를 파악하고 교육 현장에서 적용하려는 노력이 교사에게 그리고 교육전문가에게 요구된다. 다음과 같은 교수 전략이 이 장에서 논의한 고차적 사고력을 기르는 데 도움이 된다(Eggen & Kauchak, 2016).

먼저 학생들의 효과적인 개념학습을 돕기 위해서 다음의 여러 가지 방법을 활용할 수 있다. 첫째, 개념을 정의하고 그 개념을 관련된 다른 개념과 연결함으로써 유의미한 학습을 증진한다. 둘째, 개념에 해당하는 다양한 예(example)와 비예(nonexample)를 제시해 준다. 셋째, 예를 제시할 때는 가장 전형적인 것부터 시작해서 가장 친숙하지 않은 것의 순서로 제시한다. 넷째, 실생활 맥락에서의 예를 풍부하게 제시한다.

한편, 문제해결력을 기르기 위해서는 다음의 전략을 적용할 수 있다. 첫째, 학생들에게 문제를 제시할 때는 가능한 한 실생활 맥락의 문제를 제시하고, 문제해결의 첫 단계인 문제의 목표확인을 위한 연습 기회를 제공한다. 둘째, 숙고된 연습(deliberate practice)과 예제(worked example) 등을 통해 특정 영역에서의 자동성과 전문성을 기르는 것이 궁극적으로 문제해결력 향상에 도움이 된다. 셋째, 학생들을 문제해결 과정에 참여시키고 모니터링하게 하기 위한 방법으로 협동학습이나 토론 등 사회적 상호작용을 활용한다. 넷째, 교사의 모델링이나 학생들이 직접 문제해결 결과에 대한 예측을 연습함으로써 문제해결 과정에서 학생들의 의미 구성을 증진한다.

마지막으로, 전이를 증진하기 위해서는 다음과 같은 전략이 도움이 된다. 첫째, 학생들에게 다양한 양질의 예와 경험을 제공해 준다. 둘째, 학습한 내용을 실생활 맥락에 적용해 보도록 한다. 셋째, 앞의 두 가지 전략을 토론이나 협동학습 등 학생 간 높은 수준의 상호작용과 결합한다. 이러한 전략의 사용은 학생들의 개념이나 기술에 대한 이해를 높일 뿐만 아니라 그 기저의 추상적 원리를 학습하게 함으로써 궁극적으로 전이를 도울 수 있다.

토론과제 >>>

1. 개념학습을 증진할 수 있는 전략으로서 개념도란 무엇인지 알아보고, 이 장의 내용 중 일부를 사용하여 개념도를 만들어 동료에게 설명해 보자.

2. 학교에서 부딪히는 문제와 학교 밖에서 부딪히는 문제 간의 공통점과 차이점은 무엇이며, 이 두 가지 종류의 문제를 해결하는 접근은 어떻게 다른가?

3. 전이의 유형을 자신의 말로 재진술하고, 각각에 대해 자신만의 예를 들어 보자.

4. 이 장에서 제시된 것 이외에 교육적으로 중요한 고차적 사고력에는 어떠한 것이 있는지 논의해 보자.

제 **13** 장

학습에 대한 구성주의적 접근

최병연
◇◇◇◇◇

개요

　　구성주의는 인식론 또는 배움의 본질에 관한 철학적 해석으로서 개인이 자신의 지식을 구성한다고 가정한다. 즉, 지식이란 부여되는 것이 아니라 개인의 내면에서 형성된다는 것이다. 구성주의는 학습자가 새로운 지식을 구성할 수 있도록 학습자의 사고를 자극하기 위해 교육환경을 조성해야 한다는 점에서 현대사회에서 강조하고 있는 학습자 중심 교육과 밀접한 관련이 있다. 교육에서 구성주의적 관점은 Dewey, Piaget, Vygotsky, Bruner 등의 이론과 연구에 기초를 두고 있다. 특히 개인이 전적으로 지식을 구성한다고 가정하는 Piaget의 이론과 개인의 지식 구성 과정에서 사회문화적 요인을 강조한 Vygotsky의 이론은 구성주의에 중요한 영향을 미쳤다. 이 장에서는 학습에 대한 구성주의적 관점의 주요 가정과 구성주의적 학습환경, 그리고 구성주의적 관점을 교육에 적용한 사례로서 상황학습, 문제중심학습, 협동학습에 대해 살펴볼 것이다.

학습목표

1. 구성주의의 기본 가정에 대해 이해할 수 있다.
2. 구성주의 관점에서 현재의 학교교육을 평가할 수 있다.
3. 구성주의 원리를 반영한 교수-학습 전략을 창안할 수 있다.
4. 구성주의적 학습환경을 효과적으로 조성하는 방법을 설명할 수 있다.
5. 구성주의의 가능성과 한계에 대해 논할 수 있다.

현대 심리학과 인식론, 교육에서 광범위하고 경계가 분명치 않은 분야인 구성주의(constructivism)는 철학자나 교육과정 기획자, 심리학자, 교육자, 그리고 그외의 사람들 사이에서 광범위하게 사용되는 용어이다(Woolfolk, 2016). 구성주의는 지식의 실체와 습득 방법에 대한 인식론이다. **구성주의**는 개인이 지식을 구성하는 데 적극적이고, 지식은 맥락적이며, 지식 구성에서 사회적 상호작용이 매우 중요하다고 가정한다.

교육에서 구성주의적 관점은 John Dewey의 교육철학과 Piaget, Vygotsky, Bruner 등의 연구에 기초를 두고 있다. 교육에서 구성주의가 출현한 배경에는 다음과 같은 세 가지 중요한 요인이 있었다(Gredler, 2005). 첫째, 정보처리이론에 대한 불만이었다. 정보처리이론에 대한 비판으로는 학습을 컴퓨터에 비유하여 학습에 대한 설명에 있어서 개인의 일상능력, 일상생활 속에서의 문제, 그리고 맥락의 역할 등을 무시했다는 것과 학습자를 기존 지식을 받아들이는 수동적인 그릇으로 간주한다는 것이다. 둘째, 학생들은 서로 관련이 없거나 맥락과 무관한 기술을 습득함에 따라 학습한 것을 실제 생활에 적용할 수 없다는 우려이다. 셋째, Vygotsky의 사회문화적 이론에 대한 관심이다. Vygotsky의 기본적인 전제는 문화적 상황, 특히 부호와 상징이 실체에 대한 아동의 관점을 형성한다는 것이다. 더구나 이러한 상징들은 자기 조정된 주의집중과 개념적 사고(언어적, 수학적)와 같은 고등 인지능력을 계발하는 중요한 심리적 도구로 사용될 수 있다.

최근 교육에서 구성주의적 관점에 대한 관심이 고조되고 있는 것은 시대적 요구와도 관련이 있다. 4차 산업혁명시대로 대변되는 현대사회는 교육 패러다임의 전환을 요구하고 있다. 다시 말해서, 불확실성, 비예측성, 복잡성 등으로 표현되는 시대적 요구에 부응하기 위해서 교육은 학생들이 자기 주도적인 학습능력과 고차적 사고력을 함양할 수 있도록 도와주어야 한다는 것이다. 이를 위해서는 학습에 대한 관점, 교사와 학생의 역할, 교육환경 등에 변화가 필요한데, 그 대안 중의 하나가 학습자 중심의 교육을 강조하고 있는 구성주의적 관점이다.

구성주의
지식의 실체와 습득
방법에 대한 인식론

1. 학습에 대한 구성주의의 가정

구성주의는 이론이 아니라 객관주의(objectivism)와 대비되는 인식론이라고 할 수 있다. 객관주의는 지식이 개체와 별개로 존재하는 독립된 실체로 존재하기 때문에 모든 사람이 그것을 동일하게 인식할 수 있다고 가정한다. 따라서 학습이란 학습자의 외부에 있는 지식을 학습자 내부로 전이시키는 것으로 정의된다. 대표적으로 학습에 대한 행동주의적 관점은 객관주의에 근거하고 있다. 행동주의에 의하면, 교사는 교수–학습의 주도권을 전적으로 가지고 있다. 교사는 학습자들의 의사와 관계없이 학습목표, 수업방법, 평가기준 등을 결정한다. 또한 교사는 지식과 정보의 일방적 전달자가 되고 학습자는 정보의 수동적인 수용자가 된다.

반면에 상대주의적 인식론에 기반으로 하고 있는 구성주의는 다음과 같은 세 가지 기본 가정을 바탕으로 하고 있다(박인우, 1996).

첫째, 지식은 인식의 주체에 의해 구성된다. Duffy와 Jonassen(1991)은 "지식이 우리와 독립되어 존재하는 것이 아니라, 우리가 세상에 부여하는 것"이라고 하였다. 즉, 우리가 인식하는 세상에 대한 객관적인 지식은 없으며, 모든 지식은 인식의 주체인 개인들에 의해서 주관적으로 구성된다는 것이다. 개인이 지식을 구성한다는 가정에는 인식 주체의 능동성을 함의하고 있다. 다시 말해 지식은 개인이 수동적으로 구성하는 것이 아니라 스스로의 경험을 바탕으로 능동적으로 구성한다는 것이다.

둘째, 지식은 맥락적이다. Brown, Collins와 Duguid(1989) 등은 학습은 그것이 발생하는 상황에 영향을 받는다고 가정한다. 이들에 따르면, 지식은 인식 주체에 의해서 구성되는 한편 항상 상황 내에서 이루어지고, 지식은 그것이 습득된 상황과 관련된다. 따라서 우리가 습득하는 지식은 지식 습득의 맥락과 개인의 선수 지식, 경험 등에 따라 다르게 학습되고, 따라서 전이도 그 상황에 좌우된다. 이것을 상황인지(situated cognition)라고 한다.

셋째, 지식은 사회적 협상을 통해 이루어진다. 앞의 두 가지 구성주의의 가정을 받아들일 경우, 한 가지 매우 심각한 문제가 생긴다. 즉, 지식이 인식의 주체에 의해 주관적으로 구성되며, 상황에 따라 상이하게 구성된다면 개개인들이 구성한 지식이나 이해는 서로 검토할 수가 없다. Von Glasersfeld(1989)는 개인들의 지식이 객관적인 실체를 얼마나 잘 모사(模寫)하였는가 또는 일치하는가의 관점에서보다 그 지식이 현상에 잘 어울리고 타당한가의 측면에서 고려되어야 함을 제시하였다. 각 개인들이 구성한 지식은 타인들과의 상호작용 속에서 그 타당성이 검토되어 지식으로 형성된다. 따라서 사실은 객관적인 실체가 아니라 단지 현재의 사회구성원들이 상황에 대한 가장 그럴듯한 해석으로 받아들인 것이다(Savery & Duffy, 1995).

교육학적 논의에서 구성주의적 접근은 지식을 습득하는 주요 요인으로 개인의 인지적 작용을 더욱 강조하느냐 혹은 개인이 참여하고 속해 있는 사회, 문화, 역사적 상황에 더욱 주안점을 두느냐에 따라 인지적 구성주의와 사회적 구성주의로 구분한다.

인지적 구성주의(cognitive constructivism)는 개인이 전적으로 지식을 구성한다고 가정하고 있기 때문에 개인적 구성주의라고도 한다. 대표적인 인지적 구성주의자라고 할 수 있는 Piaget는 개인의 동화와 조절을 통한 인지발달을 강조하고 상대적으로 사회, 문화적 요인을 크게 강조하지 않았다. 그는 사회적 환경을 발달의 중요한 요인으로 간주하였지만, 사회적 상호작용이 사고를 변화시키는 주요 기제라고 믿지 않았다(Moshman, 1997). 사회적 상호작용은 중요하나 기본적으로 개인의 인지적 갈등에 대한 촉매 역할을 한다(Fowler, 1994). 이러한 관점에 따른 교수−학습 활동은 학생 중심적이며 탐구와 발견 지향적으로 이루어져야 한다. 즉, 교사는 학생들에게 적절한 자료를 제공하고 학습환경을 조성해 주는 역할을 하며, 직접적인 지도를 최소화해야 한다.

Vygotsky의 인지발달이론에 근거하고 있는 **사회적 구성주의**(social constructivism)에 따르면 지식은 사회적 맥락 내에서 먼저 구성된 다음 개인에게 내면화된다. 즉, 지식은 사회적 상호작용과 경험에 기초하여 구성되며, 문화와 언어, 신념, 타인과의 상호작용, 직접적 교수 및 모델링의 영향을 받아 걸러진 외부 세계를 반영한다(Woolfolk, 2016). 특히 Vygotsky의 근접발달영역(ZPD) 개념은 지식이 사회적 참여를 통하여 구성된다는 사회적 구성주의의 핵심원칙을 설명해 준다. 가장 효과적인 사회적 상호작용 유형은 보다 능숙한 사람의 안내를 통해 공동으로

인지적 구성주의

지식은 전적으로 개인의 경험을 통해 구성된다는 주장

사회적 구성주의

지식은 개인들 간의 사회적 상호작용과 협력을 기초로 구성된다는 주장

문제를 해결하는 것을 의미한다. 이때 보다 능숙한 사람으로 학습자를 도와줄 수 있는 사람은 부모, 교사, 동료학생들이 될 수 있다(Rogoff, 1990).

2. 구성주의적 학습환경

학습에 대한 구성주의적 관점에 따르면 학습자는 지식의 수동적인 수용자가 아니라 능동적인 구성자이다. 이것은 어떤 정보가 학습자에게 유의미한 정보가 되기 위해서는 학습자의 직접적인 활동을 통해 발견되어야 한다는 것을 의미한 다. 따라서 구성주의적 학습환경은 기본적으로 학습자의 능동적인 지식 구성을 촉진시켜 줄 수 있는 풍부한 환경을 제공해 주는 것이다. 구성주의적 학습환경 조성에 바탕이 되는 구성주의 원리는 다음과 같다(Alesandrini & Larson, 2002).

- 학습은 탐색과 발견을 통해 이루어진다. 구성주의자는 학습을 새로운 정보를 능동적으로 탐구하고 사전 지식이나 경험과 연결하여 의미를 구성하는 과정으로 간주한다. 학습경험을 통해 의미는 구성되고 학습자의 사전 경험을 바탕으로 재구성된다. 따라서 교사는 학생들이 자신의 속도에 따라 개인 적으로 의미 있는 목표를 추구하도록 코치하는 촉진자의 역할을 해야 한다.
- 학습은 공유된 탐구(shared inquiry)에 의해서 능동적으로 촉진된 공동체이 다. 구성주의는 공동의 목표를 달성하기 위해 능동적으로 함께 상호작용하 는 협력적 과제 수행을 강조한다. 협력은 구성원들이 다양한 관점에서 문제 를 파악할 수 있는 능력을 촉진한다. 집단 구성원들은 특정 문제의 해결책 을 만들어 가는 과정에서 의미를 지속적으로 협상한다.
- 학습은 구성 과정에서 발생한다. 구성주의 환경에서 학생들은 적용을 어떻 게 해야 할 것인지를 탐구하는 동안에 개념을 학습한다. 적용 과정에서 학 생들은 다양한 해결책을 탐구하고 발견을 통해 학습한다. 학습자는 평가 과 정에서 능동적이고 비판적인 역할을 한다. 전통적인 평가에서 교사는 최종 산물을 평가하지만, 구성주의 환경에서는 자기 평가를 강조한다. 구성주의 적 학습환경에서 학습자는 자신의 사전 지식과 관련하여 학습한 내용을 분

명히 표현하는데, 이것은 학습자가 경험한 것의 의미를 깨달을 수 있는 성
찰(reflection)과 언어적 진술에 대한 자기 평가 활동을 통해 가능하다. 또한
구성주의적 학습환경에서는 학습 과정에서 이루어지는 형성평가(formative
evaluation)가 중요시된다. 형성평가는 구성 활동 과정에서 발생하는 학생들
의 다양한 실험에 도움이 되기 때문이다.

- 학습은 진정한(authentic) 활동에 참여한 결과로 이루어진다. 학습은 학생이
'실생활'에서 직면할 수 있는 활동과 문제에 근거해야 한다. 전통적 교실에
서 이루어지고 있는 활동은 유의미하고 진정한 활동과 거의 관계없는 탈맥
락적인 경우가 종종 있다.

- 학습활동의 결과는 독특하고 다양하다. 구성주의적 환경에서 학습자는 자
신의 사전 경험을 고려해서 새로운 정보로부터 지식을 창출한다. 따라서 구
성주의에 근거한 활동의 결과는 다양할 수밖에 없다.

구성주의의 원리를 바탕으로 조성된 학습환경은 교수와 학습의 모든 과정에
서 총체적인 변화를 필요로 한다. 구성주의적 교실은 전통적 교실과 다른 몇 가
지 독특한 특성이 있다(Brooks & Brooks, 1999: Schunk, 2016 재인용). 전통적인 수
업에서는 기본 기능이 강조된다. 교과과정은 작은 부분들로 나뉘어 제시되고,
교재와 문제집이 사용된다. 교사는 일반적으로 학습자들을 가르치고 문제에 대
한 정답을 맞히도록 하며, 학습에 대한 평가는 수업과 별개로 행해지는데, 일반
적으로 시험을 통해 이루어진다. 학습자들은 종종 개별적으로 학습한다. 반면에
구성주의적 수업에서는 교과과정이 큰 개념들에 초점을 맞춘다. 학습활동에는
1차 자료와 직접 다룰 수 있는 재료들이 사용된다. 교사는 일반적으로 학습자들
의 질문과 견해를 구하며 학습자들과 상호작용한다. 평가는 실제 활동을 바탕으
로 수업과 통합되어 행해지며, 교사의 관찰과 학습자의 포트폴리오도 평가에 이
용된다. 학습자들은 자주 집단으로 학습하며, 학습자 스스로가 효과적인 새로운
지식과 기술을 구성할 수 있는 학습환경을 구성한다.

결국 구성주의적 학습환경에서는 복잡하고 실세계와 관련이 있는 과제를 사
용하여 학습자들이 학습에 대한 주인의식을 갖고 학습에 능동적으로 참여해서
고차적 사고력을 신장시키도록 도움을 주어야 한다. 또한 학생의 견해를 존중

하고 학습성과뿐 아니라 과정을 평가할 수 있는 평가 방법을 사용해야 한다. 이 때 교사는 학습자들의 학습을 안내하고 촉진시키며, 교사와 학생 간, 혹은 학생들 상호 간에 적극적으로 상호작용할 수 있는 학습환경을 조성해야 한다. 〈표 13-1〉은 구성주의적 학습 원칙에 관한 다양한 학자들의 견해를 종합한 것으로 구성주의적 학습환경을 조성하는 데 지침이 될 수 있을 것이다(강인애, 정준환, 정득년, 2007).

표 13-1 구성주의적 학습 원칙

구성주의적 학습 원칙	세부적 내용
체험학습	• 학습자 주도적으로 학습 목표, 내용 전개 및 필기에 참여한다. • 학습자에 의한 지식 구성 및 공유할 수 있는 학습 환경을 제공한다. • 학습자가 전체적으로 학습 환경의 통제권을 지니고 있다.
자기 성찰적 학습	• 메타인지(학습하는 방법을 배우는 것)의 습득 및 활용이 가능한 환경이다. • 학습자의 기존 지식과 개념을 활용할 수 있는 학습 환경이다. • 주어진 과제 해결을 위해 깊이 있는 사고와 탐색을 필요로 하는 환경이다.
협동학습	• 학습자들이 서로 지식을 구성하고 공유할 수 있는 학습 환경이다. • 개념과 내용에 대하여 다양한 관점과 시각이 자유스럽게 제시되고 받아들여진다. • 학습자들 간의 토론/대화/상호작용을 통해 성찰적 학습 기회를 촉진한다.
실제적 성격의 과제 제시	• 통합 교과목적인 성격의 과제를 다룬다. • 특정 상황을 기반으로 하는 과제이어야 한다(situated learning). • 실제적 평가이어야 한다. 과제 성격 및 해결안을 제대로 평가할 수 있는 기준 방법이어야 한다.
교사로서의 역할: 촉진자, 동료학습자	• 인지적 도제 학습 환경을 제공한다. • 과정 중심적 평가이어야 한다. • 실수/오답에 대하여 관대하고 인내가 필요하다. • 학습 지도는 인지적 측면과 정서적 측면이 동시에 고려되어야 한다.

3. 구성주의의 교육적 적용

1) 상황학습

학교교육에 대한 오랜 비판 중의 하나는 학교교육이 실제 생활과 전혀 관계가 없는 **비활성화 지식**(inert knowledge)에 치중되어 있다는 것이다. 한 예로 Schoenfeld(1988)가 인용한 다음 문제를 생각해 보자(Driscoll, 2000). 그 예는 실제 상황에서 계산기능을 이해하지 못한 채 수학의 계산기능만을 숙달한 학생의 경우이다. "한 대의 군용버스에 군인 36명을 태울 수 있다. 만약 1,128명의 군인을 훈련장으로 수송하려고 한다면, 몇 대의 버스가 필요한가?" 전국적으로 13세 학생의 약 70%가 이 문제를 푸는 데 요구된 나눗셈을 바르게 하였지만, 23%만이 실제적인 정답을 하였다. 거의 1/3이 '31과 나머지 12'라고 답하였다. 이러한 예는 학생들이 나눗셈을 정확히 알고 있지만 그것을 실제 세계에 직면한 문제와 정확히 연결하지 못했다는 것을 의미한다. 다시 말해서, 학생들은 지식이 사용되는 상황이나 맥락과 분리된 '탈맥락적 지식'을 소유하고 있는 것이다.

전술한 바와 같이 학습에 대한 구성주의의 가정 중의 하나는 지식의 맥락성이다. 즉, 지식은 상황적인 것으로 결코 별개로 존재하지 않으며, 지식이 사용될 과제, 맥락, 문화 안에서 생성된다는 것이다(Brown, Collins, & Duguid, 1989). 이러한 가정에 바탕을 둔 구성주의 이론이 **상황학습**(situated learning) 혹은 상황인지(situated cognition) 모형이다.

1980년대 후반부터 주목받기 시작한 상황학습 모형은 인지과정이란 전적으로 개인의 머릿속에서만 발생하는 것이 아니라, 인간(주체)과 그 주위의 도구와 기호, 언어, 심벌, 나아가서는 타인 등과의 상호작용의 시스템 전체 속에 있다고 보는 전체론적(holistic) 혹은 시스템적인 입장을 취한다(박동섭, 2008). 즉, 상황인지라고 하는 것은 개인의 머릿속에 닫혀 있거나 미리 정해져 있는 인지 과정이 아니라 '개인의 피부를 넘어선(beyond skin)', 늘 개인 주위의 매체와 자원(resource)과 상호교섭하는 (혹은 대화하는) 과정에서 생성되고(emergent) 발전되어 가는 과정인 것이다.

비활성화 지식
실제 상황에서 활용가치가 매우 낮은 지식

상황학습
지식은 학습이 일어나고 지식이 생성되는 상황 내의 통합된 부분이라는 것을 강조하는 학습 모형

한편 Wenger(1998)는 상황인지이론의 기본 전제를 다음과 같이 간결하게 요약하였다(Driscoll, 2000).

- 우리는 사회적 존재이다. 중요한 진리를 담고 있는 이 사실은 학습의 핵심적 측면이다.
- 지식은 가치 있는 사업과 관련된 능력계발의 문제이다. 예를 들면, 곡조에 맞추어 노래를 부르고, 과학적 사실을 발견하고, 기계를 고치고, 시를 쓰며, 사교적이 되고, 선남선녀로 성장하는 것 등과 같다.
- 앎은 이러한 일의 수행에 참여하는 것인데, 이를테면, 세상 일에 능동적으로 참여하는 것을 뜻한다.
- 의미, 즉 세상을 경험하는 우리의 능력과 세상을 유의미하게 보는 우리의 약속은 궁극적으로 학습의 결과가 무엇인지를 결정한다.

상황학습에 대한 기본 가정들을 바탕으로 볼 때, 모든 수업은 그 지식이 사용되는 구체적인 상황 속에서 구성원들과의 상호작용 과정에서 이루어져야 하며, 상황과 분리된 사실이나 지식을 암기하거나 이해하도록 하는 것은 무의미하다는 것을 암시해 준다. 어느 분야를 배우는 데 있어 특정 절차를 접해 본 학습자는 그 방법에 관한 상황인지를 경험하게 되는데, 학습자는 그 방식으로 그 분야를 학습하게 된다(Schunk, 2016). 예를 들어, 학습자가 교사의 설명을 듣고 자기 자리에서 개별적으로 문제를 풀어보는 식으로 수학을 배우게 되면, 수학학습은 그 상황에 고착되게 된다. 이 학습자가 협동활동을 통한 발견학습을 강조하는 교사를 만나게 된다면 적응하는 데 어려움을 겪을 것이다.

그렇다면 상황학습의 원리들을 실제 수업에 어떻게 적용할 수 있을까? 다음은 상황학습 모형을 적용하여 수업 설계할 때 적용할 수 있는 원리와 적용사례를 소개하면 다음과 같다(박성익, 이희연, 이경숙, 2003).

- 지식이나 기능을 그것이 사용되는 상황이나 맥락과 함께 제시하라. 지식이나 기능은 고립된 것이 아니라 그것이 사용되는 보다 광범위한 맥락의 일부분이다. 따라서 학생들에게 그저 교과서의 연습문제를 풀도록 시키는 데 그

치는 것이 아니라, 그 지식이 관련된 보다 광범위한 맥락을 포함하는 프로
젝트나 환경을 조성해야 한다.

- 실제적인 과제를 사용하라. 실제적인 과제란 현실 세계에서 사용되는 과제
  를 말한다. 학교에서 제시되는 연습문제들은 대부분이 인위적으로 고안된
  것으로 문제를 위한 문제를 제시하는 경우가 많다. 하지만 실제적인 과제는
  사실성에 기초를 두고 있기 때문에 사실과 유사한 논리를 요구하며, 사실적
  인 복잡성을 띠게 된다. 이러한 사실성은 복잡한 상황에서 핵심적인 원리나
  기능을 분석하고 구별하는 기능을 익히게 함으로써 실제 상황에서 지식의
  전이를 촉진할 수 있다.
- 구체적이고 다양한 사례를 사용하라. 지식의 전이는 구체적이고 다양한 사
  례들을 활용함으로써 촉진될 수 있다. 순수하게 논리적이고, 추상적인 원리
  만을 학습하는 것만으로는 전이에 충분하지 않다. 상황학습 환경은 다양한
  맥락에 적용될 추상적인 기능과 방법을 가르치기보다는 고유한 맥락에서
  다양한 구체적인 사례를 사용할 것을 강조한다. 이러한 방법으로 지식은 구
  체적이면서도 일반화가 되기 때문이다.
- 교사는 지식 전수자가 아니라 학습 촉진자의 역할을 담당해야 한다. 상황학
  습 환경에서는 실제적인 과제를 통해 학생들이 직접 문제를 해결하는 과정
  을 강조하므로 수업의 형식은 일방적인 지식의 전달이 아니라 학습자의 능
  동적인 참여를 요구하게 된다. 따라서 교사는 학습자들이 문제를 해결하는
  과정을 관찰하고, 어려움을 겪을 때 조언을 해 주고, 필요한 경우에 도움을
  제공하는 학습 촉진자나 보조자의 역할을 담당해야 한다.

2) 문제중심학습

1968년 캐나다의 맥마스터(McMaster) 대학의 의과대학에서 시작된 문제중심
학습(Problem Based Learning: PBL)은 다양한 학문영역에서 적용되고 있는 만큼
PBL에 대한 정의 역시 분야와 학자에 따라 다양하게 사용되고 있다. 예를 들어,
Barrows와 Tamblyn(1980)은 문제에 대한 이해나 해결책을 향한 활동과정 동안
이루어지는 학습이라고 정의한 반면, Schmidt(1993)는 학생들이 튜터의 관리하

문제중심학습

실생활과 관련된 문
제를 중심으로 수업
을 구조화하여 학습
자가 문제해결 과정
에서 내용 지식과 문
제해결 전략을 학습
할 수 있도록 돕는 수
업 방법

에 소집단으로 문제를 다루는 교수-학습 접근이라고 정의하였다(박성희, 2008).
또한 Savery와 Duffy(1995)는 문제중심학습이란 구성주의적 원칙을 적용한 학습
설계 모형 중의 하나로서, 학습 촉진자에 의해 제시된 문제를 협동적으로 해결
하기 위하여 학습자들이 5~7명 사이의 소그룹으로 편성되어 그룹 토론과 같은
협동학습을 하는 학습방법이라고 정의하였다. 이러한 정의들을 종합하여 볼 때
PBL이란 실생활에서 직면하게 되는 문제를 중심으로 수업을 구조화하여 학습자
가 문제를 해결해 가는 과정을 통해서 관련된 내용 지식은 물론 문제해결 전략
을 학습할 수 있도록 돕는 교수전략이라고 정의할 수 있다.

PBL은 다음과 같이 크게 다섯 가지의 특성을 갖고 있다.

비구조화된 문제
문제해결 과정이 다
양하고 단일한 정답
이 없는 문제

- 비구조화된(ill-structured) 문제로부터 학습이 시작된다. PBL은 문제해결 과
  정이 분명한 구체적으로 잘 정의된(well-structured) 문제를 가지고 학습하는
  것이 아니라 문제해결 과정이 다양하고 정답이 없는 문제를 사용한다. 이러
  한 문제는 교과 관련 지식 습득은 물론 문제해결력과 고차적 사고력을 신장
  시킬 수 있으며, 학생들의 학습동기를 유발시킬 수 있다.
- 학습자는 교과목 중심이 아닌 문제중심으로 지식을 구성한다. 문제를 분석
  하는 과정에서 학습자들은 새로운 정보를 얻으며, 경우에 따라서는 문제를
  규명 및 분석하는 과정에서 문제가 수정될 수도 있다. 즉, 많은 정보를 기반
  으로 다양한 관점을 수용함으로써 문제에 대한 철저한 이해와 함께 견고한
  해결안을 제시할 수 있는 능력을 함양할 수 있게 된다고 볼 수 있다.
- 학습자 중심의 수업이다. 학습자는 자신의 학습에 책임을 지며 자기주도적
  인 학습을 한다. **자기주도적 학습**이란 학습목표 설정, 학습속도 조절, 학습환
  경 선택, 학습결과 평가 등 학습과 관련된 일련의 활동을 학습자 스스로가
  주도적으로 하는 것을 의미한다. PBL에서의 학습환경은 이러한 자기주도
  적 학습을 적극 권장한다.

자기주도적 학습
학습과 관련된 일련
의 활동을 학습자 스
스로가 주도적으로
하는 것

- 교수자는 모델링과 코칭을 통해 학습자의 문제해결 능력을 촉진한다. 교수
  자의 역할은 협력적인 지식의 촉진자로 학습자가 자신의 학습과정에 점진
  적으로 책임을 가지고 임할 때, 교수자의 개입을 점점 줄이게 된다. 즉, 교
  사는 문제상황을 제시하고, 문제해결 과정에 탐구자로서 함께 관여하며, 학

습을 평가하는 코치로서의 역할을 한다.

* 모둠활동의 구조를 사용한다. PBL에서는 대부분의 학습이 학생 상호 간의 협동이 필요하기 때문에 소그룹 활동이 필수적이다. 학생들은 모둠활동을 통하여 협동의 가치와 의사소통 능력을 신장시킬 수 있다.

이처럼 PBL은 학습이 실생활과 관련된 맥락에서 이루어져야 하며, 지식이 학습자 주도적으로 구성되도록 개별적, 협력적 학습환경이 조성되어야 하고, 교사는 학습의 안내자 및 촉진자의 역할을 해야 한다는 구성주의의 원리와 밀접한 관련이 있다.

PBL이 효과적으로 이루어지기 위해서는 수업을 시작하기 전에 교사는 문제를 만들고 모둠을 구성해야 한다. PBL의 성패를 결정하는 가장 중요한 과정이 '문제 만들기'이다. 교사는 우선 교육과정과 학습자의 특성을 반영하여 문제를 만들어야 한다. 또한 문제를 개발할 때는 학습자들의 실제 생활과 밀접한 관련이 있는 문제(내적 동기유발, 학습의 주인의식), 다양한 해결안이 나올 수 있는 문제, 그리고 학습자들이 도전의식을 느낄 수 있으며 동시에 깊은 사고를 요하는 문제인지가 고려되어야 한다(강인애, 김선자, 1998).

수업 전에 교사가 준비해야 할 또 다른 과업은 '모둠 구성하기'이다. PBL은 혼자서 문제를 해결하는 것이 아니라 모둠원이 협동하여 해결책을 찾는 학습이다. 문제의 특성에 따라 다양하게 조직될 수 있겠지만 5~6명으로 모둠을 구성한다. 다양한 관점과 아이디어 생산이 중요하므로 동질집단보다는 이질집단으로 편성하는 것이 좋다. PBL은 다양한 형태로 수업 상황에서 전개될 수 있다. 주요 절차를 살펴보면 〈표 13-2〉와 같다.

PBL의 교육적 효과는 다양한 연구를 통해서 밝혀졌다. 예를 들어, PBL의 효과를 종합적으로 분석하기 위해 113편이 논문에 대한 메타분석을 실시한 박지윤(2017)의 연구에 따르면, 문제중심학습을 적용한 수업은 전통적인 강의식 수업에 비해 문제해결능력, 창의성, 학습동기, 자기주도 학습력, 학습태도와 학업성취도를 향상시키는 데 효과적인 것으로 나타났다(평균 효과크기 .61). 또한 학교급별로는 초등학생을 대상으로 PBL을 적용할 때 학업성취도의 효과가 더 커지며, 실과 교과와 언어 영역(영어, 국어)에 적용할 때 학업성취도의 효과가 더 크게

표 13-2 문제중심학습의 주요 절차

단계	학습 형태	주요 활동
1단계: 문제 제시하기	전체	• 파워포인트, 역할극 등 학습자에게 흥미를 유발시킬 수 있는 방법으로 만들어진 문제 제시하기 • 제시된 문제를 학습자가 자신의 문제로 인식하여 문제해결에 대한 책임감 부여하기
2단계: 문제 파악하기	전체	• 해결해야 할 문제에 대한 정확한 이해하기
3단계: 문제 해결 계획 세우기	모둠	• 모둠원 간의 토의, 토론과정을 통해 문제해결 계획 세우기(가설/해결안, 알고 있는 사실, 더 알아야 할 사항, 역할 분담 등)
4단계: 개인과제 수행하기	개별	• 할당된 개인 과제수행을 위한 계획 수립하기 • 문헌 및 지역사회의 다양한 자원을 활용하여 개인 과제 수행하기
5단계: 의견 모으기	모둠	• 개별과제 나누기 및 평가 • 문제해결책 고안
6단계: 발표 자료 만들기	모둠	• 효과적으로 발표할 수 있는 자료 제작(발표 시나리오, 보조자료 제작)
7단계: 발표 및 평가하기	전체, 모둠, 개별	• 모둠별 발표 • 자기평가, 과정평가, 상호평가, 성찰저널 작성 등

나타났다. PBL의 교육적 효과는 뇌 연구를 통해서도 지지되었다. 인간의 뇌는 다양한 연결을 통해 문제를 해결하도록 되어 있다(Jensen, 2005). 협력을 통해 문제를 해결하는 학생들은 지식이 사용되고 결합되는 새로운 방식을 알게 될 것이고, 이것은 새로운 시냅스 연결을 형성한다는 것을 의미한다. 더욱이, PBL은 학생들의 동기를 쉽게 유발하고 정서적 참여를 유도할 수 있는데, 이러한 과정을 통해 학생들은 더 광범위한 신경네트워크를 만들 수 있다(Schunk, 2016).

그러나 PBL에 익숙하지 못한 경우에는 다음과 같은 단점이 있다(신명희 외, 2018).

• 문제가 구체적이지 못하고 포괄적으로 설계되었을 경우 학습자는 문제를 분석하고 해결안을 도출하는 과정에서 혼란을 겪고, 교수자로서도 소기의

수업목표 달성에 실패할 수 있다.

- 한 학기에 다루어야 하는 문제 수가 많거나 수강 인원 수가 많을 경우 학기 내내 발표와 토론 시간이 부족하여 어려움을 겪게 된다.
- 교사의 코칭 기술에 좌우되기 쉽다. 교사가 코칭 기술이 숙달되지 못한 경우에는 학습자가 토론의 주제에서 벗어나지 않게 유도하거나 소극적인 학습자에게 적극적인 토론을 하도록 촉진하는 데 어려움이 있다.
- 학습자가 학습의 결과물에만 치중하는 경향을 보이면서 과정의 중요성에 대한 인식이 결여될 수 있다.

3) 협동학습

학습에 대한 구성주의적 접근은 지식의 사회적 구성을 강조하는데, 학교교육에서 이를 가장 잘 구현할 수 있는 방법이 바로 협동학습이다. 협동학습(cooperative learning)이란 소집단이 공동 목표를 성취하기 위해 동료들과 함께 학습하도록 구조화된 체계적인 수업 기법을 의미한다(Slavin, 1991). 소집단 구성원들의 학습을 최적화시키기 위해 소집단을 활용하는 구조화된 수업 형태가 협동학습이다. 협동학습에는 다양한 모형이 있지만, 대부분 학습목표에 대한 교사의 개략적인 소개가 있은 후 학생들은 과제특성에 따라 4~6명으로 소집단을 구성하게 된다. 그런 다음 학생들은 소집단 내의 모든 구성원들이 학습과제를 숙달하거나 완성했다고 확신할 때까지 서로의 생각을 공유하고 서로의 노력에 대해 격려하며 공동으로 학습한다. 이 과정에서 교사는 학습자들이 서로 협동하고 사회적 기술을 활용하여 과제를 숙달할 수 있도록 개입을 최소화한다. 이처럼 협동학습 구조에서 학습자들은 교사의 지식을 단지 수용하는 수동적인 입장에서 벗어나 다른 구성원들과 상호작용하는 과정에서 구성원들 간의 차이를 해결하여 지식을 형성해 나갈 뿐 아니라 배움의 과정을 즐기는 능동적인 주체자의 역할을 하게 된다(전성연, 최병연, 이흔정, 고영남, 이영미, 2010).

협동학습을 성공적으로 수행하기 위해서는 몇 가지 지켜야 할 원리가 있다(Johnson & Johnson, 1989, 1999).

첫째, 긍정적 상호의존성(positive interdependence)이다. 이것은 '우리들이 성

협동학습
학생들이 상호의존하거나 협력하여 학습하도록 구조화된 교수법

공하기 위해서는 너와 나 모두 성공해야 한다.'는 것을 의미한다. 즉, 긍정적 상호의존성이란 학생들 개개인이 집단의 성공을 위해 자신뿐만 아니라 동료들도 성취해야 하기 때문에 서로 도움을 주는 관계를 의미한다. 따라서 상호의존성에는 집단목표가 명시되어야 하고, 그 목표를 달성하기 위해 자료를 공유하고 서로 상호의존적인 역할을 담당해야 한다. 상호의존성은 목표 상호의존성, 과제 상호의존성, 자원 상호의존성, 역할 상호의존성, 보상 상호의존성 등의 여러 가지 형태를 취할 수 있다. 이러한 긍정적 상호의존성은 일반적으로 교실에서 자연스럽게 일어나지 않기 때문에 학생들 간의 협동적 활동에는 특정적인 구조화가 반드시 필요하다.

둘째, 대면적 상호작용(face-to-face interaction)이다. 이것은 집단 구성원 각자가 집단의 목표를 성취하기 위해 다른 구성원들의 노력을 직접 격려하고 촉진시켜 주는 것을 의미한다. 학생들은 설명이나 토론과 같은 상호작용을 통해 서로의 학습을 도와주고, 교사는 충분한 시간을 주면서 상호작용이 잘 일어나도록 서로가 마주 볼 수 있도록 자리배치를 함으로써 이러한 과정을 촉진시킬 수 있을 것이다.

셋째, 개별책무성(individual accountability)이다. 이것은 과제를 숙달해야 하는 책임이 각 학생들에게 있다는 것을 의미한다. 다시 말해, 집단의 구성원으로서 각 학생들의 수행에 대한 평가결과가 그 학생이 속해 있는 집단과 자신에게 적용될 때 개별책무성이 존재하게 된다. 이러한 개별책무성을 통해 집단활동에 능동적으로 참여하지 않고 다른 학생들이 이루어 놓은 성취를 공유하게 되는 '무임승객 효과(free-rider effect)'와 일부 우수한 학생 중에서 자신의 노력이 다른 학습자에게로 돌아간다고 인식하면서 학습에 능동적으로 참여하지 않는 이른바 '봉효과(sucker effect)'를 방지할 수 있다.

넷째, 사회적 기술(social skills)이다. 사회적 기술이란 집단 내에서의 갈등 관리, 의사결정, 효과적 리더십, 능동적 청취 등을 의미하며 협동적 노력이 성공하기 위해서는 이와 같은 사회적 기술이 요구된다. 따라서 집단 내의 갈등 관리, 리더십, 의사결정, 의사소통과 같은 사회적 기술은 학생들에게 가르칠 필요가 있다.

다섯째, 집단과정(group processing)이다. 특정 집단이 의도한 목표를 성취하기 위해서는 집단 구성원들 각자가 목표를 얼마나 잘 성취하고 공동의 목표를 달성하기 위해 얼마나 노력하고 협력했는지에 대한 토론과 평가가 필요하다. 또한 집단에서는 집단 구성원의 어떤 행위가 유익하고 무익한지에 대해 평가할 필요가 있으며, 어떤 행동이 계속되고 변화되어야 하는지에 대해 결정할 필요가 있다.

학교교육에서 협동학습의 효과성은 다양한 연구를 통해 검증되었다. 예를 들어, 구병두(2014)는 협동학습이 학생의 학업성취에 미치는 효과를 밝히기 위해 국내에서 수행된 263편의 논문을 대상을 메타분석을 실시하였다. 그 결과 협동학습의 전체 평균 효과크기는 .47로 나타나 실험처치를 가한 실험집단의 효과는 비교집단에 비해 18.08퍼센타일만큼 증가하는 것으로 나타났으며, 협동학습의 학교 급별에 따른 학업성취 효과크기는 초등학교가, 실시 교과목에 따른 학업성취 효과는 언어, 과학과 사회 교과목이 협동학습의 영향을 상대적으로 많이 받는 것으로 드러났다. 또한 협동학습에 있어서 학생들의 학습능력이 낮은 학생일수록 협동학습의 학업성취 효과가 큰 것으로 판명되었다.

이와 같이 협동학습이 학업성취에 미치는 긍정적 효과는 학생들이 공동목표가 설정된 소집단에 참여하여 한 집단의 구성원으로서 자신의 학습에 대한 책임을 갖고 동료들과의 협동활동을 통해 지적 발달이 증진되고 자신의 사고를 명료화함으로써 학습이 향상되고 있는 것으로 볼 수 있다.

하지만 협동학습과 관련된 모든 연구가 학생들의 학업성취에 긍정적인 영향을 미치는 것은 아니다. 예를 들어 Slavin(1983)은 초 · 중등 학생들을 대상으로 한 46개의 협동학습에 관한 연구들을 분석하였는데, 29개 연구에서 학업성취에 있어서 긍정적인 효과가 있는 것으로 나타났다. 협동학습이 학업성취에 효과적인 것으로 밝혀진 연구 중 집단에 대한 기여도에 근거하여 집단보상을 한 27개 연구 중 24개의 연구에서 실험집단의 학업성취가 더 높게 나타났으며, 개별책무성을 요구하지 않은 9개의 연구에서는 집단 간의 차이가 없는 것으로 나타났다. 이러한 결과를 바탕으로 Slavin(1983)은 협동학습 방법이 일반적으로 학업성취에 효과적이지만, 그 효과성은 집단보상과 개별책무성을 어떻게 활용하느냐에 달려 있다고 주장하였다.

협동학습은 학생들의 인지적 측면뿐 아니라 정의적 측면에도 긍정적인 효과

가 있다. 즉, 관련연구들을 종합해 보면 협동학습은 학생들의 자아존중감, 학습
동기, 긍정적 학습태도, 동료 및 대인관계, 자아효능감, 교과에 대한 학습태도,
친사회적 태도의 향상에 긍정적인 효과가 있다(전성연 외, 2010).

협동학습 전략은 학생들이 서로에게서 배우고, 서로의 장점을 흡수하고, 과제
를 완수하기 위해 서로를 도와줌으로써 학생들 간에 지원적 관계의 형성, 의사
소통 기술의 발달, 고등 사고 능력의 증진을 격려하도록 계획된다. 협동학습에
서는 많은 학생들이 성공의 기회에서 소외되고 자신들의 장점을 활용하지 못하
는 경쟁적 학습구조와는 달리 각 학생의 장점이 활용되면서 모두가 성공에 이를
수 있는 하나의 학습전략이다. 따라서 이러한 협동적 활동을 통해 학생들은 인
지적 영역에서의 학업성취뿐만 아니라 학습동기, 자아존중감, 학습태도, 대인관
계, 정신건강 등 정의적 영역에서 긍정적인 효과가 있는 것으로 밝혀지고 있다.
Johnson과 Johnson(2003)은 협동학습, 경쟁학습, 개인주의적 학습 방법을 다음
〈표 13-3〉과 같이 비교하였다(Tuckman & Monetti, 2011).

표 13-3 협동학습, 경쟁학습, 개인주의적 학습 비교

구분	협동학습	경쟁학습	개별학습
성적 산출의 근거	집단 구성원의 평균 수행	집단 내에서의 상대적 위치	사전 준거와 비교한 개인의 수행
보너스 점수의 근거	각 학생들은 전체 학급이 획득한 점수의 10%를 획득함	학급에서 가장 우수한 학생만이 획득함	개인 과제를 토대로 획득함
피드백의 근거	집단의 수행	집단 및 학급 수행과 비교한 개인의 수행	개인의 수행
상호작용 양식	집단 구성원들은 구체적인 역할이 부여되고 매일 그 역할이 달라짐	모든 학생들이 독자적으로 학습함	상호작용이 허용되지 않음
평가지(work sheet) 작성 방법	개인별	개인별	개인별
최종 평가 방법	개인별	개인별	개인별
성취 결과	가장 우수	두 번째로 우수	가장 낮음

협동학습의 형태는 매우 다양하지만, 널리 알려진 모형은 성취과제분담학습 (STAD), 팀경쟁학습(TGT), 직소모형이다.

성취과제분담학습(Student Teams Achievement Division: STAD) 모형의 기본적인 아이디어는 학생들이 공동으로 학습하고 주어진 공동 목표를 달성함으로써 집 단보상을 받게 하는 것이다(Slavin, 1995). STAD 모형의 수업 절차는 교사의 수업 안내(1단계), 팀 내 협동학습(2단계), 개인별 평가(3단계), 개인별 향상점수 및 팀 점수 산출(4단계), 우수 팀 보상(5단계)으로 구성된다. STAD 모형은 집단 구성원 들의 역할이 분담되지 않은 공동학습 구조이면서 동시에 개인의 성취에 대해 개 별적으로 보상되는 개별보상 구조이다. 즉, 개인의 성취에 대해 팀 점수가 가산 되고 팀에게 주어지는 집단보상이 추가된 구조이다. 특히 개인별 학습향상도가 팀 점수에 영향을 미치기 때문에, 학습자들은 더 나은 결과를 얻기 위해 노력한 다. STAD는 계산이나 사회과 학습처럼 학습목표가 분명히 제시된 경우나 학습 문제에 명백한 답안이 존재하는 경우에 더 적합해 보이며, 개념적인 이해를 필 요로 하여 학습결과가 신속하게 나타날 수 없는 경우에는 적합하지 않을 것이다 (Schunk, 2016).

팀경쟁학습(Teams-Games-Tournaments: TGT) 모형은 토너먼트 게임을 사용 하기 때문에 학생들에게 가장 흥미를 불러일으키며 경쟁을 유도하는 모형이다 (Slavin, 1991). TGT 모형은 기본적인 지식의 습득과 이해력, 적응력의 신장에 초 점을 두고 있으며, 게임 형식을 학습에 적용한 교수모형이므로 학생들이 학습 활동에 흥미를 가지고 적극적으로 참여하게 할 수 있다. TGT 모형의 수업 절차 는 교사의 수업 안내(1단계), 팀 내 협동학습(2단계), 토너먼트 게임(3단계), 팀 점 수 산출(4단계), 우수 팀 보상(5단계)으로 구성된다. TGT 모형의 특징인 토너먼트 게임은 팀 구성원들이 학습지를 충분히 연습하고 난 후, 주로 마지막 수업 시간 에 시행한다. 토너먼트는 사전 성취도가 비슷한 수준의 학생들이 경쟁하기 때문 에 모든 학생들은 자신의 팀에 공헌할 기회를 동등하게 갖게 된다. 따라서 팀 구 성원들은 연습지를 공부하여 게임에 대비하고, 토너먼트 게임에서 승리할 수 있 도록 서로에게 문제를 설명해 준다. 또한 **범핑체제**(bumping system)를 사용하여, 토너먼트 테이블의 수준과 관계없이 각 테이블에서 우승자에게는 소속팀에 가 장 높은 점수를 주기 때문에 동기를 유발하는 데 유용하다. TGT 모형에서는 지

성취과제분담학습
교사가 제시한 자료를 팀별로 학습한 다음, 개별적으로 향상점수 와 팀 점수를 산출하 는 협동학습 모형

팀경쟁학습
교사가 제시한 자료 를 팀별로 학습한 다 음, 사전성취도가 유 사한 수준의 학생들 이 토너먼트 게임을 통해 획득한 점수로 팀 점수를 산출하는 협동학습 모형

범핑체제
게임성적에 따라 토 너먼트 테이블을 옮 겨 가는 방법으로 최 고 득점자는 높은 수 준의 테이블로 올라 가고, 중간 득점자는 원래 테이블에 머물 고, 최저 득점자는 낮 은 수준의 테이블로 내려감

루하기 쉬운 학습을 게임의 형식으로 진행하고 게임에서 승리하기 위해 구성원들끼리 준비하는 학습의 친밀감을 높여 주는 장점이 있지만, 게임에 상대적으로 많은 학습시간을 보내기 때문에 협동학습 시간이 줄어드는 단점이 있다.

직소모형(Jigsaw model)이란 각 집단의 구성원들이 모여 전문가 집단을 구성하여 특정 주제에 대해 학습한 다음, 자신의 집단으로 돌아가 나머지 구성원들에게 해당 주제를 가르쳐 지식을 획득하도록 방법이다. 직소모형은 원래 인종차별적 교육을 극복하기 위한 방법으로 Aronson(1978)에 의해 개발되었지만, 연구자들에 의해 모형이 정교화되어, 현재 직소 IV 모형까지 개발되었다. 직소모형 각각마다 독특한 특징이 있지만 일반적인 절차는 유사하다. Slavin(1995)이 제안한 직소 II의 수업 절차는 집단구성(1단계), 개인별 전문과제 부과(2단계), 전문과제별 모임 및 전문가 집단에서의 협동학습(3단계), 원소속 집단에서의 협동학습(4단계), 개별 평가(5단계), 개별점수, 향상점수, 집단점수 산출(6단계), 개별 보상 및 집단보상(7단계)로 구성된다.

직소모형은 학생들의 인지적 정교화와 언어 기술 개발과 다양한 관점에서 특정 주제를 이해하도록 하는 데 도움이 된다. 특히 학생들은 원소속 집단 구성원들에게 잘 전달하기 위해서 전문가 집단에서 상호 토론을 하는데, 이것은 비판적 사고와 문제해결 능력 향상에 도움이 된다. 이러한 직소모형의 특성을 만족시키기 위해서는 어느 정도의 독해능력 수준과 인지발달 수준을 필요로 하기 때문에 어린 아동들에게 부적절하며, 일반적으로 매우 특수한 상황을 제외하고 초등학교 4학년 이상 학습자들을 대상으로 하는 것이 바람직하다(Aronson & Patnoe, 1997).

교사가 직소모형을 수업에 적용할 때 다음과 같은 유의사항을 고려해야 한다(한국협동학습연구회, 2012). 첫째, 학습 내용은 분절이 가능한 병렬적인 내용이어야 한다. 인과적인 학습 내용을 과제를 분담하는 방법으로 학습하게 되면 수업이 실패한다. 학습 내용이 병렬적으로 구성되어 분절 가능할 때만 과제분담이 가능하다. 둘째, 학습 내용의 난이도를 적절하게 조절해야 한다. 만약 학습 내용의 난이도가 높으면 모둠에서 상대적으로 성적이 낮은 학생들은 학습 내용을 잘 이해할 수 없으므로 또래 가르치기를 제대로 하지 못할 수 있다. 셋째, 시간을 단축하기 위해서 공간의 여유가 있는 교실에서 실시하거나 간단한 변형공간을 활용하면 좋다. 넷째, 교사가 효과적으로 학생들을 통제할 수 있어야 한다. 직소모형으로 수업을 진행하다 보면 학생들이 자신이 이동해야 할 자리를 찾지 못하거나 토의시간을 잡담으로 보내는 경우가 있다. 이를 방지하기 위해 교사는 학생들에게 단계별 요령을 상세하게 설명하고 모둠 내 역할을 세분화해야 하며, 적절한 보상체제를 활용해야 한다. 다섯째, 교사가 학습활동을 관찰하고 적절하게 개입할 수 있어야 한다. 교사는 학생들이 제대로 학습하고 있는지 순회 지도를 하며 확인하고, 부족한 부분에 관해 보충설명을 하거나 심화 과제를 부여해야 한다.

4. 구성주의에 대한 평가

구성주의는 하나의 이론이라기보다는 다양한 접근이라는 사실에도 불구하고 오늘날 많은 교육영역에서 강력한 위치를 차지하고 있다. 그것은 상호작용 및 사용자 중심 컴퓨터 공학의 보급과 활용의 시점과 맞물리는 데 있는 것 같다 (Driscoll, 2000). 컴퓨터는 다른 매체에서 이루기 어려운 구성주의 전략을 실행하는 데 효과적인 수단을 제공한다. 그러나 다음 인용문에서 알 수 있듯이 구성주의는 종종 잘못 이해되고 잘못 해석된다(Eggen & Kauchak, 2016).

> 구성주의자들의 지식이론에 대한 일반적인 오해는 교사가 어떤 것도 학생들에게 직접적으로 말하지 않고, 대신에 항상 학생 스스로가 지식을 구성하도록 해야 한다는 것이다. 이런 관점은 교수법 이론(a theory of pedagogy)과 지식이론(a theory of knowledge)을 혼동하는 것이다(Bransford et al., 2000: 11).

구성주의라는 용어가 비록 흔하게 사용되지만 '구성주의 교사'와 '구성주의 교수'라는 개념은 존재하지 않는다. 구성주의는 Bransford 등(2000)의 주장처럼 학습이론이지 교수이론이 아니다. 즉, 구성주의는 수업에서 학생들의 마음을 이해하도록 돕는다는 점에서 유용하다. 또한 구성주의와 교수방법은 다른 주제다. 예를 들어, 안내된 발견은 교수의 구성주의적 접근으로 간혹 묘사된다. 적절히 수행되었을 때 이것은 효과적인 교수전략이지만, 부적절하게 수행되었을 때 이 것은 더 이상 효과적이지 않을 뿐더러 다른 기술보다 특별히 구성주의적이지도 않다(Eggen & Kauchak, 2016).

또 다른 예로 구성주의에서는 집단참여를 통한 지식의 구성을 강조하고 있지 만, 학교에서 이러한 방법을 적용했을 때 다음과 같은 문제점이 발생할 수 있다 (Gredler, 2005).

- 협동학습과 같이 사회적 상호작용을 통한 학습이 적절하지 않은 학습과제 가 존재한다는 것이다. 학생들에게 지식을 전달하지 않고서 수백 년 넘게 인 간정신에 의해 만들어진 복잡한 개념적 스키마의 지식을 아동이 개발할 수 있을지 의심스러우며, 잠재적 에너지 돌연변이 등과 같은 개념을 교사가 그 림을 보여 주거나 설명을 해 주지 않는다거나 혹은 다른 개념들과의 관계에 대해 설명하지 않고서는 학생들이 스스로 의미를 구성할 수 없을 것이다.
- 능력이 부족한 학습자나 다른 문화적 배경을 가진 학습자들에게 어려움이 있을 수 있다. 이들은 사회적 상호작용에 참여하기 위한 지식과 기술이 부 족하기 때문에 참여 구조는 그들에게 장벽이 될 수 있다. 또한 명시적 수업 이 아니라 암시적 수업으로 진행되고 실제적 과제를 사용하는 것은 학습에 어려움이 있는 학생들의 인지적 능력에 부담이 될 수 있다.
- 교사의 부담이 크다. Windschitl(2002)에 따르면 구성주의적 관점을 교실에 실행하고자 하는 교사들은 다음과 같은 네 가지의 딜레마에 빠진다. 첫째, 개념상의 딜레마로서 '구성주의를 어떻게 이해하고 이것을 다른 관점들과 어떻게 조화를 시켜야 할 것인가?' 둘째, 교수에 대한 딜레마로서 '스스로 생 각하려는 학생들의 시도를 존중하면서도 그들이 학습자료를 확실히 학습 하도록 어떻게 구성주의적 방식으로 가르칠 것인가?' 셋째, 문화적 딜레마 로서 '문화적으로 다양한 배경을 가진 학생들을 어떤 방법으로 공동체를 형 성할 것인가?' 넷째, 행정적 딜레마로서 '학부모의 성적에 대한 요구를 충족 시키면서 어떻게 학생들의 심층적 이해와 비판적 사고력을 촉진시킬 것인 가?' 구성주의적 관점에 따른 교육의 성패는 학생을 이해하는 기술, 대화 공 동체를 만드는 기술, 적절한 수업 방법의 활용 등과 같은 교사의 전문성에

달려 있기 때문에 교사의 역할이 더 중요하게 되었다.

　학습에 대한 구성주의적 관점이 학습에 대한 여타 관점보다 반드시 우수하다고 평가하는 것은 바람직하지 않다. 예를 들어, 개인주의적 구성주의의 극단적 관점인 급진적 구성주의(radical constructivism)에 따르면 세상에는 사실이나 진실이 없고, 단지 개인의 지각과 신념만이 있다. 즉, 한 개인의 어떠한 의견이라도 다른 사람의 의견보다 본질적으로 더 오류가 있거나 왜곡되어 있다고 보아서는 안 된다는 것이다(Derry, 1992). 이러한 관점은 정직이나 정의와 같이 특정한 가치를 강조해야 하는 교사들을 난처하게 만든다.

　또한 구성주의는 학습에 대한 완벽한 그림과 교수에 대한 함의를 제공해 주지 못한다. 예를 들어, 많은 연구자들은 기술이 자동화(automaticity)될 때까지 연습되어야 한다고 제안하는데, 이러한 연구는 구성주의보다 정보처리 과정에 의해 더 잘 설명되지만, 사실상 구성주의에 대한 논의에서 학습자들의 인지구조를 무시하는 경향이 있다. 정보처리이론에서 나온 주의, 인지, 작업기억, 초인지라는 개념을 무시하는 것은 학습의 이해를 위한 중요한 퍼즐의 한 부분을 버리는 것과 같다. 게다가 구성주의는 사회인지이론의 개념이자 교사들이 학습을 촉진시키기 위해 지니는 가장 강력한 도구들 중 하나인 모델링을 다루는 데도 실패했다. 사회인지이론을 무시하는 것은 학습의 불완전한 도면뿐 아니라 교사가 지닌 중요한 목록을 앗아 가는 것과 같다(Eggen & Kauchak, 2016).

　구성주의적 관점이 사실적 지식 습득보다는 창의성과 같은 고차적 사고력과 학습자의 자기주도성을 강조하는 현재의 시대적 요구에 적절한 측면도 있지만, 그렇다고 모든 교육환경이 구성주의적 패러다임에 따라 설계될 필요는 없다. 그것은 행동주의적 관점이나 인지주의적 관점에 따른 전략을 사용하는 것이 교수-학습에 소요되는 시간과 노력의 양을 줄일 수 있는 상황이 매우 많기 때문이다. 교사는 학습자가 학습과정에서 운전석에 앉아 있다고 해도 지도를 주면서 말과 마차가 어떻게 앞으로 움직일 수 있는지에 대해 제안할 수 있을 뿐만 아니라, 레모네이드를 만들기 위해 학습자에게 레몬, 설탕, 물을 제공하고 어떤 비율로 만드는 것이 맛있는 음료를 만들 수 있는지에 대한 지시도 할 수 있다(Ormrod, 2008).

　결론적으로, 학습에 대한 구성주의적 관점은 분명 객관주의에 기초한 교육환경에서 소위 학습자 중심 교육으로 패러다임을 전환하는 데 기여했다. 그러나 학습자 중심 교육은 구성주의적 교실에서만 가능한 것이 아니다. 따라서 교육의 본질적인 목적을 달성할 수 있는 환경 조성이 중요한데, 구성주의적 관점은 이러한 교육환경 조성에 어느 정도 도움이 될 것이다.

토론과제 >>>

1. 현대 시대에서 학습에 대한 구성주의적 접근이 필요한 이유에 대해 토론해 보자.

2. 학습자의 지식 구성 과정에서 사회문화적, 교수적 요인이 어떠한 영향을 미치는지에 대해 논의해 보자.

3. 어떤 종류의 학습이 상황학습하에서 가장 효과적인지에 대해 논의해 보자.

4. 문제중심학습(PBL)의 인지적, 정의적 효과에 대해 토론해 보자.

5. 협동학습의 장점과 단점에 대해 토론해 보자.

제 **14** 장

학습동기

최병연
◇◇◇◇◇

학교 학습상황에서 우리는 다양한 유형의 학생들을 만난다. 어떤 학생은 학습활동에 적극적으로 참여하는가 하면 어떤 학생은 학습을 하지 않으려고 하거나 마지못해 한다. 또한 자신의 능력보다 수준이 높은 과제를 선택하여 수행하기를 좋아하는 학생들이 있는가 하면 쉬운 과제를 해결하기 좋아하는 학생도 있다. 이처럼 학습상황에서 관찰할 수 있는 학생들의 다양한 행동은 '학습동기'와 관계가 있다. 학습동기는 학업적 활동에 의미와 가치를 부여하고, 그것을 통하여 의도한 학업적 이득을 얻으려고 노력하는 경향성이며, 학습동기를 유발시킨 힘이 개인의 내부에 있느냐 외부에 있느냐에 따라 외재적 동기와 내재적 동기로 구분할 수 있다. 학습동기 이론은 심리학의 관점에 따라 다양하지만, 이 장에서는 욕구위계이론, 자기결정성이론, 기대–가치이론, 귀인이론, 목표지향성이론에 대해 살펴보겠다.

학습목표

1. 학습동기에 문제가 있는 학습자의 특성을 이해할 수 있다.
2. 내재적 동기와 외재적 동기간의 관계를 이해할 수 있다.
3. 학습자의 욕구와 신념이 학습동기에 미치는 영향을 설명할 수 있다.
4. 학습동기 이론들 간의 유사점과 차이점을 파악할 수 있다.
5. 효과적인 학습동기 유발 전략을 창안할 수 있다.

1. 학습동기의 의미와 종류

동기를 의미하는 영어 'motive'의 어원은 '움직이다'라는 뜻을 가진 라틴어의 'movere'이다. 일반적으로 동기는 어떤 행동을 유발시키고, 행동의 방향을 결정하며, 그 행동을 유지하도록 한다. 즉, 동기란 행동의 발생, 방향, 강도, 지속성과 관련이 있다. 학습상황에서 학생의 동기와 가장 직접적으로 관련된 개념이 학습동기(motivation to learn)이다. Brophy(1998)는 학습동기를 '학업적 활동에 의미와 가치를 부여하고, 그것을 통하여 의도한 학업적 이득을 얻으려고 노력하는 경향성'으로 정의한다. 그는 또한 학습동기를 하나의 스키마라 간주하였는데, 이 스키마는 학습목표와 학습전략을 세워 학습활동에 전념하도록 하는 통찰, 학습방법, 가치관, 기타 심리적 성향이다. 동기가 학습자의 행동에 미치는 영향을 정리해 보면 다음과 같다(Ormrod, Anderman, & Anderman, 2017).

> **학습동기**
> 학습활동을 의미 있고 가치 있는 것으로 인식하고 학습을 통하여 의도한 목표를 달성하려고 노력하는 경향성

- 동기는 특정한 목표를 향해 나아가도록 한다.
- 동기는 목표를 달성하는 데 필요한 노력과 에너지의 양을 증가시킨다.
- 동기는 특정한 활동을 계속해서 시작하고 지속하도록 하는데, 방해와 좌절이 있는 상황에서도 그 활동을 계속하도록 한다.
- 동기는 주의집중, 생각의 양, 정교화 정도 등과 같이 인지적 처리에 영향을 미친다.
- 동기는 어떤 결과가 강화를 받고 처벌을 받을지를 결정한다.

동기는 동기를 유발시킨 원인 혹은 힘이 개인의 내부에 있느냐 외부에 있느냐에 따라 외재적 동기(extrinsic motivation)와 내재적 동기(intrinsic motivation)로 구분할 수 있다. 외재적 동기는 특정한 행동을 하는 목적이 환경적인 유인가와 결과(예: 보상, 처벌 회피)로부터 발생한다. 내재적 동기는 과제 자체에 대한 흥미나 과제수행에 수반되는 즐거움이나 만족을 얻기 위해 행동을 하려는 동기이다. 내재적 동기 수준이 매우 높은 사람들은 과제를 수행하는 데 너무 몰두하게 되어서 시간의 흐름이나 수행 중인 과제와 무관한 다른 과제를 완전히 무시

> **외재적 동기**
> 외적 보상이나 처벌 회피와 같이 외적 결과를 충족시키기 위해 특정한 행동을 하려는 동기

> **내재적 동기**
> 과제 자체에 대한 흥미 또는 과제 수행에 수반되는 즐거움이나 만족을 얻기 위해 행동을 하려는 동기

하게 되고, 심지어 자신에 대한 생각까지도 잊어버리는 몰입(flow) 현상을 보인
다(Csikszentmihalyi, 1996). 학습상황에서 내재적으로 동기화된 학생들은 다음과
같은 행동특성을 나타낸다(Stipek, 1998).

- 학습활동을 자발적으로 시작한다.
- 도전감 있는 과제를 선호하거나 과제의 도전적인 측면을 추구한다.
- 학교학습을 학교 밖의 활동이나 흥미와 자발적으로 관련시킨다.
- 현재 수행하고 있는 과제와 관련된 질문을 해서 지식의 폭을 확장시킨다.
- 반드시 이수해야 할 과제는 물론 다른 영역에도 관심을 갖는다.
- 자신이 아직 완성하지 못한 과제를 중간에 그만두려고 하지 않는다.
- 외재적 보상(예: 성적, 교사의 점검)과는 상관없이 과제를 수행한다.
- 과제를 수행할 때 미소를 지으며 즐기는 것처럼 보인다.
- 자신의 성취 결과에 자부심을 표현한다.

일반적으로 초등학교 저학년 학생들은 학교에서 새로운 것을 학습하기를 무
척 좋아한다. 그러나 초등학교 3학년에서 중학교 3학년 사이에 학생들의 학교
교과목에 대한 내재적 동기는 하락한다(Lepper, Corpus, & Iyengar, 2005). 학습상
황에서 외재적 동기가 항상 나쁜 것만은 아니다. 어떤 학생은 오직 대학 입시에
서 좋은 성적을 얻기 위해 수학 공부를 한다. 또한 어떤 학생은 외재적 요인과 내
재적 요인이 동시에 작용하여 동기가 유발된다. 즉, 어떤 학생은 수학 공부 자체
가 재미있어서 과제를 수행하지만, 성적이 좋으면 자신이 원하는 대학에 들어갈
수 있기 때문에 수학 공부를 열심히 한다.

그러나 학교에서 교사는 학생들이 내재적 동기를 지속시킬 수 있도록 도와주
어야 한다. 학교교육을 통하여 학습에 대한 즐거움을 경험하고, 특정한 과제나
활동에 흥미를 갖게 된다면, 학생들은 학교교육 이후에도 계속해서 학습에 대해
가치를 부여할 것이다. 즉 학생들의 내재적 동기를 자극하고 유지시킬 수 있는
교수방법은 학생들이 평생학습자로 성장하는 데 도움을 줄 것이다.

한편, 학습상황에서 교사들은 외적 보상을 통해 학생들의 학습동기를 유발시
키려고 한다. 이러한 교수행위는 특정한 과제를 수행하려고 하지 않는 학생들의

과제 참여에 도움이 될 것이다. 그러나 교사가 보상을 제공하기 이전에 특정 과제에 내재적으로 동기화되어 있는 학생들이 있을 수 있다. 이처럼 내재적으로 동기화된 학생들에게 교사가 제공하는 외적 보상은 이들의 내재적 동기를 증가시킬 것인가 아니면 감소시킬 것인가?

　Lepper, Greene와 Nisbett(1973)은 유치원 아동들을 대상으로 외적 보상이 내재적 동기에 어떤 영향을 미치는지를 실험하였다. 연구자들은 아동들에게 매직펜으로 그림 그리는 과제를 제시하였다. 연구자들은 첫 번째 집단에게는 예쁜 그림을 그려 주면 상장을 주겠다고 약속했고, 그림을 그린 아동들에게 상장을 주었다(보상 기대 집단). 두 번째 집단에게는 그림을 그리기 전에는 상에 대한 언급을 전혀 하지 않았다가 그림을 그리고 난 후에 아동들에게 상장을 주었다(보상 무기대 집단). 그리고 세 번째 집단은 상장에 대해 언급도 않고 주지도 않았다(통제집단).

　연구자들은 일주일 후에 유치원을 다시 방문하여 아동들에게 동일한 과제를 제시하고, 아동들이 매직펜을 가지고 노는 시간을 일방 거울을 통해 측정하였다. 그 결과 보상기대 집단의 아동들은 그러한 보상이 제공되지 않았던 아동들에 비해 매직펜을 가지고 노는 시간이 적었다.

　이들의 연구결과는 보상이 주어지면 행동의 발생 빈도가 증가한다는 강화이론과 일치하지 않는다. 연구자들은 이 결과를 과정당화 가설(overjustification

⟳정당화 가설
내재적 흥미 때문에 시작한 행동이 외적 결과와 연결이 되면 그 행동에 대한 본래의 흥미가 떨어지는 현상

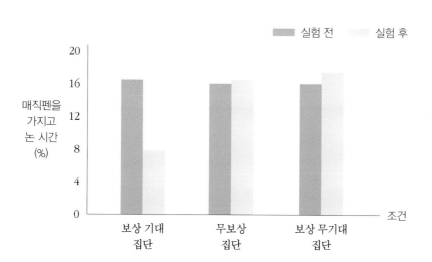

[그림 14-1] 교실에서 매직펜을 가지고 보낸 시간의 백분율(내재적 흥미)

hypothesis)을 통해 설명했다. 과정당화 가설은 귀인이론의 기본 전제에 기초하여 사람들은 자신의 행동과 행동이 일어난 상황을 돌이켜 보고, 인지적으로 판단하려 한다고 가정한다(김아영, 2010). 처음에는 내재적 흥미 때문에 시작한 행동일지라도, 그 행동이 외적 보상이나 위협, 뇌물 등과 같은 외적 요인과 연결되면, 사람들은 그러한 행동을 하게 된 이유를 자신의 내부가 아니라 외부에 있는 것으로 지각하게 된다.

아동들은 매직펜으로 그림 그리는 활동 자체를 좋아한다. 그러나 상장이 제공된다고 하자 보상 기대 집단의 아동들은 다른 집단의 아동들보다 질적으로 떨어진 그림을 그렸고, 단순히 그림 개수만 채웠다. 뿐만 아니라 두 번째 실험에서 매직펜을 가지고 노는 빈도도 낮은 것으로 나타났다. 아동들은 자신들의 활동을 보상과 연결지은 이후에는 상장을 받기 위해 그림을 그렸을 뿐, 매직펜으로 그림 그리는 활동을 좋아하지 않았다고 생각하게 된 것이다. 이처럼 외적 보상은 아동들의 내재적 동기를 감소시킬 수 있다.

이와 유사하게 Deci, Koestner와 Ryan(1999, 2001)은 모든 형태의 보상은 일반적으로 내재적 동기를 감소시킨다는 결론을 내렸다. 다만 언어적 보상은 내재적 동기를 유발시킬 수도 있지만 통제적인 형태로 제공된다면 언어적 보상 역시 내재적 동기를 감소시킨다고 주장하였다. 반면 Cameron(2001)은 보상은 내재적 동기에 긍정적인 영향과 부정적인 영향을 미칠 수 있고, 전혀 영향을 미치지 않을 수도 있다고 주장하면서 보상을 적절하게 사용한다면 학생의 동기와 수행을 향상시킬 수 있다고 한다.

내재적 동기와 외재적 보상과 관련된 이러한 논의를 종합해 볼 때 보상의 효과는 보상을 제공하는 방법과 학습자들이 그것을 어떻게 지각하느냐에 달려 있다고 할 수 있다(Stipek, 1998). 외적 보상은 내재적 흥미가 없는 학습자의 학습동기 유발에 중요한 역할을 한다. 그러나 외적 보상의 실제적 효과는 보상에 대한 학습자의 지각에 달려 있다. 학습자가 자신에게 제공되는 외적 보상이 자신의 우수한 혹은 향상된 능력을 확증해 주는 것으로 지각한다면 외적 보상은 학습자의 동기에 긍정적인 영향을 미칠 것이다. 반면에 외적 보상을 자신의 행동을 통제하기 위해 제공되는 것으로 지각한다면 외적 보상은 오히려 학습동기에 부정적인 영향을 미칠 것이다. 더욱이 내적으로 흥미 있는 활동을 하고 있는 학습자들에게 제공되는 외적 보상은 그들의 내재적 동기를 감소시킬 수 있다는 점에 주의해야 한다.

2. 학습동기이론

학교 학습상황과 주로 관련된 동기 이론은 크게 행동주의, 인본주의, 사회인지주의, 인지주의적 접근에 따라 나눌 수 있다. 먼저 행동주의에서는 '동기'를 인간의 특성으로 인정하지 않는다. 학생들이 특정한 과제에 주의를 집중하거나 과제를 수행하는 것과 같이 동기화된 행동은 학생들의 신념이나 기대, 혹은 지적 호기심과 같은 내적 요인이 아니라, 이전에 경험한 강화의 결과(예: 교사의 칭찬, 벌) 때문에 그러한 행동을 보인다고 한다. 따라서 행동주의는 바람직한 행동을 유발시키고 그렇지 못한 행동을 제거시키는 보상이나 벌의 방법과 같은 외적 요인에 관심을 갖는다. 자세한 것은 제9장 학습에 대한 행동주의적 접근을 참고하기 바란다.

사회인지이론에 따르면 인간의 수행은 개인적 요인, 행동적 요인, 환경적 요인간의 상보적 상호작용에 의해 발생한다. 인간은 환경에 의해 일방적으로 조형되는 반응적 존재가 아니라 능동적으로 환경을 조작하고 자기를 스스로 조절할 수 있는 존재이다. 인간은 특정한 목적을 달성하기 위해 능동적으로 동기화되는데, Bandura를 비롯한 사회인지이론가들은 자기에 대한 신념, 즉 자기효능감이 동기화에 가장 큰 영향을 미친다고 주장한다. 자기효능감은 특정한 과제를 성공적으로 수행하기 위한 자신의 능력에 대한 판단이다. 따라서 인간은 자신의 행동에 의해 의도한 결과를 만들어 낼 수 없다고 판단한다면 과제 수행에 필요한 행동을 하려고 하지 않을 것이다. 이처럼 사회인지이론에서 자기효능감은 동기화된 행동의 토대가 된다. 자기효능감에 대한 추가적인 설명은 제10장 학습에 대한 사회인지적 접근을 참고하기 바란다.

다음에서는 동기에 대한 인본주의적 접근으로 욕구위계이론과 자기결정성이론, 사회인지적 접근에 따른 기대-가치이론, 인지주의적 접근에 따른 귀인이론과 성취목표이론에 대해 살펴보겠다.

1) 욕구위계이론

Abraham H. Maslow

Maslow가 제안한 욕구위계이론은 인본주의 심리학을 대표하는 이론이다. Maslow(1970)는 인간의 행동을 활성화시키고 지시하는 것으로서 [그림 14-2]에서 볼 수 있듯이 인간의 다섯 가지 욕구, 즉 생리적 욕구, 안전의 욕구, 소속과 사랑의 욕구, 존중의 욕구, 자아실현의 욕구를 제안하였다.

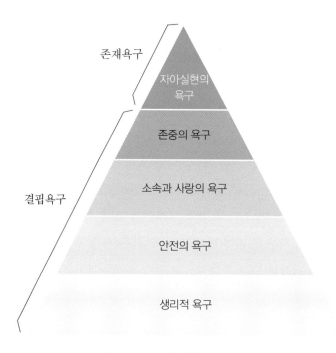

[그림 14-2] 욕구위계이론의 도식

① 생리적 욕구(physiological needs)

배고픔, 갈증, 수면과 같은 생리적 욕구는 인간의 욕구 중에서 가장 기본적이고 강력한 욕구이기 때문에 이러한 욕구가 충족되지 않으면 다른 어떤 욕구도 발생하지 않는다. 생리적 욕구가 해결되면 그것은 더 이상 행동을 지시하거나 통제하지 못한다.

② 안전의 욕구(safety needs)

안전의 욕구는 안전과 안정, 보호, 질서, 법, 한계에 대한 욕구이다. 어린아이들은 낯선 사람이나 익숙하지 않은 환경에 접근하려고 하지 않는다. 또한 이들은 두려움을 주는 자극에 즉각적인 반응을 나타내며, 무엇이든지 할 수 있는 자유방임적인 환경보다는 한계가 분명한 환경, 즉 예상할 수 있는 환경에서 더 안전을 느낀다.

③ 소속과 사랑의 욕구(belongness & love needs)

생리적 욕구와 안전의 욕구가 합리적으로 좋게 만족되면 소속과 사랑의 욕구를 발전시킨다. 소속과 사랑의 욕구는 타인과 친밀한 관계를 맺고 사랑을 하고 사랑을 받고 싶어 하는 욕구이다. 이러한 욕구들은 친구나 연인, 동료들과의 친밀한 관계나 특정한 단체 안에서 형성된 사회적 관계를 통해 표현된다.

④ 존중의 욕구(esteem needs)

존중의 욕구는 자기존중의 형태와 타인으로부터 존경받고 싶은 욕구의 형태로 나타난다. 존중의 욕구가 강해지면 스스로 유능해지려고 노력하며 다른 사람들로부터 존경을 받기 위해 명성이나 지위를 추구한다. 존중의 욕구가 충족되면 자신감이나 유능감을 경험하게 되지만 충족되지 못하면 열등감과 무력감을 느끼고 자신의 능력을 확신하지 못하게 된다.

⑤ 자아실현의 욕구(self-actualization needs)

자아실현의 욕구는 자기가 되고 싶어 하는 존재가 되고자 하는 욕구로서 자신의 잠재력과 능력을 최대한으로 실현하는 것을 의미한다. 자아실현의 욕구에는 알고 싶고 이해하고 싶은 지적욕구(cognitive needs)와 아름다움, 질서, 조화, 완성 등을 추구하는 심미적 욕구(aesthetic needs)가 포함된다.

Maslow(1970)는 생리적 욕구, 안전의 욕구, 소속과 사랑의 욕구, 존중의 욕구를 결핍(deficiency) 욕구라고 하였으며, 자아실현의 욕구를 성장(growth) 또는 존재(being) 욕구라고 하였다. 예를 들어, 굶주린 상태에 있거나 안전이 위협받는 상황에 처했을 경우, 그것을 충족시키기 위해 긴급하게 행동을 하지만 그러한 욕구가 만족되면 심리적인 균형 상태에 들어간다. 이처럼 **결핍욕구**는 일단 충족되면 그것을 충족시키려는 긴장은 감소하게 된다. 그러나 **존재욕구**는 충족되면 될수록 욕구는 더욱더 강해진다. 예를 들어, 우리는 흔히 "알면 알수록 모르는 것이 더 많다."고 한다. 이것은 무엇인가 알고 싶어 하는 욕구가 생겨나면 그것을 충족시키고자 하는 욕구가 계속 증가한다는 것을 암시한다.

　욕구위계이론은 신체적, 정서적, 지적 욕구들이 모두 서로 연결되어 있는 전체로서의 학생을 보는 하나의 방법을 제시한다(Woolfolk, 2016). 따라서 교사는 학생의 욕구 상태를 끊임없이 점검해야 한다. 예를 들어, 교사는 학생들 중에서 가장의 실직으로 인하여 굶주리고 있는 학생은 없는지, 집단 따돌림이나 학교폭력으로 인해 학교에서 신체적으로나 심리적으로 위협을 당하고 있는 학생들은 없는지 등을 파악해야 한다. 만일 굶주리고 있는 학생이 있다면 당국의 도움을 받도록 해야 할 것이며, 학교에서 신체적, 심리적 위협을 받고 있는 학생이 있다면 집단상담과 같은 공동체 의식을 함양해 줄 수 있는 프로그램을 통하여 위협적인 요소들을 먼저 제거해 주어야 할 것이다.

2) 자기결정성이론

　Edward Deci와 Richard Ryan에 의해 1980년대 중반부터 빠른 속도로 발전하고 있는 **자기결정성이론**(self-determination theory)은 인본주의에 기반을 둔 내재적 동기 이론이다. 자기결정성이론에 따르면 인간에게는 자율성(자신의 행동에 대한 자발적 통제), 유능감(자기효능감), 그리고 관계유지(친애욕구, 소속감)와 같은 세 가지 기본심리욕구가 있는데, 이러한 욕구 충족이 내재적 동기를 촉진시킨다. 또한 이 이론은 인간의 행동을 자율성의 정도에 따라 순전히 타율적인 행동(외재적으로 동기화된 행동)에서 완전히 자기결정된 행동(내재적으로 동기화된 행동)에 이르는 일련의 연속체 선상에서 개념화하고 있다. 즉, 외재적 동기와 내재적 동기라는 이분법적인 구분에서 벗어나 '자기'결정의 정도에 따라 동기를 설명한다.

　자기결정성이론에서는 처음에는 외적인 이유 때문에 시작한 행동이 개인에

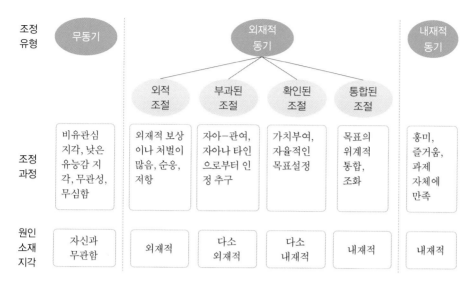

[그림 14-3] 자기결정성에 따른 동기유형

게 점차 내면화(internalization)되어 자율적인 행동, 즉 자기결정된 행동으로 바뀌게 되는 과정을 설명해 주고 있다. 여기에서 내면화는 인간의 사회화 과정에서 볼 수 있듯이 처음에는 부모나 성인과 같은 타인으로부터 획득된 신념, 태도, 행동 등이 개인의 가치나 행동 유형으로 점차 변형되는 과정을 의미한다. [그림 13-3]은 인간의 동기유형을 자기결정의 정도에 따라 배열한 것이다(Ryan & Deci, 2000).

- **무동기**(amotivation): 행동할 의도가 결핍된 상태로 행동을 하지 않거나 의도 없이 행동을 한다. "공부는 왜 하는지 모르겠다."와 같은 진술에서 볼 수 있듯이, 무동기 상태에 있는 학습자들은 과제수행에 가치를 두지 않으며 자신이 그 과제를 성공적으로 수행할 수 있을 것이라고 기대하지도 않는다. 무동기는 학습된 무기력 상태에 있는 학습자들에게서 볼 수 있는 특성이기도 하다.

- **외적 조절**(external regulation): 외적 보상이나 압력, 혹은 제약에 순응하기 위해 행동을 한다. 이러한 행동에는 자기결정이 전혀 포함되어 있지 않은 타율적 행동이다. 외적 조절에 의해 동기화된 학습자는 부모나 교사가 제공하는 외적 보상을 얻거나 벌을 피하기 위하여 과제를 수행한다.

외적 조절
외적 결과에 의해 동기화된 것으로 자기결정이 전혀 포함되어 있지 않은 타율적 행동

부과된 조절

자신이나 타인의 인정을 추구하며 죄책감이나 비난을 피하기 위해 동기화된 행동

확인된 조절

개인적 중요성이나 자신이 설정한 목표를 추구하기 위해 동기화된 행동

통합된 조절

특정 행동이 갖는 바람직한 측면을 받아들여 자신의 가치체계에 통합하여 발현된 행동

- 부과된 조절(introjected regulation): 자신이나 타인의 인정을 추구하며 죄책감이나 불안 혹은 자기비난을 피하기 위하여 행동을 한다. 부과된 조절에 의해 동기화된 학습자는 교사가 자신을 좋은 학생으로 생각하기를 원하기 때문이라든지, 과제를 하지 않는 것을 스스로 용납하지 못하기 때문이라든지, 하지 않으면 수치스럽기 때문이라든지 등의 이유로 과제를 수행한다.

- 확인된 조절(identified regulation): 이전에는 외적으로 조절되었던 가치나 목표를 자신의 것으로 수용하고 선택해서 행동을 하게 된다. 확인된 조절에 의해 동기화된 학습자는 그 과목에 대해 이해하기를 원해서, 대학 진학에 중요하다고 생각하기 때문에, 새로운 것을 배우기를 원해서와 같이 개인적 중요성이나 자신이 설정한 목표를 추구하기 위해 과제를 수행한다.

- 통합된 조절(integrated regulation): "공부하는 것이 나에게 가치 있는 일이라고 믿기 때문에 공부한다."와 "사회에 필요한 사람이 되고 싶어서 공부한다."와 같은 진술에서 볼 수 있듯이, 통합된 조절은 해당 과제의 중요성을 넘어 개인의 가치체계나 자기도식, 정체성에 부합되는 상태를 의미한다. 통합은 자기조절이 매우 성숙된 단계이기 때문에 자기반성적 사고가 가능한 청소년기 이후에나 획득할 가능성이 있다. 통합된 동기에 따른 행동은 내재적 동기와 공통점이 많지만 특정한 과제수행 자체에 내재해 있는 즐거움보다는 그 밖의 다른 결과를 얻기 위해 행동하기 때문에 여전히 외적 동기에 의한 행동으로 간주한다.

- 내재적 동기(intrinsic motivation): 자신의 내·외적 세계를 탐구하고 숙달하기 위한 선천적 성향이다. 내재적으로 동기화된 학습자는 학습활동에 참여하는 과정에서 갖게 되는 만족이나 즐거움, 재미 등을 얻기 위해 과제를 수행한다. 따라서 이들은 도전감을 주는 과제를 선호하고 호기심 때문에 과제를 수행하기도 하고 과제수행의 결과를 자신의 내부적 기준에 의해 판단하는 경향이 있다.

교수–학습 맥락에서는 내재적 동기와 외재적 동기 모두 중요한 기능을 한다. 특히 초등학교 고학년부터 학습이 점차 어려워져 감에 따라 많은 학습자들은 과제수행 자체에 대한 흥미를 잃게 된다. 이러한 상황에서 학습자들의 학습동기를

유발시킬 수 있는 한 가지 방법은 학습자들의 내재적 동기를 감소시키지 않으면서도 외적 보상이나 압력을 적절히 사용하여 특정한 가치나 행동을 학습자가 내면화하도록 유도하는 것이다.

　자기결정성이론의 핵심은 학습자의 내재적 동기를 유발시키고 외적으로 동기화된 행동을 내면화시켜 통합된 조정에 이르도록 돕기 위해서 인간의 세 가지 기본심리욕구인 자율성, 유능감, 그리고 관계유지의 욕구를 자극하고 충족시켜 줄 수 있는 환경의 구성에 있다고 할 수 있는데, 그 방법은 다음과 같다(최병연, 2002).

- 학습자의 자율성은 학습에 대한 선택권을 제공함으로써 신장시킬 수 있다. 내재적으로 동기화된 사람은 자신이 해야 할 일을 선택할 뿐만 아니라 그 일을 어떻게 할 것인가도 선택한다. 이러한 사실은 학생들에게 학습에 대한 선택의 기회를 제공해서 자신을 자율적 행위자로 지각하도록 했을 때 내재적 동기를 향상시킬 수 있다는 것을 보여 준다. 따라서 학습자의 자율성 욕구를 충족시키기 위해서는 학습자들에게 학습에 대한 선택권, 즉 스스로 학습을 통제할 수 있는 권리를 가능한 한 많이 제공하는 것이다.
- 학습자의 유능감은 도전감을 줄 수 있는 과제를 제시함으로써 향상시킬 수 있다. 유능감은 현재 수행하는 활동과 능력 간의 관계에 대한 지각에서 유발된다. 사람들은 자신의 능력에 비해 너무 쉬운 과제를 수행할 경우에는 따분해하거나 과제에 흥미를 느끼지 못하고 과제가 너무 어려우면 좌절해 버리거나 불안을 느낀다. 따라서 학습자의 유능감 욕구를 충족시키고 학습동기를 유발시키기 위해서는 학생들의 현재 인지적 수준과 약간의 불일치를 조장할 수 있는 도전감 있는 과제를 제공해야 할 것이다.
- 학습자의 관계유지 욕구는 교사와 학생 간의 긴밀한 유대관계를 형성함으로써 충족시켜 줄 수 있다. 다른 사람들과 친밀한 관계를 유지하고 싶고 자신의 가치를 인정받고 싶어 하는 관계유지 욕구는 교육에서 사회적 관계의 중요성을 암시해 준다. Brophy(1998)에 따르면 관계유지 욕구는 경쟁과 적대적 풍토에서가 아니라 협동적인 학습풍토 내에서 충족될 수 있다. 즉, 협동적 학습활동은 학습자들이 지식의 사회적 구성에 참여하도록 해 주기 때

문에 학습에 도움이 되는 것은 물론 학습자의 관계유지 욕구를 직접적으로 충족시켜 주기 때문에 동기유발에도 도움이 된다.

교사는 학생의 기본심리욕구를 충족시키는 가장 중요한 사회적 환경 중 하나이다(김아영, 김성일, 봉미미, 조윤정, 2022). 기본적인 심리욕구가 충족되지 않은 교사가 학생의 심리적 욕구를 충족시켜 줄 것으로 기대하기는 어려울 것이다. 따라서 학생의 심리적 욕구 충족을 지원해 주기 위해서는 우선적으로 교사의 심리적 욕구가 만족되어야 하고 최소한 교사의 심리적 요구가 좌절되지 않도록 지원하는 것이 중요하다.

3) 사회인지적 기대-가치 이론

기대

과제를 성공적으로 수행하는데 필요한 자신의 능력에 대한 판단과 신념

가치

특정 활동이 개인에게 직간접적으로 제공하는 이익의 정도에 대한 신념

습득가치

개인적으로 중요하다고 평가되기 때문에 가치가 부여되는 활동

인간은 특정 활동을 성공적으로 수행할 수 있다는 기대와 그러한 일을 할 만한 가치가 있다고 판단되는 활동을 선택하고 수행한다. 이에 일부 학자들은 **기대**(expectancy)와 **가치**(value)가 성취 행동에 영향을 미치는 핵심적인 요인이라고 주장한다(Eccles & Wigfield, 2002; Wigfield & Eccles, 2000). 기대-가치이론은 어떤 과제를 시도한다면 성공할 것이라는 개인의 믿음(성공에 대한 기대)과 개인이 과제에 부과하는 가치의 정도가 행동에 강력한 영향을 미친다고 가정한다.

성공에 대한 기대는 당면한 과제를 성취할 수 있다는 미래 지향적인 개인의 확신이다. 과제를 성공적으로 수행할 수 있을 것이라는 믿음이 없다면 과제를 시작하지 않을 것이다. 이러한 신념은 과제 일반적일 수도 있고 과제 구체적일 수도 있다. 그러나 기대-가치이론에 따르면 동기는 성공에 대한 확신 그 이상을 필요로 한다. 즉, 과제를 수행함으로써 수반되는 즉각적 혹은 미래의 개인적 이득이나 가치가 기대되어야 한다.

성취와 관련된 가치는 습득가치, 내재적 가치, 효용가치, 비용과 관련이 있다(Eccles & Wigfield, 2002; Wigfield & Eccles, 2000).

첫째, **습득가치**(attainment value)는 특정 활동에 대한 주관적 중요성을 의미하며, 습득가치는 특정 활동이 개인의 요구를 어떻게 실현시켜 주느냐에 따라 결정된다. 습득가치는 특정 활동에 대한 개인의 자기도식과 관련이 있기 때문에, 이

것은 개인에게 내면화된 가치이기도 하다. 어떤 과제가 개인의 가치체계나 정체성과 부합될 때 그 과제를 잘 수행하는 것이 개인의 습득가치를 실현하는 데 도움이 된다. 따라서 친구들과 좋은 관계를 유지하는 것을 중요시하는 학생은 교우 간에 협력할 기회를 부여하는 활동이나 과제의 습득가치를 높게 인식할 것이다.

둘째, 내재적 가치(intrinsic value)는 어떤 과제를 수행함으로써 얻을 수 있는 즐거움을 의미한다. 공부하는 것 자체가 흥미롭거나 즐거운 학생에게 공부와 관련된 과제의 내재적 가치는 높을 것이다. 내재적 가치가 있는 과제를 수행하는 것은 과제 그 자체가 제공하는 즐거움이나 흥미 때문에 내재적 동기 개념과 유사하다.

셋째, 효용가치(utility value)는 어떤 과제를 배우거나 숙달하는 것이 실용적이거나 미래 목표와 관련이 있는가에 따라 결정된다. 과제 자체는 흥미가 없지만 부모에게 즐거움을 주거나 상급 학교에 진학하기 위해 과제를 수행하는 것처럼 효용가치는 어떤 목표를 달성하는 수단으로서 유용성을 의미한다.

마지막, 비용가치(cost value)는 특정 과제를 선택함으로써 다른 과제를 할 수 없게 됨에 따라 발생하는 기회 상실이나 실패에 대한 두려움 등과 같이 특정 활동을 수행함으로써 수반되는 부정적인 측면이다. 예를 들어, 내재적 가치와 습득 가치가 유사한 두 개의 과목 중 한 개를 선택해야 하다면, 비용이 적게 들어가는 과목을 선택할 것이다.

특정한 과제에 대한 가치는 이러한 네 가지 가치의 상호작용에 의해 결정된다. 그러나 가치는 개인의 주관적 신념과 관련이 있기 때문에 동일한 과제를 수행한다고 해도 개인이 지각하는 가치에 따라 과제 수행 정도나 노력의 양과 같은 성취 관련 행동에 개인차가 발생한다.

[그림 14-4]에 따르면 과제를 선택하고 실제로 수행하는 성취 행동은 과제 가치와 성공에 대한 기대로부터 직접적인 영향을 받으며, 기대와 과제 가치는 유능성 지각, 과제의 난이도에 대한 지각, 그리고 개인의 목표와 자기도식과 같은 과제 구체적인 신념에 영향을 받는다. 이러한 사회인지적 변인은 다시 자신에 대한 다른 사람의 태도와 기대에 대한 개인의 지각, 정서적 기억, 과거의 성취 경험에 대한 자신의 해석 등에 의해 영향을 받는다. 개인의 과제에 대한 지각과 과거 성과에 대한 해석은 사회화 주체(예: 부모, 교사)의 행동과 신념, 문화적 환경,

내재적 가치
즐거움이나 기쁨을 주기 때문에 가치가 부여되는 활동

효용가치
미래 목표를 달성하는 수단이기 때문에 가치가 부여되는 활동

비용가치
특정 활동을 선택함으로써 발생하는 기회 상실이나 심리적 부담

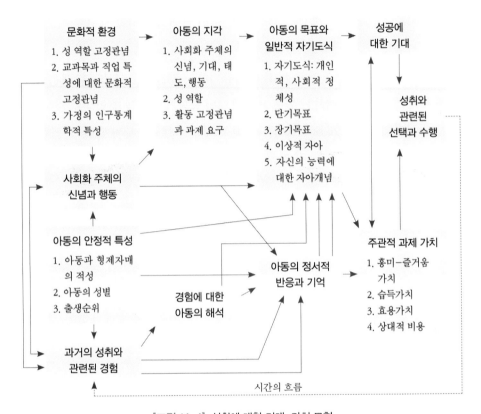

[그림 14-4] 성취에 대한 기대-가치 모형

독특한 역사적 사건 등에 의해서 영향을 받는다. 이처럼 Eccles 등의 기대-가치 이론은 학생들의 동기적 신념이 단순히 과거 성취 경험에 대한 인지적 해석과 정서적 기억을 넘어 학생들이 처한 사회문화적 맥락이나 사회화 주체들과도 직, 간접적으로 관련이 되어 있다는 것을 보여 준다.

학생들은 가치가 있고 성공할 수 있을 것이라는 기대되는 활동을 선택하고 또 참여한다. 성공에 대한 기대는 있지만 가치가 없다고 생각되는 과제나 가치는 있지만 성공할 가망이 없는 과제는 수행하려고 하지 않을 것이다. 경험적 연구 역시 이를 지지하는데, 성공에 대한 기대와 과제 가치 모두 학습 주제 선택, 학습 참여도 및 지속성, 성취도 등을 포함하여 학습 성과와 관련이 있다(Cook & Artino, 2016). 과제 가치는 학생의 과제 선택과 가장 밀접한 관련이 있는 반면에, 기대는 과제 참여, 학습의 깊이, 학업성취도와 강하게 연합되어 있다(Wigfield & Eccles, 2000). 다시 말해서, 과제 선택은 과제에 대한 가치와 관련이 있고, 학생의 노력과 성취는 성공에 대한 기대와 관련이 있다.

학생들이 특정 활동에 갖는 성공에 대한 기대와 가치는 연령에 따라 변화한다. 초등학교 저학년 학생들은 성공에 대한 기대와는 상관없이 즐겁고 재미있는 활동을 추구하지만, 연령의 증가에 따라 기대와 가치는 상호의존적이 되어간다. 특히 성공 가능성이 높아 보이고 장기 목적에 부합한다고 생각되는 활동에 점차 가치를 부여하는 동시에 잘하지 못하는 활동에 대한 가치를 폄하하기 시작한다 (Ormrod et al., 2017).

[그림 14-4]에서 살펴본 바와 같이 학습자의 사회문화적 맥락은 특정 활동에 대한 가치 부여에 영향을 준다. 처음에는 특정 활동에 전혀 가치를 부여하지 않은 학습자일지라도, 교사, 부모, 혹은 또래와 같은 유의미한 타인의 적절한 안내에 따라 타인의 가치를 자신의 가치로 내면화할 수 있다. 이처럼 타인의 선호와 가치를 자신의 것으로 채택하는 것을 내재화된 동기(internalized motivation)라고 하는데, 이것은 지속적인 사회적, 문화적 요인의 산물로서 점차 학습자의 자신감으로 통합된 것이기 때문에 어느 정도 안정성이 있어 시간이 지나도 유지된다 (Otis et al, 2005).

> **내재화된 동기**
> 타인의 선호와 가치를 자신의 것으로 채택하는 것

학습 상황에서 교사는 학생들이 성공에 대한 적절한 기대를 갖게 할 뿐 아니라 과제에 대한 적절한 가치를 내면화할 수 있도록 안내해야 한다. 다음은 학생들이 성공에 대한 적절한 기대와 학습에 대한 긍정적 가치를 조장하는 데 도움을 줄 수 있는 방법이다(Ormrod et al., 2017; Schunk, Pintrich, & Meece, 2008).

- 학생들이 자신의 능력에 대해 합리적 인식을 갖도록 정확한 피드백을 제공하는 동시에 능력과 기술이 계속 발전할 수 있다는 메시지를 전달한다.
- 학생의 능력에 대한 자기인식을 발전시키기 위해 도전적이면서도 적합한 수준의 난이도가 있는 과제를 제시한다.
- 학습의 중요성과 효용가치에 대한 논의를 포함하여 학업을 해야 하는 근본적인 이유를 깨닫도록 한다.
- 수업이나 단원의 내용에 대해 교사가 어떤 가치를 부여하고 있는지를 알려 준다.
- 과제를 선택하고 통제할 수 있는 기회를 제공하여 개인적 흥미를 활성화시

킨다.

- 어떻게 특정 개념과 원리가 학생들이 주변 세계를 더 잘 이해하는 데 도움이 될 수 있는지를 전달한다.
- 정보와 기술을 학생의 현재 관심, 그리고 장기 목표와 관련시킨다.
- 새로운 기술을 유의미한 맥락이나 실생활과 관련된 과제에 사용하도록 한다.
- 전혀 쓸모없는 활동에 학생들을 참여시키지 않는다(예: 아무 의미 없는 단편적 지식 암기, 이해 수준을 넘어서는 자료 학습).

4) 귀인이론

귀인이론(attribution theory)은 인간이 특정한 사태의 원인을 어떻게 해석하고, 그러한 해석이 후속 행동에 어떠한 영향을 미치는가를 탐구하는 인지주의적 관점에 따른 동기이론이다. 여기에서 귀인(歸因)이란 어떤 사건이나 결과의 원인에 대한 개인의 추론을 의미한다.

귀인이론은 일상생활 속에서 자신의 행동이나 타인의 행동, 그리고 사건의 원인이 무엇인지를 인간이 어떻게 이해하는지에 대한 연구의 대부분에 적용되고 있다. 귀인이론 중에서 성취-관련 행동에 대한 Weiner(1992)의 귀인 모델은 교육에 대한 직접적인 함의를 제공해 준다. 그는 성취 결과에 대한 원인지각이 학생들의 정서 상태와 추후 기대에 영향을 미친다고 가정하고, 학생들이 성공과 실패의 원인으로 가장 많이 귀인시키는 요인들을 판별하여 인과성의 소재, 안정성 차원, 통제 가능성 차원이라는 세 가지로 분류하였다.

> **귀인이론**
>
> 개인이 성공과 실패의 원인을 어떻게 지각하는가를 파악하여 추후 행동을 설명하려는 이론

> **인과성의 소재**
>
> 성공과 실패의 원인을 개인의 내부 혹은 외부 중 어느 것으로 돌리느냐와 관련된 귀인이론의 차원

> **안정성 차원**
>
> 성공과 실패의 원인이 시간이나 상황에 따라 변할 수 있느냐와 관련된 귀인이론의 차원

- 인과성의 소재(locus of causality): 원인의 출처를 말한다. 특정한 행동이나 결과의 원인이 능력이나 노력과 같이 개인 내부(internal)에 있는가, 아니면 운이나 과제 난이도와 같이 외부(external)에 있는 요인과 관련되는가 하는 것이다.
- 안정성 차원(stability): 지속성을 근거로 원인을 구별하는 것으로서, 시간의 흐름에 따라 그 요인이 변화하느냐 혹은 변화하지 않느냐 하는 것이다. 능력(ability)은 쉽게 변화되기 어렵기 때문에 안정적(stable) 요인이지만 기분

과 같은 요인은 언제든지 변화될 수 있기 때문에 불안정적(unstable) 요인이
다. 최근 안정적이고 불변하며 내적인 개인 특성인 적성(aptitude)이 능력이
라는 용어보다 더 정확한 표현이며, 시간에 따라 학습되는 능력이라고 일컬
어지는 기술(skill)은 내적이고 불안정한 능력을 표현하는 데에 더 적절하다
는 주장이 있다(Schunk, Pintrich, & Meece, 2008).

- 통제 가능성 차원(controllability): 행위자가 그 원인을 통제할 수 있느냐 없
느냐의 문제이다. 노력은 통제 가능(controllable)하지만, 운은 통제 불가능
(uncontrollable)하다. 〈표 14-1〉은 성공과 실패에 대한 귀인을 세 가지 차
원에 따라 제시한 것이다(Weiner, 1979).

> **통제 가능성 차원**
> 성공과 실패의 원인
> 에 대한 행위자의 통
> 제 여부와 관련된 귀
> 인이론의 차원

표 14-1　귀인의 인과차원 분류

인과소재 통제성　　안정성	내부		외부	
	안정적	불안정적	안정적	불안정적
통제 불가능	능력	기분	과제 난이도	운
통제 가능	지속적인 노력	일시적인 노력	교사의 편향	타인의 부정기적 도움

귀인 결과는 교실에서의 동기와 관련이 있다(Stipek, 1998).

- 귀인의 결과는 학습자의 기대(expectation)에 영향을 미친다. 성공(또는 실
패)을 안정적 요인으로 귀인시킨 학생은 미래의 유사한 과제에 대해서도 성
공(또는 실패)을 기대할 것이다. 그러나 성취 결과를 불안정적 요인으로 귀
인시킨 학생은 장래에 유사한 과제에 직면했을 때 그 성취 결과가 달라질
것으로 기대할 것이다. 예를 들어, 노력이 부족했기 때문에 실패했다고 생
각하는 학생들은 더 노력한다면 다음번에는 성공할 수 있을 것이라는 희망
을 가질 것이다.
- 귀인의 결과는 학습자의 정서적 반응에 영향을 미친다. 성공의 원인을 능력
으로 귀인시킨 학생은 자부심이나 유능감을 경험하게 되지만, 실패의 원인
을 노력으로 귀인시킨 학생은 자책감이나 수치심을 경험하게 될 것이다. 또

한 성공의 원인을 타인이나 운과 같은 외부 요인으로 귀인시킨 학생은 고마움을 느끼지만, 실패의 원인을 그러한 외부 요인으로 귀인시킨 학생은 화가 나거나 분노하게 될 것이다.

한습된 무기력

불쾌한 경험을 통제할 수 없었던 경험으로 인해 발생하는 해당 자극에 대한 회피

• 학습자의 귀인은 **학습된 무기력**(learned helplessness)을 유발시킬 수 있다. 학습된 무기력이란 아무리 노력해도 실패할 수밖에 없다는 신념 때문에 노력을 하지 않는 것을 말한다. 학습된 무기력은 Seligman과 Maier(1967)가 동물을 대상으로 한 실험에서 밝혀낸 현상으로, 성취상황에서 실패를 많이 한 학생들이 실패를 피하기 위해 자신이 할 수 있는 일은 아무것도 없다고 믿을 때 발생한다. 학습된 무기력 현상을 나타내는 학생들은 실패를 불충분한 노력이나 부적절한 학습전략과 같이 통제 가능한 요인보다는 능력 부족과 같이 통제 불가능하면서도 안정적인 내부 요인으로 귀인시킨다. 이들은 또한 자신의 성공을 행운이나 쉬운 과제와 같이 통제 불가능하고 불안정적인 외부 요인으로 귀인시키는 경향이 있다.

표 14-2 귀인성향에 따른 정서적 반응과 행동

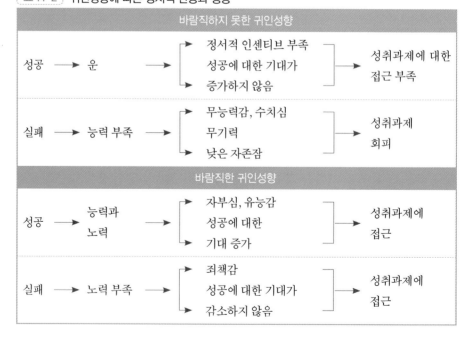

귀인이론이 교육에 시사하는 바는 학습자의 귀인성향을 파악해서 바람직한 귀인성향을 갖도록 해야 한다는 것이다. 〈표 14-2〉는 바람직하지 못한 귀인성향과 바람직한 귀인성향의 정서적 반응과 행동을 보여 준다(Gredler, 2005).

학습자의 바람직하지 못한 귀인성향을 수정할 수 있는 방법은 **귀인 재훈련**(attribution retraining)이다. 귀인 재훈련은 학습자의 바람직하지 못한 귀인성향을 바람직한 방향으로 변화시키는 것이다. 즉, 실패의 원인을 능력 부족과 같은 요인으로 귀인하려는 학습자의 성향을 불충분한 노력이나 부적절한 학습전략의 사용과 같이 교정 가능한 요인에 귀인하도록 유도하는 것이다.

> **귀인 재훈련**
> 바람직하지 못한 귀인성향을 바람직한 귀인성향으로 수정해 주는 훈련

귀인 재훈련에서 실패의 원인을 불충분한 노력으로 귀인하도록 하는 것이 바람직하지 않을 수도 있다. 예를 들어, 최선의 노력을 다했음에도 불구하고 실패한 학생에게 더 노력해 보라고 조언하게 되면, 그 학생은 스스로를 무능한 존재로 지각할 가능성이 많다. 이처럼 실패를 노력 부족으로 귀인하는 것의 한계를 극복하기 위해 최근에는 실패의 원인을 부적절한 공부방법이나 학습전략 때문이라고 설명해 주는 **전략귀인**(strategy attribution)을 강조한다.

전략귀인은 실패를 능력으로 귀인하여 학습된 무기력에 빠지거나, 많은 노력을 했음에도 불구하고 실패하여 더 이상 노력을 하지 않으려는 학생들에게 실질적인 도움을 줄 수 있다. 학업상황에서 실패한 학생에게 문제해결 과정에서 전략을 활용하는 데 집중하도록 한다면 학생의 노력을 인정하면서도 문제를 해결하기 위하여 대안적인 접근을 할 필요가 있다는 긍정적이고 건설적인 암시를 전달해 주는 것이다(Stipek, 1998). 따라서 교사는 학생들이 긍정적인 신념을 갖도록 해 줄 뿐만 아니라 인지전략, 초인지 전략, 시험 치르기 전략, 시간관리 전략 등과 같은 전략귀인과 관련된 피드백을 제공해 주어야 한다.

> **전략귀인**
> 학업성패의 원인을 개인의 능력이나 노력보다는 학습전략에 귀인하도록 하는 것

5) 성취목표이론

학생들이 학습활동을 통해서 달성하고자 하는 목표는 매우 다양하다. 과제 자체를 숙달하는 데 목표가 있는 학생이 있는가 하면, 또래들보다 더 좋은 성적을 받는 것을 목표로 삼는 학생도 있고, 친구를 사귀고 그들과 교제하기 위해 과제에 참여하는 학생들도 있다. 학생들이 어떤 목표를 설정하느냐에 따라 투입하

는 노력이나 시간의 양, 그리고 사용하는 학습전략이 달라진다. 학습자가 과제에 참여하는 이유를 탐구하는 이론 중의 하나가 **성취목표 이론**(achievement goal theory)이다.

학습자의 성취목표에 관한 연구를 종합해 보면 학습자의 성취목표는 개념적으로 숙달목표(mastery goal, 혹은 학습목표)와 수행목표(performance goal, 혹은 평가목표)로 구분할 수 있다.

숙달목표를 지향하는 학습자들은 어떤 외적 보상보다는 학습과정 그 자체에 가치를 부여하며, 과제의 숙달을 통해서 새로운 지식과 기술을 획득하려고 한다. 즉, 학습, 이해, 문제해결, 새로운 기술 개발과 같은 활동 자체가 학습의 목표가 된다.

반면 수행목표를 가진 학습자들은 자신의 능력이 타인에 의해서 어떻게 판단되는가에 주된 관심이 있다. 학습에 참여하는 기본적인 목표가 자신의 높은 능력을 보여 주거나 혹은 자신의 낮은 능력을 감추려는 데 있다. 수행목표에는 수행지향 목표와 수행회피 목표로 나눌 수 있는데, 전자는 자신의 능력의 우수성을 과시하려는 성향으로 나타나며, 후자는 자신이 타인에 의해서 부정적으로 평가되는 것을 회피하려는 성향을 의미한다.

이 밖에 학습상황에서 학생들은 성취와 무관한 목표를 설정하기도 한다. 예를 들면, 어떤 학생은 교사나 또래로부터 인정을 받거나 또래들과 우정을 유지할 목적으로 학습활동에 참여한다. 또 어떤 학생은 교실에서 집단의 구성원으로서 해야 할 일을 하면서 책임감 있게 행동하려고 한다. 이러한 목표를 **사회적 목표**(social goal)라고 한다. 사회적 목표는 학업수행에 긍정적으로 혹은 부정적으로 영향을 미친다. 또래들과 좋은 관계를 유지하기를 원하는 학생이라면 모둠학습이나 협동학습 활동에 적극적으로 참여할 것이다. 그러나 어떤 학생들은 학업성취에 대해 가치를 부여하지 않음으로써 또래집단 내에서 인정받으려고 할 것이다.

교실에서는 과제를 수행하기를 싫어하며 최소한의 노력으로 과제를 끝마치려는 **과제회피목표**(work-avoidances goal)를 갖고 있는 학생들도 있다. 이들은 과제가 쉽거나 별다른 노력 없이 과제를 수행할 수 있을 때 성공적이라고 느끼며, 어려운 과제가 제시되면 불평을 한다. 〈표 14-3〉은 목표의 유형에 따라 동기와 성

성취목표 이론
성취관련 과제에 참여하는 학습자의 이유 혹은 목적을 탐구하는 이론

숙달목표
학습하는 목표가 지식의 획득이나 기술계발과 같이 학습활동 자체에 있는 것

수행목표
학습에 참여하는 목표가 자신의 높은 능력을 보여 주거나 낮은 능력을 감추려는 데 있는 것

사회적 목표
학습에 참여하는 목표가 타인과 긍정적인 관계를 유지하는 데 있는 것

과제회피목표
최소한의 노력으로 과제를 마치려고 하거나 과제를 회피하는 데 목표가 있는 것

표 14-3　목표, 동기, 성취

목표 유형	예시	동기와 성취에 미치는 영향
숙달목표	르네상스가 미국 역사에 미친 영향 이해하기	계속해서 노력하고, 높은 자아효능감과 도전감을 받아들이는 자세와 높은 성취를 보임
수행지향 목표	르네상스 시대에 대한 에세이를 반에서 가장 잘 쓰기	자신감 있는 학생은 계속해서 노력하고 높은 자기효능감을 가질 수 있으며 높은 성취를 보임
수행회피 목표	선생님과 다른 학생 앞에서 능력 없어 보이는 것 피하기	동기와 성취를 저해함(특히 자신감이 부족한 학생)
사회적 목표	믿음직하고 책임감 있어 보이기, 친구 사귀기	동기와 성취를 높임(특히 학습목표를 가진 학생) 사회적 목표와 학습목표가 갈등을 일으키면 동기와 성취를 저해할 수 있음
과제회피 목표	최소한의 노력으로 과제 마치기	노력을 안 기울이고 자기효능감이 낮으며, 성취가 심각하게 저해됨

취에 미치는 영향을 보여 준다(Eggen & Kauchak, 2016).

　학습자의 목표지향성은 성취상황에서 어떻게 행동하고 수행결과를 어떻게 해석하는가에 많은 영향을 준다.

- 학습자의 목표지향성은 과제선정에 영향을 준다. 숙달지향적인 아동들은 수행지향적인 아동에 비하여 다소 어려워도 기능을 촉진시킬 것이라고 기술되어 있는 과제를 더 많이 선택하는 경향이 있지만, 대부분의 수행지향적인 아동들은 새로운 기능을 개발하는 것과 관련이 없어도 자신의 유능함을 과시해 줄 수 있는 과제를 선택하였다(Elliott & Dweck, 1988).
- 학습자의 목표지향성은 학습자의 귀인 성향에 영향을 준다. 숙달목표를 지닌 학습자들은 자신의 능력에 대한 판단을 할 때, 투입한 노력의 양과 실제로 학습한 것 혹은 숙달을 토대로 하기 때문에 학습의 실패를 노력 부족으로 귀인하는 반면에, 수행지향적 학습자는 자신의 능력을 타인의 수행과 비교하여 지각하기 때문에 성취상황에서의 실패를 능력 부족으로 귀인한다(Dweck, 1986).

• 학습자의 목표지향성은 학습방법에 영향을 준다. 과제지향성(숙달목표)이 높은 학생들은 자아지향성(수행목표)이 강한 아동들보다 초인지 전략을 더 많이 사용하고, 피상적인 전략을 더 적게 사용한다(Meece, Blumenfeld, & Hoyle, 1988).

최근 몇몇 연구자들은 수행목표와 숙달목표라는 구인이 비교적 독립적이라는 것을 인정하면서도 전통적인 이분법적인 접근이 아니라 다중목표(multiple goals)의 관점에서 학습자의 목표지향성을 분석하는 것이 학습자의 동기 과정과 수행상의 차이를 예측하는 데 더 효과적이라고 한다(최병연, 2001). 실제로 학습자들은 학습상황에서 두 가지의 목표 모두를 어느 정도 지향한다. 학습자들은 숙달목표(혹은 수행목표)를 지향하면서도 수행목표(혹은 숙달목표)를 추구한다.

그러므로 숙달목표와 직접적인 관련이 없는 수행목표나 기타 목표를 가지고 있는 것에 대해 성급하게 비난하는 것은 바람직하지 않다. 가능한 한 수행목표를 설정하지 않도록 하는 것이 바람직하지만 수행목표를 가지고 있는 학생들은 과제를 잘 수행할 수 없을 것이라고 단정할 수 없다. 학생들은 목표이론가들이 주장하는 것과는 전혀 다른 이유 때문에 학습활동에 참여한다(예: 같은 반 여학생의 주의를 끌기 위해 수업에 열심히 참여하는 것). 따라서 교사들은 학생들이 학업과제에 전력을 다할 수 있도록 성취와 무관한 목표 역시 고려해야 한다.

그러면 학생의 목표지향성에 영향을 주는 요인은 무엇인가? 일부 연구자들은 학생이 가지고 있는 마인드셋이 숙달목표 혹은 수행목표 선택에 영향을 준다고 주장한다. 대표적으로 Dweck(2000, 2012)은 지능에 대한 학습자의 신념을 연구했는데, 지적 능력은 유전적이며 쉽게 변하지 않는다는 고정 마인드셋(fixed mindset) 혹은 실체 이론(entity theory)을 갖고 있는 학생이 있는 반면에, 지능을 개인의 노력이나 환경에 의해 향상시킬 수 있다고 믿는 성장 마인드셋(growth mindset) 혹은 지능에 대한 증진 이론(incremental theory)을 갖고 있는 학습자가 있다.

지적 능력에 대한 이러한 마인드셋은 특정 과제에 대한 개인의 동기나 추후 행동에 영향을 미치는 것으로 밝혀졌다. 고정 마인드셋을 가지고 있는 사람은 타인으로부터 긍정적으로 인정받고 부정적으로 평가되는 것을 피하려는 데 목표를 둔 수행 지향적인 목표를 설정하는 반면, 성장 마인드셋을 가지고 있는 사

고정 마인드셋
인간의 특정 심리적 특성은 유전적이며 쉽게 바뀌지 않는다는 신념

성장 마인드셋
인간의 특정 심리적 특성은 개인의 노력이나 환경에 의해 향상시킬 수 있다는 신념

람은 과제에 대한 이해와 학습에 목표를 둔 숙달 지향적인 목표를 설정하는 것으로 나타났다(Dweck, 2000; Dweck & Leggett, 1988). 고정 마인드셋을 가지고 있는 학습자는 좋은 성적과 타인으로부터 똑똑하다는 평판을 얻는 데 목표가 있기 때문에 도전적인 과제나 비판이 예상되는 과제를 피하려고 하지만, 성장 마인드셋을 가지고 있는 학습자는 자료를 학습하고 이해하는 데 동기화되기 때문에 자신의 능력 이상의 것을 요구하는 도전적인 과제를 시도하고 타인의 비판을 향상을 위한 기회로 간주할 것이다(이명숙, 최병연, 2014).

또한 학급풍토는 학습자의 목표지향성에 의해 영향을 미친다. 목표지향성과 학급구조 간의 관계에 대한 연구에 따르면 학급구조는 학생들의 목표지향성에 영향을 미친다. 예를 들어, 교사의 수업이 숙달목표를 지원한다고 지각한 학생일수록 적극적인 학습전략(계획, 조직, 목표설정)을 더 많이 사용하고, 수업 시간이 수행지향적이라고 지각한 학생들은 실패를 능력 부족에 귀인하는 경향이 있었다(Ames & Archer, 1988). 〈표 14-4〉는 숙달목표와 수행목표를 지향하는 학급풍토를 보여 준다(Ames & Archer, 1988).

목표지향성이론과 경험적 연구 결과에 근거해서 교실에서 적용해 볼 수 있는 아이디어는 다음과 같다(김아영, 김성일, 봉미미, 조윤정, 2022).

- 학생들로 하여금 스스로 자신의 목표를 세우도록 권장한다.
- 능력 수준의 범위에서 가능한 한 높은 수준의 목표를 세우게 한다.

표 14-4 학급풍토에 따른 성취목표 분석

학급풍토의 차원	숙달목표	수행목표
성공에 대한 정의	향상, 진보	높은 점수, 높은 규준의 성취
가치의 소재	노력, 학습	규준적(norm)으로 높은 능력
만족의 근거	열심히 노력함, 도전	타인보다 잘 하는 것
교사의 지향성	학습자의 학습방법	학습자의 수행방법
실수에 대한 견해	학습의 일부분	불안을 유발시키는 것
관심의 초점	학습의 과정	자신과 타인의 수행 간의 비교
노력의 근거	새로운 것의 학습	타인에 비해 높은 성적과 더 나은 수행
평가준거	준거참조, 진보	규준참조

- 자신이 세운 목표를 기록하고 수행에 대한 평가 결과를 함께 기록하는 자기 평가를 통해 수행을 모니터할 수 있게 한다.
- 장기적인 목표를 세우고 이를 달성하기 위해 여러 개의 단기적인 하위목표를 세우게 한다.
- 목표 달성에 방해가 되는 요소를 찾아내도록 하고 습관적으로 해야 할 일을 미루는 지연행동을 하는 학생은 단기 목표를 세우고 모니터하게 한다.

3. 학습동기 유발 전략

학습동기를 유발시킬 수 있는 방법들은 동기이론가들의 수만큼이나 다양하다. 이러한 방법들은 대부분의 학습 상황에서 적용할 수 있는 일반적인 전략들을 소개하고 있다. 대표적으로 Keller(1983)의 ARCS 모델은 기존 이론들을 통합하여 학습동기를 유발하고 지속시킬 수 있는 학습 환경을 설계하기 위한 체계적인 접근이다. ARCS 모델은 학습자의 관심과 흥미를 자극하여 학습에 대한 지속적인 동기를 부여함으로써 학습목표를 효과적으로 달성하기 위한 모델로서, 주의집중(Attention), 적절성(Relevance), 자신감(Confidence), 만족감(Satisfaction)으로 구성되어 있다.

교사는 학습상황에서 학생들의 성취관련 신념을 긍정적으로 유도하고 내재적 동기를 유발시키기 위해서 여러 가지 변인들을 조작할 수 있다. 다음에서는 학습동기 유발과 직접적으로 관련되어 있는 변인들을 조작하는 데 참고할 수 있는 몇 가지 지침에 대해 구체적으로 살펴보겠다.

> **ARCS 모델**
> 주의집중, 적절성, 자신감, 만족감으로 구성된 학습동기 유발 모델

1) 과제

학습과제는 학생들의 동기유발에 중요한 변인이다. 학습과제는 학생들에게 흥미를 줄 수도 있고 그렇지 않을 수도 있다. 다음은 교사가 학습과제를 조직하고 제시하는 데 도움이 될 수 있는 몇 가지 지침이다.

- **학습과제의 가치를 설명해 주어라.** 과제에 대한 학습자의 가치 부여는 노력, 지속성, 활동의 선택 등에 영향을 미친다. 수학 과목의 유용성에 대한 학생들의 신념이 수학 수업에 대한 학생들의 흥미와 즐거움을 예측해 주는 중요한 변인으로 밝혀진 연구를 통하여 학습할 과제의 목표를 인식하는 것이 얼마나 가치 있는 것인가를 알 수 있다(Mitchell, 1993).

  또한 교사는 학생들이 교실 밖에서나 미래에 직면하게 될 문제나 상황과 관련된 과제, 즉 **실제적 과제(authentic task)**를 제공함으로써 학생들로 하여금 과제의 가치를 인식하도록 할 수 있다. 실제적 과제를 제시했을 때 학생들은 과제의 진정한 효용가치를 이해할 것이고 그 과제를 보다 의미 있고 흥미 있는 것으로 지각하게 될 것이다.

- **어느 정도의 도전감이 있고 모든 학생들이 수행할 수 있는 과제를 제공하라.** 정보처리 이론가들은 외적 자극(혹은 과제)과 개인의 표상(혹은 기능수준) 간에 적당한 불일치가 있는 경우에 최적의 각성과 흥미가 발생한다고 주장한다(Stipek, 1998). 또한 학생의 현재 수행 수준보다 지나치게 쉬운 과제는 학생의 흥미를 유발시킬 수 없으며, 지나치게 어려운 과제는 좌절감이나 불안을 유발시켜 과제에 대한 참여를 저조하게 한다. 학생들의 기능 숙달을 경험하게 해 줄 수 있는 난이도가 중간 정도인 과제가 유능감을 유발시키고 몰입하게 하는 데 가장 효과적이다.

- **학생들의 흥미를 불러일으킬 수 있는 과제를 제공하라.** 내재적 동기이론에서는 신기함, 부조화, 복잡성, 경이감을 강조한다. 학생들은 게임이나 긴장과 호기심을 유발시킬 수 있는 과제에 쉽게 몰입한다. 파워포인트나 인터넷 자료도 학생들의 흥미를 유발시키는 데 효과적이다. 그러나 이러한 방법들이 학생들의 흥미 유발에 효과가 있다고 해도 학생들의 주의가 학습목표에서 벗어나지 않고 실제 학습을 저해시키지 않도록 주의 깊게 활용해야 한다. 또한 학생들에게 학습 주제를 선택할 수 있는 기회를 준다거나 수업 중에 학생의 개인적 경험을 활용하는 것도 학생들의 흥미 유발에 효과적이다.

- **학생들의 적극적인 참여와 탐구가 요구되는 과제를 제공하라.** 학생들의 높은 참여와 적극성이 요구되는 과제는 단순히 수동적인 반응만을 필요로 하는 과제에 비하여 학생들에게 더 많은 즐거움을 준다(Mitchell, 1993). 연극, 역할

실제적 과제
학습자의 실제적 문제나 상황과 관련된 과제

놀이, 모의학습과 같이 학생들의 적극적인 참여를 통한 수업은 수동적인 학습보다 개념이나 문제를 더 심도 있게 이해할 수 있도록 해 준다.

- 학생들에게 과제수행과 관련된 재량권을 가능한 한 많이 제공하라. 학생들은 타율에 의해서 하는 행동보다는 자신이 원하는 활동에 참여했을 때 더 동기화된다. 즉, 학생들이 학습상황에서 자신이 타율적 행위자(pawn)보다는 자율적 행위자(origin)로 지각할 수 있도록 유도해야 한다. 그렇다고 해서 교사가 학습자에게 무제한 자율성을 제공할 수만은 없는 일이므로, 중요한 것은 학습자가 지각하는 자율성 정도를 높이는 일이다(김성일, 2004). 즉, 학습자 자신이 선택하고 의사결정 할 수 있는 범위와 선택 대안을 구체적으로 제공함으로써 지각된 자율성을 높여 학습환경에 대한 내적동기를 증진시키고 학습자의 자기조절능력을 함양시킬 수 있는 학습환경이 조성되어야 한다.

2) 평가와 보상

교수–학습 환경은 필연적으로 평가적 환경이 될 수밖에 없다. 학생들은 자신의 수행 결과에 대해 관심을 갖게 되고 교사들은 그들의 노력이나 추후 수행에 대한 정보를 제공해 주기 위해 평가나 보상을 활용한다. 그러나 평가나 보상이 부적절하게 사용된다면 과제 참여에 대한 학생들의 동기를 약화시킬 수 있다.

- 경쟁적 평가와 성적을 지나치게 강조하는 것을 피하라. 경쟁적 평가와 성적을 강조할수록 학생들은 숙달목표보다는 수행목표를 설정하게 되고 구속감을 느끼며, 내재적 흥미가 감소하게 될 것이다. 교사가 성적이 좋지 않은 학생에게 계속 질책을 한다거나 특정한 행동을 하면 좋은 성적을 받을 수 있을 것이라고 말한다면 대부분의 학생들은 외적 평가에 관심을 갖게 될 것이고 그에 따라 도전감 있는 과제를 선택하지 않으려고 할 것이다. 성적에 대한 지나친 강조는 학생들이 대부분의 과제를 성적을 받기 위한 수단으로 지각하도록 할 수 있다. 즉, 학생들은 과제를 수행하는 목적을 단순히 성적에 초점을 맞추고 과제를 끝마치는 데만 급급해하고 진정한 의미의 학습은 일어나지 않는다.

- 과제의 성적이나 점수보다는 실질적인 정보가 수반된 피드백을 제공하라. 좋은 성적표는 학생들에게 학습 과정을 알려 주고 학습동기를 지속시킬 수 있도록 격려해 주어야 하는데, 이것은 문자나 숫자의 등급화보다 질적인 조언을 통해 가능하다(Wlodkowski & Jaynes, 1990). 즉, 교사는 성적표를 작성하거나 과제를 점검할 때 일반적인 평가(예: 'A')보다는 정보적 피드백을 제공해 주어야 한다는 것이다. 교사가 제공하는 실제적이고 구체적인 피드백은 학생들이 자신의 수행을 평가하는 하나의 기준이 될 뿐만 아니라 유용한 교정적 정보가 된다. 학생들은 학습활동의 평가와 정보적 피드백을 통해 자신들의 학습과정상의 강점과 보충이 필요한 약점까지 명확히 알아낼 수 있다.

- 평가준거를 명확하고 공정하게 하라. 평가준거에 대한 이해는 학생들이 학습에 유용한 학습전략을 선택하고 사용하는 데 도움을 줄 수 있다. 학생들과의 토론을 통하여 평가준거를 선정한다면 학생들은 그 준거를 더 잘 이해할 수 있을 것이며 교사 역시 설명이나 평가체제의 수정에 필요한 정보를 획득할 수 있을 것이다.

- 외재적 보상을 최소화하라. 좋은 성적이나 그 밖의 다른 보상을 얻기 위하여 과제를 수행하는 데 익숙해져 있는 학생들의 외재적 보상을 완전히 제거해 버린다면 그들은 더 이상 과제를 수행하려고 하지 않을 것이다. 또한 평가의 원리와 마찬가지로 지나친 외재적 보상은 학생들이 외재적 이유에 주의를 집중하도록 유도해서 내재적 흥미를 저해하며 도전감 있는 과제의 선택을 방해할 수 있다. 따라서 외재적 보상에 대한 학생들의 의존을 점증적으로 약화시킬 필요가 있으며, 외재적 보상체제는 학교 학습활동에 더 적극적으로 참여를 유도할 수 있는 대안적인 체제로 대체되어야 한다(Stipek, 1998).

- 과제수행의 질과 개인적 향상을 근거로 보상이나 좋은 성적을 제공하라. 단순히 과제를 끝마친 것에 대한 보상은 통제적 기능을 하는 것으로 인식됨에 따라 학생들이 본래 그 활동에 대해 가지고 있던 내재적 동기를 저해시키게 된다. 또한 이러한 보상은 보상이 제공되지 않은 활동은 할 필요가 없다는 메시지를 전달해 줄 수도 있다. 그러나 과제수행의 질과 수행기준을 바탕으로 보상이 제공되면 학생들에게 유능감과 숙달 경험을 줄 수 있기 때문에 내재적 동기를 유발시킬 수 있을 것이다.

3) 학급풍토

성취수준이 낮은 학생들은 학업에 대한 실패 경험이 가져오는 좌절감이나 굴욕감 이상의 고통을 당하고 있다. 이러한 학생들은 학급에서 흔히 문제아나 방해꾼으로 간주되어 교사나 또래들로부터 인간적으로 적절한 대우를 받지 못한다. 그러나 인간에게는 사회적 맥락 내에서 다른 사람들과 친밀한 관계를 유지하고 싶고 가치 있는 사람으로 존경받는 인간이 되고자 하는 선천적인 욕구가 있다(Connell & Wellborn, 1991). 이것은 교사와 학생, 혹은 학생과 학생 간에 상호 존중해 주는 학급풍토가 조성되지 않는다면 성공적인 학습활동이 이루어질 수 없다는 것을 의미한다. 다음은 학급에서 긍정적인 인간관계를 촉진시킬 수 있는 방법들이다.

자기충족적 예언
타인에 대한 기대가 그 사람의 성취에 크게 영향을 미친다는 개념으로 피그말리온 효과라고도 함

- **학생들을 존중하고 그들의 가치를 인정하라.** 학생들에 대한 교사의 존중은 학생들의 자아존중감, 학업과제에 대한 동기, 내재적 가치, 유능감 지각, 교과목의 중요성에 대한 태도와 지각 등에 영향을 미칠 수 있다(Midgley, Feldlaufer, & Eccles, 1989). 또한 **자기충족적 예언**(self-fulfilling prophecy)과 관련된 많은 연구들은 교사의 기대가 학생과의 상호작용의 질이나 학업성취에 직·간접적으로 영향을 미친다는 것을 보여 준다(Brophy, 1983; Wigfield & Harold, 1992). 교사는 학생들의 교내·외에 생활에 관심을 갖고 학생들의 가치를 존중하며 부정적인 기대가 전달되지 않도록 해야 한다.
- **학생들의 자율성을 지원하는 학급풍토를 조성하라.** 사람들은 특정한 과제를 수행하게 된 원인이 자신의 내부에 있는 것으로 지각할 때 그 행동이 자기결정이나 의지에 의해서 이루어진 것으로 간주한다. 학생의 자율성을 지원하는 학급 환경은 학생들의 흥미, 유능감, 자존감, 창의력, 개념학습과 도전에 대한 선호 등과 관련이 있다(Ryan & Grolnick, 1986). 자율성을 지향하는 학급의 학생들은 과제가 비록 재미가 없더라도 과제가 중요하다는 것을 믿고 있기 때문에 교육 목표를 내면화하는 경향이 있다. 반면에 통제적인 환경은 과제를 기계적으로 수행하도록 하기 쉽다.
- **학생들이 서로 바람직한 인간관계를 유지할 수 있도록 지원하라.** 학생들 간의 관

계는 학업에 대한 주의집중과 즐거움에 영향을 미칠 수 있다. 또래 간의 존중과 긍정적인 관심은 교사로부터 받는 존중과 관심만큼이나 중요하다. 학생들의 긍정적인 인간관계를 촉진하는 방법 중의 하나는 학생들에게 서로 협력할 수 있는 기회를 제공하는 것이다. 협동학습과 같이 집단 구성원들과의 협력과 개인의 책무성을 강조하는 수업구조는 학생들에게 사회성을 증진시켜 줄 뿐 아니라 상호 지원적인 학급풍토를 조성시켜 줄 수 있을 것이다.

토론과제 >>>

1. 학습동기에 관한 이론들의 핵심 요소에 대해 설명해 보자.

2. 학습동기에 문제가 있는 학생들의 유형을 분류하고, 각각의 유형에 적합한 학습동기 유발 전략에 대해 함께 논의해 보자.

3. "칭찬은 고래도 춤추게 한다."라는 주장의 적합성에 대해 토론해 보자.

4. 교사가 학생들의 학습동기를 유발시키는 데 유의해야 할 점에 대해 토론해 보자.

5. 학생들의 학습동기는 유치원 시기에 가장 높지만 점차 낮아지며 고등학교 시기에 다시 증가하는 경향이 있다고 한다. 학습동기의 이러한 경향성이 학교교육에 주는 시사점에 대해 토론해 보자.

제 **15** 장

교수이론과 교수법

박용한

◇◇◇◇◇

앞선 장에서 우리는 학습자의 발달, 개인차, 특수한 학습자, 학습이론, 학습동기 등 주로 학습 및 학습자에 초점을 맞추어 살펴보았다. 예비교사 혹은 현직교사로서 교육심리학을 통해 이러한 주제를 탐색하는 이유는 학습 및 학습자에 대한 이해를 바탕으로 최종적으로는 좋은 수업을 통해 학생들을 잘 가르치는 데 있다고 할 수 있다. 따라서 이 장에서는 가르치는 것에 초점을 맞추고자 한다. 이를 위해 가르친다는 의미의 '교수'와 '수업'이라는 용어의 개념을 살펴보고, 주요 연구자들이 제시한 교수이론을 탐색할 것이다. 더불어, 심리학 연구 결과에 기반하여 미국심리학회가 제시한 학교교육을 위한 교수–학습의 20가지 원리를 통해 인지와 학습, 동기, 사회–정서, 교실이라는 맥락, 평가 차원에서 교사가 관심을 기울여야 할 것은 무엇인지 성찰해 볼 것이다. 마지막으로, 최근 교육현장에서 구성주의의 대두와 더불어 학습자 중심 수업이 강조되고 있는데, 이러한 관점에서 활발하게 도입되고 있는 최신의 교수법 몇 가지를 살펴볼 것이다.

학습목표

1. 교수 및 수업의 개념을 이해하고, 교수–학습 과정이 효과적으로 이루어지는 데 고려해야 할 변인을 제시할 수 있다.
2. 여러 연구자들에 의해 제시된 다양한 교수이론의 핵심적인 특징을 설명할 수 있다.
3. 심리학 연구에 기초하여 제시된 학교교육을 위한 교수–학습의 20가지 원리를 이해하고 적용할 수 있다.
4. 최근 교육 현장에서 도입되어 활용되고 있는 학습자 중심 교수법의 다양한 예를 설명하고, 이를 활용한 수업을 계획 및 실행할 수 있다.

1. 교수의 기초

1) 교수의 개념

학교교육의 핵심적인 활동은 가르치고 배우는 일이다. 이는 동전의 양면에 비유할 수 있으며 가르치는 과정인 교사의 수업과 배우는 과정인 학생의 학습이 서로 상보적으로 상호작용을 이룰 때 교육목표의 달성은 극대화될 수 있다.

흔히 '가르친다'는 의미로 교수와 수업이란 용어가 혼용되어 사용되고 있다. 교수의 의미를 지식전달 위주로 파악할 때는 'instruction'이 주로 쓰이나, 인간의 폭넓은 경험과 성장에 관심을 둔다면 'teaching'이라는 표현이 보편적이다. 우리말에서는 '수업'과 '교수'가 동의어로 쓰이기도 하는데, 대체로 수업은 교수가 특정한 시간과 장소에서 구체적으로 진행되는 상태로 교수의 좁은 의미로 보는 것이 일반적이다.

그러나 반대의 견해도 있다. 교수는 교사에 의한 수업, 즉 교사–학생 간의 인간적 교류를 전제로 한 수업이라 할 수 있다. 그러나 수업은 학습자의 학습목표 달성에 반드시 교사–학생 간의 인간적 교류를 전제로 하지는 않는다. 다시 말해 수업은 교사–학생 간의 상호작용뿐 아니라 프로그램, 학습자료, 시청각 매체, 컴퓨터 프로그램 등 자료–학생 간 상호작용에 의해서도 학습목표 달성을 위한 과정이 이루어질 수 있다. 이런 의미에서 보면 수업이 교수보다 포괄적인 개념이 된다. 일반적으로 인간과 인간의 상호작용에 의한 인간 중심적 교육의 입장에서는 교수라는 용어를 많이 쓰고, 자료와 인간 간의 상호작용도 중요한 교육의 방법으로 보는 교육공학적 입장에서는 주로 수업이라는 용어를 사용한다.

교수와 수업의 개념을 좀 더 구체적으로 살펴보면, 교육학용어사전(서울대학교 교육연구소, 1994)에서는 교수(teaching)를 '교사가 교육적 의도를 가지고 하는 일체의 행동'으로 정의하는 반면, 수업(instruction)을 '교수 활동 중에서 핵심에 해당하는 것'으로 보았다. 변영계(2005)는 교수(teaching)가 수업의 설계, 개발, 실행, 관리, 평가를 포함하는 반면, 수업(instruction)은 교수의 영역 중에서 교사의 적용과 실행에 중점을 두는 것이라고 한 Reigeluth(1983)의 견해를 인용하고 있다. 한편, 박인우(2015)는 이 두 가지 개념에 대한 선행연구를 종합하여 교수 (teaching)를 교수자의 모든 교육적 활동을 지칭하는 일반적인 용어라고 하였으며, 수업(instruction)은 정해진 목표, 장소, 시간, 학습자를 대상으로 이루어지는 교수 활동을 지칭하는 것이라 하였다.

이 장에서도 'teaching'을 교수로 'instruction'을 수업으로 보면서 좀 더 포괄적인 의미의 '교수(teaching)'라는 용어를 주로 사용하나, 경우에 따라서는 이 두 가지 용어를 문맥과 상황에 맞게 교차하여 사용하고자 한다.

2) 교수 변인

교수-학습 과정이 효과적으로 이루어지기 위해서는 여러 가지 조건들이 잘 갖추어져야 한다. 이러한 조건들을 변인이라 한다. Dollard와 Miller(1950)는 교수-학습 장면에서 가장 기본이 되는 변인으로 욕구(drive), 단서(cue), 참여 (participation), 보상(reward)의 네 가지 변인을 제시하였다. 이 네 가지 변인은 실제 교실에서 학생의 학습을 증진시키기 위해 교사와 학생 사이에 이루어지는 상호작용의 질과 내용을 알아내는 중요한 준거가 될 수 있다(황정규, 1991).

교수 변인에 대한 또 다른 견해는 조건(conditions), 방법(methods), 결과 (outcomes) 등의 세 가지 범주의 분류이다(구광현, 가영희, 이규영, 2009). 조건 변인은 수업방법과 상호작용을 하지만 교사에 의해 통제될 수 없는 환경적 변인을 말한다. 만약 교사에 의해 조건이 통제될 수 있다면 그것은 방법 변인의 영역에 속하게 된다. 이러한 조건 변인으로 교과 내용의 특성, 목적, 학습자 특성, 제약 조건의 네 가지를 제시하고 있다.

다음으로, 방법 변인은 교과의 내용에 따라 구분할 수도 있고 학습자와 교사의 상호작용 형태에 따라 구분할 수도 있다. Reigeluth(1983)는 방법 변인을 조직, 전달, 관리의 세 가지 전략적 측면으로 분류하고 있으며 그중 조직전략에서는 크게 미시적 전략과 거시적 전략으로 나누어 설명하고 있다. 미시적 전략이란 하나의 개념을 가르치고자 할 때 그 개념에 관한 교수를 조직하는 것이며, 거시적 전략이란 복합적인 여러 개념을 가르치고자 할 때 개념들 사이의 관계를 학습하고 요약할 수 있으며 최종적으로 종합하도록 하는 것이다. 이러한 방법

변인은 조건 변인과 달리 교사에 의해 통제될 수 있다.

마지막으로, 결과 변인은 서로 다른 교수 조건에서 사용된 여러 가지 교수 방법들이 어떤 면에서 어느 정도의 효과가 있는가를 나타내는 교수활동의 최종 산물이다. Reigeluth(1983)는 교수의 결과로 효과성, 효율성, 매력성이라는 세 가지 측면으로 분류하였다. 효과성(effectiveness)은 교수의 내용을 학습자가 어느 정도 획득하였는가에 의해 측정되며 특정 교과내용이나 교수목표 달성 여부와 밀접한 관련이 있다. 효율성(efficiency)은 교수효과가 어느 정도의 노력이나 시간 또는 비용을 들여 나타났는가를 말한다. 매력성(appeal)은 학습자가 학습을 어느 정도로 계속하기를 원하느냐에 따라 결정된다. Keller(1983)는 교수의 매력성을 높이기 위해 네 가지 요소를 제시하였으며 구체적인 내용은 〈표 15-1〉과 같다.

표 15-1 교수의 매력성을 높이는 요소(ARCS 모델)

주의집중 (Attention)	지적인 호기심을 유발하여 교수-학습 과정 동안 학습에 대해 계속적으로 관심을 두도록 하는 것
적절성 (Relevance)	특정한 내용을 공부하는 이유를 제시하여 학습 자체에 대한 즐거움과 가치를 알게 하는 것
자신감 (Confidence)	노력하면 어떠한 수준의 성공을 할 수 있는지 스스로 인식하도록 하는 것
만족감 (Satisfaction)	도전감이 있는 학습환경을 제공하여 자신의 수행에 성취감을 느끼도록 하는 것

출처: Keller (1983).

이러한 교수의 세 가지 변인, 즉 조건, 방법, 결과 사이의 상호관계를 도식화하면 [그림 15-1]과 같다.

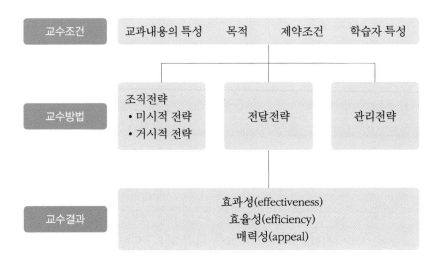

[그림 15-1] 교수의 조건, 방법, 결과 변인의 상호 관계

출처: Reigeluth (1983).

2. 교수이론

앞에서 언급한 바와 같이 교수와 수업의 개념은 학자에 따라 다양하지만, 이 장에서는 교수를 수업에 비해서 포괄적인 개념으로 보고 의도적 계획 혹은 비의도적 영향에 따라 학생능력의 전반적인 변화를 목표로 인격적 상호작용을 전제로 하는 포괄적 개념으로 보았다. 이러한 전제를 바탕으로 교수이론은 목적달성을 위한 처방적 성격과, 학습조건과 준거가 되는 규범적 성격, 내적·외적 환경에 대한 방법론적 성격으로 교수에 관한 구체적 방법과 전략을 제시하는 역할을 하게 된다. 다음에서는 이러한 교수이론에 대해 구체적으로 살펴보고자 한다.

1) Glaser의 교수이론

Glaser(1962)의 교수이론은 교수활동에 대한 개념 체제를 모형으로 잘 나타내고 있다. 이 모형은 교사가 학생을 대상으로 교수활동을 하는 과정에서 각 단계별로 어떠한 활동을 해야 하는지를 개념화하여 제

Robert Glaser

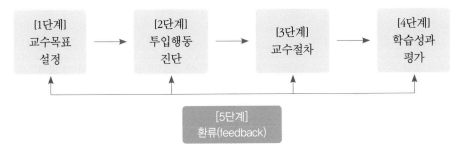

[그림 15-2] Glaser의 교수모형

시한다. 교수활동을 유목적적이며 계획되고 의도된 활동의 연속이라고 가정할 때 교수과정은 무엇보다도 치밀하게 짜인 계획과 전략 및 예측을 포함해야 한다.

Glaser의 교수모형에서는 교수과정을 교사에 의한 연속적인 의사결정 과정으로 생각하여 수업과정을 하나의 체제(system)로 파악하였으며 각 단계별 구성요소와 전개 절차를 4단계로 제시하였다. 이를 도식화하면 [그림15-2]와 같다.

이 모형은 교수목표를 성취하는 과정에서 교사와 학생 그리고 수업에 관련된 사람들이 어느 지점에 위치하고 있는가를 명확하게 제시해 준다. 아울러 교수목표, 투입행동, 교수절차, 평가의 4단계 외에 5단계인 피드백이 있어 각 단계들 사이를 유기적으로 연결시키고 상호보완할 수 있도록 돕고 있다. 각 단계를 간단히 설명하면 다음과 같다.

1단계는 가르치고 배워야 할 내용을 의미하는 교수목표(instructional objectives)의 설정이다. 이때 교수목표는 교수과정이 끝났을 때 학생들이 보여 줄 수 있는 도착점 행동(terminal behavior)으로 명시적이고 구체적이며 세분화하여 진술되어야 한다.

2단계인 투입행동(entering behavior)의 진단은 교수활동을 진행하기 전에 학습자들의 학습 정도 또는 수준을 진단하는 것이다. 즉, 학습자에 대한 지적, 정의적, 신체적 요인에 대한 종합적 진단을 통해 학습자의 준비성 및 새로운 수업 참여의 가능성 여부를 판단한다.

3단계인 교수절차(instructional procedures)는 학습자에게 교사가 직접 가르치는 과정, 즉 수업전개 활동을 말한다. 이 단계에서는 교수활동에 필요한 구체적인 절차를 구안하고, 교재의 재구성, 교수매체나 학습자료의 준비, 교과내용에 적합한 교수방법의 선정이나 활용 등 효과적인 교수활동이 이루어진다.

4단계인 학습성과 평가(performance assessment)는 설정된 교수목표가 얼마나 달성되었는지를 평가하는 일련의 결정과 실천의 순환으로 구성되며 크게 형성평가(formative evaluation)와 총합평가(summative evaluation)의 두 가지로 구분된다. 형성평가는 교수–학습 과정이 진행되는 동안 평가하는 것이고, 총합평가는 교수–학습 과정이 완전히 끝났을 때 평가하는 것이다. 형성평가에서 얻어진 정보는 후속되는 학습활동을 조정하는 데 이용하고 총합평가의 결과는 설정된 수업목표에 대한 도달 정도를 판단하는 데 이용되며, 다음 단위의 교수과정 설계의 기초 자료로 활용된다.

학습성과의 평가단계에서 얻어진 자료는 5단계인 피드백(feedback), 즉 환류의 과정과 연결되며 평가에 의해 계속적인 피드백이 행해지고, 각 단계별 수정, 조정, 보완이 이루어진다. 피드백은 교수과정의 각 단계에서의 수행결과를 평가하고 수정하는 데 필요한 정보를 송환하는 기능을 말한다. 이러한 피드백의 송환과정은 교수목표에 도달하였다고 판명될 때까지 지속적으로 실행된다.

Glaser의 교수모형은 개괄적이고 실용적인 가치가 결여되어 있다는 비판이 있기는 하지만 교육과정과 학습지도, 그리고 교육평가를 하나의 시스템 속에 통합하여 다루고 있다는 점과 교수과정을 교사의 계속적인 의사결정 과정으로 보고 그와 관련된 여러 요인들을 간결하고 명확하게 개념화시켰다는 점에서 높이 평가할 만하다.

형성평가
교수–학습 과정이 진행되는 동안 이루어지는 평가

총합평가
교수–학습 과정이 완료된 후 이루어지는 평가

2) Bruner의 발견식 교수이론

Jerome Bruner

Bruner(1966)는 교수이론의 본질적 속성을 처방적이고 규범적인 것이라고 규정짓고, 인지적 접근방법에 기초를 둔 발견식 교수이론을 발전시켰다. 그는 지식의 구조에 대한 이해, 능동적인 학습, 학습에서의 귀납적 추론을 강조한다. 지식의 구조란 지식에 포함된 세부사항이라기보다는 중요한 개념과 본질적인 정보를 의미한다. 이러한 중요개념과 본질적인 정보를 잘 이해하는 학습자는 더 의미 있고 유용한 학습을 할 것이라는 것이 그의 견해이다.

그는 이러한 지식의 구조를 잘 파악하기 위해 학생이 갖추어야 할 태도는 능동성이며, 교사가 제시하는 내용을 그대로 받아들이기 전에 자기 스스로 핵심적인 정보를 찾아 발견해 내야 한다고 주장하였다. 이때 교사의 역할은 학생들에게 학습내용에 대한 질문, 탐구, 경험을 유도하고 자극해야 한다. 즉, 교사의 최소한의 지도와 학습자의 최대한의 탐구과정으로 이루어지는 학습과정인 발견학습(discovery learning)을 해야 함을 주장한다.

Bruner의 발견식 교수이론은 학습경향성의 자극, 지식의 구조화, 학습의 계열화, 강화, 그리고 학습자 사고의 자극이라는 다섯 가지 측면을 포괄하고 있다.

① 학습경향성의 자극

학습자가 학습을 하고자 하는 의욕 또는 도전감을 갖도록 자극하는 것으로 문화의 특성, 동기체계 및 학습자의 개인적인 요인의 영향을 받는다. Bruner는 학습의욕을 고취시키기 위해 학습자에게 탐구심과 호기심을 자극하는 수업방법, 학습자의 학습방법과 학습자료와의 관계, 그리고 교사와 학습자 간의 대인관계를 강조하였다.

② 지식의 구조화

모든 지식은 구조를 가지고 있다고 전제하고 학습자들이 특정 영역의 지식을 쉽게 학습할 수 있도록 지식을 구조화하는 구체적인 방식을 제시해야 한다. 즉, 특정 영역의 구조를 알게 되면 정보를 단순화시키고 새로운 명제를 산출하여, 지식의 조작능력을 증진시킬 수 있다는 것이다. 지식의 구조가 갖는 특징으로는 표현방식, 경제성 그리고 생성력의 세 가지가 있다. 잘 구조화된 지식이란 올바른 방법으로 표현되고, 경제성과 생성력이 있도록 조직화된 지식을 말한다(이홍우, 2006). 구조화가 잘 이루어진 지식을 학습할 때 경제성과 생성력이 극대화될 것이다.

③ 학습의 계열화

계열화란 학습자들이 학습내용을 이해, 변형, 전이하는 데 도움이 될 수 있도록 학습과제를 순서대로 조직하고 제시하는 원칙을 말한다. 학습내용을 어떻게

조직하느냐에 따라 학습의 효과가 좌우된다. 계열에 따른 학습과제를 조직할 때
는 선행학습, 발달 단계, 자료의 성격, 개인차 등을 고려해야 한다.

④ 강화

교수-학습 과정에서 적용될 상벌의 성격과 적용 방법을 명시해야 하고 내적
보상과 외적 보상이 균형을 이루어야 한다. 외적 보상이 강하면 성취 자체로부
터 받는 보상이 줄어들고 성공에 대한 외적 보상은 성공한 수준의 행동만 되풀
이하게 될 가능성이 높다. 따라서 내적 보상과 외적 보상은 균형을 유지하여야
한다.

⑤ 학습자 사고의 자극

Bruner는 인간을 스스로 무엇인가 발견하려는 욕구를 지닌 존재로 보았다. 학
습자는 발견학습에서 강조하듯이 학습해야 할 학습과제의 최종적인 형태를 학
습자 스스로 찾아내는 능동성을 가져야 한다. 이를 위해 교사는 학생들이 자발
적으로 사고하는 태도를 갖도록 교과를 가르쳐야 하며 학생들에게 탐구적 사고
의 절차를 지도해야 한다.

3) Ausubel의 설명식 교수이론

David Ausubel

미국의 교육심리학자인 Ausubel(1963)은 유의미 언어학습이론 또
는 설명학습이론으로 잘 알려져 있다. 그는 학습의 거의 대부분이 기
억작용에 의하여 이루어진다고 보고 학습과정을 설명하기 위하여 포
섭이론(subsumption theory)을 제시하였다. 여기서 포섭(包攝)이라는
것은 유의미한 학습자료를 기존의 인지구조에 동화 내지 흡수시킨다
는 것을 의미한다. Ausubel은 교사가 많은 양의 정보를 의미 있고 효
율적으로 전달하는 방법에 관심을 두었으며 이를 위해 인지적 교수-
학습 과정에 기초한 설명식 교수이론을 제시하였다.

2. 교수이론

(1) 유의미 학습

Ausubel은 "학습에 가장 큰 영향을 미치는 것은 이미 학습자가 알고 있는 것이다."라고 하면서 학습자의 기존 지식에 대해 큰 의미를 부여하였다. 유의미 학습은 학습될 내용과 학습자의 인지구조가 상호작용하여 기존의 인지구조에 새로운 의미가 구성됨으로써 일어나는 학습이라 하였다. 즉, 새로운 정보를 학습자의 인지구조에 포섭 혹은 정착시키고 이를 통해 새로운 정보가 유의미하게 되는 것을 유의미 학습이라고 한다.

새로운 학습내용이 인지구조에 포섭될 수 있는 관련성이 있으면 학습은 촉진되고 기존의 지식은 새로운 지식을 포섭하여 지식의 폭을 넓혀 간다. 여기서 포섭은 새로운 명제나 아이디어가 이미 학습자의 인지구조 속에 존재하는 것보다 포괄적으로 동화 또는 일체화되는 과정이다. 이러한 유의미 학습의 조건으로 Ausubel은 세 가지를 제시하고 있다.

첫째, 학습과제(learning task)이다. Ausubel의 교수이론에서 독립변인 역할을 하는 것은 유의미하게 조직된 아이디어이다. 유의미한 아이디어란 논리적으로 의미 있는 학습과제를 의미한다. 이러한 학습과제란 실사성과 구속성이 있어야 한다. **실사성**(substantiveness)이란 명제를 어떻게 표현하더라도 그 명제의 의미가 변하지 않는 경우를 말하는 것으로, 어떤 부호나 기호를 사용하더라도 그 의미가 변화되지 않는 내재된 본질적 속성을 말한다. 예를 들면, '세 내각의 합이 180도인 것은 삼각형이다.'라는 명제를 '삼각형의 세 내각의 합은 180도이다.'라고 표현해도 삼각형을 표현하는 데 있어서 그 의미가 변하지 않는 것과 같은 경우이다. **구속성**(nonarbitrariness)은 일단 임의적으로 맺어진 관계가 시간이 경과함에 따라 하나의 관습으로 굳어지면서 먼저 맺어진 관계를 임의로 변경할 수 없게 되는 성질을 말한다. 이는 학습자가 어느 정도 깨달을 수 있는 추상적 용어로 인지구조에 연결될 수 있는 가능성과 잠재력을 뜻한다. 예를 들어 '호랑이'라는 낱말을 처음 듣는 아이는 호랑이라는 동물과 '호랑이'라는 언어적 부호가 서로 의미 있게 연결되지 않고 전혀 별개의 것으로 지각될 것이지만, 일단 호랑이의 개념을 실물과 연결하여 파악된 후에는 임의적으로 바꾸기 어려운 구속성을 갖게 된다. 이처럼 학습과제가 실사성과 구속성을 가지면 그 과제는 논리적 유의미성(logical meaningfulness)을 가지게 되는데 이를 유의미 학습과제라고 한다.

실사성
명제를 어떻게 표현하더라도 그 의미가 변화되지 않는 내재된 본질적 속성

구속성
임의로 맺어진 관계가 관습으로 굳어지면서 변경할 수 없게 되는 성질

둘째, 관련정착지식(relevant anchoring idea, 관련정착의미라고도 함)이다. 학습자의 인지구조 내에 학습과제와의 관련을 맺고 수용할 수 있는 관련정착지식을 가지고 있어야 한다. 이러한 관련정착지식은 잠재적 유의미가(potential meaningfulness)를 갖는다. 잠재적 유의미가는 학습과제가 논리적 유의미가를 가지며 학습자의 인지구조에 학습과제와 관련된 개념적 내용을 파지하는 것이다. 이러한 관련정착지식은 학습자의 선행학습 경험, 나이, IQ, 직업, 사회·문화적 지위나 배경에 따라 달라질 수 있다.

셋째, 학습태세(learning set)이다. 학습과제가 학습자에 대하여 잠재적 유의미가를 지니고 있어도 학습자가 학습태세를 갖추고 있지 않으면 유의미 학습이 일어나지 않는다. 즉, 특정한 학습방법을 통하여 학습과제를 인지구조에 연결 지으려는 학습자의 성향이나 의도가 있어야 하며, 이러한 학습태세가 잘 갖추어져 있을 때, 더욱 의미 있는 학습이 이루어진다.

(2) 선행조직자

선행조직자
학습을 촉진하기 위해 추상성, 일반성, 포괄성이 높은 자료를 새로운 학습과제에 앞서 제시하는 것

선행조직자(advance organizer)란 학습을 촉진하기 위하여 학습 이전에 의도적으로 추상성, 일반성, 포괄성의 정도가 높은 자료를 새로운 학습과제에 앞서 제시하는 것을 말한다. 선행조직자는 학습과제의 중요한 측면에 주의를 기울이게 하고, 제시되는 자료들 간의 관련성을 강조하며, 학습자가 이미 알고 있는 관련된 정보를 상기하게 하는 역할을 한다(Woolfolk, 2016).

선행조직자는 학습과제의 성질, 학습자의 기존 능력의 정도 또는 그들 상호 간의 관계에 따라 설명조직자와 비교조직자로 구분된다. 설명조직자(expository organizer)는 학습과제가 인지구조에 있는 관련정착지식과 학습되어야 할 과제 간에 전혀 유사성이 없는 경우, 개념의 정착근거지를 마련하기 위하여 학습자료와 관련지어서 학습 전에 미리 제시되는 보다 포괄적이고 기본적인 중요개념을 말한다. 비교조직자(comparative organizer)란 학습되어야 할 과제와 인지구조에 있는 관련정착지식 간에 상당한 유사성이 있는 경우, 학습과제와 관련정착지식 간의 유사성과 차이점을 분명히 하여 상호 간의 변별력을 증대시킬 목적으로 학습이 시작되기 전에 제시되는 자료를 말한다.

(3) Ausubel의 설명식 교수모형

Ausubel의 설명식 교수모형은 선행조직자의 제시, 학습과제나 자료의 제시, 인지조직의 강화의 세 단계로 이루어진다. 설명식 교수모형의 1단계에서는 선행조직자를 제시한다. 이때 교사는 교수목표를 명료화하고 선행조직자를 제시하며 관련지식경험을 상기하도록 한다. 2단계에서는 학습과제나 자료를 제시한다. 이 단계에서는 학습자의 주의를 집중시키고 조직화를 통해 학습자료의 논리적 순서를 명시한다. 3단계에서는 인지조직을 강화한다. 이를 위해 통합적 조직의 원칙을 제공하고 적극적인 수용학습을 조장하며 교과목에 대하여 비판적 접근을 하도록 한다. 이를 도식화하면 [그림 15-3]과 같다.

이 모형에서 교사는 학습자가 새로운 자료와 이전의 자료를 구별할 수 있도록 도와주고 학습자료와 조직자를 관련시켜 주는 역할을 해야 한다. 또한 학습자의 기존 인지구조를 이해하여 최적의 학습자료를 제시해야 한다. 즉, 교사는 학습자가 새로운 자료의 의미를 명료화하고 새로운 지식을 기존의 지식과 조화시키며 새로운 자료가 적합한 지식이 되도록 조력해야 한다. 아울러 학습자가 지식

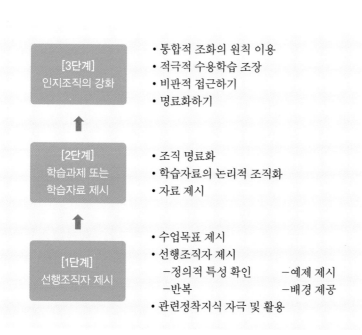

[그림 15-3] Ausubel의 설명식 교수 단계

출처: Joyce & Weil (1980).

에 대해 비판적으로 접근할 수 있는 능력을 증진시키도록 도와주어야 한다.

4) Gagné의 위계식 교수이론

Robert M. Gagné

Gagné(1974)의 교수이론은 인간의 학습이 단순한 것에서 복잡한 것으로, 저차원에서 고차원으로 발전하는 위계를 이루고 있으며, 한 단계의 학습은 다음 단계의 학습에 필수적인 선행요건이 된다는 학습위계(learning hierarchy)에 기초를 두고 있다. 이 이론은 교수목표 분석, 학습과제 분석 및 교수이론의 정립에 기여하였다. Gagné는 여덟 가지 학습유형이 위계를 이루고 있고, 하위학습이 이루어져야 상위학습이 가능하다고 하였다. 이를 구체적으로 살펴보자.

(1) Gagné의 위계학습 유형

① 신호학습(signal learning)

Pavlov의 고전적 조건형성에 의한 반응으로 이루어지는 학습이며, 자극이나 신호에 대해 정서적 반응을 하는 학습이다.

② 자극-반응학습(stimulus-response learning)

Skinner의 조작적 조건화 원리에 의해 이루어지는 학습이며, 특정 자극에 대해 구체적이고 능동적인 반응을 하는 것이다.

③ 연쇄학습(chaining learning)

전 단계에서 학습한 자극-반응의 연결학습으로 운동기능에서의 자극과 반응의 결합이 연쇄적인 것을 의미한다. 즉, 현미경을 조정할 때와 같이 일련의 반응이 정해진 순서에 따라 연결되어 학습되는 특성이 있다.

④ 언어연합학습(verbal association learning)

개별적 언어를 순서에 맞도록 연결시키는 학습이다. 국어와 뜻이 같은 외국어 단어 학습, 화학 기호를 외우는 것과 같이 언어를 사용한 쌍연합학습(paired associate learning) 활동을 의미한다.

⑤ 중다변별학습(multiple discrimination learning)

여러 가지 구체적 반응과 연쇄반응을 학습하여 그것들을 구별할 수 있는 능력이다. 비슷한 여러 대상을 구별할 수 있는 능력을 학습하는 것을 말한다.

⑥ 개념학습(concept learning)

공통된 속성을 이해하고 그것을 기준으로 하여 사물을 분류하는 것이다. 즉, 사물의 공통적인 성질이나 추상적인 성질을 분류하는 것이다.

⑦ 원리학습(rule learning)

개념과 개념 간의 관계를 파악하는 능력을 획득하는 것을 의미한다. 즉, 개념들 간의 관계가 연결됨으로써 학습이 된다.

⑧ 문제해결학습(problem solving learning)

학습자가 이전에 경험하지 못했던 문제에 대해 몇 가지 법칙을 적용하여 해결하는 학습이다. 여러 개의 법칙 중에서 주어진 문제해결에 가장 적합한 법칙을 선택하여 그 문제해결에 적용하는 능력을 학습하는 것을 말한다.

(2) 학습과정과 교수사태

교수사태(instructional events)란 교수-학습 장면에서 교수 또는 수업이 학습의 사태를 통제하는 일련의 활동을 말한다. Gagné는 이러한 교수사태를 9단계로 나누어 제시하였으며, 각 단계에 나타나는 사태들은 학습의 내적 과정을 돕기 위해 외적인 도움을 주는 방법들이라고 하였다(Gagné, 1977). 이러한 교수의 9가지 사태들은 하나의 학습능력을 가르치기 위하여 교수를 위계화하는 기본적인 원리들로 해석될 수 있다.

Gagné의 교수사태 9단계를 학습과정과 연계하여 비교한 내용을 〈표 15-2〉와 같이 제시하였다.

표 15-2 Gagné의 학습과정과 교수사태의 비교

구분 단계	학습과정		교수사태
1	동기화	➡	동기유발로 주의집중하기
2	이해(선택적 지각)	➡	학습목표에 대한 정보제공하기
3	습득(약호화)	➡	선행지식의 재생을 자극하기
4	파지(기억 및 저장)	➡	자극이 될 수 있는 자료 제시하기
5	회상	➡	적절한 학습지도를 통해 파지를 촉진하기
6	일반화	➡	다른 학습과의 전이를 촉진하기
7	성공수행	➡	수행을 유도하기, 수행에 대한 평가하기
8	강화(피드백)	➡	피드백을 통해 기억의 조장과 전이를 촉진하기

① 주의집중(gain attention)

학습자가 수업을 받아들이도록 자극을 활용하여 주의를 집중시키는 일련의 활동을 포함한다. 학생들의 주의를 집중시키는 방법은 학생들에게 색다른 자극을 제시하거나 이들의 흥미를 돋우는 방법을 활용하거나 학습과제와 관련 있는 행동을 보여 주는 것이다.

② 학습 목표 제시(inform learners of objectives)

학습과제를 다루기 전에 학습을 통해 달성해야 할 목표를 제시한다. 학습자는 학습 결과로 기대되는 성취가 어떤 것인지를 알아야 한다. 학생들이 달성해야 할 목표를 인지함으로써 자신의 학습태도 및 기대를 형성한다.

③ 사전지식의 회상 자극(stimulate recall of prior learning)

교수활동을 통해 학습자가 선수학습 내용 또는 사전지식을 인출하여 활성화하게 하는 과정이다. 이를 통해 교수자는 학습자가 새로운 정보를 이전에 배운 적절한 개념과 관련지어 생각하도록 자극할 수 있다. 새로운 정보를 성공적으로 동화하기 위해 학생들은 그들의 기억 속에 이미 저장되어 있는 관련 정보를 회상할 필요가 있다.

④ **자료 제시(present the content)**

학습자료 및 학습주제에 대한 다양한 예시들을 제시하는 과정이다. 이를 통해 학습내용에 대한 학습자의 선택적 지각을 증가시키거나 만들 수 있다.

⑤ **학습안내 제공(provide learner guidance)**

학습이 의미 있고 효과적으로 이루어질 수 있도록 학습자에게 학습을 위한 안내와 지침을 제공하는 과정이다. 학습안내를 제공하는 것은 교사가 학습자에게 해답을 가르쳐 주는 것이 아니라, 하위 개념이나 법칙을 적절하게 결합하여 새로운 법칙을 발견할 수 있는 사고방식을 기르고 학습 방법을 가르치는 것을 포함한다.

⑥ **수행 유도(elicit performance)**

학습 목표에 해당하는 행동을 학습자들이 실제로 수행하도록 하는 과정이다. 학습자들의 부호화를 향상시키고 이해를 확인하기 위하여 질문법을 많이 사용한다. 짧은 문제나 퀴즈 혹은 시험의 형태를 취한다든지 연습문제나 과제를 수행하거나 배운 것을 실습할 수 있는 기회를 제공한다.

⑦ **피드백 제공(provide feedback)**

학습자의 수행 및 반응이 어느 정도 적절한지에 대한 정보를 제공하고 강화하는 과정이다. 적시의 피드백을 통해 학습자는 그들의 최초 목표를 알게 되고 수행의 개선이 필요한 학습자들은 얼마나 많은 노력과 연습이 더 필요한지를 깨닫게 된다.

⑧ **수행 평가(assess performance)**

앞서 제시된 학습 목표에 비추어 학습이 잘 이루어졌는지를 파악하기 위하여 학습의 결과를 평가하고 확인하는 과정이다. 최종적인 평가로서 지식이나 기술을 인출 및 강화시킨다.

⑨ 파지와 전이 증진(enhance retention and transfer)

학습한 내용을 파지하고 새로운 환경에서 활용할 수 있는 전이 능력을 기르는 과정이다. 학습한 지식이나 기술을 인출하여 새로운 상황 또는 실생활 환경에 일반화하게 한다. 새로운 문제를 해결하기 위해서는 다른 분야의 원리나 개념을 전이하거나 일반화할 수 있어야 한다. 교수 목표와 관련된 학습 내용을 새로운 과제나 실생활에 전이할 수 있도록 하는 다양한 환경을 만들어 줌으로써 학습자는 전이 가능한 원리를 습득할 수 있다.

5) Carroll의 학교학습모형

1950년대부터 치열해진 미국의 과학경쟁은 '개인 능력의 최대 개발'이라는 교육목표를 세우게 하였고, 이에 대한 절박하고도 심도 있는 연구가 수행되도록 미행정부에 의해 지시되었다. 이 장에서도 Bruner의 지식의 구조화 및 현대화가 제기되었고, 서독의 범례(範例)방식에 의한 교재의 선정 문제가 논의되었으며, 방법론에 있어서도 프로그램 학습 등 많은 연구가 활발히 진행되었던 시기였다.

숙달학습의 논리적 연구도 이와 같은 조류 속에서 나오게 된 것이다. 이것은 미국 Bloom의 『숙달학습(learning for mastery)』과 Carroll의 『학교학습모형(a model of school learning)』이라는 저서에서 연구된 것이다. 당시 '그동안 학교수업이 얼마나 철저하지 못하고, 형식에만 그친 교육이었느냐' 하는 교육에 대한 비판의식이 이러한 연구들의 출현을 뒷받침하였다.

그 당시 사회적 여건의 변화와 막중해진 교육적 책임을 진보주의 교육이 감당할 수 없게 된 것이 사실이다. 지적 수준을 최대로 높이 올리는 것이 교육의 새로운 움직임이 되었기 때문이다. 학교수업의 핵심은 지식 습득을 위한 것이었고, 학습자의 지적 수준을 높이자는 것이 바로 숙달학습 연구의 동기를 제공해 주었다.

'숙달학습'은 Carroll의 학교학습모형에 전적으로 기초하여, Bloom이 체계화시킨 교수-학습 방법이다. Carroll은 학습자가 해당 과제를 배우는 데 필요로 하는 시간의 양에 따라서 주어진 과제학습의 성공을 설명할 수 있다고 하였다. 따라서 '학습자가 수업자료를 어느 정도 학습하였는가' 하는 것은 학습자가 기대한

$$\underset{\text{(degree of learning)}}{\text{학습의 정도}} = f\left(\frac{\text{학습에 사용한 시간}}{\text{학습에 필요한 시간}}\right) = f\left(\frac{\text{학습기회 · 학습지속력}}{\text{적성 · 수업이해력 · 수업의 질}}\right)$$

[그림 15-4] Carroll의 학교학습모형

과제수행 수준을 학습하는 데 필요로 하는 전체 시간 대비 실제 학습에 사용한 시간이라는 양적인 비율로 설명하였다. 그것은 [그림 15-4]와 같은 함수로 표현된다.

(1) 적성

어떤 학습과제를 가장 적합한 교수기법으로 가르치고, 학습자가 주의를 기울여서 그 학습과제를 열심히 학습하고자 하는 의욕을 가지며, 또 학습자가 필요로 하는 학습의 기회가 충분히 주어지는 이러한 이상적인 조건하에서도 학습의 정도가 매우 다르다는 연구결과가 많은데, 이러한 학습정도의 개인차를 설명할 수 있는 변인을 Carroll은 학습적성(aptitude for learning)이라고 말하였다. 일반적으로 이상적인 학습의 조건하에서 학습에 필요한 시간의 양이 적은 학습자는 높은 학습적성을 가졌다고 말하고, 그렇지 못한 학습자는 낮은 학습적성을 가졌다고 말한다. 또 어떤 학습자는 이상적인 학습 조건하에서도 결코 학습을 이룰 수가 없다. 즉, 학습을 위해 필요로 하는 시간이 짧을수록 학습의 적성이 높은 것이다. 이것은 통상적으로 이용되는 적성검사와는 반대 방향으로 측정됨을 의미한다.

또한 학습적성의 정도는 과제 특수적이다. 적성은 많은 변인 간의 함수로 나타낼 수 있다. 즉, 학습적성은 과제 관련 사전학습에 영향을 받을 수 있고, 이미 특정 학습과제에 숙달한 학습자는 학습에 적은 시간을 필요로 하게 된다. 그래서 어떤 특정 과제의 학습에 필요한 시간(Academic Learning Time: ALT)은 원래 필요한 학습시간에서 사전학습으로 절약된 시간을 뺀 시간이 된다.

(2) 수업이해력

Carroll은 수업이해력(ability to understand instruction)을 적성에 속하는 변인과 구별되는 것으로 가정하였다. 왜냐하면 수업이해력은 수업 방법과 매우 특별하고 흥미로운 양태로 상호작용하기 때문이다. 그리고 수업이해력은 일반지능과 언어능력의 조합으로 측정될 수 있다고 본다. 전자는 학습자료에 내재된 개념과 관계를 직접 설명해 주기보다는 학습자 스스로 그들을 추론해야만 하는 수업 상황에서 중요한 역할을 하는 반면, 후자는 수업이 학습자의 이해 수준을 벗어나는 언어를 이용할 때 영향을 주게 된다.

(3) 수업의 질

수업의 질(quality of instruction)이 나쁘다면 학습에 필요한 시간은 증가한다. 교사의 역할 중 하나는 학습과제를 학습자가 최대한 빨리, 효율적으로 학습할 수 있도록 조직하여 제시하는 것이다. 이는 학습할 내용과 학습방법을 학습자가 이해할 수 있는 말로 명료하게 제시해 주어야 함을 의미한다. 또한 학습자가 학습자료를 적절하게 접할 수 있도록 해야 하고, 학습의 각 단계를 주의 깊게 계획하며 배열해야 함을 의미한다.

(4) 학습기회

학습기회(Opportunity To Learn: OTL)는 학교의 수업 시간표 또는 프로그램에 의해 학습에 할당된 시간의 양이다. 학습자들의 학습속도에서의 개인차 문제에 대해 학교는 여러 가지 방식으로 대처해 왔다고 할 수 있다. 어떤 학교는 이런 개인차를 무시하여 모든 학생에게 똑같은 양의 학습시간을 허용할 뿐이다. 한편 학습자 개인의 학습속도에 맞추어 학습을 진행시켜 나가는 경우도 있다. 이 두 가지 경우의 중간에 위치하는 방법이 능력집단에 의한 학습설계이다. 여기서는 학생들이 추정된 학습속도에 따라 서로 다른 분단이나 학습, 교육과정에 배정된다. 학습에 대한 시간 배당의 차이는 교사의 수업 방법, 교재의 특성, 학생의 학습기회에 상당히 큰 영향을 끼칠 수 있다.

(5) 학습지속력

학습지속력(perseverance)은 학습자가 과제의 학습이나 수업을 위해 사용하고자 하는 시간의 양으로 정의된다. 여기서 지속력의 개념은 끈기나 지구력이란 개념과 유사하며, 학습동기의 조작적 정의라고도 할 수 있다(Carroll, 1989).

이상에서 살펴본 Carroll의 학교학습모형은 다음과 같은 시사점을 남기고 있다.

첫째, 모든 학생이 특정 과제의 학습에 필요한 시간을 모두 마칠 수 있다면, 100%의 학습성과를 달성할 수 있다는 측면이다. 둘째, 절대평가를 지향한다. 셋째, 숙달학습의 토대가 되었다. 넷째, 주로 인지적·기술적 학습을 위한 것이고, 정의적 학습에까지 활용할 것을 전제로 하지 않는다. 다섯째, 모형에 포함된 모든 변인에 대한 세심한 고려를 통해서 학생성취에 대한 진단과 교정에 좀 더 큰 효과를 볼 수 있다. 즉, 저성취나 과잉성취의 개념을 잘못 사용하는 오류를 덜 범하게 된다.

3. 학교교육을 위한 교수-학습의 20가지 원리

2015년 미국심리학회에서는 수많은 심리학 기반의 교육 연구를 검토하고 타당화하는 과정을 거쳐 유아교육에서 고등학교까지 교육자들이 활용할 수 있는 교실 수업을 위해 가장 중요한 교수-학습 원리를 도출하는 프로젝트를 진행하였다. 그 결과물인 『심리학 연구가 제안하는 학교교육을 위한 교수-학습의 20가지 원리(Top 20 principles from psychology for preK-12 teaching and learning)』(APA, 2015)에서는 인간 심리의 다섯 가지 영역에서 20가지 원리를 제시하고 있으며 이에 포함된 교수-학습 원리는 다음과 같다.

1) 인지와 학습 영역의 원리

먼저 처음 8개의 원리는 인지와 학습에 관련되며, '학생은 어떻게 사고하고 학습하는가?'라는 질문을 다룬다(원리 1~원리 8).

- 원리 1. 지능과 능력에 대하여 학생이 가진 신념 또는 지각은 학생 자신의 인지 기능 및 학습에 영향을 미친다. 교사는 지능과 능력이 노력이나 경험을 통해 발달할 수 있다는 신념을 학생에게 기를 수 있다.
- 원리 2. 학생이 이미 알고 있는 것이 학습에 영향을 끼친다. 학습은 학생의

현재 지식에 무언가를 더하거나(개념적 성장), 지식을 수정 또는 변형시킴으로써(개념적 변화) 이루어진다.

• 원리 3. 학생의 인지발달과 학습은 일반적인 발달 단계에 의해 제한받지 않는다. 학생들은 다음과 같은 경우 고차적 사고 및 행동을 할 수 있게 된다. 첫째, 특정 영역에서의 지식에 대한 생물학적 기반 혹은 초기 능력이 있을 때이다. 둘째, 특정 지식 영역을 이미 잘 알고 있거나 전문성을 갖고 있을 때이다. 셋째, 더 유능한 타인과 상호작용하거나 도전적인 과제를 다룰 때이다. 넷째, 경험을 통해 친숙해지는 사회문화적 맥락에 의해서이다.

• 원리 4. 학습은 맥락에 기초하기에 새로운 맥락으로 학습을 일반화하는 것은 자발적으로 이루어지지 않으며, 이를 위한 별도의 노력이 필요하다. 지식과 기술의 전이 및 일반화는 저절로 혹은 자동적으로 이루어지지 않는다. 새로운 맥락이 원래의 학습 맥락과 덜 유사할수록 전이와 일반화는 더 어려워진다.

• 원리 5. 장기적인 지식 및 기술의 습득은 대개 연습에 달려 있다. 단순 반복이 아닌 숙고된 연습(deliberate practice)은 주의집중, 시연, 오랜 시간에 걸친 반복을 포함하며 더 복잡한 지식 및 기술의 발달을 가능케 한다.

• 원리 6. 학생에게 명료하고 구체적인 피드백을 적시에 제공하는 것이 학습을 위해 중요하다. 학생은 자신의 학습에 대해 정기적이고 구체적이며 적시적인 피드백을 받을 때 학습을 증진할 수 있다.

• 원리 7. 학생의 자기조절력은 학습에 도움이 되며, 자기조절의 기술은 가르쳐질 수 있다. 주의, 조직화, 자제력, 계획, 기억전략 등 자기조절 기술은 직접적이고 명시적인 수업, 모델링, 학급의 조직화와 구조화 등을 통해 가르쳐질 수 있으며 향상될 수 있다.

• 원리 8. 학생의 창의성은 길러질 수 있다. 창의적 사고는 발달되고 길러질 수 있으며, 이는 학생과 교육자에게 학습의 중요한 목적이자 결과가 되어야 한다.

2) 동기 영역의 원리

다음 4개의 원리는 '무엇이 학생을 동기화하는가?'라는 동기 관련 문제를 다룬다(원리 9~원리 12).

- **원리 9.** 학생은 외재적으로 동기화될 때보다 내재적으로 동기화될 때 학습을 즐기고 더 좋은 성취를 이룬다. 학생들의 유능감이 높아질수록 그 유능감의 바탕이 되는 지식과 기술이 학생으로 하여금 적은 노력을 들이지만 더 즐겁게 그리고 더 복잡한 과제를 할 수 있게 만든다. 이렇게 될 때 학생은 학습에서 내재적인 보상을 받게 된다.
- **원리 10.** 학생은 수행목표보다 숙달목표를 가질 때 학습에서 직면하는 어려움을 이겨내고 정보를 더 심층적으로 처리한다. 수행목표는 학생으로 하여금 남들만큼 하지 못하면 어떻게 될지에 대해 지나치게 걱정하게 함으로써 도전적인 과제를 피하게 만든다.
- **원리 11.** 학생에 대한 교사의 기대는 학생의 학습기회, 동기, 학습결과에 영향을 미친다. 언어적으로나 비언어적으로 잘못된 기대가 학생에게 전달된다면, 학생은 그러한 교사의 기대를 확인하는 방식으로 행동하기 시작한다.
- **원리 12.** 장기적이고 일반적이며 지나치게 도전적인 목표보다는 단기적이고 구체적이며 적절하게 도전적인 목표를 세우는 것이 동기를 증진한다. 학생이 적절하게 도전적인 근접 목표를 세우는 것에 익숙해지면, 중간 정도의 위험은 감수하는 법을 배우게 된다. 이는 성취 지향적인 사람에게서 발견되는 가장 중요한 특징 중 하나이다.

3) 사회적 맥락과 정서 영역의 원리

다음 3개의 원리는 학습에 영향을 끼치는 사회적 맥락과 정서 차원을 다루며, '학생의 학습에서 중요한 사회적 맥락, 대인관계, 정서는 무엇인가?'라는 질문에 초점을 맞춘다(원리 13~원리 15).

- 원리 13. 학습은 여러 가지의 사회적 맥락 내에서 상황적(situated)으로 이루 어진다. 문화적 경험에서의 잠재적 다양성을 고려할 때, 교사는 공유된 의 미와 가치, 신념, 행동 기대를 갖게 하는 '교실문화'를 만들어야 하며, 모든 학생들을 위해 안전하고 안정적인 환경을 제공해야 한다.
- 원리 14. 대인관계와 의사소통은 교수–학습 과정뿐만 아니라 학생의 사회정 서적 발달을 위해서도 중요하다. 교실의 사회적 본질을 고려해 볼 때, 교실 은 의사소통이나 타인에 대한 존중감 등과 같은 사회적 기술을 가르치는 데 있어 매우 중요한 맥락을 제공한다.
- 원리 15. 정서적 안녕감은 교육적 성과, 학습, 발달에 영향을 미친다. 학생들 의 정서적 안녕감은 학급에서 성공적으로 일상적인 기능을 하는 데 있어서 필수적이며 수행 및 학습에 영향을 미친다. 또한 정서적 안녕감은 대인관 계, 사회적 발달, 전반적인 정신건강을 위해서도 중요하다.

4) 교수–학습 맥락 영역의 원리

다음 2개의 원리는 교수–학습이 이루어지는 맥락과 관련되며, '어떻게 하면 학급을 잘 관리할 수 있는가?'의 질문을 다룬다(원리 16~원리 17).

- 원리 16. 학급에서 품행이나 사회적 상호작용에 대한 기대는 효과가 검증된 행동 및 교실 수업 원리를 통해 가르쳐질 수 있다. 학습에 도움이 되는 행동 과 적절한 사회적 상호작용은 학년이 시작되는 초반에 가장 잘 가르쳐질 수 있으며, 또한 해당 학년 동안 꾸준히 강화될 수 있다.
- 원리 17. 효과적인 학급관리는 ① 학생들에게 높은 기대치를 세우고 이에 대 해 학생들과 의사소통하며, ② 일관적으로 긍정적 관계를 기르며, ③ 학생들 에게 높은 수준의 지지를 제공하는 것에 기반한다. 학생들은 학업성취뿐만 아니라 학급 내 행동에 대해서도 예측 가능한 구조 및 높은 기대가 있을 때 긍정적인 영향을 받을 수 있다.

5) 평가 영역의 원리

마지막 3개의 원리는 '학습에서 학생의 진전도를 어떻게 평가할 수 있는가?'의 질문과 관련된다(원리 18~원리 20).

- 원리 18. 형성평가(formative assessment)와 총합평가(summative assessment)는 둘 다 중요하고 유용하지만, 서로 다른 접근법과 해석을 필요로 한다. 특히, 형성평가를 통해 학생의 학습을 향상하기 위해서 교사는 다음과 같은 점을 고려해야 한다. 먼저, 매 수업의 목적에 대해 학생들에게 분명하게 의사소통해야 한다. 둘째, 학생의 학습 정도에 대한 증거 수집을 위해서는 수업뿐만 아니라 다른 교실 내 경험을 활용해야 한다.
- 원리 19. 학생의 기술이나 지식, 능력은 평가의 질과 공정성에 대해 잘 정의된 기준을 갖춘 심리 과학 기반의 평가 과정을 통해 가장 잘 측정된다. 학생의 지식, 기술, 능력에 대한 적절한 해석을 위해서는 평가의 신뢰도와 타당도가 둘 다 높아야 한다.
- 원리 20. 평가 데이터에 대한 이해는 명료하고 적절하며 공정한 해석에 기반한다. 특정 평가 점수는 일반적으로 그 평가가 만들어진 특정한 목적으로만 사용되어야 한다.

신뢰도
평가하고자 하는 특성을 얼마나 정확하게 평가하느냐 하는 정도

타당도
평가하고자 하는 특성을 얼마나 충실하게 평가하느냐 하는 정도

4. 교육 현장에서의 최신 교수법

전통적인 교실 수업은 다수의 학생을 대상으로 교사의 강의나 설명이 중심이 되어 이루어지는 교사 중심의 교수법 혹은 수업 방법이 전형적인 모습이었다. 그러나 최근에는 교사가 학습 과정의 중심에 있다는 관점에서 학생들이 학습 과정의 중심적 역할을 해야 한다는 관점으로의 전환이 이루어지면서 '학습자 중심의 교수법'이 강조되고 있다(McCombs, 2010). 이는 교육 연구 및 실제에 있어 구성주의적 접근이 대두되고 있는 것과도 연관된다. 즉, 학생은 스스로 이해를 구성하기 때문에 수업은 학생의 구성 과정을 촉진하고 도와줄 수 있는 방식으로

이루어져야 한다는 것이다. 더불어 초 · 중 · 고뿐만 아니라 대학에서도 지식의 암기에 초점을 둔 수업이 아닌 이해, 문제해결, 전이, 창의성 등 고차적 사고력을 기르는 수업의 필요성이 커지면서 다양한 학습자 중심의 교수법 혹은 수업 방법이 도입되고 있으며 교육 혁신의 핵심적인 화두가 되고 있다.

여기서는 최근 우리나라 교육 현장에서 많은 관심을 갖고 도입해 온 대표적인 학습자 중심의 교수법 혹은 수업 방법 몇 가지를 소개하고자 한다.

1) 거꾸로 수업

거꾸로 수업
수업 전 학생이 핵심 내용을 먼저 공부하고 난 뒤, 교실에서는 토론, 프로젝트, 팀활동 등 학습자 중심의 학습 활동이 이루어지는 수업 방법

거꾸로 수업(flipped instruction) 혹은 거꾸로 교실(flipped classroom)은 수업에 앞서 학생이 수업의 핵심 내용을 먼저 공부하고 난 뒤, 학교 교실에서는 앞서 학습한 내용을 중심으로 토론, 프로젝트, 팀활동 등 학습자 중심의 학습 활동이 이루어지는 수업 방식을 의미한다(Bergman & Sams, 2012). 거꾸로 수업이라는 이름은 학생들이 교실에서 수업을 듣고 난 다음에 가정에서 그 수업과 관련된 과제를 수행하는 전통적인 수업방식을 거꾸로 뒤집었다(flipped)고 하여 만들어졌으며, 미국 콜로라도 주에 있는 Woodland Park high school의 두 화학 교사인 Johnathan Bergman과 Aaron Sams에 의해 처음 시작된 이후 지금은 전 세계의 관심을 받고 교육 현장에 적용되고 있는 교수법이다.

거꾸로 수업은 온라인과 오프라인을 연계시키는 블렌디드 러닝의 발전된 형태로 언급된다. 수업 전 집이나 교실 밖에서 이루어지는 사전학습은 주로 동영상이나 인터넷 자료와 같은 온라인 콘텐츠를 활용하여 수행되는 반면, 학교 교실에서 이루어지는 본 수업은 학습자의 참여와 상호작용을 강조하는 면대면 수업으로 실시되기 때문이다. 거꾸로 수업의 주요 부분인 사전학습은 21세기 전환기에 이루어진 인터넷의 확산이 있었기에 가능해졌다. 특히, 칸아카데미(Khan Academy)처럼 양질의 교육 콘텐츠를 제공하는 비영리 교육 웹사이트 및 YouTube 교육 콘텐츠의 증가가 효과적인 거꾸로 수업을 촉진하였다.

거꾸로 수업의 교실에서는 학생들이 수동적으로 교사가 설명하는 내용을 듣고 필기하는 모습을 보기 어렵다. 대신 학생들은 수업 전에 미리 학습하고 온 내용에 대한 질의응답, 학생 간 토론이나 팀활동 같은 학습자 중심의 활동에 참여

하게 된다. 따라서 거꾸로 수업 방법의 적용은 수동적으로 수업에 임하던 학생들을 능동적으로 변화시킴으로써 적극적인 자세로 수업에 임하게 하고 활발한 인지적 활동을 촉진한다는 장점이 있다.

2) 문제중심학습과 프로젝트기반학습

문제중심학습(problem-based learning, 혹은 문제기반학습)과 프로젝트기반학습(project-based learning, 혹은 프로젝트학습)은 대표적인 구성주의 교수법으로서 학습자 관점에서 이루어지는 학습에 초점을 두기에 학습이란 단어를 명칭 내에 담고 있다. 두 가지 교수법 모두 영문 약자로는 PBL이고 최근 교육현장에서 많이 언급되고 있기에 혼돈하는 경우가 많다.

문제중심학습과 프로젝트기반학습은 모둠 혹은 협동학습을 기반으로 하고 교사는 조력자의 역할을 한다는 점 등에서 서로 유사한 측면이 있지만 동일한 수업 방법은 아니다. **문제중심학습**은 실제적인 문제를 학생 스스로 해결하는 과정을 통해 내용지식, 기술, 자기조절을 기르는 학습에 초점을 맞추는 수업 방법이다(13장의 관련 내용 참조). 이는 원래 의과대학에서의 의학교육의 방법으로 개발되었는데 '환자의 증상 진단'과 같이 복잡한 실제적인 문제를 중심으로 학습이 시작된다는 특징을 지닌다(최정임, 2007). 문제기반학습에서는 학생들에게 실생활 기반의 실제적인 문제를 제시하여 학생들이 그 문제를 해결하기 위해 공동으로 방안을 논의한 후, 개별학습과 협동학습을 통해 공동의 해결안을 마련하는 과정에서 학습이 이루어진다.

프로젝트기반학습은 모둠을 기반한다는 점, 교사는 학습을 조력하는 역할을 할 뿐 학생의 학습 과정에 지나치게 개입하지 않는다는 점 등에서 문제중심학습과 공통점을 지니며 경우에 따라서는 문제중심학습을 포괄하는 개념으로 사용된다(강문숙, 홍광표, 2014; 장경원, 2019). 그러나 엄밀한 의미에서 프로젝트기반학습은 학생들이 제작하는 프로그램이나 모델 설계, 페이퍼, 보고서 등과 같은 최종 산출물을 중요시한다는 점에서 문제기반학습과 차이점이 있다. 다시 말해, 프로젝트기반학습은 다른 구성주의 학습법보다 학생들의 프로젝트 결과물과 그것이 생성되는 과정 전체를 중요하게 여긴다는 특징을 갖는다.

문제중심학습
실제적인 문제를 학습자 스스로 해결하는 과정을 통해 내용지식, 기술, 자기조절을 기르는 학습에 초점을 맞추는 수업 방법

프로젝트기반학습
학생들의 프로젝트 결과물과 그것이 생성되는 과정에 초점을 맞추는 수업 방법

3) 토론과 하브루타

학습을 촉진하는 수업 방법으로서 토론(discussion)은 학습을 정교화하는 과정이라고 볼 수 있다. 학습자 중심의 수업 방법인 토론에서는 학생들이 교사가 제시한 질문에 응답만 하는 것이 아니라 개방적인 형태로 교사나 다른 학생들의 질문에 대해 서로 의견을 주고받는다. 토론 과정에서는 서로 반대 의견을 주고받음으로써 교사-학생 간, 학생-학생 간 활발한 논쟁이 이루어질 수 있다. 토론 과정에 포함된 자기표현과 경청을 통해 자신의 지식과 생각을 재정리하여 조직화하고 더욱 정교화하는 과정이 이루어질 수 있다. 토론이 효과적으로 이루어지기 위해서 교사는 토론의 분위기를 좋게 만들고, 규칙을 정하여 토론이 일부 학생 위주로만 흘러가거나 논쟁이 지나치게 형식적으로 되고 격화되지 않도록 하는 촉진자의 역할을 해야 한다.

토론 수업의 한 형태인 하브루타(havruta)는 원래 '짝'이나 '학습 파트너'를 의미하는 히브리어로, 둘씩 짝지어 격렬하게 논쟁하고 토론하는 과정을 통해 학습이 이루어지게 하는 토론 수업 방법이다(Holzer, 2015). 이는 유대인들의 회당에서 이루어지던 학습 방식으로서 두 사람이 모이면 성경의 내용과 관련하여 각자 호기심을 가진 주제에 대해 질문하고 경청하는 활동으로부터 유래된 교수-학습 방법이다. 일반적인 토론 수업에서는 학생들이 격렬한 논쟁을 통해 최종적인 문제해결안을 도출하는 데 초점을 맞추는 반면, 하브루타에서는 학생들이 자신의 의견을 관철하기보다 질문과 대화 등을 통해 상대방의 의견을 경청하며 서로 협력함으로써 사고력을 개발하기 위한 활동에 집중한다(장봉석, 2018). 하브루타는 학생들에게 동료와의 적극적인 협력 및 상호작용을 통해 자신의 생각을 표현하고 질의·응답할 수 있는 기회를 제공함으로써 학습의 능동적 주체가 되도록 하며 자기주도학습이 이루어질 수 있게 한다.

토론과제 >>>

1. 교수(teaching)와 수업(instruction)이란 용어의 개념적 차이를 비교해 보자.

2. 이 장에서 제시된 다양한 교수이론의 장단점을 비교하여 어떤 이론이 가장 설득력이 있다고 생각하는지 논의해 보자.

3. 미국심리학회(APA)가 제안한 학교교육을 위한 교수-학습의 20가지 원리 중 하나를 선택한 후, 이 원리의 근거가 되는 핵심적인 연구 및 연구자에 대해 탐색하여 서로에게 설명해 보자.

4. 이 장에서 제시된 최신 교수법 이외에 교육 현장에서 효과적으로 활용 가능한 교수법을 탐색하여 해당 교수법의 주요 특징, 장단점, 교사 및 학생의 역할 등에 대해 토론해 보자.

참고문헌

강명희, 강봉규(2013). 새로운 교육심리학. 서울: 태영출판사.

강문숙, 홍광표(2014). SNS활용 프로젝트 학습 사례 질적 연구: 학습자의 학습 경험을 중심으로. 평생학습사회, 10(4), 85-112.

강인숙, 김영훈, 김정임, 최지혜(2017). 교육심리학. 서울: 동문사.

강인애, 김선자(1998). PBL에 의한 수업설계와 적용: 초등 사회과 수업사례. 교육공학연구, 14(3), 1-31.

강인애, 정준환, 정득년(2007). PBL의 실천적 이해. 서울: 문음사.

고영남(2005). 효과적인 교수-학습과 진로탐색을 위한 학습양식과 심리검사의 이해와 적용. 서울: 원미사.

곽금주(2016). 발달심리학. 서울: 학지사.

구광현, 가영희, 이규영(2009). 교육심리학(개정판). 서울: 동문사.

구병두(2014). 메타분석을 통한 협동학습이 학업성취에 미치는 영향. 학습자중심교과교육연구, 14(12), 91-114.

권대훈(2009). 교육심리학의 이론과 실제(2판). 서울: 학지사.

권준모(2001). 심리학과 교육(개정판). 서울: 학지사.

김성일(2004). 흥미와 내재동기 증진을 위한 학습환경 디자인. 한국교육방법학회 춘계학술대회 논문집, 89-113.

김아영(2010). 학업동기: 이론, 연구와 적용. 서울: 학지사.

김아영, 김성일, 봉미미, 조윤정(2022). 학습동기: 이론 및 연구와 적용. 서울: 학지사.

김언주 역(1993). 사고기능의 교육. 서울: 문음사.

김언주(1998). 신교육심리학. 서울: 문음사.

김영채(1999). 창의적 문제해결: 창의력의 이론, 개발과 수업. 서울: 교육과학사.

김종호(2009a). 교류분석(TA) 이론의 이고그램(Egogram) 척도 개발 연구. 대구대학교 대학원 박사학위논문.

김종호(2009b). 이고그램 성격검사. 대구: 한국이고그램연구소.

노안영, 강영신(2003). 성격심리학. 서울: 학지사.

박동섭(2008). 행위, 인지, 학습에 대한 대안적 인식론으로서의 상황학습론. 초등교육연구, 21(1), 177-203.

박성익, 이희연, 이경숙(2003). 협동학습 전략이 학업성취와 학습태도에 미치는 효과. 교육학연구, 41(1), 230-231.

박성익, 임철일, 이재경, 최정임(2003). 교육방법의 교육공학적 이해. 서울: 교육과학사.

박성희(2008). E-PBL과 학습전략. 한국교육방법학회 추계학술 심포지엄.

박아청(1981). 교육연구를 위한 실험에 대한 일고찰. 한국교육, 한국교육개발원, 8(1), 71-86.

박아청(1999). 교육심리학의 이해. 서울: 교육과학사.

박인우(1996). 학교교육에 있어서 구성주의 원리의 실현매체로서의 인터넷 고찰. 교육공학연구, 12(2), 81-103.

박인우(2015). 교수와 수업, 수업이론, 수업설계이론에 대한 개념적 분석. 교육공학연구, 31(3), 633-653.

박지윤(2017). 문제중심학습(PBL)을 활용한 수업효과에 대한 메타분석. 이화여자대학교 교육대학원 석사학위
　　논문.

변영계 (2005). 교수-학습이론의 이해. 서울: 학지사.

변창진, 이명자(1995). 개인차의 교육적 적용. 변창진, 송명자 편, 교육심리-인지발달론적 접근. 서울: 교육과학사.

서울대학교 교육연구소(1994). 교육학용어사전. 서울: 하우동설.

성현란, 성은현, 장유경, 정명숙, 박혜원, 이현진, 정윤경, 김혜리, 소현주, 유경, 유연옥(2019). 발달심리학. 서울:
　　학지사.

손희전(2013). 청년층의 BIC5 성격특성. 한국직업능력개발원.

송명자(1995). 발달심리학. 서울: 학지사.

송인섭 외(2013). 교육심리학. 서울: 양서원.

신명희, 강소연, 김은경, 김정민, 노원경, 서은희, 송수지, 원영실, 임호용(2018). 교육심리학(4판). 서울: 학지사.

신명희, 서은희, 송수지, 김은경, 원영실, 노원경, 김정민, 강소연, 임호용(2017). 발달심리학(2판). 서울: 학지사.

안기성(1992). 교육학 개론. 서울: 학지사.

오만록(2017). 교육심리탐구. 서울: 동문사.

윤운성(2001). 교육의 심리적 이해. 서울: 양서원.

이명숙, 최병연(2014). 창의적 마인드셋 척도의 개발 및 타당화. 창의력교육연구, 14(4), 1-11.

이성진, 임진영, 여태철, 김동일, 신종호, 김동민, 김민성, 이윤주(2009). 교육심리학서설(제3판). 서울: 교육과학사.

이신동(1994). 교육심리학 교재에 대한 내용분석 및 한·미 비교연구(1954-1988). 교육심리연구, 8(2), 69-86.

이홍우(2006). 지식의 구조와 교과(개정증보판). 서울: 교육과학사.

임규혁, 임웅(2007). 학교학습 효과를 위한 교육심리학(2판). 서울: 학지사.

임선아, 정윤정(2013). 메타분석을 통한 자기효능감이 학업성취에 미치는 효과 검증. 교육학연구, 51(3), 83-105.

장경원(2019). 학술자료 활용 프로젝트학습 설계 모형 개발. 교육문화연구, 25(1), 103-128.

장봉석(2018). 국내 하브루타 학습의 효과에 대한 메타분석. 교육과정연구, 36(2), 1-24.

장휘숙(2013). 전생애 발달심리학. 서울: 박영사.

전성연, 최병연, 이흔정, 고영남, 이영미(2010). 협동학습 모형 탐색. 서울: 학지사.

정옥분(2003). 아동발달의 이론. 서울: 학지사.

정옥분(2004). 전생애 발달의 이론. 서울: 학지사.

정종진(2003). 창의성에 대한 다원적 접근과 그 교육적 시사. 초등교육연구논총, 18(3), 327-346.

정종진(2003). 창의성의 본질과 교육. 초등교육연구논총, 19(1), 369-393.

조규판, 주희진, 양수민(2017). 교육심리학. 서울: 학지사.

최병연(1998). 자기효능감, 성취목표지향성, 학습전략 및 학업성취 간의 관계 분석. 교육문제연구, 10(1), 227-
　　253.

최병연(2001). 목표지향성이 성취관련 신념과 노력에 미치는 영향. 한국교육, 28(1), 165-180.

최병연(2002). 자기결정성 학습동기 이론의 교육적 적용. 교육문제연구, 16, 165-184.

최정임(2007). 대학수업에서의 문제중심학습 적용 사례연구: 성찰일기를 통한 효과성 분석을 중심으로. 교육공
　　학연구, 23(2), 35-66.

한국협동학습연구회(2012). 협동학습. 경기: 한국협동학습센터.

황정규(1984). 학교학습과 교육평가. 서울: 교육과학사.

황정규(1991). 학교학습과 교육평가(5판). 서울: 교육과학사.

Alderman, M. K. (2008). *Motivation for achievement: Possibilities for teaching and learning* (3rd ed.). Routledge. 김종남, 임선아 역(2015). 성취동기: 교수-학습에서 성취력을 높이기 위한 방안. 서울: 학지사.

Alesandrini, K., & Larson, L. (2002). Teachers bridge to constructivism. *Clearing House, 75*(3), 118-121.

Amabile, T. M. (1982). Children's artistic creativity: Detrimental effects of competition in a field setting. *Personality and Social Psychology Bulletin, 8,* 573-578.

American Association on Intellectual and Developmental Disabilities (AAIDD). (2008). Frequently asked questions on intellectual disability and the AAIDD definition. Retrieved April 11, 2008, from http://www.aamr.org/Policies/faq_mental_retardation.shtml

American Psychological Association, Coalition for Psychology in Schools and Education. (2015). Top 20 principles from psychology for preK-12 teaching and learning. Retrieved from http://www.apa.org/ed/schools/cpse/top-twenty-principles.pdf

Ames, C., & Archer, J. (1988). Achievement goals in the classroom: Students' learning strategies and motivation processes. *Journal of Educational Psychology, 80*(3), 260-267.

Aronson, E. (1978). *The jigsaw classroom.* Sage.

Aronson, E., & Patnoe, S. (1997). *The jigsaw classroom: Buildings cooperation in the classroom.* University Michigan: Longman.

Ashton, P. (1984). Teacher efficacy: A motivational paradigm for effective teacher education. *Journal of Teacher Education, 35*(5), 28-32.

Atkinson, R. C., & Shiffrin, R. M. (1968). Human memory: A proposed system and its control processes. In K. W. Spence & J. T. Spence (Eds.), *The Psychology of learning and motivation: Vol. 2. Advances in research and theory.* New York: Academic Press.

Ausubel, D. P. (1963). *The psychology of meaningful verbal learning.* NY: Grune & Stratton.

Ausubel, D. P. (1968). *Educational psychology: A cognitive view.* New York: Holt, Rinehart & Winston.

Baddeley, A. D. (2007). *Working memory, thought, and action.* New York, NY: Oxford University Press.

Baker, L., & Brown, A. L. (1984). Cognitive monitoring in reading. In J. Flood (Ed.), *Understanding reading comprehension: Cognition, language, and structure of prose* (pp. 21-44). International Reading Association.

Baltes, P. B., & Smith, J. (2004). Lifespan psychology: From developmental contextualism to developmental biocultural co-constructionism. *Research in Human Development, 1,* 123-144.

Bandura, A. (1965). Influence of a model's reinforcement contingencies on the acquisition of imitative responses. *Journal of personality and social psychology, 11,* 589-595.

Bandura, A. (1986). *Social foundations of thought and action: A social cognitive theory.* Prentice-Hall.

Bandura, A. (1997). *Self-efficacy: The exercise of control.* NY: Freeman.

Barrows, H. S., & Tamblyn, R. N. (1980). *Problem-based learning: An approach to medical education.* New York: Springer.

Bassok, M. (1997). Two types of reliance on correlations between content and structure in reasoning about word problems. In L. D. English (Ed.), *Mathematical reasoning: Analogies, metaphors, and images* (pp. 221-246). NJ: Erlbaum.

Bay-Hinitz, K., Peterson, F., & Quilitch, R. (1994). Cooperative games: A way to modify aggressive and cooperative behaviors in young children. *Journal of Applied Behavior Analysis, 27*, 435-446.

Berger, K. S. (2004). *Development through the lifespan*. New York: Worth.

Bergmann, J., & Sams, A. (2012). *Flip your classroom: Reach every student in every class every day*. Washington, DC: International Society for Technology in Education.

Berk L. E., & Winsler, A. (1995). *Scaffolding children's learning: Vygotsky and early childhood education*. Washington: National Association for the Education of Young Children.

Berk, L. E. (1992). Children's private speech: An overview of theory and the status of research. In R. M. Diaz & L. E. Berk (Eds.), *Private speech: From social interaction to self-regulation*. Hillsdale, NJ: Erlbaum.

Berk, L. E. (2006). *Child development* (7th ed.). Boston: Allyn & Bacon.

Berk, L. E. (2007). *Development through the lifespan* (4th ed.). Boston: Allyn & Bacon.

Bjorklund, D. F. (1989). *Children's thinking: Developmental function and individual differences*. Pacific Grove, CA: Brooks/Cole.

Bloom, B. S. (1976). *Human characteristics and school learning*. New York: McGraw-Hill.

Bouchard, T. J., & McGue, M. (1981). Familial students of intelligence: A review. *Science, 212*, 1055-1059.

Bradley, R. H., & Caldwell, B. M. (1984). 174 Children: A study of the relationship between home environment and cognitive development during the first 5 years. In A. W. Gottfried (Ed.), *Home environment and early cognitive development: Longitudinal research*. San Diego, CA: Academic Press.

Bransford, J. D., et al. (Eds.). (2000). *How people learn: Brain, mind, and experience*. Washington, DC: National Research Council.

Brody, G. H., & Shaffer, D. R. (1982). Contributions of parents and peers to children's moral socialization. *Developmental Review, 2*, 31-75.

Brody, N. (1997). Intelligence, schooling, and society. *American Psychologist, 52*, 1046-1050.

Bronfenbrenner, U. (1979). *The ecology of human development*. Cambridge, MA: Harvard University Press.

Brophy, J. (1981). Teacher praise: A functional analysis. *Review of Educational Research, 51*, 5-32.

Brophy, J. (1983). Research on the self-fulfilling prophecy and teacher expectations. *Journal of Educational Psychology, 75*, 631-661.

Brophy, J. (1998). *Motivating students to learn*. McGraw Hill.

Brown, J., Collins, A., & Duguid, P. (1989). Situated cognition and the culture of learning. *Educational Researcher, January-February*, 33-40.

Bruner, J. S. (1966). *Toward a theory of instruction*. NY: Norton.

Bruner, J. S., Goodnow, J. J., & Austin, G. A. (1956). *A study of thinking*. New York: Wiley.

Bruning, R. H., Schraw, G. J., & Norby, M. M. (2011). *Cognitive psychology and instruction* (5th ed.). Upper Saddle River, NJ: Prentice Hall.

Burger, J. M. (2000). *Personality*. Belmont, CA: Wadsworth/Thomson.

Butterfield, E. C., & Belmont, J. M. (1977). Assessing and improving the executive cognitive functions of mentally retarded people. In I. Bialer & M. Sternlicht (Eds.), *Psychological issues in mental retardation*. New York: Psychological Dimensions, Inc.

Callahan, C. M. (2000). Intelligence and giftedness. In F. J. Sternberg (Ed.), *Handbook of intelligence* (pp. 159-195). New York: Cambridge University Press.

Cameron, J. (2001). Negative effects of reward on intrinsic motivation-A limited phenomenon: Comment on Deci, Koestner, and Ryan(2001). *Review of Educational Research, 71*(1), 1-27.

Campbell, F. A., & Ramey, C. T. (1994). Effects of early intervention on intellectual and academic achievement: A follow-up study of children from low-income families. *Child Development, 65*, 684-698.

Carroll, J. B. (1989). The Carroll model: A 25-year retrospective and prospective view. *Educational Researcher, 18*(1), 26-31.

Carroll, J. B. (1993). *Human cognitive abilities: A survey of factor-analytic studies*. New York: Cambridge University Press.

Carver, C. S., & Scheier, M. F. (2000). *Perspectives on personality* (4th ed.). Boston: Allyn & Bacon.

Cepeda, N. J., Vul, E., Rohrer, D., Wixted, J. T., & Pashler, H. (2008). Spacing effects in learning: A temporal ridgeline of optimal retention. *Psychological Science, 19*, 1095-1102.

Chomsky, N. (1972). *Language and mind*. San Diego, CA: Harcourt Brace Jovanovich.

Chomsky, N., & Miller, G. A. (1958). Finite state languages. *Information and Control, 1*(2), 91-112.

Clark, J. M., & Paivio, A. (1991). Dual coding theory and education. *Educational Psychology Review, 3*, 149-210.

Colby, A., & Kohlberg, L. (1987). *The measurement of moral judgment: Theoretical foundations and research validation* (Vol. 1). Cambridge: Cambridge University Press.

Cole, M., & Cole, S. R. (1993). *The development of children*. New York: W. H. Freeman.

Cole, P. M., Barrett, K. C., & Zahn-Waxler, C. (1992). Emotion displays in two-year-olds during mishaps. *Child Development, 63*, 314-324.

Connell, J., & Wellborn, J. (1991). Competence, autonomy, and relatedness: A motivational analysis of self-system processes. In M. gunnar & L. Sroufe (Eds.), *Self processes in development: Minnesota Symposium on Child Psychology* (Vol. 23, pp. 43-77). Lawrence Erlbaum Associates.

Cook, D. A., & Artino, A. R., Jr. (2016). Motivation to learn: An overview of contemporary theories. *Medical Education, 50*(10), 997-1014.

Coon, D., & Mitterer, J. O. (2015). *Psychology: Modules for Active Learning* (13th ed.). Wadsworth. 곽호완 외 역(2019). 심리학: 능동적 모듈학습. 서울: 센게이지코리아.

Corey, S. M. (1967). The nature of instruction. In M. D. Merrill (Ed.), *Instruction design: Readings* (pp. 5-27). Englewood Cliffs, NJ: Prentice-Hall.

Costa, P. T., & McCrae, R. R. (1992). *Stability and change in personality from adolescence through adulthood*. New York: Erlbaum Press.

Craik, F. I. M., & Lockhart, R. S. (1972). Levels of processing: A framework for memory research. *Journal of Verbal Learning and Verbal Behavior, 11*, 671-684.

Crawford, R. (1954). *The techniques of creative thinking: How to use ideas to achieve success*. New York, NY: Hawthorn Books.

Csikszentmihalyi, M. (1996). *Creativity: Flow and the psychology of discovery and invention*. New York: Haper Collins.

Curry, L. (1987). *Integrating concepts of cognitive or learning styles: A review with attention to psychometric standards*. Ottawa, Ontario: Canadian College of Health Services Executives.

Davis, G. A., & Rimm, S. B. (1982). Group inventory for finding interests (GIFFI) I and II: Instruments for identifying creative potential in the junior and senior high school. *Journal of Creative Behavior, 16*, 50-57.

Davis, J. K. (1991). Educational implications of field-dependence-independence. In S. Wapner & J. Demick (Eds.), *Field-dependence-independence: Cognitive styles across the life span* (pp. 149-176). Hillsdale, NJ: Erlbaum.

de Bono, E. (1984). Critical thinking is not enough. *Educational Leadership, 42*(1), 16-17.

de Bono, E. (1985). The CoRT thinking program. In R. W. Segal, S. F. Chipman, & R. Gkase (Eds.), *Thinking and learning skills, 2. Research and open questions*. Hillsdale, NJ: Lawrence Erlbaum Association Publishers.

DeBello, T. (1990). Comparison of eleven major learning-style models: Variables, appropriate populations, validity of instrumentation, and the research behind them. *Journal of Reading, Writing, and Learning Disabilities International, 6*(3), 315-322.

Deci, E. L., Koestner, R., & Ryan, R. M. (1999). A meta-analytic review of experiments examining the effects of extrinsic rewards on intrinsic motivation. *Psychological Bulletin, 125*, 627-668.

Deci, E. L., Koestner, R., & Ryan, R. M. (2001). Extrinsic motivation and intrinsic motivation in education: Reconsidered once again. *Review of Educational Research, 71*(1), 1-27.

Derry, S. (1992). Beyond symbolic processing: Expanding horizons in educational psychology. *Journal of Educational Psychology*, 413-418.

Detterman, D. K., Gabriel, L. T., & Ruthsatz, J. M. (2000). Intelligence and mental retardation. In. R. J. Sternberg (Ed.), *Handbook of intelligence* (pp. 141-158). New York: Cambridge University Press.

Dickens, W. T., & Flynn, J. R. (2001). Heritability estimates versus large environmental effects: The IQ paradox resolved. *Psychological Review, 108*, 346-369.

Dollard, J., & Miller, N. E. (1950). *Personality and psychotherapy*. NY: McMraw-Hill.

Doyle, W. (1985). Classroom organization and management. In M. C. Wittrock (Ed.), *Handbook of research on teaching* (3rd ed., pp. 392-431). NY: Macmillan.

Driscoll, M. P. (2000). *Psychology of learning for instruction*. 양용칠 역(2002). 수업설계를 위한 학습심리학. 서울: 교육과학사.

Duffy, T., & Jonassen, D. (1991). Constructivism: New implications for instructional technology. *Educational Technology, 31*(5), 7-12.

Duncker, K. (1945). On problem-solving. *Psychological Monographs, 58*(5), i-113.

Dunn, R. (2000). Capitalizing on college students' learning styles: Theory, practice, and research. In R. Dunn

& S. A. Griggs (Eds.), *Practical approaches to using learning styles in higher education*. Westport, CT: Bergin & Garvey.

Dunn, R., Beaudry, L., & Klavas, A. (1989). Survey of research on learning styles. *Educational Leadership, 46*(6), 50-58.

Dunn, R., Dunn, K., & Price, G. E. (1979). *Identifying individual styles. In National Association of Secondary School Principals (U.S.), Student learning styles: Diagnosing and prescribing programs*. Reston, VA: NASSP.

Dweck, C. S. (1986). Motivational processes affecting learning. *American Psychologist, 41*(10), 1040-1048.

Dweck, C. S. (2000). *Self-theories: Their role in motivation, personality and development*. Taylor and Francis/Psychology Press.

Dweck, C. S. (2012). *Mindset: How you can fulfill your potential*. London: Constable & Robinson Limited.

Dweck, C. S., & Leggett, E. L. (1988). A social-cognitive approach to motivation and personality. *Psychological Review, 95*, 256-273.

Ebbinghaus, H. (1885). *Über das Gedchtnis. Untersuchungen zur experimentellen Psychologie*. Leipzig: Duncker & Humblot. [English edition—Ebbinghaus, H. (1913). *Memory. A contribution to experimental psychology*. New York: Teachers College, Columbia University.]

Eberle, R. F. (1972). Developing imagination through scamper. *The Journal of Creative Behavior, 6*(3), 199-203.

Eccles, J. S., & Wigfield, A. (2002). Motivational beliefs, values, and goals. *Annual Reviews Psychology, 53*, 109-132.

Eggen, P. D., & Kauchak, D. P. (2016). *Educational psychology: Windows on classroom* (10th ed.). Upper Saddle River, NJ: Pearson.

Eisenberg, N., Fabes, R. A., & Spinard, T. L. (2006). Prosocial development. In W. Damon & R. Lerner (Eds.), *Handbook of child psychology, Vol. 3, Social, emotional, and personality development* (6th ed., pp. 647-702). Hoboken, NJ: John Wiley & Sons.

Elkind, D. (1978). *The Child's reality: Three developmental themes*. Hillsdale, NJ: Erlbaum.

Elliott, E., & Dweck, C. (1988). Goals: an approach to motivation and achievement. *Journal of Personality and Social Psychology, 54*, 5-12.

Ellis, A. (1979). The biological Basis of human irrationality. *Individual Psychology, 35*, 111-116.

Feuerstein, R. (1979). *The dynamic assessment of retarded performers: The Learning Potential Assessment Device, theory, instruments, and techniques*. Baltimore: University Park Press.

Feuerstein, R. (1980). *Instrumental enrichment: An intervention program for cognitive modifiability*. Baltimore: University Park Press.

Flavell, J. H. (1981). Cognitive monitoring. In W. P. Dickson (Ed.), *Children's oral communication skills* (pp. 35-60). New York: Academic Press.

Flynn, J. R. (1998). IQ gains over time: Toward finding the causes. In U. Neisser (Ed.), *The rising curve: Long-term gains in IQ and related measures*. Washington, DC: American Psychological Association.

Foster, K. I. (1994). Computational modeling and elementary process analysis in visual word recognition.

Journal of Experimental Psychology Human perceptional and Performance, 20(6), 1292-1310.

Fowler, R. (1994). Piagetian versus Vygotskian perspectives on development and education. Paper presented at the annual meeting of the American Educational Research Association. New Orleans.

Frisby, C. (2005). Learning styles. In S. W. Lee (Ed.), *Encyclopedia of school psychology*. Thousand Oaks, CA: Sage Publications.

Gage, N. L., & Berliner, D. C. (1984). *Educational psychology* (3rd ed.). Boston: Houghton Mifflin Company.

Gagné, E. D., Yekovich, C. W., & Yekovich, F. R. (1993). *The cognitive psychology of school learning* (2nd ed.). Harper Collins College Publishers.

Gagné, R. M. (1974). *Essentials of learning for instruction*. Hinsdale, IL: Dryden Press.

Gallagher, J. J., & Gallagher, S. A. (1994). *Teaching the gifted child* (4th ed.). Boston: Allyn & Bacon.

Gardner, H. (1983). *Frames of mind: The theory of multiple intelligences*. New York: Basic Books.

Gardner, H. (1993). *Creating minds: An anatomy of creativity seen through the lives of Freud, Einstein, Picasso, Stravinsky, Elliot, Graham, and Gandhi*. New York: Basic Books.

Gardner, H. (1995). Reflections on multiple intelligences: Myths and messages. *Phi Delta Kappan, 77*, 200-209.

Gardner, H. (1999). Are there additional intelligences? In J. Kane (Ed.), *Education, information, and transformation: Essays on learning, and thinking*. Upper Saddle River, NJ: Prentice-Hall.

Gardner, H. (2003). *Multiple intelligence after twenty years*. Paper Presented at the American Educational Research Association, Chicago, Illinois.

Gardner, H. (2006). *Multiple intelligence: New horizons in theory and practice*. New York: Basic Books.

Garner, R. (1987). *Metacognition and reading comprehension*. Norwood, NJ: Ablex.

Gerrig, R. J., & Zimbardo, P. G. (2006). *Psychology and life*. New York: Allyn & Bacon.

Gessel, A. (1949). *The embryology of behavior*. New York: Harper.

Gilligan, D. (1977). In a different voice: Women's conceptions of self and morality. *Harvard Educational Review, 47*, 481-517.

Gilligan, D. (1982). *In a different voice: Sex differences in the expression of moral judgement*. Cambridge, MA: Harvard University Press.

Ginsburg, H. (1972). *The myth of the deprived child*. Englewood Cliffs, NJ: Prentice-Hall.

Glaser, R. (1962). *Training research and education*. Pittsburgh, PA: University of Pittsburgh Press.

Glover, J. A., & Ronning, R. R. (Eds.) (1987). *Historical foundations of educational psychology*. NY: Plenum Press.

Glover, J. A., Ronning, R. R., & Bruning, R. H. (1990). *Cognitive psychology for teachers*. Macmillian Publishing Company.

Goetz, E. T., Alexander, P. A., & Ash, M. J. (1992). *Educational Psychology: A Classroom Perspective*. NY: Macmillan Publishing Company.

Goldberg, L. R. (1990). An alternative "description of personality": The Big-Five factor structure. *Journal of Personality and Social Psychology, 59*, 126-129.

Goldman, R. J. (1964). The Minnesota tests of creative thinking. *Educational Research, 7*, 3-14.

Goldstein, E. B. (2015). *Cognitive psychology* (4th ed.). Wadsworth. 도경수 외 역(2019). 인지심리학. 서울: 센게이지코리아.

Gordon, W. J. (1961). *Synectics*. New York: Harper & Row.

Gottfried, A. E., Fleming, J. S., & Gottfried, A. W. (1998). Role of cognitively stimulating home environment in children's academic intrinsic motivation: A longitudinal study. *Child Development, 69*, 1448-1460.

Gough, H. G., & Heilbrun, A. B. (1983). *The adjective check list manual*. Palo Alto, CA: Consulting Psychologists Press.

Gredler, M. (2005). *Learning and Instruction: Theory into Practice* (5th ed.). Merrill Prentice Hall. 이경화, 김정희, 최병연 역(2006). 교수-학습의 이론과 실제(5판). 서울: 아카데미프레스.

Greenfield, P. M. (1998). The cultural evolution of IQ. In U. Neisser (Ed.), *The rising curve: Long-term gains in IQ and related measures*. Washington, DC: American Psychological Association.

Gruber, H. E. (1982). On the hypothesized relation between giftedness and creativity. *New Directions for Child Development, 17*, 7-30.

Guilford, J. P. (1967). *The nature of human intelligence*. New York: McGraw-Hill Book Company.

Guilford, J. P. (1988). Some changes in the structure-of-Intellect model. *Educational and Psychological Measurement, 48*, 1-4.

Hay, I., Ashman, A. F., van Kraayenoord, C. E., & Stewart, A. L. (1999). Identification of self-verification in the formation of children's academic self-concept. *Journal of Educational Psychology, 91*(2), 225-229. https://doi.org/10.1037/0022-0663. 91.2.225

Hayes, J. R. (1985). Three problem in teaching problem solving skills. In S. Chipman, J. W. Segal, R. Glaser (Eds.), *Thinking and learning skills* (Vol. 2, pp. 391-406). Hillsdale, New Jersey: Erlbaum.

Head Start Bureau. (2004). *2004 Head Start fact sheet*. Retrieved from www.acf.dhhs.gov/programs/opa/facts/headst/htm.

Hennessey, B. A., & Amabile, T. M. (1988). The role of environment in creativity. In R. J. Sternberg (Ed.), *The nature of creativity*. Cambridge, MA: Cambridge University Press.

Hodapp, R. M., & Zigler, E. (1999). Intellectual development and mental retardation: Some continuing controversies. In M. Anderson (Ed.), *Development of intelligence* (pp. 295-308). East Sussex, UK: Psychology Press.

Hoffman, M. L. (1980). Moral development in adolescence. In J. Adelson (Ed.), *Handbook of adolescent psychology*. New York: Wiley.

Hoffman, M. L. (1988). Moral development. In M. H. Bornstein & M. E. Lamb (Eds.), *Developmental psychology: An advanced textbook* (2nd ed.). Hillsdale, New Jersey: Prentice-Hall.

Holzer, E. (2015). Welcoming opposition: Havruta learning and Montaigne's the art of discussion. *Journal of Moral Education, 44*(1), 64-80.

Horn, J. L. (1968). Organization of abilities and the development of intelligence. *Psychological Review, 75*, 242-259.

Horn, J. L. (1970). Organization of data on life span development of human abilities. In L. R. Gonlet & P. B. Baltes (Eds.), *Life-span development psychology*. NY: Academic Press.

Howard, R. W. (1987). *Concepts and schemata: An introduction*. London: Cassell.

Inhelder, B., & Piaget, J. (1958). *The growth of logical thinking from childhood to adolescence*. New York: Basic Books.

Jackson, A. P., Brooks-Gunn, J., Hwang, C., & Glassman, M. (2000). Single mothers in low-wage jobs: Financial strain, parenting, and preschoolers' outcomes. *Child Development, 71*, 1409-1423.

Jarrold, C., Tam, H., Baddeley, A. D., & Harvey, C. E. (2011). How does processing affect storage in working memory tasks? Evidence for both domain general and domain-specific effects. *Journal of Experimental Psychology: Learning, Memory, and Cognition, 37*, 688-705.

Jellen, H., & Urban, K. (1986). The TCP-DP: An instrument that can be applied to most age and ability groups. *Creative Child and Adult Quarterly, 3*, 138-155.

Jensen, E. (2005). *Teaching with the brain in mind* (2nd ed.). Alexandria, VA: ASCD.

Johnson, D. W., & Johnson, F. P. (2003). *Joining together: Group theory and group skills* (8th ed). Prentice-Hall, Inc.

Johnson, D. W., & Johnson, R. T. (1989). *Cooperation and competition: Theory and research*. Edina, MN: Interaction Book Company.

Johnson, D. W., & Johnson, R. T. (1999). Making cooperative learning work. *Theory into Practice, 38*(2), 67-73.

Joyce, B. R., & Weil, M. (1980). *Models of teaching*. Englewood Cliffs, NJ: Prentice Hall.

Kagan, J. (1965). Information processing in the child. In P. M. Mussen, J. J. Conger, & J. Kagan (Eds.), *Reading in child development and personality*. New York: Harper and Row.

Kagan, J. (1966). Reflection-impulsivity: The generality and dynamics of conceptual tempo. *Journal of Abnormal Psychology, 71*, 17-24.

Kahneman, D. (2011). *Thinking fast and slow*. New York: Farrar, Straus, and Giroux.

Kail, R. V. (2007). *Children and their development* (4th ed.). Upper Saddle River, NJ: Pearson Education.

Kamii, C. (1984). Viewpoint: Obedience is not enough. *Young Children, 39*, 11-14.

Katigbak, M. S., Church, A. T., Guanzon-Lapeña, M. A., Carlota, A. J., & del Pilar, G. H. (2002). Are indigenous personality dimensions culture specific? Philippine inventories and the five-factor model. *Journal of Personality and Social Psychology, 82*(1), 89-101. https://doi.org/10.1037/0022-3514.82.1.89

Kaufman, A. S., & Kaufman, N. L. (1983). *Kaufman Assessment Battery for Children: Interpretive manual*. Circle Pines. MN: American Guidance Service.

Keefe, J. W. (1979). *Learning style: An overview. In National Association of Secondary School Principals (U.S.), Student learning styles: Diagnosing and prescribing programs*. Reston, VA: NASSP.

Keller, J. M. (1983). Motivational design of instruction. In C. M. Reigeluth (Ed.), *Instructional design theories and models: An overview of their current status*. Hillsdale, NJ: Erlbaum.

Khatena, J., & Torrance, E. P. (1976). *Khatena-Torrance creative perception inventory*. Chicago, IL: Stoelting.

Kifer, E. (1973). *The effect of school achievement on the affective traits of the learner*. Doctoral dissertation, University of Chicago.

Kimble, G. A. (1961). *Hilgard and Marquis Conditioning and Learning* (2nd ed.). Prentice-Hall, Englewood Cliffs, NJ.

Kirschner, P. A., & Hendrick, C. (2020). *How learning happens: Seminal works in educational psychology and what they mean in practice.* New York: Routledge.

Kirschner, P. A., Sweller, J., & Clark, R. E. (2006). Why minimal guidance during instruction does not work: An analysis of the failure of constructivist, discovery, problem-based, experiential, and inquiry-based teaching. *Educational Psychologist, 46*(2), 75-86.

Klebanov, P. K., Brooks-Gunn, J., McCarton, C., & McCormick, M. C. (1998). The contribution of neighborhood and family income to developmental test scores over the first three years of life. *Child Development, 69,* 1420-1436.

Klineberg, O. (1963). Negro-white differences in intelligence test performance: A new look at an old problem. *American Psychologist, 18,* 198-203.

Knox, P. L., Fagley, N. S., & Miller, P. M. (2004). Care and justice moral orientation among African American college students. *Journal of Adult Development, 11*(1), 41-45.

Kochanska, G. (1997). Multiple pathways to conscience for children with different temperaments: From toddlerhood to age 5. *Developmental Psychology, 33,* 228-240.

Kochanska, G., Murray, K., & Coy, K. C. (1997). Inhibitory control as a contributor to conscience in childhood: From toddler to early school age. *Child Development, 68,* 263-277.

Köhler, W. (1925). *The mentality of apes.* London: Routledge and Kegan Paul.

Köhler, W. (1929). *Gestalt psychology.* New York: H. Liveright.

Kroger, J. (2000). *Identity development: Adolescence through adulthood.* Thousand Oaks, CA: Sage.

Lederman, N. G., & Niess, M. L. (1998). Survival of the fittest. *School Science and Mathematics, 98*(4), 169-172.

Lepper, M. R., Corpus, J. H., & Iyengar, S. S. (2005). Intrinsic and extrinsic motivational orientations in the classroom: Age differences and academic correlates. *Journal of Educational Psychology, 97,* 184-196.

Lepper, M. R., Greene, D., & Nisbett, R. E. (1973). Undermining children's intrinsic interest with extrinsic rewards: A test of the over-justification hypothesis. *Journal of Personality and Social Psychology, 28,* 129-137.

Lewis, M., Alessandri, S. M., & Sullivan, M. W. (1992). Differences in shame and pride as a function of children's gender and task difficulty. *Child Development, 63,* 1722-1731.

Liebert, R. M., & Liebert, G. P. (1998). *Personality: Strategies & issues* (8th ed). Pacific Grove, CA: Brooks/Cole Publishing Company.

Lindsay, P. H., & Norman, D. A. (1997). *Human information processing: An introduction to psychology* (2nd ed.). New York: Academic Press.

Lubart, T. I. (1994). Creativity. In R. J. Sternberg (Ed.), *Thinking and problem solving.* New York: Academic Press.

Luckasson, R. (Ed.). (1992). *Mental retardation: Definition, classification, and systems of support.* Washington, DC: American Association on Mental Retardation.

Luster, T., & Dubow, E. (1992). Home environment and maternal intelligence as predictors of verbal intelligence: A comparison of preschool and school-age children. *Merrill-Palmer Quarterly, 38*, 151–175.

Luyckx, K., Goossens, L., & Soenens, B. (2006). A developmental contextual perspective on identity construction in emerging adulthood: Change dynamics in commitment formation and commitment evaluation. *Developmental Psychology, 42*(2), 366–380.

Lynch, A. Q. (1987). Type development and student development. In J. A. Provost & S. Anchors (Eds.), *Applications of the Myers-Briggs Type Indicator in higher education*. Palo Alto, CA: Consulting Psychologists Press.

Maddi, S. R. (1996). *Personality theories: A comparative analysis* (6th ed.). New York: Brooks/Cole.

Marland, S. P. (1972). *Education of the gifted and talented: Report to the Congress of the United States by the U. S. commissioner of education*. Washington, DC: U.S. Government Printing Office.

Maslow, A. H. (1970). *Motivation and personality* (2nd ed.). Harper & Row.

McCombs, B. L. (2010). Learner-centered practices: Providing the context for positive learner development. In J. Meece & J. Eccles (Eds.), *Handbook of research on schools, schooling, and human development* (pp. 60-74). New York: Routledge.

McCrae, R. R., & Costa, P. T. (1987). Validation of the five-factor model of personality across instruments and observers. *Journal of Personality and Social Psychology, 52*(1), 81-90. https://doi.org/10.1037/0022-3514.52.1.81

McCrae, R. R., & Costa, P. T. (2008). Empirical and theoretical status of the five-factor model of personality traits. In G. J. Boyle, G. Matthews, & D. H. Saklofske (Eds.), *The SAGE handbook of personality theory and assessment, Vol. 1. Personality theories and models* (pp. 273-294). Thousand Oaks, CA: SAGE.

McCrae, R. R., & Costa, P. T. (2008). The Five-Factor Theory of Personality. In O. P. John, R. W. Robins, & L. A. Pervin (Eds.), *Handbook of Personality: Theory and Research* (3rd ed., pp. 159-181). New York: Guilford Press.

Meece, J., Blumenfeld, P., & Hoyle, R. (1988). Students' goal orientations and cognitive engagement in classroom activities. *Journal of Educational Psychology, 80*, 514-523.

Meichenbaum, D. (1977). *Cognitive behavior modification: An integrative approach*. New York: Plenum.

Mercer, J. R., & Lewis, J. F. (1978). *System of multicultural Pluralistic assessment*. New York: Psychological Corporation.

Meyer, W. (1992). Paradoxical effects of praise and criticism on perceived ability. In W. Stroebe & M. Hewstone (Eds.), *European review of social psychology* (Vol. 3, pp. 259-283). Chichester, England: John Wiley & Sons.

Midgley, C., Feldlaufer, H., & Eccles, J. (1989). Student/teacher relations and attitudes toward mathematics before and after the transition to junior high school. *Child Development, 60*, 981-992.

Miller, G. (1956). The magical number seven, plus or minus two: Some limits on our capacity for processing information. *Psychological Review, 63*, 81-97.

Minton, H. L., & Schneider, F. W. (1980). *Differential psychology*. Motery, CA: Brooks-Cole.

Mischel, W. (1976). *Introduction to personality* (2nd ed.). New York: Holt, Rinehart & Winston.

Mitchell, M. (1993). Situational interest: Its multifaceted structure in the secondary school mathematics classroom. *Journal of Educational Psychology, 85*, 424-436.

Moshman, D. (1997). Pluralist rational constructivism. Issues in Education: contributions from. *Educational Psychology, 3*, 229-234.

Multon, K. D., Brown, S. D., & Lent, R. W. (1991). Relation of self-efficacy beliefs to academic outcomes: A meta-analytic investigation. *Journal of Counseling Psychology, 38*(1), 30-38.

Myers. D. G. (2007). *Exploring psychology*. New York: Worth Publisher.

National Joint Committee on Learning Disabilities (NJCLD). (1999). http://www.ncld.org/ ld/info_ld.html.

Neisser, U., Boodoo, G., Bouchard, A., Boykin, W., Brody, N., Ceci, S. J., Halpern, D. F., Loehlin, J. C., Perloff, R., Sternberg, R. J., & Urbina, S. (1996). Intelligence: Knowns and unknowns. *American Psychologist, 51*, 77-101.

Nurmi, J. (2004). Scoialization and self-development: Channeling, selection, adjustment, and reflection. In R. Lerner & L. Steinberg (Eds.), *Handbook of adolescent psychology*. New York: Wiley.

Ormrod, J. E. (2008). *Human Learning* (5th ed.). Prentice Hall. 김인규, 여태철, 윤경희, 임은미, 임진영, 황매향 역(2009). 인간의 학습(5판). 서울: 시그마프레스.

Ormrod, J. E., Anderman, E. M., & Anderman, L. (2017). *Educational psychology: Developing learners* (9th ed.). Upper Saddle River, NJ: Pearson.

Ornsteein, A. C., & Miller, H. L. (1980). *Looking into education: An introduction to American education*. Chicago: Rand McNally.

Osborn, A. F. (1963). *Applied imagination: Principles and procedures of creative problem solving* (3rd ed.). New York: Scriber.

Otis, N., Grouzet, F. M., & Pelletier, L. G. (2005). Latent motivational change in an academic setting: A 3-year longitudinal study. *Journal of educational psychology, 97*(2), 170-183.

Paivio, A. (2006). *Mind and its evolution: A dual coding theoretical interpretation*. Mahwah, NJ: Erlbaum.

Paris, S. G., & Winograd, P. (1990). How metacognition can promote academic learning and instruction. In B. F. Jones, & L. Idol (Eds.), *Dimensions of thinking and cognitive instruction* (pp. 15-51). Hillsdale, NJ: L. Erlbaum Associates.

Parke, R. D. (2004). The society for research in child development at 70: Progress and promise. *Child Development, 75*, 1-24.

Partridge, R. (1983). Learning styles: A review of selected models. *Journal of Nursing Education, 22*, 243-248.

Patrick, E., & Abravanel, E. (2000). The self-regulatory nature of preschool children's private speech in a naturalistic setting. *Applied Psycholinguistics, 21*, 45-61.

Patterson, C. H. (1966). *Theories of counseling and psychotherapy*. New York: Haypar & Row.

Perkins, D. N. (1988). Creativity and the quest for mechanism. In R. J. Sternberg, & E. E. Smith (Eds.), *The psychology of human thought*. New York: Cambridge University Press.

Pervin, L. A. (1996). *The science of personality*. New York: Wiley.

Pervin, L. A. (2003). *The science of personality* (2nd ed.). New York: Oxford University Press.

Petrill, S., & Wilkerson, B. (2000). Intelligence and achievement: A behavioral genetic perspective. *Educational Psychology Review, 12*(2), 185-199.

Piaget, J. (1973). *The psychology of intelligence*. Totowa, NJ: Littlefield & Adams.

Piaget, J. (1980). *Recent studies in genetic epistemology*. Cashiers Foundation Archives, Jean.

Piaget, J., & Inhelder, B. (1956). *The child's conception of space*. Boston: Routledge and Kegan-Paul.

Pintrich, P., & Schunk, D. (2002). *Motivation in education: Theory, research, and applications* (2nd ed.). Upper Saddle River, NJ: Prentice Hall.

Pressley, M. (1995). More about the development of self-regulation: Complex, long-term, and thoroughly social. *Educational Psychologist, 30*(4), 207-212.

Pullen, P. L., & Kaufman, J. M. (1987). *What should I know about special education? Answers for classroom teachers*. Austin, TX: Pro-Ed.

Purkey, W. W. (1970). *Self-concept and school achievement*. Englewood Cliffs, NJ: Prentice-Hall.

Quinn, P. C. (2016). What do infants know about cats, dogs, and people? Development of a "like-people" representation for nonhuman animals. In L. S. Freund, S. McCune, L. Esposito, N. R. Gee, & P. McCardle (Eds.), *The social neuroscience of human-animal interaction* (pp. 13-32). American Psychological Association.

Radvansky, G. A., & Ashcraft, M. H. (2014). *Cognition* (6th ed.). Upper Saddle River, NJ: Pearson.

Ramey, C. T., & Campbell, F. A. (1984). Preventive education for high-risk children: Cognitive consequences of the Carolina Abecedarian Project. *American Journal of Mental Deficiency, 88*, 515-523.

Ramey, C. T., & Ramey, S. L. (1998). Early prevention and early experience. *American Psychologist, 53*, 109-120.

Ramey, C. T., Ramey, S. L., & Lanzi, R. G. (2001). Intelligence and experience. In R. J. Sternberg & E. I. Grigorenko (Eds.), *Environmental effects on cognitive development*. Mahwah, NJ: Erlbaum.

Reigeluth, C. M. (1983). *Instructional design theories and models*. Hillsdale, NJ: Erlbaum.

Renzulli, J. S. (1994a). Research related to the Schoolwide Enrichment Triad Model. *Gifted Child Quarterly, 38*(1), 7-20.

Renzulli, J. S. (1994b). *School for talent development*. Mansfield Center, CT: Creative Learning Press.

Renzulli, J. S., & Reis, S. M. (2007). *Enriching curriculum for all students* (2nd ed.). Thousand Oaks, CA: Corwin.

Renzulli, J. S., Smith, L., & Reis, S. (1982). Curriculum compacting: An essential strategy for working with gifted students. *Elementary School Journal, 82*(3), 185-194.

Rhodes, M. (1961). An analysis of creativity. *Phi Delta Kappan, 42*, 305-310.

Riding, R., & Rayner, S. (1998). *Cognitive styles and learning strategies*. London: David Fulton Publishers.

Rimm, S., & Davis, G. A. (1976). GIFT an instrument for the identification of creativity. *Journal of Creative Behavior, 10*, 178-182.

Roberts, J. E., Burchinal, M. R., & Durham, M. (1999). Parents' report of vocabulary and grammatical development of American preschoolers: Child and environment associations. *Child Development, 70*, 92-106.

Robertson, S. I. (2017). *Problem solving: Perspectives from cognition and neuroscience* (2nd ed.). New York: Routledge.

Roediger, H. L., & Butler, A. C. (2011). The critical role of retrieval practice in long-term retention. *Trends In Cognitive Sciences, 15*(1), 20-27.

Rogler, L. H. (2002). Historical generations and psychology: The case of Great Depression and World War II. *American Psychology, 57*(12), 1013-1023.

Rogoff, B. (1990). *Apprenticeship in thinking.* New York: Oxford University Press.

Rogoff, B. (1998). Cognition as a collaborative process. In D. Kuhn & R. S. Siegler (Eds.), *Handbook of child psychology* (5th ed.). New York: Wiley.

Rosenshine, B. (1977). Primary grades instruction and achievement. Paper presented at the annual meeting of the American Educational Research Association, NY.

Rosenthal, R., & Jacobson, L. (1968). *Pygmalion in the classroom: Teacher expectation and pupils' intellectual development.* New York: Rinehart and Winston.

Rosenthal, T. L., & Bandura, A. (1978). Psychological modeling: Theory and practice. In S. L. Garfield & A. E. Bergin (Eds.), *Handbook of psychotherapy and behavior change: An empirical analysis* (2nd ed., pp. 621-658). New York: Wiley.

Ross, J. A., Hogaboam-Gray, A., & Hannay, L. (2001). Effects of teacher efficacy on computer skills and computer cognitions of Canadian students in grades K-3. *Elementary School Journal, 102*(2), 141-156.

Ryan, R. M., & Deci, L. (2000). Intrinsic and extrinsic motivations: Classic definitions and new directions. *Contemporary Educational Psychology, 25*, 54-69.

Ryan, R. M., & Grolnick, W. (1986). Origins and pawns in the classroom: Self-report and projective assessments of individual differences in children's perceptions. *Journal of Personality and Social Psychology, 50*, 350-358.

Ryckman, R. M. (2000). *Theories of personality* (7th ed.). Belmont, CA: Wadsworth.

Ryckman, R. M. (2013). *Theories of personalities* (8th ed.). Belmont, CA: Wadsworth/Thomson Learning.

Salomon, G., & Perkins, D. N. (1989). Rocky roads to transfer: Rethinking mechanisms of a neglected phenomenon. *Educational Psychologist 24*(2), 113-142.

Santrock, J. W. (2003). *Child development* (10th ed.). New York: McGraw-Hill.

Sattler, J. M. (2001). *Assessment of children: Cognitive applications* (4th ed.). San Diego, CA: Jerome M. Sattler, Inc.

Savery, J. R., & Duffy, T. M. (1995). Problem Based Learning: An Instructional Model and Its Constructivist Framework. *Educational Technology, 35*(5), 31-38.

Scarr, S. (1997). Behavior-genetic and socialization theories of intelligence: Truce and reconciliation. In R. J. Sternberg & E. L. Grigorenko (Eds.), *Intelligence, heredity, and environment.* New York: Cambridge University Press.

Schiff, M., Duyme, M., Dumaret, A., & Tomkiewicz, S. (1982). How much could we boost scholastic achievement and IQ scores? A direct answer from a French adoption agency. *Cognition, 12*, 165-192.

Schmidt, H. G. (1993). Foundations of problem-based learning: Some explanatory notes. *Medical Education,*

27, 422-432.

Schoenfeld, A. (1988). When good teaching leads to bad results: The disasters of "well-taught" mathematics courses. *Educational Psychologist, 23*(2), 145-166.

Schunk, D. H. (1987). Peer models and children's behavioral change. *Review of Educational Research, 57*, 149-174.

Schunk, D. H. (1989). Self-efficacy and cognitive skill learning. In R. Ames & C. Ames (Eds.), *Research on Motivational in Education, Vol. 3: Goals and cognition* (pp. 13-44). Academic Press.

Schunk, D. H. (1990). Goal setting and self-efficacy during self-regulated learning. *Educational Psychologist, 25*(1), 71-86.

Schunk, D. H. (2012). Social cognitive theory. In K. R. Harris, S. Graham, T. Urdan, C. B. McCormick, G. M. Sinatra, & J. Sweller (Eds.), *APA educational psychology handbook, Vol. 1. Theories, constructs, and critical issues* (pp. 101-123). American Psychological Association.

Schunk, D. H. (2016). *Learning Theories: An educational perspective* (7th ed.). Prentice Hall. 노석준, 최병연, 차현진, 장경원, 오정은, 소효정 역(2016). 학습이론: 교육적 관점. 서울: 아카데미프레스.

Schunk, D. H., Pintrich, P. R., & Meece, J. R. (2008). *Motivation in education: Theory, research, and applications* (3rd ed.). Prentice Hall. 서울대학교 인지학습연구회, 신종호 역(2013). 학습동기: 이론, 연구 그리고 지원. 서울: 학지사.

Seifert, K. L. (1991). *Educational Psychology*. Houghton Mifflin Co.

Seligman, M. E. P., & Maier, S. F. (1967). Failure to escape traumatic shock. *Journal of Experimental Psychology, 74*, 1-9.

Shaffer, D. R. (2002). *Developmental psychology: Childhood and adolescence* (6th ed.). Belmont, CA: Wadsworth.

Shaffer, E. R., & Kipp, K. (2014). *Developmental psychology: Childhood & adolescence* (9th ed.). United Kingdom: Cengage Learning.

Shavelson, R. J., & Bolus, R. (1982). Self-concept: The interplay of theory and methods. *Journal of Educational Psychology, 74*, 3-17.

Shavelson, R. J., Hubner, J. J., & Stanton, J. C. (1976). Self-concept : Validation of construct interpretations. *Review of Educational Research, 46*, 407-441.

Shepard, L. (2001). The role of classroom assessment in teaching and learning. In V. Richardson (Ed.), *Handbook of research on learning* (4th ed.). Washington, DC: American Educational Research Association.

Shulman, L. S. (1987). Knowledge and teaching: Foundations of the new reform. *Harvard Educational Review, 57*, 1-22.

Sigel, I. (1982). The relationship between parental distancing strategies and the child's cognitive behavior. In L. Laosa & I. Sigel (Eds.), *Families as learning environments for children*. New York: Plenum.

Skinner, B. F. (1938). *The Behavior of Organisms: An Experimental Analysis*. B. F. Skinner Foundation, Cambridge.

Skinner, B. F. (1968). *The technology of teaching*. NY: Appleton Century Crofts.

Skinner, B. F. (1971). *Beyond Freedom and Dignity*. New York: Knopf.

Slavin, R. E. (1983). *Cooperative learning*. New York: Longman.

Slavin, R. E. (1991). Synthesis of research on cooperative learning. *Educational Leadership, 48*(5), 71-82.

Slavin, R. E. (1995). *Cooperative learning: Theory, research, and practice* (2nd ed.). Boston: Allyn & Bacon.

Slavin, R. E. (2003). *Educational Psychology* (7th ed.). Boston: Allyn & Bacon Co. 강갑원, 김정희, 김종백, 박희순, 이경화, 장인실 역(2004). 교육심리학: 이론과 실제. 서울: 시그마프레스.

Spearman, C. (1927). *The abilities of man: Their nature and measurement*. New York: Macmillan.

Sprinthall, R. C., & Sprinthall, N. A. (1990). *Educational Psychology: A Developmental Approach* (5th ed.). Addsion-Wesley Publishing Co.

Stahl, S. A., Erickson, L. G., & Rayman, M. C. (1986). Detection of inconsistencies by reflective and impulsive seventh-grade readers. *National Reading Conference Yearbook, 35*, 233-238.

Stanley, J. C. (1996). In the beginning: The study of mathematically precocious youth. In. C. P. Benbow & D. Lubinski (Eds.), *Intellectual talent* (pp. 225-245). Baltmore, MD: Johns Hopkins University Press.

Stanovich, K. E. (1999). Foreward. In R. J. Sternberg & L. Spear-Swerling (Eds.), *Perspectives on learning disabilities* (pp. vii-viii). New York: Westview Press.

Sternberg, R. J. (1985). *Beyond IQ: A triarchic theory of human intelligence*. New York: Cambridge University Press.

Sternberg, R. J. (1997). *Successful intelligence*. New York: Plume.

Sternberg, R. J. (1998). Applying the triarchic theory of human intelligence in the classroom. In R. Sternberg & W. Williams (Eds.), *Intelligence, instruction, and assessment*. Mahwah, NJ: Erlbaum.

Sternberg, R. J. (1998). Metacognition, abilities, and developing expertise: What makes an expert student? *Instructional Science, 26*, 127-140.

Sternberg, R. J. (1999). The theory of successful intelligence. *Review of General Psychology, 3*, 292-310.

Sternberg, R. J. (2004). Culture and intelligence. *American Psychologist, 59*, 325-338.

Sternberg, R. J., & Lubart, T. I. (1996). Investing in creativity. *American Psychologist, 51*, 677-688.

Sternberg, R. J., & Spear, L. C. (1985). A triarchic theory of mental retardation. In N. Ellis & N. Bray (Eds.), *International review of research in mental retardation* (Vol. 13, pp. 301-326). New York: Academic Press.

Sternberg, R. J., & Williams, W. M. (2002). *Educational psychology*. Boston: Allyn & Bacon.

Sternberg, R. J., & Zhang, L. F. (1995). What do we mean by giftedness? A pentagonal implicit theory. *Gifted Child Quarterly, 39*(2), 88-94.

Sternberg, R. J., Wagner, R. K., Williams, W. M., & Horvath, J. A. (1995). Testing common sense. *American Psychologist, 50*, 912-927.

Stipek, D. J. (1998). *Motivation to learn: From theory to practice* (3rd ed.). Allyn and Bacon. 전성연, 최병연 역(1999). 학습동기. 서울: 학지사.

Stipek, D. (2002). *Motivation to learn: Integrating theory and practice* (4th ed.). Boston: Allyn & Bacon.

Strike, K. (1990). The legal and moral responsibility of teachers. In J. Goodlad, R. Soder, & K. Sirotnik (Eds.), *The moral dimensions of teaching* (pp. 188-223). San Francisco: Jossey-Bass.

Sweller, J. (1988). Cognitive load during problem solving: Effects on learning. *Cognitive Science, 12*, 257-285.

Tannenbaum, A. J. (1986). Reflections and refraction of light on the gifted. *Roeper Review, 8*(4), 212-218.

Tannenbaum, A. J. (2000). A history of giftedness in school and society. In K. A. Heller, F. J. Monks, R. J. Sternberg, & R. F. Subotnik (Eds.), *International handbook of giftedness and talent* (2nd ed.). London: Elsevier.

Taylor, C., & Kokot, S. (2000). The status of gifted child education in Africa. In K. A. Heller, F. J. Monks, R. J. Sternberg, & R. F. Subotnik (Eds.), *International handbook of giftedness and talent* (2nd ed.). London: Elsevier.

Tendy, S., & Geiser, W. (1998). The research for style: It all depends on where you look. *National Forum of Teacher Education Journal, 9*(1), 3-15.

Thorndike, E. L. (1911). *Animal intelligence*. Macmillan.

Thorndike, E. L. (1924). Mental discipline in high school studies. *Journal of Educational Psychology, 15*, 1-22, 83-98.

Thorndike, E. L. (1931). *Human learning*. New York: Century.

Thurstone, L. L. (1938). *Primary mental abilities*. Chicago: University of Chicago Press.

Tolman, E. C., & Honzik, C. H. (1930). Introduction and removal of reward, and maze performance in rats. University of California. *Publications in Psychology, 4*, 215-232.

Torrance, E. P. (1966). *The Torrance Test of Creative Thinking*. Massachusetts: Personal Press.

Tuckman, B. W., & Monetti, D. M. (2011). *Educational psychology*. Cengage learning. 강갑원, 김정희, 김혜진, 이경화, 최병연 역(2014). 교육심리학. 서울: 박영Story.

Tulving, E. (1962). Subjective organization in free recall of "unrelated" words. *Psychological Review, 69*, 344-354.

Tulving, E. (1972). Episodic and semantic memory. In E. Tulving & W. Donaldson (Eds.), *Organization of memory*. NY: Academic Press.

Twenge, J. M., & Campbell, W. K. (2001). Age and birth cohort differences in self-esteem: A cross-temporal meta-analysis. *Personality and Social Psychology Review, 5*(4), 321-344. https://doi.org/10.1207/S15327957PSPR0504_3

VanTassel-Baska, J., Feng, A. X., & Evans, B. L. (2007). Patterns of identification and performance task: A three-year analysis. *Gifted Child Quarterly, 43*(3), 205-212.

Von Glasersfeld, E. (1989). Cognition, construction of knowledge, and teaching. *Synthesis, 80*, 121-140.

Vygotsky, L. S. (1978). *Mind in society: The development of higher psychological processes* (M. Cole, V. John-Steiner, S. Scribner, & E. Souberman, Eds.). Cambridge, MA: Harvard University Press.

Walberg, H. (1984). Improving the productivity of America's schools. *Educational Leadership, 41*(8), 19-27.

Wapner, S., & Demick, J. (Eds.). (1991). *Field-dependence-independence: Cognitive styles across the life span*. Hillsdale, NJ: Erlbaum.

Waters, E., & Sroufe, L. A. (1983). Social competence as a developmental construct. *Developmental Review, 3*(1), 79-97. https://doi.org/10.1016/0273-2297(83)90010-2

Watson, D., & Clark, L. A. (1992). Affects separable and inseparable: On the hierarchical arrangement of the negative affects. *Journal of Personality and Social Psychology, 62*(3), 489-505. https://doi.org/10.1037/0022-3514.62.3.489

Watson, J. B. (1925). What the nursery has to say about instincts. *The Pedagogical Seminary and Journal of Genetic Psychology, 32*(2), 293-326.

Weiner, B. (1979). A theory of motivation for some classroom experiences. *Journal of Educational Psychology, 71*, 3-25.

Weiner, B. (1992). *Human motivation: Metaphors, theories and research.* Beverly Hills: Sage Publications.

Weiten, W., & Llyod, M. A. (2004). *Psychology applied to modern life: Adjustment in the 21st century.* New York: Thomson Learning Inc.

Wenger, E. (1998). *Communities of practice: Learning, meaning, and identity.* Cambridge: Cambridge University Press.

Wigfield, A., & Eccles J. S. (2000). Expectancy-Value Theory of achievement motivation, *Contemporary Educational Psychology, 25*, 68-81.

Wigfield, A., & Harold, R. (1992). Teacher beliefs and children's achievement self-perceptions: A developmental perspective. In D. Schunk & J. Meece (Eds.), *Student perceptions in the classroom* (pp. 95-121). Hillsdale, NJ: Lawrence Erlbaum Associates.

Windschitl, M. (2002) Framing constructivism as the negotiation of dilemmas: An analysis of the conceptual, pedagogical, cultural, and political challenges facing teaching. *Review of Educational Research, 72*(2), 131-175.

Witkin, H. A., Dyk, R. B., Faterson, H. F., Goodenough, D. R., & Karp, S. A. (1962). *Psychological differentiation.* New York: Wiley.

Witkin, H. A., Oltman, P. K., Raskin, E., & Karp, S. A. (1971). *Embedded Figures Test, Children's Embedded Figures Test, Group Embedded Figures Test [manual].* Palo Alto, CA: Consulting Psychologists Press.

Wlodkowski, R., & Jaynes, J. (1990). *Eager to learn: Helping children become motivated and love learning.* Jossey-Bass.

Woolpe, J. (1958). *Psychotherapy by reciprocal inhibition.* CA: Stanford University Press.

Woolfolk, A. (2016). *Educational psychology* (13th ed.). Upper Saddle River, NJ: Pearson.

Zigler, E. (1999). The individual with mental retardation as a whole person. In E. Zigler & D. Bennett-Gates (Eds.), *Personality development in individuals with mental retardation* (pp. 1-16). New York: Cambridge University Press.

찾아보기

Ellis, A. 101

Erikson, E. H. 97

Flavell, J. H. 284

Freud, S. 25, 94, 121

Gage, N. L. 17

Gagné, R. M. 388

Gardner, H. 148, 203

Gessel, A. 41

Gilligan, D. 133

Glaser, R. 380

Gordon, W. J. 179

Gredler, M. 319, 338, 363

Grolnick, W. 372

Guilford, J. P. 144, 169, 170

Helmholtz, H. 279

Horn, J. L. 145

Inhelder, B. 72

Jacobson, L. 119, 120

James, W. 101, 264

Jensen, E. 330

Jonassen, D. 303, 305, 320

Kauchak, D. P. 235, 236, 250, 337, 365

Kaufman, A. S. 158

Keller, J. M. 368, 379

Kimble, G. A. 41

Koestner, R. 348

Kohlberg, L. 127

Köhler, W. 269, 310

Maier, S. F. 362

Marcia, J. 116

Maslow, A. 350

McCarthy, J. 270

McCrae, R. R. 92

Meece, J. 359, 361

Meichenbaum, D. 184, 257

Miller, G. 237, 271, 275

Monetti, D. M. 248, 334

Neisser, U. 271

Newell, A. 271

Ormrod, J. E. 235, 236, 246, 254, 339, 359

Osborn, A. F. 176

Pavlov, I. P. 220

Piaget, J. 61, 63, 68, 72, 74, 80, 82, 125, 319, 321

Pintrich, P. 359, 361

Reigeluth, C. M. 377, 378, 379

Renzulli, J. S. 200

Rogers, C. 102

Rosenthal, R. 119, 120, 256

Ryan, R. M. 348, 352, 372

Sams, A. 400

Savery, J. R. 321, 328

Schmidt, H. G. 327

Schoenfeld, A. 325

Schunk, D. H. 246, 249, 253, 254, 326, 330, 359, 361

Seligman, M. E. P. 362

Selman 106

Shiffrin, R. 272

Simon, H. 271

Skinner, B. F. 27, 100, 123, 225, 226, 228, 269

Slavin, R. E. 331, 333, 335

Spearman, C. 143

Sternberg, R. J. 150, 203

Stipek, D. J. 346, 348, 361, 363, 371

Sullivan 105

Sweller, J. 286

Tamblyn, R. N. 327

Thorndike, E. L. 219, 225, 310

Thurstone, L. L. 144

Tolman, E. C. 266

Tuckman, B. W. 248, 334

von Glasersfeld, E. 321

Vygotsky, L. S. 75, 76, 81, 82, 83, 319, 321

Weiner, B. 360

Wenger, E. 326

Wertheimer, M. 267

Wigfield, A. 356, 358

Windschitl, M. 338

Witkin, H. A. 181

Woolfolk, A. 246, 352

Wundt, W. 264

저자 소개

최병연(Choi, Byungyeon)
고려대학교 대학원 교육학과(석·박사, 교육심리학 전공)
미국 퍼듀대학교 Post-doc.
현 전주교육대학교 교수

고영남(Ko, Youngnam)
고려대학교 대학원 교육학과(석·박사, 교육심리학 전공)
고려대학교 교육문제연구소, 한국교육개발원 연구원
현 서원대학교 교수

조형정(Cho, Hyungjung)
고려대학교 대학원 교육학과(석·박사, 교육방법 전공)
고려대학교 고등교육정책연구소 연구교수
고려대학교 교수학습개발센터 연구교수
현 순천향대학교 교수

박용한(Park, Yonghan)
고려대학교 대학원 교육학과(석사, 교육심리학 전공)
미국 미시간주립대학교(박사, 교육심리학 전공)
미국 오리건대학교 교육연구소 전임연구원
현 충남대학교 교수

이신동(Lee, Shindong)
고려대학교 대학원 교육학과(석·박사, 교육심리학 전공)
미국 스탠퍼드대학교 Post-doc.
미국 퍼듀대학교 영재교육연구소(GERI) 연구교수
현 순천향대학교 교수

최신교육심리학(2판)

Educational Psychology (2nd ed.)

2011년 3월 15일 1판 1쇄 발행
2022년 1월 20일 1판 16쇄 발행
2022년 8월 10일 2판 1쇄 발행
2024년 1월 25일 2판 3쇄 발행

지은이 • 최병연 · 고영남 · 조형정 · 박용한 · 이신동
펴낸이 • 김진환
펴낸곳 • ㈜ 학지사
　　　　04031 서울특별시 마포구 양화로 15길 20 마인드월드빌딩 5층
대표전화 • 02) 330-5114　　　팩스 • 02) 324-2345
등록번호 • 제313-2006-000265호

홈페이지 • http://www.hakjisa.co.kr
인스타그램 • https://www.instagram.com/hakjisabook

ISBN 978-89-997-2727-6 93370

정가 21,000원

출판미디어기업 학지사

간호보건의학출판 학지사메디컬 www.hakjisamd.co.kr
심리검사연구소 인싸이트 www.inpsyt.co.kr
학술논문서비스 뉴논문 www.newnonmun.com
원격교육연수원 카운피아 www.counpia.com